Hermann Scheuerer-Englisch,
Gerhard J. Suess,
Walter-Karl P. Pfeifer (Hg.)

Wege zur Sicherheit

Die Herausgeber

Scheuerer-Englisch, Hermann, Dipl.-Psych., Dr. Phil.; Psychol. Psychotherapeut; Familientherapeut DGSF; Leiter der Erziehungs-, Jugend- und Familienberatungsstelle der KJF Regensburg; Lehrbeauftragter Universität Regensburg

Suess, Gerhard J., Dipl.-Psych., Prof., Dr. Phil.; Psychol. Psychotherapeut und Familientherapeut; Professor für Psychologie Fb Sozialpädagogik Hochschule für Angewandte Wissenschaften (HAW) Hamburg; Nebenberuflich Leiter der Frühintervention »nullbisdrei« in Hamburg-Langenhorn

Pfeifer, Walter-Karl P., Dipl.-Psych., wissenschaftlicher Referent und Leiter der Zentralen Weiterbildung der Bundeskonferenz für Erziehungsberatung; Arbeitsschwerpunkte »Kindergruppen bei Trennung und Scheidung« sowie Durchführung eines Fortbildungscurriculums zum Erziehungs- und Familienberater

Bereits im Psychosozial-Verlag erschienen:
Suess/Pfeifer (Hg.): »Frühe Hilfen« (1999);
Suess/Scheuerer-Englisch/Pfeifer (Hg.): »Bindungstheorie und Familiendynamik« (2001).

edition psychosozial

Hermann Scheuerer-Englisch,
Gerhard J. Suess,
Walter-Karl P. Pfeifer (Hg.)

Wege zur Sicherheit

Bindungswissen in Diagnostik und Intervention

Eine Veröffentlichung
der Bundeskonferenz für Erziehungsberatung e. V.

Psychosozial-Verlag

Unseren Eltern und Familien

Bibliografische Information Der Deutschen Bibliothek
Die Deutsche Bibliothek verzeichnet diese Publikation in der Deutschen Nationalbibliografie; detaillierte bibliografische Daten sind im Internet über <http://dnb.ddb.de> abrufbar.

Goethestr. 29, 35390 Gießen
Tel.: 0641/7 78 19, Fax: 0641/7 77 42
e-mail: info@psychosozial-verlag.de
www.psychosozial-verlag.de

Umschlagabbildung: Pierre Puvis de Chavannes: Maternity, 1887
Umschlaggestaltung: Christof Röhl nach Entwürfen
des Ateliers Warminski, Büdingen
Lektorat und Satz: Daniela Bone
Printed in Germany
ISBN 3-89806-254-6

Inhaltsverzeichnis

Zum Geleit

Der Einladung, für dieses Buch ein Geleitwort zu schreiben, folge ich gern. Und dies nicht zuletzt deshalb, weil ich bei Bindungstheoretikern und -therapeuten eine Entwicklung wahrzunehmen meine, wie ich sie ähnlich selbst durchlief: Eine Entwicklung, die in meinem Falle von der Psychoanalyse zur Familientherapie und dann zur systemischen Therapie führte. Wobei es, wie mir scheint, in beiden Entwicklungen vor allem die Erfordernisse und Erfahrungen der beraterischen und therapeutischen Praxis waren, die ein systemisches Denken und Handeln nahe legten.

Das bedeutete unter anderem: Die erkennende Linse hatte sich flexibler auf unterschiedliche Kontexte einzustellen, also nicht nur oder vorwiegend auf das, was sich in der Dyade Mutter-Kind abspielte, so wie dies noch für die Pionierarbeiten eines Bowlby, einer Ainsworth, eines Stern und anderer psychoanalytisch vorgeprägter Forscherpersönlichkeiten galt, sondern zunehmend auch auf das, was im existenziell relevanten Zugehörigkeitssystem – also vor allem in der Beziehung zwischen den Eltern und überhaupt in der betroffenen Familie – geschah. Und mit anderen Kontexten kamen dann auch, was mögliche Interventionen betraf, jeweils andere Ansatzpunkte wie auch andere Probleme in den Blick.

Damit ging auch ein erweitertes, wenn nicht gar ein neues Verständnis der Verursachung psychischer wie auch körperlicher Störungen einher: Anstelle linearer Kausalabläufe zeigten sich nunmehr überwiegend komplexe Kreisprozesse und Wechselwirkungen, wie sich dies in dem vorliegenden Band etwa eindrucksvoll in der Arbeit von R. Marvin und seinem Team zum Ausdruck bringt. Und das hat wiederum für Beratung und Therapie zwei hauptsächliche Auswirkungen: Zum einen lässt es uns als Berater und Therapeuten immer wieder fragen, wie sich durch unsere Interventionen ein negativer Zirkel unterbrechen und stattdessen ein positiver Kreisprozess anstoßen lässt. Zum anderen führt solches Verständnis zu einem neuen Umgang mit Fragen von persönlicher Schuld und Verantwortung für das, was sich etwa als das Versagen und/oder die Pathologie vor allem des Kindes darstellt.

Dazu dürfen wir uns erinnern: das altgriechische Wort Aitia – es findet sich wieder in dem medizinischen Terminus Ätiologie – steht sowohl für Ursache als auch für Schuld. Was bedeutet, dass eine mehr als zweitausendjährige abendländische Tradition des Denkens und Bewertens es nahe legt, unreflektiert eine linear wahrgenommene oder konstruierte Verursachung mit der Vorstellung einer Schuld beziehungsweise eines Schuldigen zu verknüpfen. Was aber weiter bedeutet: Übernehmen wir solch ein lineares

Verursachungsmodell unhinterfragt in unseren therapeutischen Alltag, kann, ja muss sich das untherapeutisch auswirken. So wurde vor einigen Jahrzehnten aus solch einem linearen Kausalitätsverständnis auch der Begriff der »schizophrenogenen Mutter« geboren, der seither – wie ähnliche andere Begriffe ebenso – viel Unheil gestiftet hat.

Weiter lässt uns eine systemische Sicht der Beziehungsverhältnisse immer wieder fragen, ob überhaupt Begriffe wie »Pathologie« oder »Defekt«, die sich wesentlich einer medizinischen Diagnostik verdanken, noch angebracht sind. Vielmehr zeigen sich uns psychische und körperliche Störungen nunmehr als Folge und Ausdruck einer Strategie des Überlebens, die nachvollziehbar ist, fühlen wir uns in die Situation eines Kindes ein, das sich seinen Sicherheitsspender oder nun zumeist auch: seine Sicherheitsspenderin auf jeden Fall erhalten muss, auch wenn deren Spenden von Bindungssicherheit, aus welchen Gründen immer, zu wünschen übrig lässt. Dies kann etwa dazu führen, dass ein Kind schon früh Kontroll- und Stützungsfunktionen für die Mutter unternehmen muss, die eigentlich die Mutter – oder die Person, die an ihre Stelle tritt – für das Kind übernehmen sollte. Dies kann dann zu einem Verhalten des Kindes führen, das sich als manipulierend und kontrollierend, oder auch als trotzig und stur beschreiben lässt. Aber es kann auch zu dem führen, was Familientherapeuten schon seit geraumer Zeit als »Parentifizierung« bekannt ist: Eine Art der Rollenumkehr, bei der das Kind zwar als quasi Elternteil oder als quasi Erwachsener ein Gefühl von besonderer Wichtigkeit gewinnen kann, aber dies nur um den Preis einer vergleichsweise unbeschwerten Kindheit, die ihm doch zustehen sollte.

Insgesamt lässt sich hier wie in der systemischen Therapie überhaupt von einem Ansatz sprechen, der wesentlich lösungs-, ressourcen- und zukunftsorientiert ist. Dieser Ansatz lässt uns gleichsam immer wieder nach »Schaltstellen« oder »Verknotungen« sowohl im Körper betroffener Individuen als auch in deren Interaktionen mit dem existenziell relevanten Zugehörigkeitssystem Ausschau halten, durch die die Entwicklung einer positiven Gegenseitigkeit oder, wie ich heute eher sagen würde: einer bezogenen Individuation blockiert oder erschwert ist. Um solche »Verknotungen« aufzulösen, können unter Umständen relativ kurze Interventionen erstaunlich wirksam sein. Für solche Interventionen gebrauchte die inzwischen verstorbene Familientherapeutin Mara Selvini Palazzoli einmal das Bild vom Therapeuten oder Berater als einer Person, die das Gestrüpp auszuräumen hat, das den Strom der Entwicklung an einem fälligen Weiterfließen hindert. Was aber nicht ausschließt, dass auch eine Begleitung des oder der Klienten über längere Zeiträume angebracht sein kann. Allerdings lehrten uns hier die

Erfahrungen unseres Heidelberger Teams, dass solche Begleitung in der Regel in längeren Intervallen erfolgen kann oder erfolgen sollte. Das bringt sich auch in dem von uns in Heidelberg entwickelten Modell einer »langzeitigen« Kurztherapie zum Ausdruck, für das ich in dem vorliegenden Buch ebenfalls Entsprechungen zu finden meine. Kein Wunder also, dass ich ihm einen weiten Kreis von Leserinnen und Lesern wünsche.

Heidelberg im März 2003
Prof. Dr. med. et phil. Helm Stierlin

Einleitung: Wege zur Sicherheit. Bindungswissen in Diagnostik und Intervention

Hermann Scheuerer-Englisch, Gerhard J. Suess
& Walter-Karl P. Pfeifer

»Vor allem Eltern prägen die Entwicklung des Kindes zum Erwachsenen. Sie sind die wichtigsten Bezugspersonen, die ihren Sprösslingen das Rüstzeug für die Entfaltung sozialer Kompetenz mit auf den Weg geben. Indem sie Sicherheit und Geborgenheit gewähren und ihnen zur Seite stehen, wenn es darum geht, Misserfolge und Enttäuschungen zu verarbeiten. Indem sie bereit sind, dem Kind möglichst großen Freiraum zur Erprobung eigener Fähigkeiten zu lassen, ihm aber immer wieder einmal beharrlich Grenzen aufzeigen. Auf diese Weise leistet die Erziehung durch die Eltern immer auch einen entscheidenden Beitrag zur Vermittlung von Grundwerten wie Toleranz und Gerechtigkeit wie zur Förderung wichtiger Persönlichkeitsmerkmale – z. B. einem positiven Selbstwertgefühl, Konfliktfähigkeit oder Mut.«[1] *(BMFSFJ 2002, S. 5)*

Dieses Zitat aus einer Informationsbroschüre des Bundesfamilienministeriums zeigt eindrucksvoll, dass die Ergebnisse der entwicklungspsychologischen

Bindungsforschung im öffentlichen Bewusstsein angekommen sind. Ein Plakat dieser Kampagne »Mehr Zeit für Kinder« Anfang 2002 zeigt ein Baby, welches allein die Stufen einer breiten Treppe empor krabbelt. Der Titel lautet: »Gipfelstürmer brauchen ein Basislager« (siehe Abb. S. 11). Diese Metapher stammt von Bowlby, dem Begründer der Bindungstheorie. Das Basislager stellen die Bindungspersonen dar, das Kind geht aus der Sicherheit des Basislagers dann allein zum Gipfel.

Hier zeigt sich im Bild anschaulich die erste Botschaft der Bindungsforschung: Sicherheit erlaubt Autonomie und gesunde Selbständigkeit. Die Bindungspersonen begleiten das Kind in seiner Entwicklung, und die Erfahrungen von feinfühliger Unterstützung ermöglichen es dem Kind, ein sicheres inneres Modell von sich und der Welt zu bilden, welches eine kompetente Auseinandersetzung mit seinen Entwicklungsthemen erlaubt.

Dieses Bindungswissen führt zu einer zweiten wesentlichen Grundüberlegung: Das System von Bindung, Fürsorge und Erkundung hat sich evolutionär entwickelt, um uns Menschen in einer gefahrvollen Umwelt und unter herausfordernden Umweltbedingungen handlungsfähig zu machen und zu erhalten. Die Herstellung von Sicherheit in Beziehungen und der Aufbau der entsprechenden inneren Arbeitsmodelle stellen somit immer einen Prozess dar. Sicherheit ist kein Zustand (vgl. auch Suess in diesem Band), allerdings sind die Bedingungen von Sicherheit auch nicht beliebig. So wie das Immunsystem dazu dient, den fortwährenden Ansturm von Krankheitserregern zu bewältigen und das Individuum gesund zu erhalten, dient das Bindungssystem dazu, allgegenwärtige und letztlich unvermeidbare psychische Belastungen und Bedrohungen für den Menschen bewältigbar und regulierbar zu machen. Wege zur Sicherheit zu suchen bedeutet somit nicht, Belastungen aus dem Weg zu räumen, sondern Menschen zu helfen, sich mit ihren Bindungsmodellen und ihrer Beziehungsgestaltung auseinanderzusetzen, damit sie seelische Belastungen im Rahmen vertrauensvoller Beziehungen bewältigen können (vgl. auch den Beitrag von Scheuerer-Englisch in diesem Band). Gelingt dies, hat der Einzelne und sein Familiensystem wieder Kräfte und Ressourcen für die Erkundung der Welt und die Entwicklung von Autonomie.

Eine beratend-therapeutische Arbeit mit Kindern, Jugendlichen und Eltern in unterschiedlichen Familienformen bedeutet aus einer solchen Perspektive die Orientierung an normalen Entwicklungsprozessen. Die Interventionen zielen darauf ab, das Bindungssystem, das Fürsorgesystem und das Erkundungssystem (Autonomie) im besten Falle im Sinne eines sicheren Modells arbeitsfähig zu machen – so wie eine verantwortungsvolle Medizin die Selbstheilungskräfte des Organismus wiederherstellt. Sie sind damit stark ressourcenorientiert, achten auf die vorhandenen Stärken in den Beziehungen und nutzen jeden noch so kleinen Anhaltspunkt für eine Unterstützung gelingender Beziehungsprozesse. Die Beiträge in diesem Buch wollen genau diese Grundhaltung praktisch sichtbar machen.

Die therapeutischen Bemühungen sind damit immer beziehungsorientiert und erfordern eine – zumindest gedankliche – systemische Einbeziehung der wesentlichen Beziehungen eines Menschen bei Beratung und Therapie.

Der tiefe Respekt vor den gewachsenen Bindungen und die Überzeugung, dass sich die entscheidenden Entwicklungsprozesse im Rahmen der Matrix dieser Beziehungen vollziehen, erfordert von uns als Therapeuten/innen, in die Rolle einer sicheren Basis für die Klienten/innen zu gehen: Sicherheit wird zur gemeinsamen »Herstellungsaufgabe«, und die Betroffenen beobachten, reflektieren und entscheiden im Rahmen der unterstützenden therapeutischen Beziehung selbst über die erforderlichen neuen eigenen Schritte.

Es verwundert nicht, dass die Bindungstheorie sich so als integrative Basistheorie für die unterschiedlichsten Interventionsansätze in Jugendhilfe und Gesundheitswesen erweist: In diesem Buch finden sich analytisch-psychodynamische, systemisch-familientherapeutische, videogestützte mikroanalytische, verhaltensmodifizierende, lösungsorientierte und pädagogisch-therapeutische Verfahren und Vorgehensweisen.

Ausgehend von Fachtagungen der Bundeskonferenz für Erziehungsberatung stellt das vorliegende Buch das dritte einer fortlaufenden Reihe dar. Die Anwendung der entwicklungspsychologischen Bindungsforschung in Prävention, Diagnostik, Beratung und Therapie ist das Grundthema der Reihe. Der erste Band stellte die »Frühen Hilfen« und die Grundlagen der Bindungstheorie in den Mittelpunkt (Suess & Pfeifer 1999). Der zweite Band thematisierte die Ausweitung der Bindungstheorie auf die Familiendynamik und die weitere soziale Umwelt (Suess, Scheuerer-Englisch & Pfeifer 2001). Durch diese bisherigen Anstrengungen wurde ein kreativer fachlicher Dialog zwischen Bindungsforschung und Jugendhilfepraxis in Gang gesetzt, den wir mit diesem Buch weiter fortsetzen wollen.

Der Dialog zwischen Forschung und Praxis ist dabei spannend und anregend, aber gerade Praktiker/innen erleben auch Ambivalenz in der Auseinandersetzung mit der Forschung: Wissenschaftliche Konzepte entspringen dem Beobachten und Denken, sie fassen Phänomene in Gruppen zusammen und »ordnen das Tun« (Aebli 2002). Damit sind sie eher statisch. Sie zwingen aber zur Reflexion der »Glaubenssysteme« und helfen bei der Entwicklung von Zielvorstellungen für das Handeln. Allerdings müssen diese auch wieder in praktisches Handeln umgesetzt werden.

Das beraterische und therapeutische Tun vollzieht sich in der Beziehung zu einzigartigen Menschen und ihrer Umwelt. Das Tun ist konkret, es finden fortwährend lebendige Prozesse statt, die sich nicht einfrieren lassen (dürfen). Nur das »Tun« schafft Lösungen, z. B. die, sich auf einen Beziehungsprozess einzulassen, Gefühle spüren zu dürfen und gemeinsam neue Erfahrungen und Möglichkeiten zu entwickeln.

Die dialektische Verbindung von Wissen und Handeln in der Person des/r Therapeuten/in ist anstrengend und stellt eine Herausforderung dar. Gelingt diese Verbindung, dann ist das beratende oder therapeutische Vorgehen im besten Sinne wissenschaftlich fundiert. Ein solches auf Forschungsergebnissen basierendes Vorgehen stellt dann auch ein gutes Beispiel für Qualitätssicherung dar und ist gerade angesichts der Kostendiskussionen im Gesundheitswesen und in der Jugendhilfe argumentativ gut »aufgestellt« – Ziele, Vorgehen und Evaluation sind vertretbar und nachvollziehbar (vgl. besonders den Beitrag von Marvin in diesem Band).

In diesem dritten Band »Bindungswissen in der Praxis« wollen wir deshalb besonders bereits existierende und erprobte Beispiele einer bindungsgeleiteten Praxis vorstellen: Es kommen fast durchweg Autorinnen und Autoren zu Wort, die selbst an der Bindungsforschung beteiligt waren oder noch sind, aber gleichzeitig schon viele Jahre in der Praxis tätig sind. Die vorgestellten Fallbeispiele illustrieren ihr Handeln in Beratung und Therapie und geben gleichzeitig einen Einblick in ihre inneren entwicklungspsychologisch geleiteten Denkmodelle.

Die Beiträge zur Intervention sind entsprechend der Altersentwicklung der Kinder in frühe Kindheit und Adoleszenz gegliedert, ein dritter, eher diagnostischer Teil schließt sich an.

Der erste Beitrag von *Robert S. Marvin* und seinen Kollegen/innen stellt ein Gruppeninterventionsprogramm zur Stabilisierung und Unterstützung der Bindungsbeziehungen für Eltern von Kleinkindern bis etwa zum dritten Lebensjahr vor. Dieser Beitrag ist bereits 2002 in der Zeitschrift *Attachment and Human Development* erschienen. Er scheint uns so gelungen und grundlegend, dass wir uns entschlossen haben, diesen Beitrag in deutscher Sprache zu veröffentlichen[2], um ihn einer möglichst breiten Leserschaft zur Verfügung zu stellen. Die Abbildungen zum *Kreis der Sicherheit* in diesem Programm sowie dessen allgemeine Grundsätze und Ziele sind weit darüber hinaus in Beratungsprozessen anwendbar. Eltern können schnell und plastisch die Bedeutung und Funktion der Bindungsbeziehungen und ihren eigenen Platz als *sichere Basis und sicheren Hafen* in der Beziehung zum Kind erkennen. Die Vorgehensweise des Projekts ist in jeder Hinsicht innovativ und zukunftsweisend: Diagnostik und Intervention werden direkt verschränkt und die Eltern lernen anhand der Videoausschnitte ihrer Interaktion mit dem Kind wesentliche Beziehungsvorgänge zu erkennen, zu reflektieren und zu verändern. Das

Programm fokussiert dabei nicht auf das Individuum oder mögliche Defizite, sondern auf gemeinsame Beziehungsprozesse und die darin bereits sichtbaren Ressourcen und Stärken – ohne dass bestehende Schwierigkeiten geleugnet werden. Die Eltern werden dabei als die Partner mit der größeren Veränderungspotenz gesehen, und es wird umfassend solidarisch mit ihnen und ihren Entwicklungsprozessen umgegangen. Die Interventionen folgen der grundlegenden Vorstellung, dass nicht »das Fehlen von Störung das Wesentliche einer sicheren Bindung darstellt, sondern die Fähigkeit, Störungen wieder zu beheben« (Marvin).

George Downing schließt mit seiner im deutschsprachigen Raum erstmaligen Darstellung seiner *Video-Mikroanalytischen-Therapie* nahtlos und ergänzend an das Programm von Marvin u. a. an. Downing integriert unterschiedliche fachliche Möglichkeiten und Prinzipien zu einer Therapiemethode, die trefflich den Wert des Videoeinsatzes in Beratung und Therapie aufzeigt: Genaueste Beobachtung von Interaktionsprozessen, die Nutzung der Videotechnik, die klare wissenschaftliche Fundierung der Prozessdiagnostik und der Interventionsziele, und der Einsatz bisheriger therapeutischer Traditionen sowie neuer ressourcenorientierter Ansätze verbinden sich zu einem hoch effektiven Modell einer videogestützten Beratung und Therapie. Das inhärente Ziel ist – entsprechend wie bei Marvin u. a. – die Unterstützung von gelingenden und den gemeinsamen Entwicklungsbedürfnissen angemessenen Interaktionen.

Der Beitrag von *Carola Bindt* zur Psychotherapie von Mutter und Kleinkind unterstreicht in den Fallbeispielen eindrucksvoll, dass ein sehr genaues Wissen – in ihrem Fall der Bindungs- und Kleinkindforschung – über diese frühen Interaktionsprozesse und die Reflexion darüber im Rahmen einer Sicherheit spendenden therapeutischen Beziehung selbst schon eine Voraussetzung und ein Modell einer gelingenden Beziehungsgestaltung darstellen. Die innere Welt der Mutter, ihre intergenerational wirksamen Repräsentationen von Mutterrolle und Vaterrolle erweisen sich dabei als eng verknüpft mit der Wahrnehmung des Kindes und seiner Bedürfnisse. Regulationsstörungen, wie exzessives Schreien, Schlafstörungen sowie Essprobleme stellen im Säuglingsalter einen alltäglichen Vorstellungsgrund in der kinderärztlichen Praxis dar. Beim Lesen dieses Beitrages wird auch sofort deutlich, warum frühe Hilfen so wichtig sind. Zum einen handelt es sich um eine Phase, in der sich psychische Strukturen beim Kleinkind erst herausbilden – was Bindt sehr anschaulich beschreibt– , zum anderen stehen die Eltern bei frühen Problemen unter einem enormen Leidensdruck. Zu den Besonderheiten von Frühintervention, die Bindt herausarbeitet, zählt auch die besondere Stellung und Ausgestaltung der therapeutischen Beziehung. Keinesfalls sollte der/die Therapeut/in an

Deutungen und einem konventionellen Rahmen einer Neurosetherapie festhalten, sondern vielmehr das Baby als einen machtvollen Partner für eine erfolgreiche Therapie einbeziehen.

Gerhard Suess geht in seinem Kapitel darauf ein, dass Bindungssicherheit als Prozess und nicht als ein Zustand verstanden werden müsse. Der Begriff der Bindungssicherheit gewinnt dadurch an Alltagsnähe und kann somit auch besser als Zielgröße für Beratung und Therapie dienen, da er von dem »Alles-oder-nichts-Denken« wegführt. Bindungssicherheit wird des weiteren in einer komplexen Abfolge von Transaktionen vom Individuum aktiv hergestellt – dies gilt leider auch für die negativen Folgen von Bindungsdesorganisation, deren Unterbrechung ein erstes Ziel therapeutischer Intervention ist. Neben der Forderung nach Frühen Hilfen ergibt sich aus einem prozessorientierten Ansatz auch, Beratung und Therapie als eine Serie von Kurzzeitinterventionen zu verstehen. Die Folgerungen für die Praxis von Beratung und Therapie werden durch Fallbeispiele aus der Praxis der Frühintervention veranschaulicht.

Der zweite Teil des Buches widmet sich Interventionsansätzen bei Jugendlichen aus einer Bindungsperspektive.

Allen voran steht wieder – nahezu programmatisch – ein grundsätzlicher Beitrag von *Robert S. Marvin*, bei dem es sich wie bei gutem Wein verhält – mit der Zeit wird dieser bekanntlich besser. Zum Zeitpunkt seiner ersten Veröffentlichung im Jahre 1992 waren die in ihm dargestellten Gedanken zur Integration von Bindungstheorie, Entwicklungspsychopathologie und Familientherapie der Zeit weit voraus. Dies belegt eindrucksvoll auch der erst zehn Jahre später (!) erschienene Sonderband der Zeitschrift »Family Process« mit dem Titel »Attachment and Family Systems« (Wood 2002), in dem die Herausgeber erst den Beginn eines fruchtbaren Austausches zwischen der Familiensystemtheorie und Bindungstheorie postulieren, und dabei immer wieder auf die von Marvin hier dargestellten Grundüberlegungen zurückgreifen. Im vorliegenden Beitrag erweitert er diese Integrationsbemühungen um die Entwicklungspsychopathologie und erklärt dies schon deswegen als naheliegend, weil alle drei Disziplinen einen systemtheoretischen Bezugsrahmen aufweisen.

Seine Praxisbeispiele von Jugendlichen mit psychogenen Schmerzen zeigen, dass das Bemühen um ein widerspruchsfreies Zusammenfügen von Zusammengehörigem nicht nur als Ausdruck einer akademischen Schaffensfreude gesehen werden kann, sondern vielmehr auch in dem Wunsch wurzelt, eine frustrierende Praxis mit diesen jugendlichen Schmerzpatienten und ihren Familien zu überwinden. Hilfreich war dabei die Sichtweise, dass Störungen und Normalität durch vergleichbare Entwicklungsprozesse gekennzeichnet sind. Störungen stellen so zunächst frühere gelungene Anpassungen an jeweilige Situationen und

Kontexte dar. Damit ist eine ressourcenorientierte Grundhaltung angemessen, die den familiären Prozess als gutgemeinten, aber nicht mehr funktionalen Bewältigungsversuch versteht und die positiven Bindungskräfte in der Familie für die Veränderung nutzt. Marvins Ausführungen stellen gerade auch für die aktuell oft ausschließlich kontrovers geführten Diskussionen um Kurzzeittherapien und lösungsorientierte Ansätze versus Verfahren, welche die Rolle von Aufarbeitung und Verstehen vergangener Beziehungen betonen, eine Bereicherung dar.

Gerade das Spannungsverhältnis zwischen Rekonstruktionsarbeit und Arbeit an den Gegenwartsbeziehungen zeigt sich auch in dem Beitrag von *Susanne Hauser*. Bei der dargestellten Form der psychoanalytischen Therapie bei Adoleszenten stehen doch sehr die Gegenwartsbeziehungen im Vordergrund. Im Resümee zum Fallbeispiel eines zu Gewalt neigenden Jugendlichen schließt Hauser, dass die eigenen Erfahrungen mit den Eltern bei diesem Jugendlichen in der Therapie nachrangig waren und vermutlich erst dann wieder eher einer Bearbeitung zugänglich werden, wenn er selbst Vater werden sollte und sich bemüht, dem eigenen Kind leidvolle Erfahrungen zu ersparen. Hier bestätigt sich nochmals die Forderung von Marvin, dass Intervention sich auch an »stage salient issues« (Sroufe & Rutter 1984) orientieren sollte. Hauser führt diesen Gedankengang sehr anschaulich für die beiden Konzepte der Mentalisierung und der Feinfühligkeit aus. Gerade bei letzterem Konzept wird deutlich, dass Feinfühligkeit nicht mit Harmoniebestreben gleichgesetzt werden kann, sondern durchaus auch Konfliktfähigkeit und die Fähigkeit bedeuten kann, die »quälenden Aushandlungsprozesse« (Marvin) mit Jugendlichen auszuhalten und so manches auch stehen lassen zu können. Dies ist immer dann keine Schwierigkeit, wenn Feinfühligkeit u. a. als altersangemessene Auseinandersetzung mit den Bedürfnissen des Kindes begriffen wird, wenn also die einer Entwicklung immer zugrunde zu legende Transformation berücksichtigt wird. Die Betonung der sexuellen Entwicklungsthemen im Jugendalter bei Hauser unterstreichen dann auch nochmals Marvins Forderung an die Bindungsforschung, Beziehungen in ihrer Gesamtheit mit all den unterschiedlichen Bereichen zu betrachten, und nicht nur den Bindungs-Fürsorge-Bereich zu untersuchen.

Der Beitrag von *Fabienne Becker-Stoll* dokumentiert nicht nur die Ätiologie, die Formen und Kontextbedingungen von Essstörungen, sondern stellt neue Gedanken vor: So werden hier erstmals klar die Bindungstheorie und die Autonomieforschung und -förderung im Jugendalter konzeptuell verknüpft. Es wird deutlich, dass es trotz der großen Bedeutung der Familienbeziehungen bei Jugendlichen mit Essproblemen die typische »Magersuchtsfamilie«

nicht gibt. Die Forschungsbefunde und das Fallbeispiel von Becker-Stoll belegen, dass die genaue Beobachtung und Diagnostik der familiären Beziehungen vor dem Hintergrund der Bindungs- und Autonomiethemen helfen, angemessene und individuell abgestimmte Therapieziele zu benennen und die Therapie danach auszurichten.

Elisabeth Fremmer-Bombik zeigt anhand der Geschichte eines Mädchens eindringlich auf, dass gerade Kinder, die keine angemessenen Bindungserfahrungen in der Familie machen konnten, in besonderer Weise darauf angewiesen sind, von den Fachleuten Schutz, Hilfestellungen und Angebote zu erhalten, um die Entwicklungsaufgabe der Bildung eines stabilen, geordneten Bindungsmodells dennoch zu meistern. Dies kann jedoch nur gelingen, wenn die Bezugspersonen in Pädagogik, Jugendhilfe und Gesundheitswesen über Bindungswissen – auch über Bindungsstörungen – verfügen und mit Traumata und Beziehungsveränderungen sehr sorgfältig umgehen. Diese Kinder brauchen bindungsgeleitete Angebote in pädagogischen und therapeutischen Kontexten, um kohärente Modelle von sich als – trotz allem – liebenswerten Menschen mit einer nachvollziehbaren Beziehungs- und Entwicklungsgeschichte aufzubauen. Dies ist die Voraussetzung, um realistische Beziehungen aufzubauen und zu gestalten.

Die Bereitstellung entsprechender Hilfsangebote stellt vermutlich die größte Herausforderung an die Gesellschaft und die sozialen Systeme dar. Die Bindungstheorie, die ja nach dem Krieg aufgrund Bowlbys Untersuchung von Kriegswaisen entstanden ist, kann gerade in diesem Bereich sehr viel zur fachlichen Entwicklung beitragen. Hier liegt auch ein zentraler Anknüpfungspunkt zur Traumaforschung und klinischen Bindungsforschung.

In dritten Teil des Buches werden möglichst praxisnah diagnostische Verfahren vorgestellt, die helfen, die innere Bindungswelt und die Arbeitsmodelle von Bindung bei den Kindern zu erheben.

Die Beiträge von *Gabriele Gloger-Tippelt* und *Henri Julius* beschäftigen sich mit Bindungs-»Diagnostik« auf der Repräsentationsebene im Entwicklungsbereich vom Kindergartenalter bis hin zur mittleren Kindheit. Dabei greift Gloger-Tippelt das *Geschichtenergänzungsverfahren* auf, das bereits in Band 2 unserer Trilogie (Suess, Scheuerer-Englisch & Pfeifer 2001) beschrieben wurde, und stellt dazu drei Fallbeispiele mit unsicheren und sicheren Mustern vor. Dabei kann sie Bezüge zur Bindungsqualität im Kleinkindalter (Fremde Situation) sowie dem Bindungshintergrund der Mütter (Erwachseneninterview) herstellen. Damit gibt sie nicht nur einen eindruckvollen Einblick in unterschiedliche Entwicklungswege hin zu handlungsleitenden Bindungsmodellen, sondern zeigt auch auf, wie sich diese im Spiel der Kinder ausdrücken. Die ausführlichen und feingliedrigen Fallbeschreibungen von unterschiedlichen Bindungsqualitäten – angereichert mit Angaben zum Schwangerschaftsverlauf und zur Partnerschaftsbeziehung –

fördern den klinischen Eindruck zum Bindungsgeschehen für Praktiker/innen. Dabei kann Gloger-Tippelt gerade gegenüber den in der Praxis häufig verwendeten Methoden des Familienbrettes, Szenotests oder allgemein von Familienfiguren zur Erfassung der Beziehungswelten von Kindern ins Feld führen, dass ihre Methode empirisch fundiert ist und mit Reliabilitäts- und Validitätsangaben aufwarten kann.

Auch *Henri Julius* geht den Weg, über ausführliche Beschreibungen des Antwortverhaltens von Kindern in der mittleren Kindheit einen klinischen Eindruck zur Anwendung des *Separation Anxiety Tests (SAT)* zu vermitteln. Dabei handelt es sich um ein bildgestütztes, projektives Geschichtenergänzungsverfahren mit bindungsrelevanten Szenen. Zusätzlich zu Sprachmustern von Kindern mit organisierten Bindungsmustern (unsicher-ambivalent, unsicher-vermeidend und sicher) demonstriert er ausführlich das Sprachmuster von Kindern mit desorganisiertem / desorientiertem Bindungshintergrund. Diese Kinder hatten Vernachlässigung und/oder familiäre Gewalt in Form von körperlicher Misshandlung oder sexuellem Missbrauch erlebt und/oder waren von einem oder beiden Elternteilen verlassen worden. Julius legt zur Erklärung des Verhaltens dieser Kinder das Konzept der abgetrennten Systeme von John Bowlby zugrunde und fasst die Kriterien, die auf die Aktivierung bzw. Deaktivierung abgetrennter Systeme hinweisen, zusammen. Schon alleine deswegen ist sein Beitrag für die Praxis von enormer Bedeutung und sollte – einmal gelesen – nicht beiseite gelegt werden, sondern als ständige Nachschlagquelle in Einrichtungen bereitliegen. Dass der SAT für die klinische Praxis von Nutzen ist, kann Julius aus eigener Erfahrung bestätigen.

Peter Zimmermann und *Hermann Scheuerer-Englisch* stellen das *Bindungsinterview für die späte Kindheit (BISK)* vor. Kinder in der Präadoleszenz können sich sprachlich bereits gut ausdrücken, verbal über Beziehungen reflektieren, und sie gestalten viele Bereiche ihres Alltags eigenständig außerhalb der Familie. Bisher gibt es für die Altersstufe der Acht- bis Zwölfjährigen kaum diagnostische Verfahren, um deren Bindungsrepräsentation zu erfassen. Das etwa einstündige Interview lehnt sich an bisherige Interviewverfahren der Bindungsforschung an und ist auf die genannte Altersstufe ausgerichtet. Es thematisiert die wesentlichen eigenständigen Entwicklungsbereiche Schule, Freundschaftsbeziehungen und Familienbeziehungen und fokussiert gleichzeitig auf die Bindungsdynamik bei der Bewältigung von auftretenden Überforderungssituationen. Neben der kindlichen Wahrnehmung der Unterstützung durch die Bindungspersonen werden auch die kindlichen Bindungsstrategien und der Umgang mit den Interviewfragen erfasst. Neben den Interviewfragen werden die wichtigsten Skalen zur Auswertung vorgestellt.

Hermann Scheuerer-Englisch zeigt anschließend auf, wie diese Informationen im Rahmen von Familienberatung und Therapie genutzt werden können, um Beziehungsstrukturen in Richtung Sicherheit und emotionaler Offenheit zu verändern. Das Interview erlaubt die aktive Einbeziehung der Kinder in den Beratungsprozess. Es gibt wertvolle Hinweise zur Gestaltung der Interventionen durch die Berücksichtigung der subjektiven Wahrnehmung des Kindes. Damit werden die individuell belastenden Situationen und die damit verknüpften Strategien des Kindes und der Familie ein wesentlicher Fokus im Beratungsprozess. Nicht die Symptome, sondern die Regulierung von Belastungen in der Familie und die Erfordernisse für eine positive Auseinandersetzung in der Zukunft stehen im Mittelpunkt der Intervention. So erlaubt der Einblick in die innere Welt des Kindes eine ressourcenorientierte Herangehensweise gerade auch bei unsicheren und belastenden Beziehungsstrukturen.

Das Kinderbuch von *Monika Weitze* und *Eric Battut* (1999) über den kleinen Elefanten, der einmal sehr traurig war und was ihm geholfen hat, wieder fröhlich zu werden, zeigt abschließend sehr schön, wie ein sicheres Bindungsmodell hilft, angemessen zu trauern und einen Verlust im besten Sinn zu »verarbeiten«. Neben der Fröhlichkeit, die sich wieder einstellt, dürfen die Gefühle wahrgenommen werden, und der Respekt gegenüber Beziehungserfahrungen bleibt erhalten.

All unsere Autorinnen und Autoren denken in ihren Beiträgen daran, dass es Berater und Beraterinnen, Klienten und Klientinnen, Therapeutinnen und Therapeuten usw. gibt. Wie sie dies verschriftlichen, ist individuell sehr verschieden, einige gebrauchen die Geschlechtsangabe alternierend, andere benennen beide Geschlechter, wieder andere sprechen von Beratern und Klienten und schließen über Fußnoten beide Geschlechter ein. Um die Vielfältigkeit der Beiträge auch in dieser Beziehung zu erhalten, haben wir diese Vielfalt beibehalten, ohne auf einer vorgegebenen, einheitlichen Form zu bestehen, und auch auf erläuternde Fußnoten verzichtet. Lediglich die Möglichkeit, Beraterinnen und Berater zu »BeraterInnen« usw. zu machen, haben wir nicht vorgesehen.

Zum Schluss der Einleitung bleibt uns die erfreuliche Aufgabe, allen ganz herzlich zu danken, die zum Gelingen dieses Buches auf jeweils ihre eigene Weise beigetragen haben. Zunächst gilt dieser Dank den Autorinnen und Autoren, die bereit waren, die Anstrengung des Schreibens und Durchdenkens ihrer Arbeit auf sich zu nehmen. Wir wissen aus eigener Erfahrung, was dies angesichts der täglichen praktischen Arbeit an zusätzlicher Flexibilität und Zeit erfordert. Wir schätzen diese Art der Reflexion aber auch sehr, denn damit tragen wir alle im besten Sinne zu einer fundierten Praxis bei, die wir unseren Klient(inn)en und auch uns schulden.

Der Bundeskonferenz Erziehungsberatung gilt unser Dank, die es mit ihrer inzwischen dritten Fachtagung zu Bindungsthemen in Fulda ermöglicht hat, wieder so viele renommierte Kolleginnen und Kollegen in Kontakt zu bringen und wichtige Diskussionen zur Zukunft der Arbeit in Jugendhilfe und Gesundheitswesen zu führen. Ebenso sind wir auch dem Psychosozial-Verlag sehr verbunden, der diese Entwicklungsprozesse durch die Veröffentlichung der Bücher bereits bisher unterstützt hat und uns nun wieder sein Vertrauen geschenkt hat.

Gerne denken wir an die anregenden Fachdiskussionen mit vielen Kolleginnen und Kollegen zurück, die uns in den vergangenen Jahren begleitet haben und zu diesem Buch ermutigt haben.

Frau B. Dirtheuer und Frau H. Wabro haben durch ihre zügige Arbeit am PC ebenfalls zum Gelingen des Buches beigetragen.

Zum Schluss wollen wir aber ganz besonders herzlich bei unseren Familien bedanken, die uns angesichts so manchen Verzichts an gemeinsamer Zeit trotzdem Rückhalt und Kraft in der Beziehung gegeben haben: Unseren Partnerinnen Karolina Brunner-Suess, Marion Pfeifer und Martina Englisch für ihr Verständnis und unseren Kindern Hannah und Esther S., Yasmin und Christian P. und Philipp und Hannah E. für ihre Lebendigkeit, Lebensfreude und Liebe. Wir hoffen, dass das vorliegende Buch unseren Beziehungen nicht zum Schaden gereichte, und dass es den Respekt für die existentiellen Bindungen eines jeden Menschen fördern möge.

Anmerkungen

1 Begleitheft zur gemeinsamen Plakatkampagne des Bundesministeriums für Familie, Senioren, Frauen und Jugend, des Fachverbands Außenwerbung und des Mehr Zeit für Kinder e.V., 2002; Bildmotiv entwickelt von Peter Trentmann und Reinhard Hennig.

2 Wir danken hier besonders dem Verlag Taylor & Francis für die Abdruckerlaubnis sowie dem Herausgeber H. Steele und den Autoren für die Unterstützung.

Literatur

Aebli, H. (2002): Denken: Das Ordnen des Tuns. Bd. 1: Kognitive Aspekte der Handlungstheorie. Stuttgart (Klett-Cotta).

Bundesministerium für Familie, Senioren, Frauen und Jugend (Hg.) (2002): Familie Deutschland. Informationsbroschüre. Berlin (Selbstverlag).

Sroufe, L. A., Rutter, M. (1984): The domain of developmental psychopathology. Child Development 55.

Suess, G. J. & Pfeifer, W.-K. (1999): Frühe Hilfen. Die Anwendung von Bindungs-

und Kleinkindforschung in Erziehung, Beratung, Therapie und Vorbeugung. Gießen (Psychosozial).

Suess, G. J., Scheuerer-Englisch, H. & Pfeifer, W.-K. (2001): Bindungstheorie und Familiendynamik. Anwendung der Bindungstheorie in Beratung und Therapie. Gießen (Psychosozial).

Wood, B. L. (2002): Attachment and Family Systems. Special Issue. Family Process, Vol. 41/No 3, S. 283–555.

Weitze, M. & Battut, E. (1999): Wie der kleine rosa Elefant einmal sehr traurig war und wie es ihm wieder gut ging. Zürich (bohem press).

Intervention und Fallbeispiele in der frühen Kindheit und im Vorschulalter

Das Projekt »Kreis der Sicherheit«: Bindungsgeleitete Intervention bei Eltern-Kind-Dyaden im Vorschulalter[1,2]

Robert S. Marvin, Glen Cooper, Kent Hoffmann & Bert Powell

> »A central feature of my concept of parenting [is] the provision by both parents of a secure base from which a child or and adolescent can make sorties into the outside world and to which he can return knowing for sure that he will be welcomed when he gets there, nourished physically and emotionally, comforted if distressed, reassured if frightened. In essence this role is one of being available, ready to respond when called upon to encourage and perhaps assist, but to intervene only when clearly necessary.
>
> (Bowlby 1988a, S. 11)

1. Einleitung

Im Bereich der Frühintervention allgemein und speziell bei der Arbeit mit misshandelten Kindern, mit Pflege- oder Adoptivkindern, Vorschul- und Schulkindern, gibt es eine rapide wachsende Nachfrage bei Eltern und Fachleuten nach Maßnahmen, die effektiv darauf abzielen, problematische oder mit Risiken behaftete Bindungen in Richtung anpassungsfähigerer Entwicklungswege zu verändern. In den letzten Jahren nahm die Zahl systematischer Interventionsprogramme zu, die zumindest zum Teil durch die Bindungstheorie und -forschung gelenkt sind (siehe Lieberman & Zeanah 1999; van Ijzendoorn, Juffer & Duyvesteyn 1995). In diesem Beitrag beschreiben wir ein solches Programm – das »Kreis der Sicherheit-Projekt«[3] – welches speziell für Kinder mit hohem Entwicklungsrisiko im Zweijahres- und Vorschulalter sowie deren Fürsorgepersonen entwickelt wurde. Sowohl die verwendeten diagnostischen Einschätzverfahren, als auch die Intervention selbst basieren ausdrücklich auf der aktuellen Bindungstheorie und entsprechenden Entwicklungstheorien (siehe z. B. Schore 1994). Das Programm wird zur Zeit einem Feldtest mit Head Start/Early Head Start [4]-Eltern-Kind-Dyaden unterzogen (Marvin, Cooper, Hoffman und Powell 2000). Ziel des Projektes ist es, ein von Theorie und Erfahrungen[5] geleitetes Interventionsprogramm zu entwickeln, welches von Fachleuten, die in wissenschaftlich abgesicherten Bindungsverfahren trainiert sind, in Kooperation mit angemessen ausgebildeten Praktikern im Gemeinwesen vor Ort angewandt werden kann.

Die Intervention findet in Kleingruppen (n = 6) gefährdeter Mütter oder Väter (Hauptbindungspersonen) von Kindern im Zweijahres- oder Vorschulalter (1–4 Jahre alt) statt, welche sich mit einem Psychotherapeuten 20 Wochen lang jeweils 1 1/4 Stunden pro Woche treffen. Im Rahmen der Gruppe betrachtet jeder Elternteil vorbereitete Videoausschnitte von sich selbst im Umgang mit seinem Kind. Diese Videofeedbackausschnitte und die darauf bezogenen psychologisch-pädagogischen und therapeutischen Gespräche sind individuell auf die spezifischen Bindungs-/Fürsorgemuster jeder Dyade zugeschnitten: sie greifen auf vorher festgelegte individualisierte Behandlungsziele zurück; diese wiederum beruhen auf videographierten Interaktionen, welche in einer diagnostischen Einschätzung vor der Intervention erhoben wurden. Eine identische Einschätzung wird unmittelbar nach der 20-wöchigen Intervention durchgeführt, um Veränderungen in den Interaktionsmustern von Kind und Elternteil verfolgen zu können. Bis heute haben annähernd 75 Dyaden an dem Programm teilgenommen und die Auswertung und Analyse der Daten findet fortlaufend statt. In diesem Beitrag zeigen wir zunächst die konzeptionellen Verbindungen zwischen dem Interventionsprogramm und der Bindungstheorie auf und stellen dann den Interventionsablauf selbst dar. Wir schließen dann mit einem Fallbeispiel aus unserer Stichprobe.

2. Der Hintergrund für das Programm

Das COS-Interventionsschema wurde besonders auf folgende Punkte hin ausgerichtet: Es sollte theorie- und forschungsgeleitet sein; es sollte auf jede Dyade individuell zugeschnitten sein; es sollte standardisierte, nachvollziehbare Diagnoseverfahren verwenden; es sollte zu spezifischen Interventionszielen basierend auf diesen diagnostischen Feststellverfahren führen; und es sollte schließlich die Interventionen an Eltern richten, da sie es sind, die eine Veränderung mit größerer Wahrscheinlichkeit herbeiführen können.

2.1 Theorie- und forschungsgeleitet

Das Programm enthält gerade auch viele der Ideen, die sich in der aktuellen Theorie und Forschung über kindliche Entwicklung im Allgemeinen und im Besonderen in den Konzepten zu Bindung und früher Eltern-Kind-Interaktion wiederfinden. Besonders bedeutsam sind dabei die Vorstellungen zur Gefühlsregulation; zum interaktiven Zusammenspiel (interactive synchrony); zum mentalen Status[6] bezüglich Bindungen und intimer Beziehungen; zu von den Partnern gemeinsam erreichten Zuständen von Bewusstsein, Gefühlen und Perspektiven; und schließlich zur Reflexionsfähigkeit (reflective functioning).

Abb. 1 Kreis der Sicherheit

Die zentralen Konzepte für die Diagnostik- und Interventionskomponenten des Programms sind Ainsworths Ideen der sicheren Basis und des Hafens der Sicherheit (Ainsworth, Blehar, Waters & Wall 1978). Unser Ziel war es, diese Ideen den Eltern in einer benutzerfreundlichen allgemeinverständlichen Art zu präsentieren, so dass sie Verstand und Gefühl der Eltern erreichen und ebenso die Intervention leiten. Dafür entwickelten wir eine graphische Darstellung, die beide Seiten von Ainsworths Konstrukt darstellt (siehe Abb. 1). Die obere Hälfte des Kreises zeigt das kindliche Explorationssystem und Explorationsbedürfnisse sowie sein Streben, sich in Richtung Erkundung weg zu bewegen, wenn es erwartet, dass seine Bindungsperson erreichbar und verfügbar ist, wenn es sie braucht. Ganz rechts auf dem Kreis ist das kindliche Bedürfnis aufgeführt, dass die Bindungsfigur sein Spiel wachsam verfolgt für den Fall, dass es Schutz braucht, dass sie ihm bei Bedarf hilft, seine Gefühle oder sein Verhalten zu strukturieren, und dass sie ihre Aktivitäten mit dem Kind genießt. Die untere Hälfte des Kreises bildet das kindliche Bindungssystem und seinen Wunsch an die Bindungsfigur ab, dass sie es gern willkommen heißt, um es zu beschützen, zu trösten, sich an ihm zu freuen und seine Gefühle und sein Verhalten zu organisieren, wenn das Kind über die Grenzen seiner eigenen Selbstorganisationsfähigkeiten geraten ist. Übereinstimmend mit Bowlbys Definition lautet die elterliche Formel für eine sichere Bindung: »Sei in jedem Fall größer, stärker, weiser und gütig (...) wann immer es möglich ist, folge meinen kindlichen Bedürfnissen (...) und falls es notwendig ist, übernimm die Führung.« Die Eltern werden mit Hilfe dieser Graphik mit der Bindungstheorie vertraut gemacht, sehen sie fortwährend im Therapieraum ausgehängt und bekommen eine Kopie in Form eines Kühlschrankmagneten, um sie zu Hause aufzuhängen.

Eine Schlüsselkomponente des Interventionsprogramms, welche die Eltern zunehmend verstehen und in den Blickwinkel nehmen sollten, ist die Idee, dass Interaktionen zwischen Kindern und ihren Eltern nicht immer glatt verlaufen, sondern Unterbrechungen aufweisen, die eine »Reparatur« erforderlich machen (Bowlby 1982; Tronick 1989). Genau diese Fähigkeit, Störungen wieder zu beheben ist das Wesentliche einer sicheren Bindung, nicht das Fehlen von Störungen. Diese Wiederherstellung erfordert von jedem klare Fingerzeige sowie ein klares Verständnis für und Antwortbereitschaft auf die Signale jedes Partners hin.

Jeder Elternteil entwickelt auch ein Verständnis dafür, dass bestimmte Bedürfnisse dieses Kreises der Sicherheit schmerzvolle Gefühlszustände aktivieren können, was innerlich zu einem Warnsignal oder einem Gefühl von Gefahr führen kann (siehe Masterson & Klein 1995). Der Elternteil geht dann in eine Abwehrstrategie, um sich selbst zu schützen, indem er sein Kind im Hinblick auf seine Bedürfnisse missversteht. Ein Elternteil kann z. B. auf ein kindliches Bindungsverhalten nach Nähe so reagieren, dass er das Kind bestärkt, wegzugehen und zu spielen. Mit der Zeit löst die elterliche Abwehrstrategie des Missverstehens beim Kind ein Gefühl von Gefahr bei dem gezeigten Bedürfnis aus und das Kind passt sich an, indem es seinerseits dem Elternteil ein falsches Signal im Hinblick auf das schmerzhafte Bedürfnis gibt. So wird eine sich selbst erhaltende Feedbackschleife geschaffen, innerhalb derer sowohl das Kind als auch der Elternteil das Bedürfnis durch gegenseitiges Missverstehen vermeidet. Das Verstehen dieses Prozesses führt bei den Eltern zu der Einsicht, dass normalerweise jede Zweierbeziehung in einem Bereich des Kreises der Sicherheit besser ist als in einem anderen. Manche Dyaden können die kindliche Freiheit zur Exploration gut unterstützen, aber sind weniger in der Lage, direkt mit kindlichen Belastungszuständen umzugehen. Andere stellen fest, dass es leicht gelingt, emotionale Unterstützung zu geben, während es die Partner beunruhigt und ein Gefahrsignal aktiviert, wenn dem Kind erlaubt werden soll, sich wegzubewegen und zu explorieren. Z. B. könnte ein Kleinkind oder Vorschulkind wissen, dass es seine Mutter beunruhigen würde, wenn es ihr direkt zeigen würde, dass es mit ihr kuscheln will, und so gibt es ihr ein falsches Signal, indem es sich so verhält, als ob es wirklich eher spielen will als auf ihrem Schoß herum zu klettern. Und obwohl der neutrale Gefühlsausdruck des Kindes, die Blickvermeidung und die Überbetonung des Spiels für die Mutter Signale sind, dass irgend etwas nicht stimmt, stellt sie sich wegen ihrer eigenen internen Gefahrensignale auf seine fehlende Intimität ein und schließt sich ihm in diesem Missverstehen an. Dies ist die Grundlage eines vermeidend/distanzierenden dyadischen Musters.

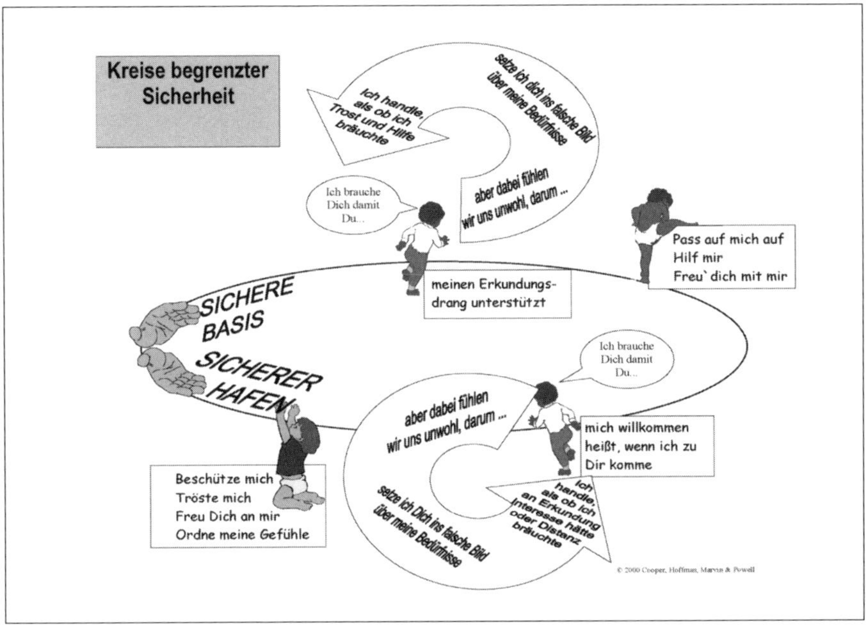

Abb. 2 Kreise begrenzter Sicherheit

Wie in Abbildung 2 dargestellt, hat die ambivalente/präokkupierte Dyade das umgekehrte Problem missverständlicher Signale auf der oberen Seite des Kreises.

Im Verlauf der Intervention lernt die Fürsorgeperson, dass alle Eltern und Dyaden besonders starke Gefahrensignale erleben, wenn die kindlichen Bedürfnisse es erfordern, dass der Elternteil aus seiner Abwehrstrategie heraustritt, um das jeweilige spezielle kindliche Bedürfnis zu erfüllen. Die Bindungsperson lernt weiterhin, dass diese abwehrende unsichere Strategie mit Mustern verbunden ist, die sie von klein auf als Antwort auf ihre eigene(n) Bindungsperson(en) hin entwickelt hat, und sie beginnt die Möglichkeit in Betracht zu ziehen, dass sie ein unsicheres Muster aufrechterhält, indem sie einige Signale ihres Kindes falsch interpretiert. Der Interventionsablauf verstärkt diese Einsicht mit einer speziel-le Prozedur: Der Gruppe wird ein Videoclip von einer Küste und einem Regenwald gezeigt, unterlegt mit einer sanften ernsten Musik. Die Gruppenmitglieder reden darüber, welche wundervollen Gefühle dies hervorruft. Dann wird der Videoclip ein zweites Mal gezeigt, unterlegt mit einer modifizierten Version des Soundtracks des Films »Der weiße Hai«. In der Diskussion darüber, dass sie nun Aufregung und Angst spüren, verstehen die Eltern langsam, wie sehr ihre eigenen subjektiven Erfahrungen ihre Gefühle im Hinblick auf die Bedürfnisse ihrer Kinder beeinflussen können. Es ist so, als ob der Elternteil von seinen eigenen Eltern lernte, dass bestimmte Bedürfnisse wie Haifischgewässer sind und vermieden werden müssen. Infolgedessen »schützen« sie ihre Kinder vor dem, was sie gegenwärtig als gefährliche Bedürfnisse wahrnehmen. Durch das Anschauen von Filmen, durch Videoclips von ihrem Kind und sich selbst, durch Prüfen der Antworten in ihren Interviews vor der Intervention und durch die gemeinsame Durchführung all dessen zusammen mit den anderen Eltern in der Gruppe beginnt jeder Elternteil darüber als von seiner eigenen »Haifischmusik« zu sprechen. Der Begriff »Haifischmusik« wird ein häufig gebrauchter Ausdruck im Programm, wenn die Fähigkeiten des Elternteils wachsen, die Signale ihres Kindes zu beobachten, zu reflektieren und über die eigenen schmerzhaften Gefühle nachzudenken und ihnen standzuhalten, während er/sie die kindlichen Bindungsbedürfnisse erfüllt.

2.2 Individuell zugeschnitten für jede Dyade

Die Intervention ist individuell zugeschnitten auf jedes der Hauptmuster, oder jede der Strategien von Bindungs-/Fürsorgeinteraktionen und internalen Arbeitsmodellen (Internal Working Models). Dieser Zuschnitt besteht in einer differentiellen Erfassung des Bindungsmusters eines jeden Kindes und des Fürsorgemusters seines Elternteils, gefolgt von einem spezifischen Behandlungsablauf, der dem jeweiligen dyadischen Muster zugeordnet ist. Dieses Design optimiert die Güte der Passung (»goodness of fit«) zwischen Elternteil und Kind und hilft die potentiellen Probleme eines »Passt für alle«-Ansatzes (»one size fits all«) der Intervention auszuschalten.

Die individuellen Unterschiede in den Bindungs-/Fürsorgeinteraktionsmustern werden in der Regel von Elternteil und Kind in Form eines wechselseitig aufeinander bezogenen Tanzes miteinander geteilt. Jedes Muster kann zuverlässig (reliabel) in Form von speziellen Verhaltensorganisationen und internalen Arbeitsmodellen beider Partner identifiziert werden, wobei in den meisten Fällen ein klares Zusammenspiel zwischen den Partnern besteht (Ainsworth u. a. 1978; Cassidy & Marvin 1992; Main, Kaplan & Cassidy 1985; George und Solomon 1999; Marvin & Britner 1995). Vier oder fünf unterschiedliche dyadische Muster (jedes mit Unterkategorien) wurden festgestellt:

1. Das sicher (Kind)-autonome (Elternteil)-Muster[7] ist eines, bei dem beide Partner mühelos aufeinander zugehen und interagieren können, wenn das Kind belastet ist. Sie tun das in einer Art, welche das kindliche Bindungsverhaltenssystem beendet und weitere Exploration erleichtert. Der Wechsel zwischen dem kindlichen Gebrauch der Bindungsperson als einer sicheren Basis für Exploration und als einem Hafen der Sicherheit verläuft reibungslos und relativ frei von Angst. Dieses Muster funktioniert glatt und leichtgängig rund um den gesamten Kreis der Sicherheit und führt folgerichtig zu keinen gegenseitigen und beständigen Täuschungen durch falsche Signale[8]. Die enge Abstimmung zwischen Kind und Elternteil ist selbstverständlich gelegentlich gestört, aber diese Störungen werden leicht beseitigt oder wieder ins Gleichgewicht gebracht (siehe Bowlby 1982; Schore 1994; Tronick 1989). Diese Abfolge von anpassungsfähiger Bezogenheit – Störung – Reparatur zwischen den Partnern bezogen auf die Gefühlsregulation, die physische Nähe und gemeinsam geteilten Erfahrungen, Gefühle, Ziele und Pläne, führen zu Selbstvertrauen und Entwicklungskompetenz auf Seiten des Kindes.

2. Das unsicher vermeidende-zurückweisende Muster ist eines, bei dem beide Partner dazu neigen, die eher innigeren Bindungs-/Fürsorgeinteraktionen zugunsten anderer Arten von Interaktionen zurückzustellen. Häufig lenken sie sich selbst von Bindungs-/Fürsorgeinteraktionen durch einen abwehrenden Fokus in Richtung Exploration ab. Die Partner fühlen sich also weniger wohl in der unteren Hälfte des Kreislaufes der Sicherheit, wenn die kindlichen Bindungsverhaltensweisen oder Bedürfnisse aktiviert sind. Sie geben sich an diesem Punkt des Kreises gegenseitig die falsche Versicherung[9], dass das Kind tatsächlich eher am Spiel interessiert sei. Eine früh erfolgte elterliche Zurückweisung von Bindungsverhaltensweisen beim Kleinkind und damit zusammenhängender emotionaler Signale führt zu einem späteren komplexen gegenseitigen Muster von ängstlicher Vermeidung/Zurückweisung gemeinsamer tiefer Erfahrungen, Gefühle, Ziele und Pläne, zu Überregulation von Gefühlen und vergleichsweise wenig emotionaler Selbsterkenntnis. Die Partner arbeiten umsichtig daran, gerade soweit miteinander verbunden zu sein, dass das Kind geschützt ist, aber nicht so eng, um in einer innigen Art miteinander umzugehen. Sie haben daher ihr eigenes charakteristisches Muster der Wiederherstellung von Störungen (Unterbrechungen) in ihrer Bezogenheit – ein Muster, welches komplexer und ängstlicher als das sichere Muster ist – jedoch auch organisiert und geordnet.

3. Das unsicher ambivalente – präokkupierte Muster ist eines, bei dem beide Partner dazu neigen, die eigenständige Exploration des Kindes zu mini-

mieren, und stattdessen den Schwerpunkt (häufig in einer ambivalenten Art und Weise) auf Bindungs-/Fürsorgeinteraktionen und eine Überabhängigkeit des Kindes von den Eltern zu legen. Sie fühlen sich folglich am wenigsten behaglich in der oberen Hälfte des Kreislaufes der Sicherheit, wenn kindliche Autonomie- und Explorationsverhaltensweisen oder -bedürfnisse aktiviert sind. An diesem Punkt des Kreises neigen sie beide dazu, gegenseitig vorzutäuschen, dass wirklich Anlass zur Beunruhigung oder Sorge besteht. Eine frühe elterliche Unbeständigkeit in der elterlichen Fürsorge und fehlende Antwortbereitschaft führt zu einem späteren komplexen gemeinsamen Muster von ängstlicher Ambivalenz im Hinblick auf innige Verbundenheit versus Distanz, zu Problemen bei der Grenzziehung zwischen den Perspektiven des Kindes und der Bindungsperson (Verstrickung), zu geringer Regulation von Gefühlen sowie einer übersteigerten Besitzergreifung durch die Beziehung und einem vergleichsweisen Ausschluss von autonomen kompetenten Aktivitäten. Das charakteristische Muster von Abstimmung – Unterbrechung – Wiederherstellung in diesen zu innigen Dyaden ist ebenfalls geordnet, aber es ist komplexer und ängstlicher als beim sicheren Muster.

4. Schließlich gibt es eine Anzahl von mit noch höheren Risiken behafteten unsicheren ungeordneten (disordered)[10] (desorganisierten oder anderweitig unsicheren) Mustern, bei denen die erhöhte elterliche Furcht vor kindlichen Bindungsverhaltensweisen oder Ärger gegenüber diesen zu Desorganisation und/oder zum Verzicht in der Ausübung der elterlichen Rolle führt (Main & Hesse 1990; Solomon & George 1996; Marvin & Britner 1995). Dieses Muster elterlicher Fürsorge scheint mit einer fehlenden Bewältigung früher oder aktueller Traumata beim Elternteil verbunden zu sein. Während der frühen Kindheit wird das Bindungsverhalten eines solchen Kindes eher desorganisiert und inkohärent, was auf das Fehlen eines stabilen Reparaturmechanismus bei Störungen in diesen Dyaden hinweist. In der Mitte der Vorschuljahre führt die fortgesetzte Furcht und die Abdankung des Elternteils zusammen mit Fortschritten bei den sozial-kognitiven Fähigkeiten des Kindes bei einigen dieser Dyaden in eine Rollenumkehrbeziehung, bei der eher das Kind als die Fürsorgeperson die führende Rolle bei der Organisierung hoch emotionaler sowie Bindung/Fürsorge betreffende Interaktionskontexte einnimmt (Main, Kaplan & Cassidy 1985; Cassidy & Marvin 1992). Andere von diesen desorganisierten Dyaden entwickelten Muster, bei denen beide Partner Kombinationen von vermeidenden und ambivalenten Mustern zeigen, Muster von Nötigung und zwanghafter Übereinstimmung, oder so starker wechselseitiger Loslösung, dass der beschützende Zweck der Beziehung nicht mehr erfüllt werden kann. In den meisten dieser ungeordneten Muster haben die Partner Schwierigkeiten mit der individuellen und der gemeinsamen Gefühlsregulation und haben

ängstliche, komplexe Reparaturmuster bei Unterbrechungen der gegenseitigen Bezogenheit, welche eher keinen angemessenen elterlichen Schutz für das Kind als vorhersagbares Ergebnis bieten. Folglich haben sie Schwierigkeiten an allen Punkten rund um den Kreislauf der Sicherheit und können sich vielleicht tatsächlich überhaupt nicht auf ihm bewegen. In diesen Fällen liegt der Fokus der Intervention darauf, Kapazitäten aufzubauen, sowohl den kindlichen Aktivitäten angemessen zu folgen, als auch die kindlichen Aktivitäten zu lenken.

2.3 Standardisierte Einschätzungsverfahren vor und nach der Intervention

Diagnostische Einschätzungsverfahren:
Jede Elternteil-Kind-Dyade durchläuft das selbe Einschätzungsverfahren vor der Intervention und innerhalb von zehn Tagen nach Abschluss der 20-wöchigen Intervention. Diese Einschätzung dient dazu, Risiko- und Resilienzfaktoren[11] in den Interaktionen festzustellen, individuell zugeschnittene Interventionsziele zu entwickeln und Veränderungen über die 20 Wochen hinweg zu messen.

Jede Dyade nimmt an der Kleinkind- oder Vorschulversion der Fremde-Situation von Ainsworth teil (Ainsworth u. a. 1978; Cassidy & Marvin 1992). Sofort nach der Fremde-Situation bekommt jeder Elternteil ein für das Alter des Kindes passendes Buch und wird gebeten, dem Kind fünf Minuten vorzulesen. Dann wird dem Elternteil ein Signal gegeben, das Kind zu ermuntern, das Spielzeug in dem Fremde-Situations-Zimmer aufzuräumen. Im Anschluss an diese Beobachtungsverfahren nimmt der Elternteil an einem videographierten, einstündigen Interview (Circle of Security Interview, Kurzform: COSI) teil. Das Interview enthält Fragen über das kindliche und das eigene Verhalten und die Gefühle während der Fremde-Situation, ausgewählte Fragen aus dem Eltern-Entwicklungs-Interview (Parent Development Interview: Aber, Slade, Cohen & Meyer 1989), und ausgewählte Fragen aus dem Erwachsenen-Bindungsinterview (Adult Attachment Interview: George, Kaplan & Main 1984). Zum Schluss füllt der Elternteil noch verschiedene standardisierte Fragebögen aus, welche kindliche Verhaltensprobleme, Ängste und Depression, elterlichen Stress und kritische Lebensereignisse erfassen.

Diese Verfahren ergeben eine Vielzahl von Möglichkeiten für den Vergleich vor und nach der Intervention und Kriterien für erfolgreiche Veränderungen. Während eine Veränderung im kindlichen oder elterlichen Muster von unsicher (geordnet oder ungeordnet) zu sicher eine naheliegende Möglichkeit darstellt, betrachten wir für dieses Projekt eine Veränderung von ungeordneten zu geordneten (sicheren oder unsicheren) Mustern als unser Kriterium für Erfolg. Der Grund dafür ist, dass die negativen Folgen, welche mit einer desorganisierten Bindung einhergehen, wesentlich schwerer wiegen als diejenigen, welche mit geordneten, sogar unsicheren Bindungen zusammenhängen. Dazu kommt die hohe Rate von desorganisierten Bindungs-/Fürsorgeklassifikationen (vorliegende Ergebnisse liegen über 50%) vor der Intervention in unserer Stichprobe. Wir vergleichen außerdem Fürsorge-Rating-Skalen vor und nach der Intervention und kindliche und elterliche Fragebodendaten.

Kindliche und elterliche Klassifikationen und Ratings.
Die Videoaufnahmen und Fragebögen aus jeder diagnostischen Sitzung werden von klinischen Psychologen oder graduierten klinischen Studenten kodiert, welche in den Bindungsverfahren angemessen trainiert und zertifiziert sind. Das kindliche Bindungsmuster wird entweder nach dem Klassifikationssystem für Kleinkinder nach Ainsworth (Ainsworth u. a. 1978) oder dem Vorschul-Bindungs-Klassifikationssystem (Cassidy & Marvin 1992) kodiert. Eine ausreichende Beobachter-Übereinstimmung ist durch eine Doppelkodierung von annähernd der Hälfte der Fremde-Situationen sichergestellt.

Die elterliche Fürsorgeklassifikation wird aufgrund der selben Fremde-Situation kodiert, wiederum in annähernd der Hälfte der Fälle durch zwei unabhängige Auswerter, welche die kindlichen Klassifikationen nicht kennen. Die elterliche Klassifikation wird nach dem »Caregiver Behavior Classification System« (Marvin & Britner 1995) durchgeführt. Dieses kürzlich entwickelte System basiert auf spezifischen Mustern von beobachtbaren Fürsorgeverhaltensweisen während des Spiels, der Trennung und Wiedervereinigung in der Fremde-Situation. Das System führt zu fünf Hauptklassifikationen, jeweils eine einer von denen des Kindes entsprechend, und hängt konzeptuell sowohl mit Ainsworths kindorientiertem System als auch mit dem Klassifikationssystem des Erwachsenen-Bindungsinterviews zusammen: Sicher/autonom[12]; vermeidend / zurückweisend; ambivalent/präokkupiert; desorganisiert/abdankend und unsicher/sonst unklassifizierbar (Ds-E). Das System erlaubt auch fortlaufende Einschätzungen auf 12 Rating-Skalen, welche zentrale Konstrukte aus der Bindungstheorie abbilden und daraufhin angepasst wurden, das Fürsorgeverhalten in der Fremde-Situation einzuschätzen. Das »Caregiver Behavior Classification System« erwies sich als in hohem Maße reliabel, mit einer hoch signifikanten Trefferrate zwischen unabhängig voneinander eingeschätzten Kinder- und Elternteil-Klassifikationen (Britner 1996).

Ausarbeitung von Interventionszielen.
Interventionsziele werden aus den Klassifikationen, den Einschätzungen und klinischen Beobachtungen abgeleitet. Diese Ziele sind spezifisch im Hinblick auf jede Hauptklassifikation, z. B. werden zurückweisende Eltern in der Regel folgenden Interventionszielen zugeordnet: Zunehmende Einsicht, wie stark ihre Kinder sie brauchen; zunehmende Fähigkeiten, die subtilen kindlichen Signale von Unwohlsein zu erkennen und einzuordnen; und abnehmendes gegenseitiges In-die-Irre-Führen unter Bedingungen, in denen das kindliche Bindungsverhalten aktiviert ist. Charakteristisch ist weiterhin, dass jeder Elternteil seine eigenen individuellen Ziele innerhalb dieser Reihe von allgemein gültigen Zielen erhält. Z. B. kann eine bestimmte zurückweisende Mutter das Behandlungsziel bekommen, ihre Neigung zu reduzieren, ihr Kind unter Druck zu setzen, um ein kompetenteres Spiel zu erreichen, und stattdessen als wichtigeres Ziel, ihre Tendenz zu verstärken, den kindlichen Spaß am Spiel zu erleben. Bei der Entwicklung dieser persönlichen Interventionsziele hört sich die Person, welche die Daten auswertet, normalerweise das COS-Interview an, um Informationen über das internale Arbeitsmodell der Eltern im Hinblick auf ihre Beziehung zu ihrem Kind zu erhalten. Dies bringt nützliche Informationen über Ereignisse, welche die elterlichen, nicht sicheren Verhaltensmuster auslösen, über Erlebnisse aus ihrer eigenen Entwicklung, welche mit diesen Mustern verbunden sein könnten, sowie Informationen über die Worte, die der Elternteil selbst gebraucht, um diese »Stolpersteine« oder die »Haifischmusik« zu beschreiben und zu verstehen.

Schließlich werden während im Verlauf der gesamten Intervention ebenso Interventionsziele abgeleitet und fein abgestimmt, basierend auf einer Differentialdiagnose der Charakterstruktur vor dem Hintergrund der zeitgenössischen Objekt-Beziehungs-Theorie (z. B. Guntrip 1969; Kernberg 1984; Kohut 1977; Masterson & Klein 1995). Dabei liegt der Aufmerksamkeitsfokus besonders auf: der Flexibilität/Rigidität des elterlichen Abwehrprozesses; der Fähigkeit, seine eigenen Gefühle in der Gruppe zu managen oder zu regulieren; ihrem Vermögen für Reflexionsfähigkeit und ihrer Bereitschaft und Fähigkeit, eine therapeutische Arbeitsbeziehung mit dem Gruppenleiter zu entwickeln.

2.4 Direkter Fokus auf die Fürsorgeperson

Bei der Entwicklung des Programms haben wir uns dafür entschieden, auf die Tatsache zu setzen, dass der Elternteil als ein Erwachsener mehr Freiheitsgrade bei der Veränderung der Bindungs-/Fürsorgeinteraktionen hat als das Kind. Dieser spezielle Fokus bedeutet aber nicht, dass das problematische Verhalten durch den Elternteil verursacht ist. Wir nehmen stattdessen eher an, dass sogar für ein Vorschulkind oder älteres Kind die effektivste Intervention bei problematischen Bindungs-/Fürsorgemustern darin besteht, sich direkt auf den Elternteil zu konzentrieren und darauf hinzuarbeiten, die elterlichen Verhaltensmuster und/oder ihre internalen Arbeitsmodelle von Bindungs-/Fürsorgeinteraktionen mit diesem speziellen Kind zu verändern. Diese Veränderung sollte dann zu einem Wechsel in den Interaktionsmustern von Elternteil und Kind führen und anschließend die kindlichen Muster von Bindungs- und Explorationsverhalten hin zu einem anpassungsfähigeren Entwicklungsweg verändern [13].

Im Rahmen einer unterstützenden Gruppenumgebung, innerhalb derer der Therapeut die Rolle einer sicheren Basis für die Teilnehmer eingenommen hat, wird jeder Elternteil auf einen eigenen Weg gebracht, um zunehmend besser die Botschaften seines Kindes erkennen zu können, um über die damit verbundenen kindlichen Gedanken und Gefühle zu reflektieren, und über seine eigenen Gefühle, Pläne und Verhaltensweisen nachzudenken. Die wesentlichen Schritte bei der Arbeit mit der elterlichen Haifischmusik sind: Steigere ihr/sein Bewusstsein über ihr/ihre Unbehagen/Haifischmusik; respektiere dieses Unbehagen und wisse, dass es mehr mit erlebter Gefahr in der Vergangenheit als in der Gegenwart zu tun hat; und gehe auf die Bedürfnisse ihres/seines Kindes trotz dieses Unbehagens ein.

3. Das »circle of security protocol« (COS)

Die 20-Wochen-Intervention findet in kleinen Gruppen von fünf oder sechs Elternteilen und einem oder zwei Therapeuten statt. Die Gruppensitzungen werden videographiert. Der Therapeut wählt entscheidende Ausschnitte der diagnostischen Videobänder für den Gebrauch in den Gruppensitzungen aus.

3.1 Die Ziele

Es gibt eine Abfolge von fünf alles überspannenden therapeutischen Zielen, welche für alle Eltern gelten:

1. Herstellung einer haltgebenden Umgebung oder einer sicheren Basis, von der aus die Eltern ihr Elternverhalten erkunden können.
2. Ausstattung der Eltern mit einem benutzerfreundlichen Plan der Bindungstheorie, welchen wir den »Kreis der Sicherheit« (circle of security) nennen.
3. Den Eltern helfen, ihre Beobachtungsfähigkeiten zu entwickeln, besonders diejenigen, welche erforderlich sind, um die oft subtilen und irreführenden Botschaften ihrer Kinder zu erkennen und zu beantworten.
4. Entwicklung eines Prozesses von reflektiven Dialogen in der Gruppe – eine Fähigkeit, welche der Elternteil dann als inneren Dialog mit sich selbst nutzen

kann. Dieser Prozess wird als die zentrale Dynamik für die Veränderung betrachtet.
5. Unterstützung für die nachdrückliche elterliche Veränderung weg von Abwehrprozessen hin zu Empathie für ihre Kinder.

3.2 Der Ablauf des Interventionsprogramm

Woche 1 und 2: Einführung und Theoriebildung

Zwei Einführungswochen dienen für jede Gruppe zur Herstellung von Wohlbefinden, Vertrauen und den Anfängen einer Arbeitsallianz zwischen Eltern und Gruppenleitung, und ebenso dazu, die zentralen Konzepte der Bindungstheorie den Eltern in einer benutzerfreundlichen Art und Weise nahe zu bringen.

In der ersten Woche liegt der Fokus auf der Wertschätzung der Kompetenz und der positiven Absicht der Eltern. Dies wird besonders unterstrichen durch die Vorführung einer ausgewählten, mit Musik unterlegten Videomontage über den Umgang der Eltern mit ihren Kindern. Der Song »You Are So Beautiful« wird auf der Audiospur unterlegt und der Gruppenleiter sagt den Eltern: »Das ist das Lied, das Ihre Kinder für Sie singen«. Eine Formel für sichere Bindung wird eingeführt und die Vorteile von Sicherheit werden diskutiert. Die Schlüsselkonzepte der Bindungstheorie werden den Eltern durch die Vorführung kurzer Videoclips, bei denen ihre Kinder von der Exploration zum Nähe-suchen und zurück zur Exploration wechseln, nahegebracht. Die Eltern erhalten eine Kopie des »Kreises der Sicherheit« (Abbildung 1) und werden – als die Gruppe anfängt, herauszufinden, was bei jedem Videobeispiel vor sich geht – gebeten, ihre Beobachtungen mitzuteilen. Dies trägt zum Aufbau der elterlichen Beobachtungsfähigkeiten bei und bindet sie in den Prozess der Erkundung ein.

Die Steigerung der Beobachtungsfähigkeit und des Verständnisses der kindlichen Bedürfnisse wird der Fokus der zweiten Woche. Videoausschnitte von Eltern und Kinder werden gezeigt, um diese Wahrnehmungsfertigkeiten zu üben. Wenn diese Fähigkeiten dann zunehmen, werden die Eltern gebeten, auf der Grundlage des Paradigmas des *Kreises der Sicherheit* zu diskutieren, welches das primäre Bedürfnis eines jeden Kindes innerhalb jedes Videobeispieles denn ist, z. B. Explorationsbedürfnisse oder Bindungsbedürfnisse. Aufbauend auf ihren Beobachtungen zu den emotionalen Bedürfnisse jedes Kindes beginnen die Eltern Annahmen darüber zu bilden, was ihre Kinder fühlen. Dies führt hin zu reflexiver Feinabstimmung und reflexivem Dialog, dem vom Projekt angestrebten zentralen Mechanismus für Veränderung.

Woche 3 bis 8: Phase 1 der Videobetrachtungen

In jeder der 3. bis 8. Woche sieht sich die Gruppe Videoausschnitte von derjenigen Eltern-Kind-Dyade an, welche ausgewählt wurde, in dieser Woche auf dem »heißen Stuhl« Platz zu nehmen. Die anderen Gruppenmitglieder haben ein Arbeitsblatt, das sie während der Beobachtung des Bandes ausfüllen, und sie werden eingeladen, bei der Auswertung der Interaktion nach ihren jeweiligen Möglichkeiten teilzunehmen. Der Gruppenleiter wählt das Band sorgfältig aus der Erhebung vor der Intervention aus, um das zentrale Thema der Fürsorgestrategie eines jeden Elternteils aufzuzeigen. Die dahinterliegende Annahme ist: Jeder Elternteil fühlt sich wohler mit bestimmten Bereichen des Elternseins und weniger mit anderen. Die Bindungstheorie betont die Bedeutung der elterlichen Fähigkeiten, sowohl die kindlichen Explorationsbedürfnisse als auch die Bindungsbedürfnisse zu befriedigen. Typischerweise neigen Eltern dazu, eine dieser Fähigkeiten überzustrapazieren (diejenige, mit der sie sich am wohlsten fühlen) und die andere zu wenig einzusetzen. Dies wird beschrieben als »überstrapazierte Stärken« (overused strengths) und »unterstrapazierte Fähigkeiten« (underused capacities).

Der Leiter wählt vier Vignetten für jede Dyade aus, um sie während dieser Sitzung zu zeigen:

1. Vignette 1 zeigt das Kind unter Belastung und nach dem Elternteil verlangend. Dieser Clip wird eingesetzt, um aufzuzeigen, wie wichtig der Elternteil für das Kind ist, und um das elterliche Fürsorgesystem zu aktivieren und zu stärken. Dieser Clip kann auch helfen, die elterliche internale Repräsentation des Kindes zu klären und/oder neu zu definieren.
2. Vignette 2 stellt den Elternteil als kompetent in seiner unterstrapazierten Fähigkeit heraus.
3. Vignette 3 zeigt den Elternteil, wie er mit dieser unterstrapazierten Fähigkeit Probleme hat. Dies schafft einen Bezugspunkt zu den Betrachtungen der Phase 2, welche sieben Wochen später stattfinden wird.
4. Vignette 4 zeigt einen Ausschnitt, mit dem sich die elterliche Beziehung zum Kind feiern lässt. Der Elternteil braucht die Gewissheit, dass die Gruppe und der Gruppenleiter unterstützend sind; dies festigt eine sichere Basis, von der aus der Elternteil fortfahren kann, seine eigenen Fürsorgemuster zu erkunden.

Bei jeder Videobetrachtung gibt der Leiter dem jeweiligen Elternteil ein mittels Computer ausgedrucktes Standbild aus dem Videoband mit nach Hause, welches die zentrale Botschaft seiner Betrachtung illustriert. Der Elternteil wird ermuntert, das »Photo der Woche« als Erinnerung an die erkannte und unterstützte Fähigkeit an einem besonderen Platz zu Hause aufzuhängen.

Woche 9: Übergang und fortgeführte Theoriebildung

Die 9. Woche ist ein überleitender, theoriebildender Abschnitt hin zu der nächsten Serie der Videobetrachtungen. Das zentrale Thema der 9. Woche lautet: »Alle Eltern haben zu kämpfen«. Im Weiteren normalisiert der Leiter diese Mühen des Elternseins durch Vorlesen von »Willkommen im Club«. Dieses kurze Essay wurde entwickelt, um Eltern dabei zu helfen, sich zu ihren alltäglichen persönlichen Schwierigkeiten beim Erziehungsprozess und zu den Punkten, an denen sie festzusitzen beginnen – mit anderen Worten: ihre Haifischmusik – zu bekennen. Lehrfilme und Diskussion erläutern die Rolle von Abwehrprozessen innerhalb persönlicher Interaktionen. Der Leiter führt diese Erklärungen weiter, indem er die Bindungstheorie in einer nicht pathologisierenden Weise nutzt, um die Dynamik hinter vermeidenden, ambivalenten und desorganisierten – rollenverkehrten Bindungsstrategien zu erklären (siehe Abbildung 2). Die Eltern werden dann eingeladen, sich gegenseitig Einsichten in ihre eigenen Abwehrprozesse mitzuteilen und anzufangen herauszufinden, wie diese Abwehr ihre besondere Fürsorgestrategie beeinflussen könnte.

Woche 10 bis 15: Phase 2 der Videobetrachtungen

In der 10. bis 15. Woche nimmt die Gruppe an den Videobetrachtungen der »Phase 2« teil. In dieser Phase bearbeitet der Leiter die Bänder aus der Fremden-Situation erneut, um noch direkter auf die »unterstrapazierten Fähigkeiten/Problempunkte« hinzulenken, und er versucht die Eltern an einem reflektierenden Dialog hinsichtlich der Verletzlichkeit, welche sie verspüren, wenn diese Fähigkeiten aktiviert werden, zu beteiligen. Zusätzlich konzentriert sich der Leiter auf Themen der Gefühlsregulation für Elternteil und Kind.

Wiederum werden vier typische Vignetten benutzt:
1. Vignette 1 dient dazu, das elterliche Fürsorgesystem zu aktivieren. Wenn dieses aktiviert ist, scheint sie oder er besser in der Lage, mit Abwehr umzugehen.
2. Vignette 2 betrachtet direkt die elterlichen unterstrapazierten Fähigkeiten/Problempunkte, z. B. bei einem zurückweisenden Elternteil, der dann Probleme damit hat, wenn das Kind Kontakt und Schmusen braucht. Dies wird in einer respektvollen Art gemacht und beruht auf dem Gefühl des Leiters für die Fähigkeit des jeweiligen Elternteils, auch schmerzvolle Informationen nutzbringend zu verwerten. Normalerweise wird der Fokus darauf gelenkt, inwieweit das Kind den Elternteil ins falsche Bild setzt (dieses »Ins-falsche-Bild-Setzen« wird

beschrieben als Verwendung eines irreführenden Signalverhaltens (Wink, Fingerzeig, Stichwort), um das Kind oder den Elternteil vor dem Schmerz zu schützen, wenn ein spezifisches Gefühl ungeschützt geäußert und/oder nicht befriedigt wird). Der Elternteil kann dann entweder beim Blick auf den kindlichen Prozess verbleiben oder beginnen, seine eigenen Verletzlichkeiten in den Blick zu nehmen. Der Leiter folgt der Führung des Elternteils.

3. Vignette 3 zeigt den Elternteil als erfolgreich bei einer unterstrapazierten Fähigkeit. Dies erlaubt dem Gruppenleiter die Tatsache zu betonen, dass dieser Elternteil die eigene ihm innewohnende Fähigkeit besitzt, sich innerhalb dieses Problembereichs richtig zu verhalten. Zusätzlich wird der Elternteil eingeladen, herauszufinden, was ihn daran hindert, diese speziellen Fähigkeiten weitergehend einzusetzen.

4. Vignette 4 ist wiederum eine Feier dieses Elternteils und seiner Beziehung mit seinem Kind. Jede Woche bekommt der Elternteil, der im Mittelpunkt stand, zum Abschluss der Gruppensitzung wiederum ein »Bild der Woche«, welches einen Moment des Erfolgs innerhalb seiner unterstrapazierten Fähigkeiten herausstellt.

Woche 16: Übergang und Rückblick

Woche 16 dient dem Rückblick über die erhaltenen Informationen und der Vorbereitung für abschließende Videobetrachtungen. Dies erlaubt es den Eltern, ihr Wissen zu festigen und mit noch evtl. ungeklärten Themen im Gruppenprozess, welche aufgetreten sein können, umzugehen.

Woche 17 bis 19: Dritte Phase der Videobetrachtungen

Woche 17 bis 19 bietet die Gelegenheit, die Veränderungen, welche gemacht worden sind, zu feiern. In dieser Phase 3 der Videobetrachtungen werden jeweils zwei Bänder von Eltern-Kind-Dyaden in einer Woche angeschaut. Die Eltern wurden dazu kurz davor in einem modifizierten Fremde-Situations-Setting videographiert. Unter erneutem Einsatz von vier vorbereiteten Videovignetten ist diese Interaktion dazu bestimmt, den zunehmenden elterlichen Erfolg innerhalb des Kontextes ihrer unterstrapazierten Fähigkeiten herauszustellen.

Woche 20: Abschlusssitzung

Woche 20 bringt den Abschluss und noch mehr Feiern. Die Eltern tauschen sich mit jeweils einem anderen über ihre Erfahrungen in der Gruppe aus. Die Leitung verleiht seiner/ihrer Wertschätzung für die Bereitschaft der Eltern Ausdruck, sich mit ihren Verletzlichkeiten bei der Erziehung vor der Gruppe auseinanderzusetzen. Der Leiter zeigt eine zusammenfassende Videomontage, unterlegt mit Musik, welche die herausragenden Momente bei jeder Eltern-Kind-Dyade zusammenfasst. Jeder Elternteil bekommt dann sein vollständiges Arbeitsbuch, die Geschichte »The Kissing Hand« (eine andere Geschichte von Kindern zum Mit-nach-Hause-Nehmen, mit den Themen der Gefühlsregulation und verinnerlichter Unterstützung) und eine Abschlussurkunde. Die letzten Vereinbarungen für die Untersuchungen nach der Intervention werden gemacht und den Eltern werden Fragebögen mitgegeben, welche sie zu Hause ausfüllen sollen, bevor sie zur Untersuchung kommen. Sie erhalten außerdem eine Kopie des Videozusammenschnitts und ihrer individuellen Bänder aus den drei Betrachtungen.

4. Fallbeispiel

Die 28 Monate alte Paula kommt auf dem Arm ihrer Mutter in den Laborspielraum und interessiert sich sofort für die Spielzeugkiste neben der Couch, sobald sie abgesetzt wird. Sie zieht einen Hasen heraus und fragt ihre Mutter, ob sie ihn anschauen will. In einer Stimme, die für die Beobachter hinter dem Einwegspiegel kaum hörbar ist, sagt die Mutter »Ja«. Während der nächsten Minuten übernimmt Paula zunehmend die Verantwortung für die Interaktion zwischen ihr und ihrer Mutter. Als die Mutter Paula bei der ersten Trennung mit dem Fremden alleine im Raum zurück lässt, scheint Paula unbeeindruckt zu sein. Dann aber, 20 Sekunden später, steht sie auf und geht genau zu dem Punkt, wo ihre Mutter saß und sagt: »Das hier ist Mama«. 18 Minuten später, nachdem Paula weiterhin während der zwei Trennungen und Wiedervereinigungen die Interaktionen organisiert hat, bittet ihre Mutter sie, das Spielzeug aufräumen zu helfen. Paula weigert sich. Dann weist sie die Bitte ihrer Mutter zurück, ein aufgenommenes rotes Plastiktelefon wegzulegen.

4.1 Die offiziellen Ergebnisse der Eingangsmessungen:

Das Kind wurde als ungeordnet-kontrollierend–fürsorgend klassifiziert (disordered-controlling-caregiving). Die Mutter wurde eingeschätzt als ungeordnet-rollenverkehrt-abdankend (disordered-role-reversed-abdicating), mit hohen Werten auf den Skalen, welche Rollenumkehr und flachen Gefühlsausdruck erfassen, und niedrigen Ratings in Zuneigung, Feinfühligkeit, Freude und Unterstützung für die Exploration ihres Kindes.

4.2 Interventionsziele:

Fähigkeiten: Die Mutter ist affektiv viel lebendiger und auch effektiver, wenn sie Paula etwas vorliest oder ihr Verhalten lenkt... und viel weniger, wenn Paula für sich selbst spielt, oder im Zusammenhang mit Trennungen/Wiedervereinigungen und der daraus resultierenden Aktivierung ihrer Bindungs- und Fürsorgesysteme.

Hauptziele:
1. Aufspüren und Ansetzen an der Neigung der Mutter, sich einfach nur zurückzulehnen und Paula die Show machen zu lassen; der Mutter erkennen zu helfen, dass dies mehr bedeutet als nur das niedliche Verhalten einer 2 1/2-Jährigen; und ihr zu helfen, eine führendere Rolle zu übernehmen, ohne allzu bedrängend (intrusive) zu werden;
2. eine Verbindung herzustellen zwischen ihrer Neigung, in einer rollenvertauschten Art zu erziehen, und ihrer eigenen frühen, unbewältigten, rollenvertauschten Beziehung mit ihrer eigenen Mutter; und
3. der Mutter zu helfen, dass sie erkennen kann, dass ihr flacher Gefühlsausdruck ihrem Kind Informationen über die Gefühle und das wahrscheinliche Verhalten der Mutter vorenthält, und ihr zu helfen den Prozess zu beginnen, ausdrucksstärker zu werden.

4.3 Interventionsverlauf

Es ist nun zwei Monate später und Candy, Paulas Mutter, sitzt zusammen mit vier anderen Eltern in einem Raum und schaut ihr erstes Video aus der Eingangserhebung mit ihrer Tochter an. »Ich bin nervös beim Anschauen. Ich bin nicht sicher, was ich über uns herausfinden werde. Aber ich will auch wissen, was ich tun kann, damit es mit Paula besser wird«, sagt sie und drückt damit klar ihre Bereitschaft für die Suche nach einem Weg aus, eine effektivere Fürsorgeperson zu werden. Zusammenfassend drückt Candy ihre hauptsächlichen Sorgen über ihre Beziehung dann so aus: »Genau genommen fühle ich mich nie so, als ob ich weiß, was ich mit ihr machen soll.« In Anbetracht der depressiven Stimmung von Candy mit ihrer Neigung, Paulas rollenverkehrtes Fürsorgeverhalten zu verstärken, während sie gleichzeitig bei Forderungen ihrer Tochter schnell beigibt, wählte der Gruppenleiter speziell darauf ausgerichtete Videoausschnitte, um dieser Mutter zu helfen, Paulas Bedürfnis für einen sicheren Hafen zu erkennen. Dieses Kind hatte ein klares Bedürfnis nach einer starken, dennoch liebenden Präsenz eines Elternteils, der »größer, stärker, weiser und freundlich« ist. Candy hatte deutlich Angst vor der bereits beträchtlichen Macht der Tochter in der Beziehung und forderte von ihrer Tochter fortwährend Bestätigung und Sicherheit. Folglich mussten die ersten Videoclips darauf gerichtet sein, diese verkehrte Ordnung umzukehren und Candy zu erlauben, ihre Tochter als diejenige zu sehen, welche offensichtlich ihre Mutter braucht. Nur so konnte der Gruppenleiter hoffen, auf Candys offensichtliche Unfähigkeit, eine Hierarchie aufzubauen, hinzuweisen und anzufangen, einen reflexiven Dialog über die möglichen Gründe für ihr desorganisiertes Beziehungsmuster einzuleiten.

In Anbetracht des Fokus der ersten Videobetrachtung auf dem Aufzeigen der unterstrapazierten elterlichen Fürsorgequalitäten, welche eine Verstärkung brauchen, begann diese spezielle Betrachtung mit der Orientierungssuche von Paula, als sie sich weiter in den Kreis hinaus bewegt. »Schauen Sie, wie sie sich über diese Prinzessinnen-Schuhe zu freuen scheint und dann plötzlich zu Ihnen schaut, um zu sehen, ob Sie auch interessiert sind. Dann erwidern Sie ihr Lächeln und Paula scheint sich wirklich zu entspannen«, sagt der Therapeut. Candy lächelt schüchtern, während sie sich in ihren Stuhl zurücksetzt – offensichtlich erleichtert, einige Hinweise zu sehen, dass ihre Tochter sie wichtig findet. Der Leiter wendet sich dann an die Gruppe und fragt: »In welcher Hälfte des Kreises ist Paula, wenn sie in diesen niedlichen Schuhen geht?« Alle erklären fast einstimmig: »Obere Hälfte. Exploration.« »Richtig. Und was bedeutet es, wenn Paula zurückschaut zu Ihnen und lächelt?« »Hab Spaß mit mir«, erklärt Candy. »Genau«, erklärt der Leiter. »Aber es ist auch noch etwas mehr. Es ist auch die untere Hälfte des Kreises, wobei Paula genauso wegen Beruhigung wie wegen Spaß zu Ihnen schaut. Dieses Kind mag es wirklich, mit Ihnen zusammenzusein, und ist es nicht schön, wie sie den ganzen Weg bis zum Rand des Kreises geht, und wie sie es dann braucht – genau wie ein Uhrwerk – zu Ihnen zurück zu kommen, um die Beziehung wieder aufzunehmen.« Candy lächelt nervös, aber mit einem wachsenden Vertrauen, dass sie eine zentrale Rolle im Leben ihrer Tochter zu spielen hat.

Der Leiter zeigt nun einen anderen Videoausschnitt: denjenigen, wo Paula in Opposition zu ihrer Mutter geht, als sie am Ende des Untersuchungstermins ihre eigenen Schuhe anziehen soll. Er schaut Candy an und fragt, was sie sieht, was da passiert. Mit dem wachsenden Vertrauen, dass sie sicher ist, und in dem Bewusstsein, dass sie zentral für das emotionale Wohlergehen ihrer Tochter ist, erlaubt sie sich die Beobachtung, dass ihre Tochter »gerade die Führung übernommen hat«. »Ich glaube Sie haben Recht«, stimmt der Gruppenleiter zu. »Aus der Perspektive dessen, was Paula gerade jetzt am meisten von Ihnen braucht, ist dies ein ›Übernimm Führung‹-Moment oder ein ›Folge-Mir‹-Moment?«. »›Übernimm Führung‹,« bietet Candy an, »aber Paula mag es, die Kontrolle zu behalten.« Das Bedürfnis von Paula nach einem geschützten, ja sicheren Hafen und ihrem hauptsächlichen Bemühen um Hierarchie sind nun auf dem Tisch. Die Sitzung schließt mit einem weiteren Video von Candy, wo sie Paula die erforderliche Hilfe gibt, als sie Angst vor einer Spielmaus in der Spielzeugbox zu haben scheint. Dieser letzte Videoclip hebt hervor, wie sich Paula bereits auf ihre Mutter als Quelle von Unterstützung und Führung verlässt.

Es ist nun sieben Wochen später und Candy ist wiederum bereit, ihre Beziehung zu Paula auf Video zu beobachten. Der Gruppenleiter hat vorher bereits jeder der Mütter in der Gruppe erklärt, dass es normal und zu erwarten ist, das Auftreten von »Haifischmusik« zu erleben. Nachdem er Abwehrprozesse im Zusammenhang mit der elterlichen Fähigkeit, spezifische Bedürfnisse zu befriedigen, normalisiert hat (wie er es jedes Mal macht, bevor jeder Elternteil in die zweite Videobetrachtung geht), wendet er sich nun an Candy und sagt: »Was ist Ihr Eindruck, wo denken Sie, spielt Ihre Haifischmusik?« Candy antwortet: »Wenn ich die Verantwortung übernehmen soll, da ist es, wo die Haie sind.« Dann fügt sie eine Bemerkung an, welche häufig bei vielen abdankenden Eltern zu hören ist: »Ich will ja mein Kind nicht misshandeln.«

Das Video beginnt. Zuerst gibt es eine kurze Rückblende zu dem Ausschnitt, wo Paula zur Couch geht, als Candy weg ist, und sagt: »Das hier ist Mama.« Dies verstärkt Candys Bewusstsein, dass sich ihre Tochter auf sie verlässt, auch wenn sie ihre Mutter häufig ins falsche Bild setzt, indem sie sich unabhängig und in der Führungsrolle gibt (dieses»Ins-falsche-Bild-Setzen« beruht auf der abwehrenden Verleugnung eines ursprünglichen Bedürfnisses). Dann zeigt ein Videoausschnitt, wie Paula ein rotes Telefon aufnimmt und sich weigert es herzugeben, wie sehr ihre Mutter auch versucht, sie dazu zu bringen, es wegzugeben. »Es ist so, als ob ich immer um Erlaubnis bitte, alles tun zu dürfen, und sie diejenige ist, die mir zu verstehen gibt, was wir tun werden«, erklärt Candy. Der Leiter führt dann an: »Meistens ist es so, als ob Sie sich eher zu ihrer Schwester als ihrer Mutter machen.« Plötzlich weint Candy. »Meine Mutter sagte mir immer, dass wir eher Schwestern wären, als Mutter und Tochter. Sie tut es noch immer. Und sie versucht es so zu machen, dass es nach einer guten Sache klingt.«

Das Gespräch zwischen Candy, dem Gruppenleiter und anderen Gruppenmitgliedern konzentriert sich dann auf die speziellen Themen, welche die »Haifischgewässer« enthalten, in denen sie meist zu schwimmen scheint. Candy wurde geboren, als ihre Mutter 17 war. Allein und voller Furcht wandte sich ihre Mutter an die eigene Tochter als eine Quelle von Unterstützung und Sicherheit. Candy hatte die Verantwortung für die Beziehung übernommen, sie sieht ihre Mutter als »widersprüchlich (...) manchmal eine ›breiige Masse‹ und manchmal machte sie mich fertig, weil ich rechthaberisch war«. 25 Jahre später fordert sie nun unbewusst dasselbe von ihrer Tochter im Versuch, eine dysfunktionale Ordnung zu reinszenieren, statt eine neue Alternative zu suchen. Bis jetzt. Mit der Hilfe eines Gruppensettings als einer haltgebenden Umgebung, dem Kreis der Sicherheit als einer klaren Orientierungshilfe, welche die Bedürfnisse ihrer Tochter beschreibt, und vorbereiteten Videobändern mit präzise dargestellten Themen, welche auf die Hauptprobleme in ihrer Beziehung mit ihrer Tochter zugeschnitten sind, war Candy nun in der Lage, die Schlüsselthemen, welche ihre Dysfunktion aufrechterhalten, zu beobachten, darüber nachzudenken und zu diskutieren. Sie konnte nun auch neue Möglichkeiten in Betracht ziehen. Candy verließ diese Sitzung mit der Bereitschaft, das wichtige Bedürfnis ihrer Tochter nach ihr als ein sicherer Hafen (jemand, der verfügbar ist für Trost, Schutz und die Organisation von Gefühlen) und als eine Hilfe (»größer, stärker, weiser und freundlich«), um eine Hierarchie aufrechtzuerhalten, zu erfüllen.

4.4 Untersuchung nach der Intervention

Sieben weitere Wochen sind vergangen. Im ersten Abschnitt der Fremde-Situation bei der Nachuntersuchung zeigt Candy weiterhin Anzeichen einer leichten Lethargie und Paula findet weiterhin Wege, ihr Spiel selbst zu organisieren. Gleichzeitig nimmt Candy eine aktivere Rolle als in der Fremde-Situation vor der Intervention ein, indem sie Spielzeug anbietet und sich stärker an dem von ihr und ihrer Tochter gewähltem Spiel beteiligt. Während der zweiten Wiedervereinigung zeigt Paula deutlich, dass sie aus der Fassung geraten ist und ärgerlich auf ihre Mutter ist, weil diese gegangen ist, und sie zeigt mehrere Minuten nach Candys Rückkehr Anzeichen von Beruhigung. Candy versucht Trost zu geben, indem sie zögernd Taschentücher, Spielzeug und körperliche Zuwendung anbietet. Paulas Beunruhigung hält aber so lange an, bis ihre Mutter sie entschlossen auf ihren Schoß nimmt, sie physisch tröstet und mit einem Spielzeug beschäftigt. Erst dann wird Paula still und kommt bei der Anwesenheit ihrer Mutter zur Ruhe. Drei Minuten später, nach einer Lesezeit, wo Paula sich erlaubt hatte, sich mit deutlichem Vergnügen an Mamas Körper anzudrücken, erfolgt ein Klopfzeichen am Fenster, welches Candy signalisiert, dass es Zeit zum Aufräumen der Spielsachen ist. »Zeit aufzuräumen. Leg alles zurück in die Box«, ordnet Candy an. Paula springt schnell vom Schoß ihrer Mutter und beginnt, die Spielsachen aufzuräumen. »Gut gemacht«, sagt ihre Mutter. Paula fährt fort aufzuräumen, so als ob sie es genießen würde, in der Nähe von jemandem zu sein, der bereit ist, die Führung zu übernehmen. Das Zimmer ist nun wieder aufgeräumt, Candy fragt ihre Tochter, ob sie fertig ist zum Gehen. Paula nickt. Sie gehen zusammen zur Tür. Paula versucht sie aufzumachen, aber die Türklinke scheint für ihre noch kleinen Hände zu schwierig zu bedienen zu sein. Candy, die über ihr steht, neigt sich ruhig herunter und mit einer Ruhe, welche ihre Tochter offensichtlich freut, dreht sie den Griff und öffnet die Tür.

Offizielle Ergebnisse der Untersuchung nach der Intervention:
Das Kind wurde als sicher, mit einigen fortbestehenden ungeordneten Anteilen, klassifiziert. Die Mutter wurde als geordnet, an der Grenzlinie zwischen autonom und zurückweisend eingeschätzt. Sie zeigte eine Abnahme bei der Rollenumkehr und flachem Gefühlsausdruck und Zunahmen bei »kurzzeitigen« Zurückweisungen, Gefühlsbetontheit, Feinfühligkeit und Unterstützung für die kindliche Exploration.

5. Zusammenfassung

Diese Ergebnisse spiegeln wesentliche Veränderungen für beide Partner in dieser Dyade wieder. Beide wechselten von einem ungeordneten zu einem geordneten Muster und das Kind sogar zu einem sicheren Muster. Es gab eine Anzahl von Veränderungen in den Einschätzungsskalen des Elternteils. Einige zeigen signifikante Fortschritte in Candys Verhalten, z. B. zunehmende Unterstützung von Paulas Exploration und die abgenommene Abdankung/Rollenumkehr. Andere zeigten eine Abnahme bei ihrem Fürsorgeverhalten, z. B. eine gewachsene zeitliche Zurückweisung von Paulas Bindungsverhalten und einen leichten Anstieg bei Candys verwöhnendem Verhalten. Eine genaue Beobachtung dieser Rückgänge deutet aber darauf hin, dass sie Übergangspunkte in der noch nicht ganz gelösten Aufgabe dieser Mutter darstellen, sich von ihrem rollenumgekehrten, abdankenden Fürsorgemuster wegzubewegen.

Zur Zeit schließen wir die Kodierungen und Datenanalysen für die 75 Dyaden, welche am Programm bisher teilgenommen haben, ab. Erste Ergebnisse zeigen einen signifikanten Wechsel von ungeordneten zu geordneten kindlichen Bindungsmustern (75% auf 20%), eine Zunahme bei der Anzahl der Kinder mit einer sicheren Klassifikation (32% auf 40%) und eine Abnahme bei der Anzahl der Eltern, welche als desorganisiert klassifiziert werden (60% auf 15%). Zusätzlich führen wir gerade eine zweite Studie durch, um festzustellen, ob von der Kommune eingesetzte Therapeuten mit einem angemessenen Training und Supervision in der Lage sind, das Programm erfolgreich mit anderen Eltern-Kind-Dyaden aus der gleichen Bevölkerungsgruppe durchzuführen. Angesichts des relativ großen Zeitaufwands bei den Untersuchungen und der Zielsetzung der Intervention wird es sehr wichtig sein, aufzuzeigen, dass das Programm in der Tat auch unter Kostengesichtspunkten lohnenswert ist. Bei einer Anwendung in Gruppenform sind wir optimistisch, dass das Circle-of-Security-

Programm sich als ein erfolgreiches Modell einer kostengünstigen therapeutischen Partnerschaft zwischen Universität und Gesellschaft erweisen wird.

Anmerkungen

1 Dieser Beitrag erschien als Original in englischer Sprache unter dem Titel: »The circle of security project: Attachment-based intervention with caregiver-preschool child dyads.« in der Zeitschrift Attachment and Human Development, 2002, Vol. 4 (1), S. 107–124. Taylor & Francis Ltd. Übersetzung: Hermann Scheuerer-Englisch. Wir danken den Autoren und den Herausgebern für die Zustimmung zur Übersetzung und Veröffentlichung in deutscher Sprache und dem Verlag Taylor und Francis für die freundliche Genehmigung des Abdrucks. Wir weisen in diesem Zusammenhang auf die Internetseite des Verlags T&F hin. Die Adresse lautet: http://www.tandf.co.uk/journals

2 Dieses Projekt wurde durch »USDHHS University-Head Start Partnership« (Grants # 90YF0018 und 90YD0108) unterstützt. Die Autoren weisen darauf hin, dass alle vier zu gleichen Teilen zum Projekt beigetragen haben. Die Autoren danken Jude A. Cassidy und dem Spokane Forschungsteam für ihre Unterstützung während des gesamten Projektes.

3 »circle of security« – COS

4 Headstartprogramme wurden in den USA unter der Regierung von Präsident Kennedy zum ersten Mal eingesetzt, um allen Kindern, insbesondere aus benachteiligten Schichten, die gleichen Startchancen zum Schuleintritt (head start) zu ermöglichen. Seitdem gibt es in den Vereinigten Staaten eine Vielzahl unterschiedlichster Förderprogramme, um die kognitive, soziale und emotionale Entwicklung von Kindern im Rahmen dieser Förderprogramme zu unterstützen und sozio-kulturell bedingte Nachteile auszugleichen (Anmerkung des Übersetzers).

5 »evidence based« wurde gleichsam in Fachkreisen eingedeutscht

6 states of mind

7 Das Pendant eines sicheren Bindungsmuster, das Kinder in der Fremde-Situation zeigen, besteht in einer autonomen Bindungsrepräsentation bei Eltern, d. h. der Vorstellung von Bindung im Kopf der Eltern während sie mit ihren Kindern umgehen. Diese beiden Ebenen, *sicher* auf der Verhaltensebene beim Kleinkind und *autonom* auf der Repräsentationsebene bei den zugehörigen Eltern, stehen in deutlichem Zusammenhang. (Anmerkung des Übersetzers).

8 miscue

9 sie geben sich fälschlicherweise zu verstehen (ohne sich zu betrügen; es besteht also keine Fälschungsabsicht; beide sind gleichsam Opfer ihrer falschen gefühlsmäßigen Empfindungen: miscuing bezieht sich also mehr auf die nicht der Wirklichkeit entsprechenden Signale über Gefahr etc.)

10 Der Gebrauch des Begriffes »disordered« ist nicht synonym mit dem Begriff im DSM-IV. Hier bedeutet er lediglich, dass dieses Muster außerhalb der drei hauptsächlichen, organisierten Bindungs-Fürsorgemuster liegt (siehe auch: Boris & Zeanah 1999).

11 Resilienz bezeichnet die Fähigkeit eines Kindes, mit belastenden, herausfordernden Lebensumständen flexibel und bewältigend umzugehen. Diese Resilienz stellt eine dynamische Kapazität eines Kindes dar, welche sich prozesshaft in der Interaktion des kindlichen Selbst mit Mitmenschen und Umwelt entwickelt (Egeland, Carlson & Sroufe 1993; Haggerty, Sherrod, Garmezy & Rutter 1994) (Anmerkung des Übersetzers).

12 zuerst ist immer die Klassifikation des Kindes und danach die des Elternteils aufgeführt.

13 Dies soll nicht bedeuten, dass die direkte und gemeinsame Arbeit mit einem Kind und seinem Elternteil nicht auch effektiv sein kann.

Literatur

Aber, J., Slade, A., Cohen, L., & Meyer, J. (1989, April): Parental representations of their toddlers: their relationship to parental history and sensitivity and toddler security. Paper presented at the biennial meeting of the Society for Research in Child Development, Baltimore, MD.

Ainsworth, M. D. S., Blehar, M. C., Waters, E., & Wall, S. (1978): Patterns of attachment: psychological study of the strange situation. Hillsdale, N. J. (Erlbaum).

Boris, N., & Zeanah, C. (1999): Disturbances and disorders of attachment in infancy: An overview. Infant Mental Health Journal 20 (1), S. 1–9.

Bowlby, J. (1982): Attachment and Loss (Vol 1): Attachment. New York (Basic Books).

Bowlby, J. (1988a): A Secure base: Clinical applications of attachment theory. London (Routledge).

Bowlby, J. (1988b): A Secure Base: Parent-Child Attachment and Healthy Human Development. New York (Basic Books).

Britner, P. A. (1996): Maternal caregiving behavior and child attachment classifications in the preschool strange situation. Unpublished Ph. D. dissertation, University of Virginia.

Cassidy, J., & Marvin, R. S., with the MacArthur Working Group on Attachment (1992): A system for classifying individual differences in the attachment-behavior of 2 1/2 to 4 1/2 year old children. Unpublished coding manual, University of Virginia.

Egeland, B. R., Carlson, E. & Sroufe, L. A. (1993): Resilience as process. Development and Psychopathology, 5, S. 517–528.

George, C., & Solomon, J. (1999): Attachment and Caregiving: the caregiving behavioral system. In: J. Cassidy & P. Shaver (Hg.): Handbook of attachment theory and research. New York (Guilford), S. 649–670.

George, C., Kaplan, N., & Main, M. (1984): Adult Attachment Interview Protocol. Unpublished manuscript, University of California at Berkeley.

Guntrip, H. (1969): Schizoid Phenomena, object relations and the self. New York (International Universities Press).
Haggerty, R. J., Sherrod, L. R., Garmezy, N. & Rutter, M. (Hg.) (1994): Stress, risk, and resilience in children and adolescents. Processes, mechanisms, and interventions. Cambridge (Cambridge University Press).
Van Ijzendoorn, M. H., Juffer, F., & Duyvesteyn, M. G. F. (1995): Breaking the intergenerational cycle of insecure attachment: a review of the effects of attachment-based interventions on maternal sensitivity and infant security. Journal of Child Psychology and Psychiatry, 36, S. 225–248.
Kernberg, O. F. (1984): Severe personality disorders: Psychotherapeutic strategies. New Haven (Yale University Press).
Kohut, H. (1977): The restoration of the self. New York (International Universities Press).
Lieberman, A. F., & Zeanah, C. H. (1999): Contributions of attachment theory to infant-parent psychotherapy and other interventions with infants and young children. In: J. Cassidy & P. Shaver (Hg.): Handbook of attachment theory and research. New York (Guilford), S. 555–574.
Main, M., Kaplan, N., & Cassidy, J. (1985): Security in infancy, childhood, and adulthood: A move to the level of representation. In: I. Bretherton & E. Waters (Hg.): Growing points of attachment theory and research. Monographs of the Society for Research in Child Development, 50 (1–2 Serial No. 209), S. 66–104.
Main, M., & Hesse, E. (1990): Parents' unresolved traumatic experiences are related to infant disorganized attachment status: Is frightened and/or frightening parental behavior the linking mechanism? In: M. Greenberg, D. Cicchetti, & E. M. Cummings (Hg.): Attachment in the preschool years. Chicago (The University of Chicago Press), S. 166–182.
Marvin, R., Cooper, G., Hoffman, K., & Powell, B. (2000, June): Attachment-based intervention with at-risk Head Start child-parent dyads. Presented to the National HeadStart Research Meetings, Washington, D.C.
Marvin, R., & Britner, P. (1995): Classification system for parental caregiving patterns in the preschool strange situation. Unpublished classification manual.
Masterson, J., & Klein, R. (Hg.) (1995): The disorders of the self: New therapeutic horizons. New York (Brunner/Mazel).
Schore, A. (1994): Affect Regulation and the Origin of the Self: The Neurobiology of Emotional Development. New York (Erlbaum).
Solomon, J., & George, C. (1996): Defining the caregiving system: Toward a theory of caregiving. Infant Mental Health Journal. Vol.17 (3), S. 183–197.
Tronick, E. Z. (1989): Emotions and emotional communication in infants. American Psychologist. 44, S. 112–119.

Video-Mikroanalyse-Therapie: Einige Grundlagen und Prinzipien[1]

George Downing

Schon seit geraumer Zeit haben entwicklungspsychologische Forscher Videoaufnahmen genutzt und damit eine faszinierende neue Welt von Informationen eröffnet. Videos von Eltern-Kind-Interaktionen wurden mit Hilfe der »Mikroanalyse« untersucht, einer Methode, um Verhaltensweisen von Eltern und Kind exakt zu erkennen (Beebe 2000; Fivaz-Depeursinge & Corboz-Warnery 1999; Fogal 1993; Nadel 1996; Papousek 1994; Rochat 2001; Stern 1985; Tronick 1986, 1989, 2003). Verwandte Arten der Interaktions-Kodierung wurden auch in der Tradition der Bindungsforschung genutzt (Grossmann & Grossmann 1991; Main & Solomon 1990; Marvin 1997; Ziegenhain 1999b; Ziegenhain & Müller 1996). Diese Nutzung der Videotechnik machte viele phänomenale Entdeckungen möglich.

Eine naheliegende Frage ergab sich: Wenn Mikroanalyse so effektiv für die Forschung ist, warum sollte man sie dann nicht für therapeutische Zwecke nutzen?

In den letzten zehn Jahren habe ich eine mögliche Antwort auf diese Frage entwickelt. Das Ergebnis ist eine klinische Methode, die ich logischerweise Video-Mikroanalyse-Therapie (VMT) nenne. Ein sehr fruchtbarer Austausch mit verschiedenen Forschern, besonders Beatrice Beebe, Elisabeth Fivaz, Mechthild Papousek, Edward Tronick und Ute Ziegenhain haben mir auf diesem Weg geholfen. Beebe (2003) und Papousek (2000a, 2000b) haben ebenfalls klinische Formen der Nutzung des Videos entwickelt, und meine eigene Art, zu intervenieren, kommt ihrer sehr nahe. Ebenso inspirierend war Maria Aarts (2000) in Holland, die den Gebrauch der Videoarbeit auf ältere Kinder und Jugendliche ausgedehnt hat, und Robert Marvin (Marvin 1992, 1997; Marvin u. a. 2002), der sich sowohl auf die Forschung als auch Intervention mit Vorschulkindern spezialisiert hat.

Wie Beebe und Papousek integriere ich den Gebrauch von Videoaufnahmen in einem grundsätzlich psychotherapeutischen Ansatz. Ich lehre auch eine Form von VMT-Beratung, die auf Fachleute ohne einen psychotherapeutischen Hintergrund zugeschnitten ist. Dabei beziehe ich Techniken sowohl aus der psychodynamischen als auch der kognitiven verhaltenstherapeutischen Tradition ein. Die Methode kann bei Kindern in jeder Altersstufe und genauso gut bei Erwachsenen-Paarbeziehungen angewandt werden.

Da die VMT Veränderungen sehr schnell herbeiführt, kann sie als Form einer Kurzzeittherapie für sich allein stehen. Viel häufiger ist sie aber mit anderen Arbeitsformen kombiniert, wie der entwicklungsorientierten psychodynamischen, kognitiv verhaltenstherapeutischen oder systemischen Familientherapie. Die genaue Integration hängt von dem Praktiker selbst und der jeweiligen Einrichtung ab (es sei denn, die Arbeit findet in der privaten Praxis statt). Im Rahmen der Ausbildung versuche ich mit jedem Fachmann bzw. jeder Fachfrau herauszufinden, wie er oder sie die VMT-Methoden am besten in seinen oder ihren vertrauten therapeutischen Stil integrieren kann.

Bei Anwendung in einer Einrichtung helfe ich dem Personal festzulegen, in welchen Formen eine solche Arbeit die bereits vorhandenen Programme und die Teamkultur am besten ergänzen kann. Ein Beispiel für eine Kombination von VMT mit Familientherapie in einem institutionellen Setting findet sich bei Thiel-Bonney (2002).

VMT ist eine schnelle und effektive Hilfe für nahezu alle Fallkonstellationen, bei denen eine menschliche Beziehung eine Rolle spielt.

Eine typische Version sind Fälle, wo ein offensichtliches Symptom oder Problem auf Seiten eines Kindes besteht. Ein Kind schreit z. B. exzessiv (ein Schreibaby) oder isst zu wenig, oder scheint keine gute Bindung zu einem Elternteil aufzubauen. Ein zweijähriges Kind ist extrem furchtsam, oder weigert sich, auf elterliche Anweisungen einzugehen. Ein älteres Kind greift andere auf dem Spielplatz an. Ein Jugendlicher hat eine Essstörung.

Andere Fälle zeigen zu Beginn mehr offensichtliche Probleme auf der Seite eines Elternteils. Die Mutter oder der Vater ist psychotisch oder alkohol- und /oder drogenabhängig, oder hochdepressiv, neigt zu Gewalttätigkeit, etc.. Der Elternteil kann z. B. in Behandlung in einem Erwachsenen-Therapie-Setting sein – einer psychiatrischen Klinik, einer Fachklinik für Suchtprobleme, oder einfach in einer privaten Einzeltherapie –, und es wird deutlich, dass zusammen mit anderen Vorgehensweisen auch eine Hilfe für die Beziehung dieses Erwachsenen zu einem Kind nötig ist. Ähnlich sind manchmal Situationen, wenn die Mutter selbst noch eine Jugendliche ist. Die Forschung hat gezeigt, dass in unseren Kulturkreisen ein hoher Prozentsatz der jugendlichen Mütter psychiatrische oder Abhängigkeitssymptome aufweist, und dass solche Mutter-Kind-Dyaden ein besonders hohes Entwicklungsrisiko haben. Diese Mütter verweigern sich außerdem häufig notorisch sozialer Arbeit und therapeutischen Interventionen. Eine abgewandelte Fassung der VMT kann eine Form darstellen, die von solchen Müttern leichter akzeptiert wird (Downing & Ziegenhain 2001).

Andere Fälle haben mit Kindern mit neurologischen Problemen oder ähnlichen Behinderungen zu tun, z. B. Autismus oder geistige Behinderung. In diesen Situationen kann VMT eine unschätzbare Hilfe für eine Familie darstellen. Die Familienmitglieder können erfolgreichere Arten des Umgangs und der Erziehung mit dem Kind aufbauen und im Rahmen der vielleicht eingeschränkten Möglichkeiten eine intensivere Beziehung mit ihrem Kind führen.

Wieder andere Fälle sind in ihrer Ausrichtung eher prognostischer und präventiver Art. Für eine Familie, die ein Kind adoptiert, kann z. B. VMT in geringem Umfang bereits zum Zeitpunkt der Adoption ein detaillierter und präziser Weg sein, um herauszufinden, was die Bedürfnisse und Fähigkeiten des neuen Kindes sind und genauso, welche korrespondierenden elterlichen Fähigkeiten auf ihrer Seite nötig sein werden. Dies kann häufig Umstände verhindern, welche sich später spiralenförmig zu ziemlich ernsten systemischen Interaktionsproblemen entwickeln können.

Heute gibt es bereits eine kleine aber wachsende Anzahl von videogestützten Interventionsmethoden (z. B. Erickson & Kurz-Riemer 1999; McDonough 1992, 1993; Zelenko & Benham 2000). VMT unterscheidet sich von den meisten, wie kurz dargestellt werden wird. Aber VMT beruht wie alle diese Ansätze auf einer fundamentalen Realität: Sich im Video anzuschauen erlaubt einem Elternteil eine außerordentliche Form der Einsicht. Wenn wir *sehen können*, was wir tun (mit der Hilfe von jemanden, der die »Mikrodetails« hervorheben kann), dann wird eine Tür geöffnet. Benötigt wird dazu ein Video, auf dem der Elternteil und das Kind zusammen in Interaktion beobachtet werden können. Auf dem Video sollte am besten kein Therapeut oder andere Person aus einer Einrichtung abgebildet sein.

Normalerweise wird die Möglichkeit, ein Video zu nutzen, in der ersten Sitzung diskutiert und die Aufnahme eines ersten Videos wird für einige Tage danach geplant. Das Grundprinzip wird erklärt und der Therapeut betont besonders, dass ein Video es erlaubt, die entwicklungsrelevanten Stärken und Schwächen des Kindes (oder Kleinkindes) besonders fein zu erkennen, und dass es viel genauer aufzeigen wird, wie und an welcher Stelle die Eltern das Kind in seinen aktuell besonders notwendigen Entwicklungsschritten besser unterstützen können. Selbstverständlich wollen manche Eltern aus dem einen oder anderen Grund nur ungern ein Video machen. Sie stellen aber eine Minderheit dar. Sobald der Therapeut gut gelernt hat, wie er diese Einladung gestaltet, wird sie häufig akzeptiert. Gewisse Eltern, die zu Beginn die Idee unangenehm finden, werden auch offener, es ein wenig später doch zu probieren.

Sie müssen zunächst mehr Vertrauen in den Therapeuten aufbauen. Für das Filmen selbst werden verschiedene Möglichkeiten angeboten. Das Video kann entweder bei den Eltern zu Hause oder in der Einrichtung bzw. Praxis des Therapeuten gemacht werden. Die Einrichtung kann das Filmen selbst übernehmen, z. B. indem ein Sozialarbeiter oder Assistent nach Hause geschickt wird (unter der Annahme, dass solche Ressourcen vorhanden sind), oder der Elternteil selbst kann z. B. den Partner, einen Nachbarn oder Freund bitten, das Filmen zu übernehmen. Auf Wunsch kann die Kamera auch auf einem Stativ befestigt werden.

Einige Therapeuten in privater Praxis filmen in ihren eigenen Räumen und stehen selbst hinter der Kamera. Dies funktioniert ebenfalls gut. In den Anfangsmomenten versucht das Kind vielleicht, statt mit dem Elternteil mit dem Therapeuten zu interagieren, aber solange der Therapeut allenfalls nur minimal auf das Kind eingeht, wird es schnell zum Elternteil zurückkehren.

Vorteile beim Filmen in der Einrichtung oder Praxis sind die geringeren Ablenkungen, die bessere Ausleuchtung und der bessere Ton. Ein Vorteil beim Filmen zu Hause ist, dass Eltern und Kind sich in einer vertrauten Umgebung wohler fühlen.[2]

Von Vorteil ist weiter, dass wegen dem Einblick in das häusliche Umfeld und den Rhythmus des Familienlebens alle möglichen Arten interessanter zusätzlicher Informationen vermittelt werden. Für eine große Anzahl von Problemen kann zudem mindestens ein Video von zu Hause sehr aufschlussreich sein.

Vielleicht findet ein täglicher Konflikt statt, voller Aggression und Eskalation, wenn das sechs Jahre alte Mädchen am Morgen dazugebracht werden soll, in die Schule zu gehen. Ein einzelnes Video von dieser Szene – noch dazu auf einer Mikroebene – wird mehr erzählen als es ein Dutzend wiederholter verbaler Schilderungen vermag.

Den Eltern wird erklärt, dass die technische Qualität des Videobandes keine Rolle spielt. Benötigt werden lediglich fünf bis zwanzig Minuten an Interaktion. Falls eine Familie keine eigene Kamera hat, sie es aber vorzieht, das Video zu Hause zu machen, überlegt man, wie sie eine ausleihen kann. Oder die Einrichtung schickt ein Teammitglied zu ihr nach Hause. Dies kann z. B. ein Sozialarbeiter oder eine Krankenschwester sein. Es muss nicht der Therapeut sein, der die Intervention durchführen will.

Was gefilmt werden soll, hängt von der Familie, dem präsentierten Problem und der Bereitschaft der Eltern, auf einer praktischen Ebene etwas zu unternehmen, ab.

Gemeinsames freies Spiel ist gewöhnlich eine einfache Möglichkeit. Eine tägliche »wechselseitige« Aufgabe, wie stillen, füttern, baden, ein Kind an- oder ausziehen, oder die Hilfe bei den Hausaufgaben wird andere elterliche oder kindliche Kompetenzen herausstellen. Video wird wahrscheinlich mehr als einmal innerhalb der Behandlung genutzt, so dass es die Möglichkeit gibt, verschiedene Inhalte in aufeinanderfolgenden Videos zu filmen.

Unter Berücksichtigung der Gründe, weswegen eine Familie Hilfe sucht, haben naturgemäß manche mögliche Szenen einen besonders hohen Nutzen.

Wenn sich z. B. ein Kind weigert zu essen, hat eine Still- oder Fütterszene offensichtliche Vorteile. Es kann aber sein, dass ein Elternteil aus Verlegenheit oder dem Gefühl des Ausgesetztseins beim ersten Video eine Szene, die nicht zu nahe am Hauptproblem liegt, vorzieht. In diesem Fall kann stattdessen eine andere Szene vorgeschlagen werden. Der Therapeut kann folgerichtig (begründet) herausstreichen, dass es am Anfang am Wichtigsten ist zu sehen, wie das Kind sich allgemein in der Interaktion mit dem Elternteil verhält. Auf diese Weise stimmt der Elternteil wahrscheinlich eher einem Versuch zu. Sobald ein Elternteil eine gute Erfahrung mit einem ersten Video gemacht hat, wird sie oder er sich ziemlich sicher freier fühlen und überlegen, was beim zweiten Video vorkommen könnte, und eher bereit sein, an diesem Punkt zu filmen, z. B. beim Versuch, das »Schreibaby« zum Schlafen zu bringen, oder die nächtliche Auseinandersetzung mit der jugendlichen Tochter in der Küche (vorausgesetzt, sie stimmt ebenfalls zu).

Eine andere Frage ist, wer genau gefilmt werden soll. Oft ist es ein Elternteil mit einem Kind. Aber dies ist nicht die einzige Möglichkeit. Mutter und Vater zusammen mit dem Kind können ebenfalls gefilmt werden. (Für die Bedeutung der triadischen Interaktion vgl. Fivaz-Depeursinge & Corboz-Warnery 1999.) Oder: fünf Minuten lang die Mutter allein mit dem Kind, fünf Minuten lang der Vater alleine mit dem Kind, und fünf Minuten lang beide Eltern mit ihm. Andere Geschwister können ebenfalls anwesend sein. Manchmal kann es angemessen sein, die ganze Familie zu filmen, z. B. bei einem Mittagessen oder einem Spiel. Manchmal wird das Geschwister-Sub-System ohne Erwachsene gefilmt. Oder ein Ehepaar, das seine Beziehung betrachten will, kann sich wünschen, ohne Kinder gefilmt zu werden.

Ich versuche nicht alle Elemente dieser Entscheidung über den Aufbau des Videos hier darzustellen. Therapeuten lernen in der Ausbildung von VMT im Detail, was bei diesen Wahlmöglichkeiten zu beachten ist und wie sie diese mit der Familie aushandeln.

Mit der Familie wird vereinbart, dass nach dem Filmen der Therapeut das Video vor der geplanten Sitzung erhält. Der Therapeut analysiert dann zur Vorbereitung das Video oder mindestens einen ausgewählten Teil davon.

Wie genau jemand das Video betrachtet und ihm einen Sinn gibt, stellt einen wichtigen Teil der VMT dar. Ein ausgedehnter theoretischer Rahmen, basierend sowohl auf der Entwicklungsforschung als auch der aktuellen Emotionstheorie, bildet das Mittel der Analyse. (Für mehr als einen Überblick vgl. Downing 2000. Für verwandte Perspektiven vgl. Beebe & Lachmann 2002; Bergmann 1999; Dornes 1997; Fosha 2001; Harrison 2003; Heller 2003; Knoblauch 2000; Lichtenberg 1989 und Tronick 1998.) Therapeuten, die die Methode erlernen, werden in dieser Hinsicht nachhaltig trainiert. Dies ist ein weites

Thema, und ich will nicht versuchen, ihm hier gerecht zu werden. Die benutzten Betrachtungsraster sind komplex, da für einen bestimmten Fall so viele verschiedene Faktoren wichtig sein können. Wir schauen z. B. nicht nur auf den affektiven Austausch, sondern genauso auf das Timing; auf vorhandene oder fehlende Unterstützung für die Fähigkeiten eines Kindes oder Kleinkindes, in der Welt zu handeln; auf den Inhalt und den Stil der Sprache; auf die Arten von Problemlösungen sowie auf das Setzen und Aufrechterhalten von Grenzen auf beiden Seiten. Ebenfalls werden viele Details über den Einsatz des Körpers betont. Dies schließt ein, wie die zwei oder mehr Körper platziert werden; wie die Balance und die Körperhaltungen sich in wechselseitiger Abhängigkeit verändern; die wechselseitige Koordination oder das Fehlen davon bei gemeinsamen Körperanstrengungen (z. B. A gibt ein Objekt an B); sichtbare Zustände von Anspannung; und Arten des Haltens, Aufnehmens und des physischen Kontakts (für die Bedeutung dieser Körperdimension vgl. Downing 1996).

Dies sind Faktoren, welche auf einer informellen Basis relativ einfach festgelegt werden können (während es eine lange und harte Arbeit ist, sie in der Forschung zu kodieren). Mit einiger Erfahrung kann ein Therapeut für Behandlungszwecke die meisten Videos in einer sehr kurzen Zeit analysieren. Oft wird nur eine oder zwei Minuten des Videos detailliert analysiert, und dann kann man einen Schnellvorlauf mit einem sichtbaren Bild machen, um zu überprüfen, ob die Interaktionen im Rest des Videos im Großen und Ganzen die selben sind. Ist dies nicht der Fall und scheint es so zu sein, dass zu einem späteren Zeitpunkt etwas Wichtiges passiert, dann kann dies ebenso genauer analysiert werden.

Eine allgemeine Regel lautet, dass der spezifische Inhalt von dem, was verbal gesagt wird, mit zunehmenden Alter des Kindes um so wichtiger wird. Zwei Missverständnisse sollen aber vermieden werden.

Das eine ist, dass die Sprache während des ersten Lebensjahres des Kindes nicht von Bedeutung sei. Es wäre normal, über ihre Bedeutung skeptisch zu sein und zu denken, dass das erste Jahr eine strikte »Körper-Körper-Angelegenheit« (wenn man die Stimme ebenfalls zum Körper zählt) sei. Die Forschung beweist aber etwas anderes. Wie der Elternteil zu dem Kind spricht – der aktuelle Inhalt, was gesagt wird –, entpuppte sich als prädiktiv wichtig für die weitere Entwicklung (Meins 1997).

Das andere Missverständnis ist, dass der Körper weniger wichtig würde, sobald die Kinder älter werden. Es gibt im Gegenteil aber gute Gründe für die Überlegung, dass bei älteren Kindern und genauso Erwachsenen ein großer Teil von dem, was in menschlichen Beziehungen passiert, durch prozeduralen, körperlichen Mikroaustausch stattfindet (Downing 2000; Frey 2000; Heller 2003; Knoblauch 2000; Tronick 1998).

Die Entwicklung von dem, was ich *Körpermikropraktiken* nenne, ist während der Kindheit bis hin ins Erwachsenenalter komplex. Bis zu einem gewissen Ausmaß gibt es Kontinuität. Eine geraume Anzahl sowohl positiver als auch defensiver Strategien, die in der Kindheit aufgebaut wurden, scheinen Echos im Repertoire der Körpermikropraktiken von älteren Kindern oder Erwachsenen zu haben.[3]

Es gibt aber genauso eine Menge Diskontinuität (Harrison 2003; Tronick 2003). Z. B. fügen Zwei- bis Dreijährige und Vorschulkinder ihrem Repertoire neue, kompliziertere Strategien hinzu (Marvin 1997). In der Zeit, in der sich das Kind in einen Erwachsenen verwandelt hat, wird der Gebrauch seines körperlich prozeduralen Know-hows sogar noch anspruchsvoller geworden sein (Frey 2000). Natürlich bedeutet »anspruchsvoll« nicht automatisch »vorteilhaft«. Einige prozedurale Strategien der Erwachsenen sind unnötigerweise defensiv und selbstbeschränkend (Beebe & Lachmann 2002; Downing 1996; Fosha 1997; Heller 2003; Knoblauch 2000).

Es gibt drei typische Arten der VMT-Sitzungen: *offene, teilstrukturierte und vollstrukturierte* Sitzungen.

Eine *offene* Sitzung ist die einfachste Form. Ein kleiner ausgesuchter Teil des Videos wird gemeinsam von Eltern und dem Therapeuten angeschaut. (Zu einer Video-Sitzung kommen die Eltern normalerweise ohne das Kind, obwohl es hier Ausnahmen geben kann, wie später kurz ausgeführt wird.) Der Elternteil wird dann eingeladen zu kommentieren, zu reagieren und zu reflektieren und alle Gedanken oder Gefühle mitzuteilen, die sie oder er wichtig findet. Der Therapeut und die Eltern diskutieren diese Themen dann weiter. Eine Sitzung dieses Typs hat kein spezifisches Ziel; sie ist locker und ergebnisoffen.

Diese Form wird anfänglich von den Therapeuten im Training genutzt, als eine Möglichkeit, mit dieser neuen Form, Psychotherapie zu machen, vertraut zu werden – vertraut damit, eine Fernbedienung in einer Hand zu haben, mit der wechselnden Aufmerksamkeit vom Patienten zum Bildschirm und wieder zurück, und mit der Verbindung eines verbalen Austausches mit gemeinsam beobachteten visuellen Bildern.

Gelegentlich nutzt diese Form aber auch ein fortgeschrittener Praktiker. Es ist überraschend, wie oft dennoch etwas Wertvolles herauskommt, trotz dieser flüchtigen Natur.

Eine *teilstrukturierte* Sitzung folgt einem eher sorgfältigen Plan unter Einsatz bestimmter Methoden. Die Sitzung hat zwei Teile. Im ersten Teil zeigt der Therapeut den Eltern typischerweise ein, zwei oder drei positive Interaktionsmuster von dem Video. Diese werden diskutiert. Dann zeigt der Therapeut ein (und nur ein) negatives Muster. Dieses wird ebenfalls diskutiert, allerdings in einer Art, dass der Elternteil und der Therapeut sich gemeinsam darauf einigen, was im Hinblick auf dieses Muster eine wünschenswerte Veränderung wäre. (Lediglich eine, so dass eine kohärente und zielgenau darauf folgende Arbeit möglich wird.)

Der zweite Teil der Sitzung besteht aus einer Exploration, wie dieser Wechsel erreicht werden kann. Es wird über konkrete, praktische Möglichkeiten gesprochen. Soweit es möglich ist, liefert der Elternteil selbst diese Ideen. Der Therapeut hilft sie auszuwählen, unterstützt die genauere Prüfung und ergänzt sie gelegentlich mit darauf bezogenen zusätzlichen Möglichkeiten.

Aus speziellen Gründen kann es auch sein, dass nur positive und keine negativen Muster aus dem Video gezeigt werden. Dies kann z. B. bei einem widerstrebenden Elternteil eine angenehmere Art des Anfangs darstellen.

Eine andere Variante ist es, eine – wenn auch noch so kleine – positive Ausnahme des negativen Musters zu zeigen; also allein diese zu zeigen, das negative Muster selbst jedoch nicht. Der Elternteil wird dann ermuntert, mehr von diesem positiven Ausnahmeverhalten zu zeigen. Nehmen wir z. B. einen Vater, der üblicherweise sein Kind zu hektisch behandelt. Vielleicht können wir dennoch in dem Video eine Fünf-Sekunden-Passage finden, wo seine Bewegungen ruhiger werden: er nimmt das Kind langsam auf, positioniert sich gut, das Kind schmiegt sich schön an, etc.

Dies reicht aus, um die positive Aufnahmetechnik zu nutzen. Diese kann für den Elternteil sozusagen einen konkreten Beweis darstellen, dass die Fähigkeit, welche benötigt wird, bei ihm lebendig vorhanden ist. Das weitere Gespräch kann sich darauf konzentrieren, wie er dies geschafft hat und wie er es in der Zukunft anstellen kann, es noch mehr zu tun.

Viel häufiger wird aber das ausgewählte negative Muster selbst gezeigt. Natürlich muss der Therapeut extrem darauf achten, wie er darüber spricht: in welchen genauen Worten, in welchem genauen Ton. Wird dies in der richtigen Art und Weise gemacht, wird die Präsentation eines negativen Musters dem Elternteil das Gefühl vermitteln, dass ihm geholfen wird und er unterstützt und nicht kritisiert wird.

Manchmal höre ich in Verbindung mit einigen anderen Ansätzen videogestützter Intervention (z. B. McDonough 1992, 1993), dass »man niemals auch nur irgendetwas Negatives zeigen sollte«. Meine Erfahrung ist das Gegenteil. Eltern sind dankbar, wenn ihnen ein Muster, welches einer Veränderung bedarf, nachhaltig sichtbar gemacht wird. Der Schlüssel dazu ist, darüber in der richtigen Art zu reden; ein Vorgang, der gelernt und in einer Ausbildung trainiert werden muss.

Eine *vollstrukturierte* Sitzung ist wie die teilstrukturierte Sitzung vom Ablauf her geplant, sie nutzt aber ein noch breiteres Repertoire von Techniken. Wie die teilstrukturierte Sitzung ist sie in zwei Teile geteilt. Der erste Teil enthält, genauso wie bei der teilstrukturierten Sitzung, das Vorführen und die Diskussion von ein bis drei positiven Mustern und einem (und nur einem) negativen Muster. Der zweite Teil dient in ähnlicher Weise der Exploration, wie die Veränderung des negativen Musters geschehen kann.

Was anders ist, ist die Tatsache, dass eine Anzahl zusätzlicher Techniken dort, wo es angemessen ist, in die Arbeit eingewoben werden. Dies können eine oder alle der folgenden Techniken sein:

- kurze Explorationen der elterlichen Kindheit;
- eine ausgedehntere Aufmerksamkeit auf die Gefühle, die während der Sitzung auftauchen;
- Exploration der elterlichen Körpererfahrungen, inwieweit sie zu dem »Mikroverhalten« welches im Video zu sehen ist, korrespondieren;
- Erkundung von neuen, produktiveren Körperstrategien und Kompetenzen (»Körpermikropraktiken«);
- falls zwei Personen (z. B. ein Paar, oder zwei Geschwister, etc.) in der Sitzung anwesend sind, eine kurze systemische Exploration ihrer eigenen Beziehung.

Therapeuten in der Ausbildung lernen zuerst die teilstrukturierte Form zu meistern, und dann lernen sie Schritt für Schritt das Repertoire der Techniken, welches in der vollstrukturierten Form herangezogen werden kann.

Wenn man sich den Kindheitserfahrungen des Elternteils zuwendet, geschieht dies selbstverständlich in Bezug auf den interaktionalen Austausch, der auf dem Video untersucht wird. Z. B. kann der Elternteil darüber nachdenken, in welchem Ausmaß ähnliche Muster in der eigenen Herkunftsfamilie vorherrschend sind. Oder es kann der Einfluss eines Traumas untersucht werden. Z. B. kann es manchmal vorkommen, dass ein Elternteil, der sich schwer tut, eine tiefere Beziehung zu seinem Kleinkind oder Kind herzustellen, entdeckt, dass ein früheres Trauma von sexuellem Missbrauch oder Gewalt unbewusst seine Bereitschaft blockiert, sich gefühlsmäßig zu öffnen. (Die direkte Arbeit mit dem Trauma selbst wird nicht in der Videositzung gemacht, sondern für eine andere Zeit geplant.)

Auf eine andere Weise wertvoll sind die Techniken, die einen stärkeren Fokus auf die subjektiven Körpererfahrungen der Eltern lenken. Es gibt viele solcher Interventionen mit speziellen Varianten für bestimmte Situationen. Sie helfen den Eltern, verschiedene Elemente ihrer Körpererfahrungen zu erfassen, welche normalerweise im Hintergrund stehen. Sie helfen ihnen auch, eine Sprache für diese Elemente zu finden. Entscheidend ist, dass dies nicht nur einschließt wie jede/r ihren/seinen Körper in einer passiven Weise »spürt« – z. B. das Registrieren einer Anspannung, eines Gefühls, eines Zustands von Aktivität –

, sondern genauso, wie sie/er sich selbst körperlich in der Interaktion engagiert – z. B. »Ich lehne mich leicht nach vorne. Ich bin finster, denke ich, oder so etwas Ähnliches. So wie ich meinen Arm ausstrecke, mache ich es plötzlich. Mein Rhythmus beschleunigt sich, brüsk.«

Um es mehr theoretisch auszudrücken: Jede oder jeder macht zunehmend mit Hilfe des Therapeuten eine gewebeähnliche Struktur von üblichen Körper-Mikropraktiken sichtbar (Downing 2000).

Das Herzstück des Prozesses liegt aber in einem weiteren Schritt. Wenn erst einmal ein Bewusstsein der üblichen Körperstrategien entwickelt wurde, kann der Elternteil als nächstes anfangen, alternative Strategien, alternative körperliche Möglichkeiten zu entdecken.

Sie oder er kann dann beginnen, das zu verändern, was manchmal »prozedurale Repräsentationen« genannt wird (Downing 2000; Tronick u. a. 1998): unterschwellig verfügbare körperliche Fähigkeiten, ein »Wissen wie« im Gegensatz zu einem »Wissen was«. Papousek (1998) sprach über »intuitive elterliche Fähigkeiten«, welche wegen der eigenen psychologischen Geschichte der Eltern deaktiviert werden. Der Fokus auf Körpererfahrungen kann einen einzigartigen, schnellen Zugang zum inneren Kern von solchen Möglichkeiten bereitstellen.

Eine Videositzung kann mit mehr als einem anwesenden Familienmitglied gemacht werden. Normalerweise bedeutet dies, dass Mutter und Vater zusammen kommen. In diesem Fall wird der Therapeut gezielt auswählen, wie viel er von dem Verhalten des einen bzw. des anderen jeweils zeigt. Es wird auch eine Wahl getroffen, bis zu welchem Ausmaß Beobachtungen oder Meinungen des anderen zugelassen werden, wenn man mit den Verhaltensmustern von einem von beiden arbeitet. Dies hängt natürlich in großem Maße vom Fall, dem Paar und dem jeweiligen Video ab. Falls einer der beiden das Verhalten des anderen, so wie es im Video zu sehen ist, zu kritisieren beginnt, muss dies normalerweise taktvoll unterbunden werden.

Andere Konstellationen sind möglich, z. B. ein Elternteil und ein Jugendlicher zusammen, vorausgesetzt, es ist genug Motivation auf Seiten des Jugendlichen vorhanden, oder zwei oder mehr Geschwister zusammen ohne die Eltern usw.

Dies ergibt in der Tendenz eine komplexere Form der Sitzung, kann aber hocheffektiv sein, um Veränderungen der Familie in Gang zu bringen. In den meisten Fällen ist es angemessen, mehr als einmal mit Video zu arbeiten. Eine Gesamtzahl zwischen drei und acht Sitzungen mit Video ist üblich. Irgendein Zeitraum zwischen einer Woche und einem Monat zwischen den Videositzungen ist empfehlenswert. Sitzungen ohne Einsatz des Video können natürlich dazwischen stattfinden.

Wenn ein Elternteil einmal eine gute Erfahrung mit einer ersten Videositzung gemacht hat, ist es normalerweise ziemlich einfach, ihn zu motivieren, weitere Videos zu machen.

Grundsätzlich ist es gewöhnlich besser, ein neues Video für jede nachfolgende Videositzung zu machen. Dies erlaubt im Fortgang der Therapie eine sehr genaue Evaluation der erfolgreichen Veränderungen der Familie. Es erlaubt außerdem eine größere Bandbreite von gefilmten Szenen.

Wenn ein neues Video gemacht worden ist, untersucht es der Therapeut auf Anzeichen dafür, dass das Interaktionsmuster, welches im letzten Video anvisiert war, sich bereits in einer Veränderung befindet.

Dramatische Veränderungen sind nicht notwendig. Was man zu finden wünscht, sind einige kleine klare Veränderungen, die auf beiden Seiten (der elterlichen und der kindlichen) sichtbar werden. Vielleicht gab im letzten Video ein Elternteil keine verbalen Echos zu den Vokalisationen des Babys. Nun, im neuen Video, finden wir gelegentliche vokale Antworten. Genauso finden wir hoffentlich wenigstens ein- oder zweimal das Kind mit neuen Antwortmustern vor. Vielleicht wird das Kind als Reaktion auf das elterliche vokale Echo z. B. munterer, oder es schaut länger als gewöhnlich zum Elternteil oder gibt selbst ein Echo auf sein Echo.

Dies reicht als Begründung, dass die nächste Videositzung wie folgt in Angriff genommen wird. Zunächst hilft der Therapeut dem Elternteil im Detail eine oder mehrere Momente zu betrachten, in denen wenigstens in einem kleinen Ausmaß die erwünschte Veränderung sichtbar auftritt. Dann wird wahrscheinlich irgendwie eine Diskussion darüber entstehen, wie es der Elternteil denn genau angestellt hat, diese Veränderungen möglich zu machen, und wie er oder sie wohl am besten weitermacht, um diese Veränderungen voranzubringen. Anschließend wechselt der Therapeut zu einem neuen negativen Muster, welches einer Veränderung bedarf. Der Rest der Sitzung folgt dann dem üblichen Vorgehen.

Manchmal geschieht es, dass der Therapeut beim Betrachten des neuen Videos feststellt, dass scheinbar kein neuer Veränderungsprozess erkennbar ist. In diesem Fall bleibt der Therapeut in der nächsten Sitzung beim ursprünglichen Zielmuster.

Der Therapeut/die Therapeutin bleibt unterstützend, und betont vielleicht z. B., dass dieses Muster wirklich ziemlich schwer veränderbar sei. Es bleibt dann der Fokus für den Rest der Sitzung eher bei diesem Muster, bevor ein neues in den Blick genommen wird. Ein Verschwinden oder eine substantielle Verminderung des präsentierten Symptoms (z. B. macht das Kind, welches mit einer Konzentrationsstörung angemeldet wurde, nun seine Hausaufgaben gut und ist besser in seinen Schulleistungen) bedeutet nicht notwendigerweise, dass man mit dem Einsatz der Videositzungen aufhören muss. Dies kann mit den Eltern ausgehandelt werden. Oftmals ziehen es die Eltern vor, mit der Videoarbeit noch ein bisschen länger fortzufahren. Sie sehen, dass es Sinn macht, eine stärkere Konsolidierung von dem, was sie bereits gewonnen haben, zu erreichen. Gelegentlich wollen sie auch ihre Beziehung zu einem anderen Kind oder ihre eigene Paarbeziehung in den Fokus nehmen. Natürlich hängt es von der Philosophie und den Ressourcen der behandelnden Einrichtung ab, ob solche weiteren Schritte unternommen werden.

Eine spezielle Anwendung von VMT geschieht im Setting einer psychiatrischen Klinik. Sobald ein Patient durch medikamentöse Behandlung (wenigstens zu einem Minimum) stabilisiert wurde, können VMT-Sitzungen zu dem fortlaufenden Behandlungsprogramm hinzugefügt werden.

Dies kann sowohl im stationären als auch im ambulanten Kontext getan werden. Im stationären Fall kann das Video entweder gemacht werden, wenn der Patient einen Besuch zu Hause macht, oder es kann in der Institution gefilmt werden, wenn jemand das Kind dazu in die Klinik gebracht hat.

Es gibt auch noch eine andere Möglichkeit. Es besteht ein großer Bedarf nach mehr Einrichtungen, wo ein Elternteil und ein Kind für einige Wochen zusammenleben können, während der Elternteil eine psychiatrische oder verwandte Behandlung erfährt.

Solch ein Arrangement ist besonders mit Rücksicht auf die Kinder und Kleinkinder empfehlenswert. Ausgedehnte Untersuchungen haben gezeigt, dass hochdepressive Mütter mit Kindern dazu neigen, deutlich negative Eltern-Kind-Interaktionsmuster zu entwickeln (für eine Zusammenfassung siehe Reck u. a., in Vorbereitung). Die laufende ähnliche Forschung bei formal diagnostizierten Borderline-, bipolar- und schizophren-erkrankten Müttern wird wahrscheinlich ergeben, dass sich eine ähnliche und im Mittelwert sogar stärkere Wahrscheinlichkeit von negativen Mustern auch in diesen Fällen ergibt. Der Nutzen einer Intervention, welche so früh wie möglich diese Muster verbessert, ist offensichtlich.

VMT stellt unter Kostengesichtspunkten eine höchst effektive Methode dar, dies zu erreichen. Obwohl die Kosten einer Mutter-Kind-Behandlung ein wenig höher sind als die einer normalen Erwachsenenbehandlung (hauptsächlich wegen einem leicht erhöhten Bedarf an Pflegepersonal) sind diese nicht außergewöhnlich hoch. Und reguläre VMT-Sitzungen können zu den bereits etablierten Behandlungsverfahren hinzugefügt werden. Die bisherigen Erfahrungen zeigen, dass ein solcher Ansatz sowohl realistisch, als auch von seinen Ergebnissen her ausgesprochen vielversprechend ist. Solche Programme sind bereits an der Universität von Heidelberg (mit depressiven und Borderline-Müttern) und am Wiesloch Krankenhaus in Deutschland (mit schizophrenen und depressiven Müttern) eingeführt worden. Untersuchungen zu den Ergebnissen werden an beiden Orten derzeit in Zusammenarbeit mit Edward Tronick durchgeführt. Ein ähnliches Programm, ebenfalls verbunden mit einer Ergebnisforschung, befindet sich in Caserta, Italien im Prozess der Einführung (bei schizophrenen Müttern).

Der Therapeut, der VMT einsetzt, beschäftigt sich nicht nur mit der kindlichen Entwicklung. In gleicher Weise ist das persönliche Wachstum und das Wohlergehen der Eltern wichtig. Genau genommen ergänzen sich diese beiden Ziele gegenseitig sehr stark, wenn man mit Video arbeitet.

Die Vorteile für das Kind sind vielleicht unmittelbarer sichtbar. Aber die Bedeutung für das elterliche Wohlergehen zeigt sich hauptsächlich auf zwei Wegen. Erstens wird der elterliche Kontakt mit dem Kind zwangsläufig viel zufriedenstellender für den Elternteil selbst, sobald sich die Interaktionsmuster schrittweise verändern.

Diese zugenommene Befriedigung, einschließlich ihrer wahrgenommenen Resonanz auf einer Körperebene, wird in der VMT gezielt angestrebt. Zweitens tendieren die mit den Eltern neu aufgebauten interaktionalen Kompetenzen dazu, allgemeiner wirksam zu werden, zu generalisieren.

Früher oder später fangen sie an, auch deren andere Beziehungen zu beeinflussen, einschließlich ihrer Erwachsenenbeziehungen. Für viele Personen führt dies zu einer ziemlich bewussten persönlichen Entwicklung. Sie beginnen mit einer stärkeren Achtsamkeit im menschlichen »Mikrokosmos« zu leben. Dies ist eine Form des Wachstums, welche einige unserer tiefsten Kapazitäten verändern kann.

Anmerkungen

1 Übersetzung: Hermann Scheuerer-Englisch

2 Jaffe & Beebe u. a. (1999) filmten bei ihren Studien zur vokalen-rhythmischen Koordination Dyaden von Müttern und vier Monate alten Kindern sowohl im Labor als auch zu Hause bei der Mutter. Sie fanden leicht signifikante Unterschiede, im Labor steigerten die Dyaden ihre wechselseitige Beeinflussung. Sie stellten die Hypothese auf, dass der Aufenthalt in einem unbekannten Kontext die Erregung erhöht und dass die erhöhte wechselseitige Kontingenz ein Mittel der Erregungsregulation darstellt.

3 Ich mache diese Annahme, nachdem ich eine Anzahl von Filmen aus der frühen Kindheit und Videobändern von Erwachsenen Psychotherapiepatienten gesehen habe.

Literatur

Aarts, M. (2000): Marte Meo Basic Manuel. Harderwijk (Aarts Productions).
Beebe, B. (2000): Co-constructing mother-infant distress: The microsynchrony of maternal impingement and infant avoidance in the face-to-face encounter. Psychoanalytic Inquiry, 20(3), S. 421–440.
Beebe, B. (in press): Brief Mother-Infant Treatment: Psychanalytically Informed Video Feeback. Infant Mental Health Journal.
Beebe, B. & Lachmann, F. (2002): Infant Research and Adult Treatment: Co-constructing Interactions. Hillsdale (Analytic Press).
Beebe, B. & Stern, D. (1977): Engagement-disengagement and early object experiences. In: Freedman, N. & Grand, S. (Hg.): Communicative Structures and Psychic Structures. New York (Plenum).
Bergman, A. (1999): Ours, Yours, Mine: Mutuality and the Emergence of the Separate Self. Northvale (Jason Aronson).
Cohen, P. & Beebe, B. (in press): Video Feedback with a Depressed Mother and Her Infant: A Collaborative Individual Psychanalytic and Mother-Infant Treatment. Journal of Infant, Child, and Adolescent Psychotherapy.
Dornes, M. (1997): Die frühe Kindheit: Entwicklungpsychologies der ersten Lebensjahre. Frankfurt am Main (Fischer).
Downing, G. (1996): Körper und Wort in der Psychotherapie. München (Kösel Verlag).
Downing, G. (2000): Emotion theory reconsidered. In: Wrathall, M., & Malpas, J. (Hg.): Heidegger, Coping and Cognitive Science. Cambridge, Massachusetts (MIT Press).
Downing, G., & Ziegenhain, U. (2001): Besonderheiten der Beratung und Therapie bei jugendlichen Müttern und ihren Säuglingen – die Bedeutung von Bindungstheorie und videogestützter Intervention. In: Suess, G. J., Scheuerer-Englisch, H., & Pfeifer,W. (Hg.): Bindungstheorie und Familiendynamik. Gießen (Psychosozial).
Erickson, M., & Kurz-Riemer, K. (1999): Infants, Toddlers, and Families: A Framework for Support and Intervention. New York (Guilford).
Fivaz-Depeursinge, E., & Corboz-Warnery, A. (1999): The Primary Triangle: A Developmental Systems View of Mothers, Fathers, and Infants. New York (Basic).
Fogel, A. (1993): Two principles of communication: Co-regulation and framing. In: Nadel, J., & Camaioni, L. (Hg.): New Perspectives in Early Communicative Development. London (Routledge).
Fonagy, P., Gergely, G., Jurist, E., & Target, M. (2002): Affect Regulation, Mentalization, and the Development of the Self. New York (Other Press).
Fosha, D. (2001): The Transforming Power of Affect: A Model for Accelerated Change. New York (Basic Books).
Frey, S. (1999): Die Macht des Bildes: Der Einfluss der nonverbalen Kommunikation auf Kultur und Politik. Bern (Hans Huber).
Grossmann, K., & Grossmann, K. E. (1991): Newborn behavior, early parenting quality and later toddler-parent relationships in a group of German infants. In:

Nugent, K., Lester, B., & Brazelton, T. (Hg.): The culteral context of infancy, Vol. II. Norword, N. J. (Ablex), S. 3–38.

Jaffe, J., Beebe, B., Feldstein, S., Crown, C., & Jasnow, M. (2001): Rhythms of Dialogue in Infancy. Monograph Series of the Society for Research in Child Development, 66, 2, Serial No. 265, S. 1–132.

Harrison, A. (2003, in press): Book Review: Fonagy, P., Gergely, G., Jurist, E., & Target, M.: Affect Regluation, Mentalization, and the Development of the Self. International Journal of Psychoanalysis.

Harrison, A. & Tronick, E. (in Vorb.): Now We Have a Playground.

Heller (2003, in Druck): Behind the Stage of Interacting Faces. Psychoanalytic Dialogues.

Hertenstein, M. (2002): Touch: Its communicative functions in infancy. Human Development 45, S. 70–94.

Knoblauch, S. (2000): The Musical Edge of Therapeutic Dialogue. Hillsdale (Analytic Press).

Lichtenberg, J. (1989): Psychoanalysis and Motivation. Hillsdale (Analytic Press).

Main, M., & Solomon, J. (1990): Procedures for identifying infants as disorganized/disoriented during the Ainsworth Strange Situation. In: Greenberg, M., Cicchetti, D., & Cummings, E. (Hg.): Attachment in the Preschool Years. Chicago (University of Chicago Press), S. 121–160.

Meins, E. (1997): Security of Attachment and the Social Development of Cognition. Hove, East Sussex (Psychology Press).

Marvin, R. (1992): Attachment and family systems based intervention in developmental psychopathology. Development and Psychopathology, 4: S. 697–711 (deutsch in diesem Buch).

Marvin, R. (1997): Ethological and general systems perspectives on child-parent attachment during the toddler and preschool years. In: Segal, N., Weisfeld, G., & Weisfeld, C. (Hg.): Advances in the Study of Communication and Affect: Vol. 3, Attachment Behavior. Washington, D.C. (American Psychological Association).

Marvin, R., Hoffman, K., & Powell, B. (2002): The Circle of Security Project: Attachment-Based intervention with caregiver-preschool child Dyads. Attachment and Human Development, Vol. 4, Nr.1, S. 107–124 (deutsch in diesem Buch).

McDonough, S. (1992): Treating early relationship disturbances with interaction guidance. In: Vizziello, G., & Stern, D. (Hg.): Models and Techniques of Psychotherapeutic Intervention in the First Year of Life. Mailand (Raffaello Cortina).

McDonough, S. (1993): Interaction guidance: Understanding and treating early infant-caregiver relationship disturbances. In: Zeanah, C. (Hg.): Handbook of Infant Mental Health. New York (Guilford).

Muir, D. (2002): Adult communication with infants through touch: The forgotten sense. Human Development 45, S. 95–99.

Nadel, J. (1996): Early interpersonal timing and the perception of social contingencies. Infant Behavior and Development, 19, Special ICIS Issue, S. 202.

Papousek, M. (1994): Vom ersten Schrei zum ersten Wort: Anfänge der Sprachentwicklung in der vorsprachlichen Kommunikation. Bern (Hans Huber).

Papousek, M. (1998): Das Münchner Modell einer interaktionszentrierten Säuglings-Eltern-Beratung und -Psychotherapie. In: von Klitzing, K. (Hg.): Psychothera-

pie in der frühen Kindheit. Göttingen (Vandenhoeck & Ruprecht).
Papousek, M. (2000a): Einsatz von Video in der Eltern-Säuglings-Beratung und -Psychotherapie. Praxis der Kinderpsychologie und Kinderpsychiatrie. 49, S. 611–627.
Papousek, M. (2000b): Zur Früherkennung und Behandlung von Störungen der Eltern-Kind-Beziehung im Säuglingssalter. In: Koch-Kneidl, L. & Wiesse, J. (Hg.): Frühkindliche Interaktion und Psychoanalyse. Göttingen (Vandenhoeck & Ruprecht).
Reck, C., Hunt, A., Weiss, R., Fuchs, T., Moehler, E., Downing, G., Tronick, E., & Mundt, C. (zur Veröffentlichung eingereicht): Interactive regulation of affect in postpartum depressed mothers and their infants.
Rochat, P. (2001): The Infant's World. Cambridge, Massachusetts (Harvard U. Press).
Stack, D., & Muir, D. (1992): Adult tactile stimulation during face-to-face interactions modulates five-month-olds' affect and attention. Child Development, 63, S. 1509–1525.
Stern, D. (1985): The Interpersonal World of the Infant. New York (Basic Books).
Thiel-Bonney, C. (2002): Beratung von Eltern mit Säuglingen und Kleinkindern: Videogestützte Verhaltensbeobachtung und Videomikroanalyse als Interventionsmöglichkeit. Psychotherapeut 47, S. 381–384.
Tronick, E. (1986): The transmission of maternal disturbance to the infant. In: Tronick, E., & Field, T. (Hg.): Maternal Depression and Infant Disturbance. San Francisco (Jossey-Bass).
Tronick, E. (1989): Emotions and emotional communication in infants. American Psychologist 44 (2), S. 112–119.
Tronick, E. (1995): Touch in mother-infant interaction. In Field, T. (Hg.): Touch in Early Development. Mahwah (New Jersey).
Tronick, E. (1998): Dyadically expanded states of consciousness and the process of therapeutic change. In: Infant Mental Health Journal, Special issue edited by E. Tronick, Vol 19 (3), S. 3.
Tronick, E. (2003): Thoughts on the still-face: disconnection and dyadic expandion of consciousness. Infancy, in press.
Tronick, E., Sanders, L., Lyons-Ruth, K., Stern, D., Harrison, A., Nahum, J., Bruschweiler-Stern, N., & Morgan (1998): Interventions that effect change in psychotherapy: A model based on infant research. Commentaries by Beebe, B., Modell, A., & Fonagy, P. Infant Mental Health Journal, 19 (3), S. 277–353.
Weinberg, K., & Tronick, E. (1998): The impact of maternal psychiatric illness on infant development. Journal Clinical Psychiatry, 59, S. 53–61.
White, M., & Epston, D. (1990): Narrative Means to Therapeutic Ends. New York.
Zelenko, M., & Benham, A. (2000): Videotaping as a therapeutic tool in psychodynamic infant-parent therapy. Infant Mental Health Journal 21 (3), S. 192–203.
Ziegenhain, U. (1999a): Assessing children's representational attachment models: Links to mother-child attachment quality in infancy and childhood. Journal of Genetic Psychology, 160 (1), S. 22–30.
Ziegenhain, U. (1999b): Die Stellung von mütterlicher Sensitivität bei der transgenerationalen Übermittlung von Bindungsqualität. Praxis der Kinderpsychologie und Kinderpsychiatrie, 2/99, S. 86–100.

Ziegenhain, U., & Müller, B. (1996): Frühe Bindungserfahrungen und Verhaltensauffälligkeiten bei Kleinkindern in einer sozialen und kognitiven Anforderungssituation. Praxis der Kinderpsychologie und Kinderpsychiatrie 45, S. 95–102.

»Mein Baby will mich quälen« – Mütterliche Phantasien, psychosomatische Symptombildung im Säuglingsalter und die Chancen der Psychotherapie

Carola Bindt

1. Die Krise des Anfangs: postpartale Beziehungsentwicklung und frühkindliche Symptombildung

John Bowlby (1975) untersuchte in den 50er und 60er Jahren – angeregt durch ethologische Erkenntnisse über spezifische Prägungen von Jungtieren auf ihr Muttertier – die Natur der Bindung eines Kindes an seine bevorzugte Pflegeperson, meist die Mutter, und die Bedeutung von frühen Trennungserfahrungen für die seelische Entwicklung. Er postulierte, dass es auch beim Menschen eine angeborene Bindungsbereitschaft gibt, die in Situationen äußerer und innerer Gefahr (z. B. auch bei Verletzung, Krankheit, Unwohlsein) aktiviert wird, wenn diese nicht aus eigenem Vermögen behoben werden können. Bowlby stützte seine Bindungstheorie auf eine biologische Basis. Zentral und innovativ gemessen am Stand der psychoanalytischen Theoriebildung seiner Zeit war seine Annahme, dass das Bedürfnis des Säugling nach Nähe zur Mutter biologisch determiniert ist und Bindungsverhalten von Anfang an und nicht nur sekundär zur Befriedigung anderer biologischer Triebbedürfnisse wie z. B. dem Hunger eingesetzt wird.

Das Bindungsmodell beschreibt darüber hinaus detailliert, auf welche Weise wiederholte bidirektionale Interaktionen zwischen dem Säugling und seiner Mutter oder anderen primären Bindungspersonen zur Ausprägung von Verhaltensmustern führen, die die Bewältigung von unterschiedlichsten Stressoren und die Bereitschaft zur Inanspruchnahme von sozialer Unterstützung beim Kind mit lebenslanger Wirksamkeit prägen können. Schore (2000, 2001a) meint deshalb, die Bindungstheorie sei vor allem eine Theorie der bio-sozialen Regulation. Sie beleuchte, wie das Baby mit Hilfe seiner Mutter in einem dyadisch regulierten Prozess zu mehr oder weniger effizienter Stressbewältigung gelange, indem es durch die allmähliche Ausbildung von unterschiedlichen Coping-Strategien die Kontrolle über seine Affekte und Emotionen zu erringen versuche.

Bis zum sechsten Lebensmonat spielt sich zwischen Mutter und Kind ein für die Dyade charakteristischer Interaktionsstil ein. Im Alter von sechs bis acht Monaten ist der Säugling dergestalt an seine Hauptbetreuungsperson gebunden, dass er deren physische Präsenz braucht und auch aktiv sucht, um sich sicher fühlen zu können. Auf der Grundlage einer spezifischen Wechselseitigkeit im Austausch miteinander etabliert sich dabei allmählich das kindliche Bindungsmuster, das nach vollendetem erstem Lebensjahr kategorial im Test der »Fremden Situation« als »sichere« oder »unsichere Bindung« messbar wird. Erst im Alter von ca. drei Jahren werden nachgeordnete, weniger vertraute Bezugspersonen relativ problemlos als Bindungspersonen, d. h. als Spender von Sicherheit und Geborgenheit, akzeptiert (Bowlby 1975; Ainsworth u. a. 1978; Ainsworth 1985).

Wollen wir psychosomatische Symptombildungen im frühen Säuglingsalter betrachten, so bewegen wir uns in einer Zone, in der die Bindung des Kindes an seine Mutter und die Anfänge seiner psychischen Struktur sich gerade sukzessive formieren. Das Kind ist in den ersten Lebensmonaten noch besonders weitgehend auf den emotionalen und praktischen Beistand der Eltern bei der Bewältigung von Entwicklungsschritten, neuen Erfahrungen und der Regulation von Affekt und Erregung angewiesen. Die Beziehung zwischen den Eltern und ihrem Kind ist einerseits noch jung und unerprobt, andererseits im Zuge der rasch fortschreitenden kindlichen Entwicklung rasanten Veränderungsprozessen ausgesetzt. Ein solches Zusammentreffen macht sie besonders verwundbar. Zusätzlich befinden sich Mutter wie Vater im Übergang zur Elternschaft und damit in einem Lebensstadium, das auch aus Bindungssicht als »major life stressor« gilt. Die Belastungen und Anforderungen im Kontext der Geburt des Nachwuchses befördern z. B. vermehrt dysfunktionales Beziehungsverhalten bei unsicher gebundenen Elternpersonen, was wiederum mit mangelnder wechselseitiger Unterstützung und Unzufriedenheit in der Partnerschaft einhergeht (Rholes u. a. 2001). Es wundert folglich nicht, dass Probleme im ersten postnatalen Jahr häufig auftreten und auch sogenannte »Störungen der Verhaltensregulation im Säuglingsalter« (von Hofacker 1998) einen alltäglichen Vorstellungsgrund in der kinderärztlichen Praxis darstellen.

Im klinischen Alltag einer Ambulanz für pädiatrische Psychosomatik präsentieren sich psychosomatische Symptome beim Säugling recht uniform als exzessives Schreien, Schlafstörung, Essproblem oder körperbetonte Auffälligkeit des Verhaltens (z. B. Rumination, Autostimulation[1]) und bei den Eltern als Verunsicherung, Erschöpfung und Verzweiflung. Symptombildungen in dieser frühen Zeit lassen sich nicht in den gewohnten Dimensionen der Psychopathologie beschreiben. Sie reflektieren weder ausschließlich »intrapsychische« Wesensmerkmale des Kindes noch allein »interpersonale« Merkmale der konkreten Bindungsbeziehung mit der Mutter, sondern entstehen in einem Zusammenspiel biologischer Gegebenheiten (z. B. Geschlecht, Temperament,

Gesundheitszustand des Kindes), emotionaler Ressourcen der Mutter (z. B. Persönlichkeitsstruktur, mütterliche Einstellung, Bindungstyp) und psychosozialer Einflussfaktoren (z. B. sozio-ökonomische Bedingungen, Qualität der elterlichen Paarbeziehung, Verfügbarkeit sozialer Unterstützungssysteme). In der Regel verweist das Symptom auf eine Dysregulation im Beziehungsgeschehen zwischen Kind und Eltern, und in Diagnostik und Therapie sollten alle genannten Variablen bedacht werden.

Ganz überwiegend sind es die Mütter, die um Hilfe nachsuchen. Ich will mich der Beschränkung halber auch im Folgenden auf die Mütter konzentrieren, obwohl wir regelhaft die Väter an der Therapie beteiligen und gerade auch die Etablierung einer frühen Eltern-Kind-Triade aus psychodynamischer Perspektive als protektiv für eine günstige Kindesentwicklung gilt (von Klitzing 2003).

Fast immer ist auf dem Anmeldebogen der Satz zu lesen: »Mutter verzweifelt, kann nicht mehr, bittet um sofortigen Rückruf und rasch um einen Termin«. Die existentielle Dringlichkeit, mit der uns der Hilferuf solcher Mütter erreicht, ist typisch für die sehr spezifische psychische Organisationsform, in die jede Frau nach der Geburt eines Kindes eintritt. Daniel Stern (1995) hat diesen herausgehobenen Zustand als »Mutterschaftskonstellation« beschrieben. Die Geburt vor allem des ersten Kindes zwingt die Mutter praktisch über Nacht zu einer tiefgreifenden Neuanpassung. In den Monaten nach der Geburt ist sie vollauf beschäftigt mit drei elementaren Fragen: Kann sie ihr Baby am Leben halten, kann sie seine Botschaften und Bedürfnisse verstehen und kann sie es hinreichend lieben? Daneben muss sie für sich selbst den Beistand sichern, den sie benötigt, um diesen Aufgaben gerecht zu werden. Dazu gehört auch die Suche nach Vorbildern: bei der eigenen Mutter, in der Entbindungsklinik, beim Kinderarzt, in der Krabbelgruppe und manchmal auf jeder Parkbank – aber auch in der Therapie. Fragen der Partnerschaft, der sexuellen, beruflichen und sonstigen sozialen Identität treten hinter solchen Belangen zunächst zurück. Die charakteristische Präokkupation der Mutter mit ihrer neuen Rolle und dem Baby ist der Realität der Verantwortlichkeit für einen hilflosen Säugling angemessen und angepasst. Keine andere Beziehung fordert solchen Einsatz. Wird das Kind symptomatisch, so gerät die Mutter in existentielle Not. Hat sie versagt, ist sie unfähig? Ist das Baby irgendwie behindert, krank, wird es dauerhaften Schaden nehmen? In der Regel ist sie nicht zu beruhigen durch den Hinweis, das Problem werde sich auswachsen und mit der Zeit vergehen.

In der Zeit der »Mutterschaftskonstellation« dominieren intrapsychisch die Themen der Auseinandersetzung mit der Mutter der eigenen Kindheit und sich selbst als Tochter, mit dem Selbstkonzept als Mutter und mit der Beziehung zum Kind. Die Erinnerungen und Phantasien zu eigenen Kindheitserfahrungen des Bemuttertwerdens werden im täglichen Umgang mit dem Baby wachgerufen und sind in dieser Zeit präsenter und bedeutsamer als in anderen Lebensabschnitten. Sie sind sogar unverzichtbar, denn sie bilden die Grundlage für die Fähigkeit zur empathischen Einfühlung in das Baby.

Es ist nicht gerade überraschend, dass Frauen mütterliche Funktionen weitgehend von ihren eigenen Müttern erlernen. Auch die Überzeugung, dass insbesondere die intrapsychischen Repräsentanzen eines mütterlichen Objekts in der frühen Mutter-Kind-Beziehung wirksam werden, ist keineswegs neu und im Verlauf der letzten einhundert Jahre in der psychoanalytischen Literatur vielfältig kommentiert worden. Insbesondere Winnicott (1965) mit seinem Konzept der »primären Mütterlichkeit« sowie Bion (1963) mit der Beschreibung der »Reverie« als besondere Formen der instinktiven, träumerischen Einfühlung einer Mutter in ihr Baby haben die Bedeutung der mütterlichen Phantasien für die frühkindliche Selbstentwicklung herausgestellt, unabhängig von triebdynamischen Erwägungen. Ergebnisse aus der Bindungsforschung bestätigen überdies den transgenerationalen Einfluss in der frühen Mutter-Kind-Beziehung, und zwar erweitert um eine unerwartete Dimension: Einer der besten Prädiktoren für die Bindungsqualität zwischen Müttern und ihren einjährigen Kindern ist die Art und Weise, wie die Mutter von ihren eigenen Kindheitserfahrungen spricht (Grossmann & Grossmann 1991; George, Kaplan & Main 2001). Ob diese Erfahrungen gut oder schlecht waren, ist hierbei sekundär. Entscheidend dafür, ob die Mutter eine sichere oder unsichere Bindungsbeziehung mit ihrem Baby entwickeln wird, ist die Frage, inwieweit es ihr gelingt, die Beziehung zu ihrer eigenen Mutter und ihre Erinnerungen mit angemessener, aber gefühlvoller Distanz zu betrachten und ein kohärentes, emotional vielschichtiges Bild davon zu entwerfen. Gelingt dieses nicht – ist die Mutter verstrickt in Ablehnung oder Hass mit ihrer eigenen Mutter, gefangen in unreflektierter Idealisierung oder gebunden an einen unbewussten Auftrag –, so gehen ihre diesbezüglichen Gefühle und Erfahrungen offenbar ungefiltert in die Beziehung zu ihrem Baby ein. Diese »Repräsentanz der Mutter der Kindheit« ist weitreichend wirksam. Schon in der Schwangerschaft lässt das verinnerlichte Bindungsmuster einer Frau Vorhersagen über die psychische, aber auch kognitive und soziale Entwicklung ihres Kindes bis in das Schulalter hinein zu (Fonagy u. a. 1991). Wird das Kind bereits im Säuglingsalter symptomatisch, so verweisen seine Schwierigkeiten recht präzise auf Probleme, die die Mutter in diesem Kontext selbst zu lösen hat.

Es stellt sich nun die Frage, auf welchem Weg das Baby von der Verfassung seiner Mutter Kenntnis erlangt. Dies geschieht nicht auf magische Weise. Es ist auch nicht notwendig davon auszugehen, dass der Säugling Phantasien über die Befindlichkeit seiner Mutter ausbildet, was angesichts neuerer Konzepte zur Entwicklung der Symbolfunktion erst mit dem Spracherwerb möglich zu werden scheint (Dornes 1994; von Uexküll u. a. 1996). Als Brücke zwischen mütterlichen Vorstellungen und kindlichem Erleben dient der Austausch von Berührungen, Blicken und Vokalisationen in der konkreten Interaktion. Dazu ein Beispiel aus dem klinischen Alltag:

Frau A., eine alleinerziehende Mutter Anfang dreißig, wird an mich verwiesen, weil sie »von Anfang an nur Probleme« hat mit Isa, ihrer sechs Monate alten Tochter. Frau A. wirkt erschöpft, angespannt und freudlos, als sie Isa erstmals vorstellt. »Dieses Kind ist nie zufrieden«, sagt sie mit beinahe feindseligem Unterton. Ich erfahre, dass Isa ständig quengelt, viel schreit, nachts schlecht schläft und nur unwillig isst. Die Mutter muss sie unausgesetzt herumtragen und beschäftigen, aber auch auf ihrem Arm ist das Kind angespannt, windet sich hin und her und findet keine Ruhe.

Während Frau A. berichtet, hält sie ihr Baby auf dem Schoß. Isa betrachtet mich interessiert, wendet dann ihre Aufmerksamkeit der bunten Armbanduhr ihrer Mutter zu und greift danach. Frau A. zieht mit einem Aufschrei ihre Hand weg. Ich erkenne eine nässende offene Stelle unter dem Uhrenarmband wie von einer Allergie. Isa sieht erstaunt in das schmerzverzerrte Gesicht ihrer Mutter. Diese erwidert ihren Blick nicht. Das Kind macht einen nächsten Versuch und greift erneut nach der Uhr. Mit einer unwirschen Geste und dem gepressten Ausruf »nun quäle mich nicht wieder« dreht Frau A. das Kind abrupt zur Seite, das daraufhin zu schreien beginnt.

Bereits in den ersten Minuten des Kontakts entfaltet sich vor meinen Augen das Drama dieser Beziehung. Ein fünf Monate alter Säugling interessiert sich im Zustand wacher Aufmerksamkeit für einen bunten Gegenstand. Das ist altersentsprechend und situationsadäquat. Dieses Interesse findet im Erleben der Mutter jedoch kein Echo. Die Mutter begleitet das Baby nicht durch Gesten oder Blicke. Sie ist blind dafür, und sie missversteht – warum auch immer – sein Explorationsverhalten als aggressiven Übergriff. Mit ihren heftigen Reaktionen, mimisch, vokal und motorisch, sendet sie eine Botschaft, die mit der entspannten Aufmerksamkeit des Babys kollidiert. In einer anderen Terminologie: Mütterliches Stimulierungsniveau und kindliches Erregungsniveau treffen nicht zusammen. Dieser »mismatch« ist sichtbar und wird spürbar für beide Partner. Wir wissen nicht, ob Isa gekränkt, verärgert oder einfach nur erschrocken ist, aber das Kind verliert sein Gleichgewicht. Es beginnt zu schreien und bestätigt so die Klage seiner Mutter: »Dieses Kind ist unzufrieden«.

Bevor ich mich den emotionalen Bedingungen zuwende, die im Hintergrund dieser Szene stehen, möchte ich einige Grundlagen der Theorie zur frühen Mutter-Kind-Beziehung und deren Bedeutung für die Kindesentwicklung im Licht der aktuellen wissenschaftlichen Diskussion darstellen.

2. Vorläufer der Bindung: Mutter-Kind-Interaktion, Affektregulation und emotionale Kindesentwicklung im ersten postpartalen Jahr

Von Anfang an wird das beobachtbare Verhalten zwischen Eltern und ihren Babys von wechselseitiger Einfühlung und Responsivität bestimmt. Aus verhaltensbiologischer Sicht haben Hanus und Mechthild Papousek (1987) das Repertoire der »intuitiven Elternschaft» beschrieben. Hierbei handelt es sich um eine biologisch präformierte Verhaltensbereitschaft, die sich beim Menschen über Kultur-, Alters- und Geschlechtsgrenzen hinweg im Umgang mit Säuglingen manifestiert. Im Austausch mit ihrem Neugeborenen nehmen Eltern z. B. intuitiv einen Abstand ein, der der optimalen Sehentfernung des Kindes angepasst ist, und beantworten den Blickkontakt des Babys mit einer »Grußreaktion«, d. h. einer leichten Retroflexion des Kopfes, erhobenen Augenbrauen und halb geöffnetem Mund. Durch eine solche spezifisch akzentuierte Mimik soll die Aufmerksamkeit des Kindes auf das Gesichtsinnere fokussiert werden. Eine »Grußreaktion« ist auch dann zu beobachten, wenn der Säugling blind ist oder die Eltern davon überzeugt sind, dass ihr Kind noch gar nicht sehen kann. Intuitiv erfolgt auch der Einsatz der sogenannten »Ammensprache«, einer Modifikation der elterlichen Sprechweise im Zwiegespräch mit dem Baby. Hierbei werden Sprechtempo und Rhythmus verlangsamt und die Sprachmelodik auf einfache Grundkonturen reduziert, die sich unabhängig vom verbalen Inhalt häufig wiederholen. Diese charakteristische Diktion scheint besonders gut geeignet zu sein, um dem Baby Grundbotschaften wie Beruhigung, Warnung oder auch Aufforderung zu Lächelspielen zu vermitteln, lange bevor das Kind erste Worte verstehen kann. Elterliche Botschaften erreichen das Kind also nicht verbal, sondern vokal und über körperliche Ausdrucksformen. Neurophysiologisch betrachtet, werden intuitive Verhaltensweisen schneller umgesetzt und sind weniger schnell ermüdbar als bewusst kontrolliertes Verhalten.

Das Bindungsverhalten des Säuglings kann verstanden werden als ein komplementäres Repertoire angeborener Verhaltensweisen und sukzessive erlernter Strategien, die dem Ziel dienen, »optimale Nähe« zur Mutter herzustellen und aufrechtzuerhalten. Schon simple motorische Säuglingsreflexe gewinnen dabei kommunikative Relevanz: Greif-, Saug- und Suchreflexe dienen der Kontaktaufnahme. Nimmt die Mutter ihr Neugeborenes auf den Arm, wobei sein Kopf etwas nach hinten fällt, veranlasst der Moro-Reflex das Kind, seine Arme auszubreiten und sich anschließend am Körper der Mutter anzuklammern. Die Mutter kann diesem Reflex als Entgegenkommen und Wunsch nach Körperkontakt Bedeutung verleihen. Bei cerebral geschädigten

Kindern oder unreifen Frühgeborenen mit einer eingeschränkten Reflexantwort wird die typische überstreckte Körperhaltung hingegen nicht selten als Ablehnung des Gehaltenwerdens missverstanden oder in einer noch weitergehenden Annahme wie »mein Kind mag mich nicht« fehlinterpretiert. Kurz nach der Geburt zeigt der Säugling eine Vorliebe für den mütterlichen Geruch und die mütterliche Stimme (Reisman 1987; DeCasper & Spence 1986) sowie eine angeborene Sensibilität für die Konfiguration des menschlichen Gesichts (Morton & Johnson 1991). Wenige Tage alte Babys sind in der Lage, den mimischen Affektausdruck der Eltern – z. B. Stirnrunzeln, Hochziehen der Brauen – und diskrete Fingerbewegungen nachzuahmen (Metzloff & Moore 1977; Field u. a. 1983). Dieses Verhalten stellt zunächst eine reine Imitationsleistung dar. Es animiert jedoch die Eltern zu positiven Reaktionen und dem Wunsch nach weiterem Austausch.

Gegen Ende des zweiten Lebensmonats kommt es zu einem dramatischen Fortschritt in den sozialen und emotionalen Kapazitäten des Babys, das nun die Mutter visuell von Fremden unterscheidet und »soziales Lächeln« zeigt (Spitz 1973; Barrera & Maurer 1981). Mit diesem Reifungsschritt wird gleichzeitig die visuelle Stimulation, die vom mütterlichen Affektausdruck ausgeht, zum potentesten Stimulus in der kindlichen Erfahrungswelt (Schore 2001a,b). Das Verhaltensrepertoire des Säuglings erweitert sich von Woche zu Woche. Mit zunehmender Aufmerksamkeitsspanne setzt er immer aktiver Lächeln, Lautäußerungen und motorische Signale ein. Daniel Stern (1985) hat die Phase um den fünften Lebensmonat aus der Perspektive des Babys als die »sozialste Zeit im Leben eines Menschen« bezeichnet. Im spielerischen Dialog von Angesicht zu Angesicht entwickelt sich in dieser Zeit eine Art »Tanz« zwischen Mutter und Kind, in dem sich beide Partner in Bezug auf Intensität, Takt, Rhythmus, Dauer und Ausdrucksform ihres Verhaltens wechselseitig einander angleichen. Dabei erfahren beide einen gemeinsamen Wandel ihres Erregungsniveaus von niedriger Erregung zu einem höheren energetischen Niveau, beispielsweise eine Veränderung von ruhiger Aufmerksamkeit zu affektivem Überschwang und umgekehrt. Man kann sich diesen Prozess auch als Ausbreitung der Vibrationen von einem Resonanzkörper auf einen anderen vorstellen, der nur dann gelingt, wenn sich die Frequenzmuster gleichen, d. h. synchronisiert sind und sich somit gegenseitig verstärken können (Schore 2001a). Der Transfer von emotionalen Informationen solcher Art wird zunächst von der Mutter gesteuert, indem sie den Modus, die Intensität, die Variationsbreite und das Timing ihres Interaktionsangebotes an die aktuellen integrativen Kapazitäten ihres Babys anpasst, die sich mit dessen zunehmender Reife zu größerer Variabilität entfalten. In solchen Interaktionen werden die regulatorischen Systeme zur Bewältigung von emotionaler Erregung ausgebildet.

Um dem Kind Regulationshilfen geben zu können, muss die Mutter selbstverständlich zuallererst in der Lage sein, ihre eigenen Erregungszustände zu beherrschen. Daneben sollte sie über die Fähigkeiten verfügen, die Ainsworth u. a. (1978) als »mütterliche Feinfühligkeit« konzeptionalisiert hat. Demgemäß wird die Qualität der Interaktion davon bestimmt, wie gut es der Mutter gelingt, für die nonverbalen Signale des Säuglings mit niedriger Wahrnehmungsschwelle erreichbar zu sein, diese kindgerecht, d. h. frei von projektiver Verzerrung zu interpretieren und mit angemessener Reaktion prompt zu beantworten. Die »mütterliche Feinfühligkeit« ist angelegt als dyadisches Konstrukt und impliziert, dass eine Mutter optimal empfänglich ist für die individuellen Signale ihres Babys, d. h. subjektiv angeglichen an seinen jeweiligen Entwicklungsstand und seine aktuelle Verfassung. Als wesentlich wird darüber hinaus die mütterliche Fähigkeit erachtet, dem Kind in der Interaktion einen strukturierten, aber nicht zu engen Raum zur Verfügung zu stellen und übergriffige und feindselige eigene Impulse auch in herausfordernden Situationen zu kontrollieren (Biringen 2000).

Das Kind erlernt in der Interaktion mit der Mutter Verschiedenes: Zum einen übt es sich darin, sich emotional auf sein Gegenüber einzustellen, aber zunehmend auch zu führen und – z. B. durch Abwendung des Blickes – den Kontakt aktiv zu unterbrechen und die Reaktionen der Mutter zu manipulieren, ein bedeutsamer erster Schritt in der Autonomieentwicklung. Zum anderen lernt der Säugling »interaktiv« seine eigenen Gefühle kennen und diese von denen der Mutter zu unterscheiden. Indem die Mutter den Affekt des Kindes – z. B. seinen zornigen Ausdruck – so spiegelt, dass sie diesen in ihrer eigenen Entgegnung etwas übertreibt, etwa so wie bei der Pantomime oder einem »Als-ob«-Spiel, erfährt das Baby das spiegelnde Gesicht als Reflexion seiner eigenen Verfassung. Ein solcher von der Mutter »markierter Affekt« (Gergely & Watson 1996) unterscheidet sich nämlich deutlich vom originären emotionalen Ausdruck der Mutter, beispielsweise wenn diese selbst zornig ist. Die Reaktion der Mutter ist überdies auch eindeutig abgegrenzt vom primären Gefühlszustand des Kindes, sie stellt gewissermaßen eine »entschärfte Version« desselben dar und trägt auch aus diesem Grunde dazu bei, dass das Kind sich beruhigen kann (Fonagy & Target 2002). Im face-to-face-Kontakt validiert die Mutter also die Gefühle des Säuglings, und sie verschafft ihm gleichzeitig durch ihre empathische Einfühlung im Dienste der Affektregulation emotionale Entlastung.

Diese Prozesse wirken darüber hinaus auf die Entwicklung des kindlichen Gehirns ein, das sich vor allem in den ersten beiden Lebensjahren in einem »Wachstumsspurt« befindet. In dessen Verlauf werden neuronale Netzwerke erfahrungsabhängig und beeinflusst von der Quantität und Qualität des sensorischen Inputs geknüpft, was bedeutet, dass primäre Interaktionserfahrungen auf die strukturelle Ausformung der Hirnmatrix einwirken können (Perry 1997; Huether 1998). Aktuelle Ergebnisse aus der neurobiologischen Forschung legen des weiteren nahe, dass in der frühen sozialen Interaktion auch die neurohormonellen Regelkreise der Stressregulation geprägt werden, mittels derer sich das Kind fortan physiologisch und im Verhalten an unterschiedlichste Belastungen anpassen wird (Spangler u. a. 1994; Newport u. a. 2002). Durch Misshandlung und Vernachlässigung traumatisierte Kleinkinder z. B. sind in ihren Kapazitäten zur Verarbeitung sozio-emotionaler Informationen beeinträchtigt: Sie reagieren übererregbar auf Stressreize, es kommt zu einer überschießenden Freisetzung von Stresshormonen und zu einem verzögerten Abbau der Hormone nach Beendigung der Stressexposition, was mit einer eingeschränkten Adaptation und Flexibilität in den Reaktionen auf die Belastung sowie mit einer erhöhten Vulnerabilität in Hinblick auf die weitere emotionale und kognitive Entwicklung assoziiert ist (Überblick bei Schore 2001b).

»Affektregulation« beschreibt aber nicht nur die Reduktion von affektiver Intensität und die Dämpfung von negativen Emotionen. Sie beinhaltet ebenso die Verstärkung positiver Emotionen als einen Mechanismus, der für eine komplexere Selbstorganisation notwendig ist und innerhalb einer sicheren Bindungsbeziehung gefördert wird (Horvitz u. a. 1997). Hierin liegt die Quelle von Neugier, Exploration und Kreativität.

Die Etablierung der Anfänge von sozialen Beziehungen und der Fähigkeit zur Affektregulation sind folglich die primären Prozesse in der kindlichen Entwicklung. Ein kognitives Verständnis der Welt, auch auf der symbolischen Ebene, ist dazu sekundär. Erst im »Stadium der intersubjektiven Bezogenheit« (Stern 1985) im letzten Drittel des ersten Lebensjahres beginnt das Baby, ein explizites Bewusstsein für seine eigenen Absichten und die der Mutter sowie für Gefühlszustände auszubilden. Ab jetzt versteht es zunehmend, dass etwas, was verlorengegangen ist, wiedergefunden oder herbeigerufen werden kann, und es beginnt absichtsvoll nach der Mutter zu »rufen« bzw. zu weinen. Die Kommunikation findet nun nicht mehr nur von Angesicht zu Angesicht statt, sondern auch über Drittes. Zeigt die Mutter mit ausgestrecktem Arm auf einen Gegenstand, so bleibt der Blick des Kindes nicht länger an ihrem Arm haften, sondern folgt in die gezeigte Richtung. Es kann jetzt erkennen, dass die Mutter mit ihrer Armbewegung eine Absicht verfolgt. Ein geteilter Aufmerksamkeitsfokus entsteht. Gleichzeitig beginnt das Baby, sich in unvertrauten und potentiell ängstigenden Situationen durch einen Blick ins Gesicht der Mutter rückzuversichern (»social referencing«, Übersicht bei Emde 1992). Erst wenn die Mutter durch eine entspannte oder gar aufmunternde Mimik Zustimmung signalisiert, ihm dabei zugleich als »sichere Basis« (Ainsworth u. a. 1978) für den Notfall weiterhin zur Verfügung steht, wird es sich auf Entdeckungsreise begeben.

Ein Säugling ist zwar inhärent motiviert zur aktiven Auseinandersetzung mit der Welt; wie er diese Auseinandersetzung angehen und bewältigen kann, hängt jedoch wesentlich von der Beschaffenheit seiner Beziehung zur Mutter ab. So »kompetent« der Säugling im Vergleich mit der traditionellen Annahme vom autistischen oder symbiotischen Wesen (Mahler u. a. 1975) auch sein mag – in seiner Erfahrungswelt ist er weitgehend auf deren Fähigkeiten angewiesen, ihn adäquat zu spiegeln und zu begleiten.

3. Wie harmonisch ist eine gelungene Interaktion?

Keine Mutter kann jedoch permanent aufmerksam, bezogen und empathisch sein. Was bedeutet angesichts dieser Gegebenheit »adäquate« Spiegelung und Begleitung in der Interaktion?

Dazu ein kurzer historischer Rückblick: In der ersten Hälfte des 20. Jahrhunderts wurde in der Psychologie das Konflikthafte betont. Insbesondere die psychoanalytische Theorie ging davon aus, dass jegliche Entwicklung in der Arena von Konflikten vonstatten geht, die intrapsychisch gelöst werden müssen, um zu größerer Reife und Integrität zu gelangen. Auch Entwicklungspsychologen wie Piaget (1936) hoben hervor, dass Entwicklungsfortschritte gerade dann eintreten, wenn Kinder unvertrauten Umständen ausgesetzt sind, die präexistierende Grundannahmen und Bewältigungsmuster herausfordern. Die Betonung der Bedeutung von sensitiven, optimal abgestimmten Interaktionen für die frühe Kindheitsentwicklung gibt demnach einen neueren historischen Trend wieder. Dieser Trend ist von der frühen Bindungstheorie und -forschung befördert worden, die dyadische Harmonie als unverzichtbar für die Entstehung einer sicheren Bindungsbeziehung im ersten Lebensjahr und auch für einen günstigen weiteren Entwicklungsverlauf herausstellte. Zur Bindungssicherheit gehörte primär die Ausbildung eines kohärentes Selbstgefühls, das zur aktiven Annäherung und zur Einstimmung auf das subjektive Erleben eines anderen prädestiniert. Die Befähigung zur Verhandlung von Konflikten und zur interpersonalen Kooperation in Beziehungen hingegen wurde zunächst als altersspezifische Entwicklungsaufgabe der Vorschuljahre betrachtet

Die moderne Forschung zur sozialen Interaktion zwischen Säuglingen und ihren Eltern begann in der Pädiatrie mit Terry Brazeltons Pionierstudie in den frühen 80er Jahren (Brazelton u. a. 1974) und folgte einer ähnlichen Vorstellung. Brazelton filmte Mutter und Baby face-to-face und kodierte beider Verhalten im Sekundentakt. Eine ungestörte Mutter-Kind-Interaktion – so hieß es damals – ist kontingent und reziprok, d. h. gekennzeichnet durch Vorhersagbarkeit und ein hohes Maß an Synchronität zwischen den beiden

Partnern in Bezug auf positive und negative Affekte. Als besonders gelungene Interaktionen galten jene, in denen sich daneben besonders häufig positive Emotionen und wenig Ärger, Traurigkeit oder Anstrengung bei der Mutter zeigte. Spätere Untersuchungen mit verfeinerten Techniken brachten dagegen Ergebnisse hervor, die diesem harmonistischen Bild der frühen Säuglingsforscher widersprachen. Tronick & Cohn (1989) beobachteten z. B. in einem normativen Sample von Müttern und ihren fünf Monate alten Babys positiven Affekt, d. h. den mimischen Ausdruck für Freude, bei den Müttern in ca. einem Drittel der Interaktionsdauer, bei den Kindern nur in 15%. Affektive Übereinstimmung zwischen beiden fand sich lediglich in einem knappen Viertel der Interaktionszeit. Zeitlich überwogen kleine Missverständnisse und Verzögerungen im Austausch zwischen Mutter und Baby, die in gut abgestimmten Dyaden beidseitige Anstrengungen zur Reparation zur Folge hatten. Solche Bemühungen zur Wiedergutmachung dominierten den Verlauf, und in gelungenen Interaktionen lernte das Baby vor allem, welche Kommunikationsangebote in Hinblick auf eine Reparation effektiv sind und wann es diese einzusetzen hatte. Auch die späteren Bindungstheoretiker (Biringen 1997, 2000; Crittenden 1999) betonen die Bedeutung der Fähigkeit zur Verhandlung von Konflikten in der Dyade bereits im ersten Lebensjahr. In ihrer Untersuchung der Koordination von vokalen Rhythmen im Dialog zwischen Müttern und Babys stellen Beebe u. a. (2000) fest, dass eine mittelgradige Abstimmung, die beiden Partnern genügend Spielraum für wechselseitige Bezogenheit lässt, aber auch ein zeitweiliges »Aussteigen« aus dem Kontakt, mit einem sicheren Bindungsmuster bei Mutter und Kind assoziiert ist. Ein besonders hohes Ausmaß an vokaler Koordination hingegen ist verbunden mit einem hypervigilanten Interaktionsstil, einem erhöhten mütterlichen wie kindlichen Erregungsniveau und dem Verlust von Flexibilität und spielerischer Bewegungsfreiheit im Dialog, dieses im Kontext unsicher-ambivalenter bzw. desorganisierter Bindung.

Eine günstige Interaktion – so lässt sich folgern – ist nicht primär und überwiegend harmonisch, sondern sie ermöglicht es beiden Partnern, regelhaft auftretende Störungen auszugleichen und im Miteinander sowohl ein Gefühl von Eigenständigkeit als auch ein Empfinden für die Effektanz des eigenen Beitrags zu entwickeln. Dieses Geschehen ist die Quelle der beobachtbaren positiven Emotionen: Die Mutter kann sich in ihrer Rolle sicher und erfolgreich fühlen, und das Baby erlernt die Regeln der Kommunikation und erfährt den Wert seines eigenen aktiven Bemühens.

Biologische Verhaltensprädispositionen bei Mutter und Kind spielen in diesem Prozess eine wichtige Rolle. Diese sind relativ unabhängig von bewusster Kontrolle und deshalb auch willentlich kaum zu beeinflussen. Sie werden allerdings stark von Affekten geprägt wie alle biologisch determinierten Möglichkeiten zur Verhaltensanpassung. Seitens der Mutter sind »intuitive Kompetenzen« wie auch die »mütterliche Feinfühligkeit« in hohem Maße störanfällig durch Spannung, Ambivalenz, Verunsicherung, Erschöpfung und somit auch durch alle psychosozialen Risiken, die zu ihrer emotionalen Labilisierung beitragen können.

Zu den Einflussvariablen in der frühen Mutter-Kind-Beziehung gehören aber auch das Geschlecht, das Temperament und der Gesundheitszustand des Kindes. Untersuchungen zu Geschlechtsunterschieden in der emotionalen Expressivität und Regulation zwischen Müttern und ihren sechs Monate alten Kindern (Weinberg u. a. 1999) erbrachten das Ergebnis, dass Jungen mehr Schwierigkeiten mit der Selbstregulation affektiver Zustände haben als Mädchen, unter Stressbelastung vermehrt negativen Affekt und soziale Orientierung zeigen und somit tendenziell etwas höhere Anforderungen an die coregulatorische Präsenz ihrer Mütter stellen. Ein hypersensitives, frühgeborenes, krankes oder behindertes Kind hingegen kann eine deutlich erniedrigte oder erhöhte Wahrnehmungsschwelle für soziale Reize aufweisen sowie eine verminderte Aufmerksamkeitsspanne, was seine Fähigkeiten zum Austausch in der Interaktion einschränkt und somit potentiell durchschnittliche mütterliche Kompetenzen überfordert. Es finden sich jedoch empirische Hinweise darauf, dass vor allem die emotionalen Ressourcen der Mutter, die von deren eigenen frühen Beziehungserfahrungen und von ihrer Persönlichkeitsstruktur geprägt werden, die Qualität der Interaktion nachhaltig bestimmen und auch unter ansonsten schwierigen Kontextbedingungen als Schutz- bzw. Risikofaktoren für die kindliche Entwicklung wirksam werden (Laucht u. a. 1992, 1996).

4. Zur Diagnostik im Erstgespräch mit Mutter und Säugling

Ich habe die Bedeutung der Interaktion zwischen Müttern und ihren Babys deshalb in aller Ausführlichkeit beschrieben, weil sie in der klinischen Situation das Schlüsselelement darstellt. Wenn Mütter eine kinderpsychosomatische Ambulanz aufsuchen, haben sie in aller Regel nicht das Verlangen nach einer psychiatrischen Konsultation oder gar nach einer Psychotherapie. Sie sehen sich mit einem sehr konkreten und äußerst bedrängenden Problem konfrontiert, nämlich mit ihrem Baby, das schreit, nicht schläft, nicht essen will, und suchen nach konkreter Hilfe. Wollen wir solchen Müttern und ihren Kindern gerecht werden, so müssen wir das Baby in die Therapie einbeziehen. Das Baby hat eine Stimme, zuweilen eine sehr laute, und unaufschiebbare Bedürfnisse. Es lässt sich nicht vertrösten, nicht einmal zwei Minuten, und es nimmt die Aufmerksamkeit seiner Mutter voll in Anspruch, auch in den Therapiestunden.

Das diagnostische Vorgehen, das sich in solchen Situationen bewährt hat, stützt sich auf zwei Ansatzpunkte: Der erste Ansatzpunkt liegt in der Beobachtung der Interaktion mit dem Ziel, diejenigen Momente zu entdecken, an denen es Mutter und Baby nicht gelingt, auftretende Störungen auszugleichen, und der Dialog nachhaltig entgleist. Ist das Baby gesund und altersgemäß entwickelt, so kommt es zu einer Entgleisung aufgrund von Fehlinterpretationen des kindlichen Verhaltens seitens der Mutter. Solche Missverständnisse können harmlos sein: Das müde Baby beispielsweise schaut mit glasigem Blick in die Ferne, es sucht Ruhe. Die Mutter glaubt jedoch, dass es sich langweilt und bietet Spielzeug an. Das Kind wird sich kurz auf ein Spiel einlassen, dann aber müde quengeln. Wenn die Mutter in bester Absicht einen neuen Spielversuch unternimmt, wird das nun in der Stimulation überbeanspruchte Baby zu schreien beginnen. Solcherart »mismatch« findet sich z. B. bei exzessiv schreienden Babys und ist durch eine entwicklungsbezogene Beratung der Mutter häufig schnell zu kurieren.

Zuweilen unterstellt eine Mutter ihrem Baby jedoch Absichten, die es so noch gar nicht haben kann. Solche Zuschreibungen wirken gemessen am Entwicklungsstand des Säuglings inadäquat und geleiten zu Impulsen und Ängsten, mit denen die Mutter selbst zu kämpfen hat. Sie missversteht die Signale ihres Babys und handelt auf der Basis weitgehend selbstbezogener Interpretationen und projektiver Verzerrungen der kindlichen Realität. In der Terminologie von Selma Fraiberg (1987): Die Mutter interagiert mit einem »Gespenst«, das in ihren Gefühlen und Gedanken herumspukt und sich wie eine Trennwand vor das Baby schiebt. Dieses leitet über zum zweiten Ansatzpunkt der Diagnostik. Unter pychodynamischen Gesichtspunkten geht es darum, die Projektionen der Mutter im Kontext ihrer eigenen Lebensgeschichte und dabei wesentlich im Fokus ihrer frühen Beziehungserfahrungen und -phantasien zu verstehen. Dazu die folgenden Fallvignetten:

Fallbeispiel A: »Mein Baby will mich quälen«

Ich möchte nun zurückkehren zu Frau A., deren Reaktion auf das altersgemäße Explorationsverhalten ihrer Tochter Isa gipfelte in dem Ausruf »Nun quäle mich nicht wieder«. Tatsächlich erfahre ich schon im Erstgespräch von Frau A., dass diese glaubt, ihre kleine Tochter belaste sie absichtlich, und auch deren Unruhe in der Nacht und ihr Widerstand beim Essen seien Ausdruck von Aufsässigkeit: »Sie tyrannisiert mich, und sie gönnt mir keine Ruhe. Sobald ich die Hand nach einer Zeitung ausstrecke, plärrt sie los. Alles soll sich nur um sie drehen. Dabei lebe ich nur noch für das Kind. Sie ist so undankbar. Manchmal glaube ich, ich kann mich nicht mehr lange beherrschen – eine von uns muss gehen, sie oder ich«.

Trotzig, aber auch schamhaft enthüllt Frau A., sie habe bereits ernsthaft erwogen, Isa zur Adoption freizugeben. In verzweifelten Zuständen habe sie wiederholt hilfesuchend ihre Kinderärztin aufgesucht. »Sobald ich aber die Praxis betrete, ist sie wie ein ganz anderes Kind. Isa strahlt, und alle finden sie zuckersüß,« erläutert sie dazu anklagend und fügt in abfälligem Ton und mit kritischem Blick auf das Baby, das auch mich gerade anlächelt, hinzu: »Du bist ein Verräter«.

Wie kommt es nun, dass Frau A. ihrer Tochter Absichten unterstellt, die die psychischen Kapazitäten eines fünf Monate alten Säuglings nach allem, was wir wissen, so weit übersteigen?

Aus der Geschichte von Frau A. erscheint mir folgendes relevant: Die Beziehung zu ihrer eigenen Mutter fasst sie mit den Worten zusammen: »Mit der bin ich fertig«. Die Mutter ihrer Kindheit beschreibt sie als kühl, unempathisch, anmaßend und missgünstig, sie habe unausgesetzt geklagt und sei mit ihrem Leben als Hausfrau und Mutter durchweg unzufrieden gewesen. Zu ihrer Charakterisierung benutzt Frau A. dieselben Worte wie für ihre Tochter: »Alles sollte sich nur um sie drehen«. Auch der Vater habe unter der Ansprüchlichkeit seiner Frau gelitten, jedoch keinen Widerstand geleistet und sich bei aufkeimenden Streitigkeiten in seinen Bastelkeller zurückgezogen, wo er auch für die Tochter unerreichbar gewesen sei. Sich selbst beschreibt Frau A. als stilles, fügsames Kind und Gesellschafterin der Mutter, die unter Verzicht auf altersgemäße Aktivitäten habe daheim bleiben müssen, um der Mutter zuzuhören. Erst mit 16 sei sie eine erste Freundschaft mit einem Mitschüler eingegangen und habe sich immer häufiger in dessen Familie aufgehalten. »Seine Mutter« meint sie dazu »hat mir das Nähen beigebracht, obwohl meine eigene doch Schneiderin war«. Erstmals habe sie in dieser Zeit auch gewagt, ihrer Mutter zu widersprechen. Wenige heftige Streitigkeiten hätten dazu geführt, dass sie ihre Sachen gepackt, das Elternhaus für immer verlassen und zunächst in der Familie des Freundes Unterschlupf gesucht habe. Diesen Schritt und die Diffamierung im Dorf nach diesem Ereignis habe ihr die Mutter nie verziehen. »Mir ist das völlig gleichgültig, ich habe den Kontakt abgebrochen« konstatiert Frau A. dazu mit einer verzweifelten Wut, die ihre vorgebliche Ungerührtheit infrage stellt und eine ausgeprägt affektiv aufgeladene Haltung der Mutter gegenüber offenbart, an die sie emotional hochambivalent gebunden erscheint.

Es fällt nicht schwer sich vorzustellen, dass einige Aspekte der schwierigen Beziehung zwischen Frau A. und ihrer Mutter sich auch in ihrer Beziehung zu Isa und in ihrem Verhalten in der Interaktion widerspiegeln: Wie ihre Mutter erlebt sie bewusst auch ihr Kind als ansprüchlich und nie zufrieden, es gönnt ihr keine Eigenständigkeit, und angesichts ihrer alleinigen Verantwortung für ihr Baby sieht sie kein Entrinnen außer in der Phantasie von einer endgültigen Trennung. Im weiteren Verlauf erschließt sich die unbewussten Ebene ihrer

Verzweiflung: Frau A. ist in Isas Quengeln und Schreien mit unliebsamen Anteilen ihrer selbst konfrontiert. Das Kind, das sich nicht zufrieden stellen lässt, erinnert sie mit der Wucht seiner unmittelbaren Affekte in der Interaktion an ihre eigene verdrängte Wut auf die Mutter, aber auch an ihre eigene quälende, ungestillte Bedürftigkeit, der sie durch den Sprung in eine forcierte adoleszente Ablösung zu entkommen suchte. Und wie sie selbst – manifestiert in ihrem unversöhnlichen Fortzug in eine neue Familie – wird das Baby zum »Verräter«, wenn es im Kontakt mit der Kinderärztin wie mit der Therapeutin strahlt und damit heute wie Frau A. damals ein alternatives mütterliches Objekt für sich zu erobern vermag.

Natürlich ist das nicht die ganze Geschichte, es fehlen die Väter. Frau A.'s Kinderwunsch entfaltete sich im Zusammenhang mit einer späten Annäherung an ihren Vater nach der Scheidung ihrer Eltern. Beide waren sich nun einig in der Allianz gegen die »böse Mutter«, und Frau A. suchte den Vater zu entlasten und ihren unterschwelligen Groll zu beschwichtigen, indem sie nachträglich eine plausible Erklärung für dessen mangelnde Verfügbarkeit in ihrer Kindheit anbot: »Ich habe immer gewusst, dass er auf meiner Seite steht, er konnte es nur nie zeigen«. Mit ihrem Vater habe sie sich versöhnt und sich auch um ihn gekümmert, als er unheilbar an Krebs erkrankte. Nach dessen Tod stellte sich bei Frau A., die bisher autonomiebetont gelebt hatte, für sie selbst überraschend der dringliche Wunsch nach einem Kind ein. Bald darauf wurde sie nach kurzer Bekanntschaft von einem Mann schwanger, der sie nach wenigen Wochen verließ. Frau A. fügte sich klaglos in dieses Schicksal. Als sich herausstellte, dass sie von Isa nur durch Kaiserschnitt entbunden werden konnte, wählte sie den Geburtstag ihres Vaters zum Entbindungstermin.

Das klingt nach einem klassischen, ungelösten ödipalen Konflikt und wirft ein anderes Licht auf das Thema des Verrats: Im zunächst phantasierten und dann agierten Bündnis mit dem Vater materialisiert sich in Isas Geburt der Triumph über die enttäuschende Mutter und eine neue Quelle von unbewussten Schuldgefühlen. Eine solche Interpretation liegt theoretisch nahe. Ich finde jedoch zunächst weder in der Übertragung noch in den Phantasien der Patientin Material für den Beleg dieser Hypothese. In den Therapiestunden im fünften Lebensmonat ihres Babys entwirft Frau A. zu ihrem Vater ein Bild, das keinen Hinweis gibt auf ödipale Phantasien, sondern vielmehr auf ihre Sehnsucht nach der zuverlässigen Bindung an ein gutes mütterliches Objekt: »Mein Vater wäre jetzt für mich da. Er würde sich freuen über sein Enkelkind und mich trösten, wenn Isa brüllt und ich nicht weiter weiß. Er würde sie mir abnehmen, wenn sie krank ist, denn er hätte die Kraft und Ruhe, die mir fehlt«. Nachträglich stattet Frau A. in idealen Vorstellungen ihren Vater mit Attributen aus, die sie an ihrer Mutter vermissen musste: Er ist zuverlässig, fürsorglich und ihr selbst Stütze und Ratgeber in einer fordernden Situation, und in seiner unerschütterlichen Zugewandtheit erkennt er sie als Mutter an.

Fallbeispiel B: »Mein Baby schreit, weil es unglücklich ist«

Tim wird von seiner Mutter im Alter von zwölf Wochen vorgestellt, weil das Kind viele Stunden tags wie nachts exzessiv schreie, zu wenig schlafe und »so unglücklich« sei. Frau B. bemerkt bei der telefonischen Terminabsprache, dass sie selbst »mit der Kraft am Ende« sei und verzweifelt wie nie zuvor in ihrem Leben.

Zum Erstgespräch bringt Frau B. den schlafenden Tim in einem Wipper. Das Kind ist unter einer großen Mütze, die das halbe Gesicht verdeckt, kaum zu erkennen. Frau B. ist eine attraktive Frau Mitte dreißig, freundlich im Kontakt, sie wirkt jedoch blass und angestrengt, müde in ihren Bewegungen, mimisch starr und depressiv verstimmt auf den ersten Blick. Im Untersuchungszimmer stellt sie das Kind in seinem Sitz dicht neben sich und beginnt, ihm die Jacke auszuziehen, worauf Tim erwacht und schläfrig blinzelt. Die Mutter seufzt: »Wieder hat er nur ein paar Minuten geschlafen, so ist es immer, er schläft nie länger als höchstens eine halbe Stunde. Wenn er wach ist, ist er auch unruhig und quengelig, er wirkt so unzufrieden, so unglücklich und ich weiß nicht, wie ich ihm helfen kann«. Während ihrer Ausführungen nestelt Frau B. an Tims Kleidung, streicht dem Kind mit fahrigen Bewegungen über Arme und Wangen und versucht gleichzeitig, den Schnuller in seinem Mund zu platzieren, obwohl das Kind durch wiederholtes Wegdrehen des Kopfes Missfallen signalisiert. Tim trägt weiterhin seine Mütze, die ihm beinahe über die Augen gerutscht ist. Er zeigt einen unbehaglichen Gesichtsausdruck, trüben Blick und wirkt nur halbwach, dabei deutlich beschäftigt mit der Selbstregulation seines Zustandes. Frau B. fährt fort: »Vielleicht ist er so, weil die Schwangerschaftszeit nicht schön für ihn war. Mir war lange übel, und ich konnte mich nicht abfinden, obwohl ich mir eigentlich ein Kind gewünscht hatte. Ich habe mich bemüht, mich gesund ernährt und war körperlich fit, aber gefreut habe ich mich nicht. Ich mochte auch meinen Bauch nicht und habe Sport getrieben und gearbeitet bis kurz vor der Entbindung, immer mit schlechtem Gewissen. Es ist wie eine Strafe jetzt«.

Mit diesen Worten nimmt Frau B. das ruhige Kind unvermittelt und abrupt aus dem Wipper und setzt es mit der Blickrichtung in den Raum auf ihren Schoß. Tim beginnt zu jammern. Frau B. versucht einarmig, ihn in einer stehenden Position zu halten und bewegt eine Rassel vor seinem Gesicht, die Tim aufmerksam fokussiert. Dann wendet sie das Kind zu sich um, das sogleich seinen Blick an den der Mutter heftet. Frau B. schaut starr zurück. Tim legt die Stirn in Falten im angestrengten Versuch, die Mutter über größere Entfernung zu fixieren. Frau B. bemüht sich stumm, Tims Aufmerksamkeit von sich fort auf ein Spielzeug zu lenken. Dabei sagt sie: »Er schaut immer so kritisch, ich kann es ihm nicht recht machen«. Sie legt das jetzt schreiende Kind an ihre Schulter und wiegt es mit verzweifelt anmutenden, heftigen Bewegungen. »Da ist noch etwas, was ich Ihnen sagen muss. Sie stehen doch unter Schweigepflicht«, meint sie an mich gewandt. »Ich bin mir nicht sicher, wer Tims Vater ist«.

Frau B. schildert, sie lebe seit Jahren in einer Partnerschaft, die vorwiegend harmonisch sei. Ihr Mann wie sie selbst seien beruflich erfolgreich, teilten Interessen und Sozialkontakte. Seit Jahren hätten sich beide ein Kind gewünscht, eine Schwangerschaft sei jedoch nicht eingetreten. Für sie selbst überraschend habe sie sich Hals über Kopf in einen langjährigen Freund verliebt und mit diesem heimlich eine Affäre begonnen. Obwohl der Freund gebunden sei, habe sie sich innerlich mehr und mehr von ihrem Mann entfernt und sich ein Leben mit dem Anderen auszumalen begonnen. Nachdem sie ungeplant schwanger geworden sei, sei sie zunächst sicher gewesen, dass nur der Freund als Vater infrage käme. Dieser habe jedoch abweisend reagiert und auf einen Abbruch gedrängt, zu dem sie sich nicht habe entschließen können. Die Affäre sei daraufhin enttäuschend zu Ende gegangen. Da es eine geringe Chance gebe, dass ihr Mann das Kind gezeugt haben könnte, habe sie begonnen, sich diesen als Vater für Tim vorzustellen. Er sei glücklich über das Kind und liebevoll auch mit ihr. Der andere Mann bewege sie innerlich weiterhin, aber sie glaube, so die beste Lösung für Tim und auch für sich selbst gefunden zu haben.

Im Verlauf der diagnostischen Exploration erschließt sich im Rückgriff auf Frau B.'s eigene Biographie das ganze tragische Ausmaß ihrer schwierigen Lebenssituation. Frau B. ist als erstes Kind sehr junger Eltern ungeplant entstanden. »Als meine Mutter schwanger wurde, war mein Vater in einer anderen Stadt« sagt sie wörtlich. Sie habe die ersten Lebensjahre allein mit der Mutter verbracht, da ihr Vater anderenorts gearbeitet habe. Ihre Kindheit stellt sie als harmonisch und behütet dar. Sie sei die Vertraute und Freundin ihrer Mutter gewesen, dieses nach ihrer jetzigen Einschätzung nicht nur zu ihrem Vorteil, denn sie erinnere sich noch mit Unbehagen daran, dass die Mutter sie bereits im Grundschulalter an deren Schwärmereien für andere Männer habe teilnehmen lassen. Das Verhältnis zum Vater sei distanziert, es gebe »keine Gemeinsamkeiten«. Erst mit Verzögerung enthüllt Frau B., dass ihre Mutter seit Jahren eine außereheliche Beziehung führe und nur sie darin eingeweiht sei. Ob sie wirklich das leibliche Kind ihres Vaters sei, habe sie bisher allerdings nicht einmal sich selbst offen zu fragen gewagt.

Bereits die erste Viertelstunde mit Mutter und Baby gibt deutliche Hinweise auf eine beeinträchtigte Interaktion. Frau B. stört ihr Kind beim Schlafen, indem sie es zur falschen Zeit – in einem noch schläfrigen Zustand – stimuliert. Sie missinterpretiert Tims Versuche, sich der mütterlichen Stimulation zu entziehen und zur Ruhe zu kommen, als Unzufriedenheit und Unglücklichsein. Dabei ist sie beschäftigt mit Phantasien zu der Frage, ob sie selbst durch ihre Ablehnung der Schwangerschaft zu diesem vermuteten Unglück beigetragen hat. Wie um einen Kontrapunkt zu aufkeimenden Schuldgefühlen zu setzen, nimmt sie Tim unvermittelt nah zu sich, bringt ihn dabei jedoch in eine von sich abgewandte stehende Position, die zudem die motorischen Fähigkeiten eines zwölf Wochen alten Säuglings deutlich überfordert. Ihr Näheangebot wirkt ambivalent. Dem späteren Versuch Tims, über einige Distanz Blickkontakt mit der Mutter aufzunehmen und zu fixieren, begegnet Frau B. mit sichtlichem Missbehagen. Ihre Mimik bleibt starr, sie vermindert nicht den Abstand zum Gesicht des Kindes, indem sie sich vorbeugt, zeigt keine »Grußreaktion« und keinen Versuch der vokalen Begleitung. Ihre intuitiven Fähigkeiten scheinen blockiert. Stattdessen induziert der »face-to-face«-Kontakt Assoziationen zu einem Problem, das sie als Geheimnis enthüllt: der ungeklärten Vaterschaft.

Aus der Perspektive eines müden Babys ist das Interaktionsangebot von Frau B. überstimulierend, intrusiv und insofern völlig ungeeignet, das Schlafen zu ermöglichen. Tim imponiert dabei keineswegs als primär unruhig, sondern signalisiert seiner Mutter deutlich durch Abwenden des Kopfes und einen glasigen Blick, dass er Ruhe wünscht. Später versucht er, sich durch eine Wendung der Aufmerksamkeit nach außen zu stabilisieren. Erst der unerwiderte Blickkontakt und eine unbequeme Halteposition lassen nach geraumer Zeit seine selbstregulativen Fähigkeiten zusammenbrechen und münden in Geschrei.

Die Bedeutungszuschreibungen und Verhaltensweisen der Mutter, die in Relation zu den beobachtbaren kindlichen Signalen uneinfühlsam und inadäquat wirken, sind gemessen an ihren Phantasien über das Kind in hohem Maße passend. Frau B. erlebt ihren Sohn als unglücklich und ihre eigene emotionale Verfassung vom Beginn der Schwangerschaft an als ursächlich für dessen Leid. Ihr eigenes Unglück fließt mit dem des Kindes zusammen: Sie hat sich nicht auf ihr Kind gefreut und wird dafür mit einem unzufriedenen und vorwurfsvollen Baby bestraft, das sie durch vielfältige Offerten zu beschwichtigen sucht. Paradoxerweise führen all ihre Anstrengungen nur dazu, dass das überforderte Kind mit fortgesetztem Gebrüll ihre Befürchtungen bestätigt. Es ist anzunehmen, dass sich Mikroepisoden dieser Art zwischen Tim und seiner Mutter alltäglich vielfach wiederholen, und die Schrei- und Schlafprobleme des Kindes imponieren als Folge aversiver mütterlicher Stimulation.

Neben dem beobachtbaren »mismatch« in der Interaktion gibt es eine symbolische Ebene, zu der die Phantasien der Mutter im Verlauf geleiten. Es fällt auf, dass Frau B. den Kontakt von Angesicht zu Angesicht mit ihrem Sohn vermeidet und im Blickkontakt geradezu erstarrt. Hierbei zeigt sich in einer

Lähmung des Intuitiven das ganze Ausmaß ihrer Depressivität, die einen lebendigen Austausch mit dem Baby verhindert. Schon Tims übergroße Mütze, welche die Mutter nicht mit der Jacke auszieht, lässt den Eindruck entstehen, als gelte es etwas am Kind zu verbergen. Tatsächlich erwähnt Frau B. ausgerechnet im Kontext des Blickkontakts das Vaterschaftsproblem. Es drängt sich dabei unmittelbar die Frage auf, ob Tim in seiner Physiognomie nicht Spuren der Ähnlichkeit mit dem wahrscheinlicheren Vater trägt, die die Konfliktlösungsversuche seiner Mutter infrage stellen. Möglicherweise vermeidet es Frau B. deshalb, dem Kind ins Gesicht zu sehen. Tatsächlich hat Tim ausgeprägte Züge, und Frau B., die sich ansonsten differenziert und sanft zeigt, wehrt die Frage nach Ähnlichkeiten vehement ab mit der Bemerkung, so ein Baby sehe doch »jedem und keinem« ähnlich. Wie tiefgreifend die Vaterschaftsfrage sie tatsächlich berührt, ergibt jedoch ihre biographische Anamnese.

5. Die Praxis der Mutter-Säuglings-Psychotherapie

Welchen psychotherapeutischen Zugang können wir angesichts solcher klinischer Präsentationen wählen, wenn wir der besonderen Situation der Patientin als junge Mutter Rechnung tragen und gleichzeitig das Baby nicht aus den Augen verlieren wollen, dessen Entwicklung möglicherweise gefährdet ist? Die Fallvignetten zeigen, dass wir bereits im Erstkontakt mit Konflikten konfrontiert sind, deren Wurzeln weit in die Geschichte der Mutter zurück reichen. In ihrem Erleben steht jedoch die Symptomatik des Säuglings im Mittelpunkt, und dafür sucht sie berechtigterweise Hilfe. Was kann eine Therapie, die Mutter und Baby in den Fokus nimmt und nicht zentral die neurotische Problematik der Mutter avisiert, denn überhaupt Sinnvolles leisten?

Im Konzept der »Mutterschaftskonstellation« im Sinne Daniel Sterns tritt die Bedeutung ödipaler Triaden vorübergehend in den Hintergrund. Die Auseinandersetzung der Baby-Mutter mit ihrer eigenen Kindheitsmutter, mit sich selbst in der Mutterrolle und ihrem Kind nehmen den größten Teil ihrer psychischen Aktivität in Anspruch. Sie befindet sich »in einer psychischen Zone, die der systematischen Theoriebildung bislang entgangen ist« (Stern 1995, S.171 ff.). Auch die Übertragung, die sich in der Therapie entfaltet, beinhaltet vor allem die Entwicklung des Wunsches, von einer mütterlichen Figur geachtet zu werden, Unterstützung und Beistand bei ihr zu finden und von ihr lernen zu können. Solche Betrachtungsweisen finden eine Entsprechung im Bindungsmodell: Der Übergang zur Mutterschaft aktiviert das Bindungssystem. Das gilt insbesondere für die Erstgebärende, die sich in einer potentiell destabilisierenden Schwellensituation befindet wie etwa beim Auszug aus dem Elternhaus oder angesichts einer Examensprüfung, auf einer neuen Stufe in der

Ausbildung ihrer erwachsenen Identität. Die Baby-Mutter braucht eine »sichere Basis«, auf die sie sich beziehen und von der ausgehend sie ihre neue Rolle explorieren und konsolidieren kann, um schließlich auch ihrem Kind die emotionale Zugewandtheit gewähren zu können, die erforderlich ist, um den Säugling zu verstehen und in seiner affektiven Entwicklung zu unterstützen.

Die Gefahr, die einem therapeutischen Bündnis in dieser Situation droht, besteht in der Unwilligkeit des Therapeuten, auf solche regressiven Wünsche und Bedürfnisse der Mutter einzugehen. Ein therapeutisches Bündnis misslingt, wenn der Therapeut an einem Rahmen und an Deutungen festhält, die dem neurotischen Patienten angemessen, aber für die Mutter eines Babys ungeeignet sind (Stern 1995). Eine solche Mutter braucht einen responsiven Therapeuten, feinfühlig genug, ihren Wunsch nach Entwicklung und Wachstum in ihrer neuen Identität zu entdecken, anzuerkennen und zu fördern. Wie die Mutter in der Interaktion mit ihrem Kind muss sich auch der Therapeut zunächst in besonderem Maß auf die Begabungen und Kompetenzen der Mutter konzentrieren und weniger auf deren Schwächen, auf Pathologie und Konflikte. Gelingt dieses, kann sich die Mutter im Schutz der therapeutischen Allianz zuversichtlich und mit entspannterem Blick ihrem Säugling zuwenden und mit konkreter Hilfe des Therapeuten Missverständnisse im Mutter-Kind-Dialog aufklären. Der Therapeut wirkt hier als Dritter, dessen Integration in die eng verstrickte Mutter-Kind-Beziehung eine größere Flexibilität im Kontakt mit dem Kind erlaubt.

Das Baby selbst ist ein machtvoller Partner in einer solchen Behandlung: Es zeigt beinahe unermüdlich sein Interesse an der Mutter, es trägt ihr nichts nach und belohnt ihre wachsende Responsivität unmittelbar mit positiver Antwort. Die Vorstellungen und Repräsentanzen der Mutter von ihrem Baby ändern sich im Verlauf dieses Geschehens. Nicht selten bewirkt schon dieser Prozess sichtbare Veränderungen in der Interaktion und einen Rückgang der Symptomatik beim Kind.

Daneben schafft die vitale Anwesenheit des Säuglings im Raum einen Erinnerungskontext, der meist wie von selbst überleitet zu den Gefühlen der Mutter im Hinblick auf ihre eigenen Erfahrungen des Bemuttertwerdens und ihre diesbezüglichen ungelösten Konflikte. An dieser Stelle und vor dem Hintergrund einer vorwiegend positiven Übertragung erweitert sich auch der therapeutische Handlungsspielraum, und eine fokale Bearbeitung der Konflikte der Mutter unter psychodynamischer Perspektive wird möglich. Auch hierbei besteht die Absicht darin, mütterliche Phantasien und Erinnerungen in ihrer Bedeutung für die aktuelle Beziehung zum Kind zu entschlüsseln und die Verbindungsstellen auch der Mutter zugänglich zu machen. Im Unterschied zu einer herkömmlichen Psychotherapie liegt der Anspruch einer Mutter-Säuglings-

Psychotherapie folglich nicht primär in einer umfassenden Behandlung der Mutter, auch wenn sich diese im Verlauf zu einer eigenen weiterführenden Therapie entschließen kann. Das vordringliche Ziel ist vielmehr eine Stabilisierung der Beziehung mit dem Kind und eine Stärkung der mütterlichen Kompetenzen, die es Mutter und Baby ermöglichen, entwicklungsphasentypische Störungen im Dialog zunächst ohne weitere Hilfe zu »reparieren«. Dieses Ziel ist manchmal bereits nach wenigen Sitzungen erreicht. Der spezifische Bezugsrahmen dieser Form der Mutter-Säuglings-Psychotherapie spricht übrigens das unmittelbare Erleben auch solcher Mütter an, die unter herkömmlichen Bedingungen die Anforderungen einer Psychotherapie an introspektive Fähigkeiten und affektive Zugänglichkeit nicht ohne weiteres erfüllen und für sich allein nicht um psychotherapeutische Unterstützung nachgesucht hätten.

Wir sind gewohnt, Psychotherapien als langwierige Veränderungsprozesse zu begreifen. Es gilt dabei als unerwünscht, wenn der frühe Erfolg einer Symptomheilung zum Abbruch der Therapie führt, bevor das Verständnis der Problematik »vertieft« und »erweitert«, d. h. generalisiert werden konnte. Daniel Stern hat für die Mutter-Baby-Therapie auf ein Phänomen aufmerksam gemacht, das der Beobachtung vieler Kliniker entspricht. Das Präsentiersymptom des Babys ist rasch behoben, und die erleichterte Mutter sieht manchmal wenig Anlass zu einer Fortsetzung der Therapie. Nach einiger Zeit sucht sie jedoch erneut den Kontakt: Das ehemalige »Schreibaby« will nun nicht essen, hat Trennungsprobleme oder zeigt massiven Trotz, und die Behandlung kann weitergehen.

Was einen Behandlungsabschnitt vom nächsten unterscheidet, sind die Themen in der Beziehung. Der Themenwechsel erfolgt jedoch nicht, weil ein spezifisches emotionales Problem der Mutter erschöpfend behandelt wurde. Er wird vielmehr durch das innere Wachstum und die Entwicklung des Babys erzwungen, aber auch durch das Wachstum der Mutter und ihre sukzessive Integration der Mutterrolle, deren Anforderungen sie in den ersten postpartalen Jahren kaum antizipieren kann. Dieser Modus der »seriellen Kurztherapie« (Stern 1995) hat sich in der Mutter-Baby-Behandlung bewährt. Wir fordern die Patienten nach Abschluss der ersten Behandlungsphase ausdrücklich auf, sich bei erneuten Problemen kurzentschlossen und ohne Scheu wieder vorzustellen. Die psychotherapeutische Arbeit erfolgt so auf einer longitudinalen Achse, und eine Vertiefung wird im Verlauf erreicht. Die Mutter führt die emotionale Auseinandersetzung mit eigenen bedeutsamen Beziehungserfahrungen, und daneben wird der Raum frei für einen förderlichen Austausch zwischen Mutter und Kind.

Anmerkung

1 Das aktive Hochwürgen von Nahrung findet sich wie auch Kopfschlagen, Schaukelbewegungen und andere selbststimulative Verhaltensweisen besonders häufig bei physisch und emotional vernachlässigten Säuglingen und Kleinkindern.

Literatur

Ainsworth, M. D., Blehar, M. C., Waters, E., & Wall, S. (1978): Patterns of attachment: A psychological study of the Strange Situation. Hillsdale, New York (Erlbaum).

Ainsworth, M. D. (1985): Attachment across the Life span. Bulletin of the New York Academy of Medecine, 61 (9), S. 792–812.

Barrera, M., & Maurer, D. (1981): Recognition of mother's photographed face by the three-month-old infant. Child Development, 52, S. 203–06.

Beebe, B., Jaffe, J., Lachmann, F., u. a. (2000): Systems models in development and psychoanalysis: The case of vocal rhythm coordination and attachment. Infant Mental Health Journal, 21, S. 99–122.

Bion, W. R. (1963): Elemente der Psychoanalyse. Frankfurt (Suhrkamp) 1992.

Biringen, Z., Emde, R. N. & Pipp-Siegel, S. (1997): Dyssynchrony, conflict, and resolution: positive contributions to infant development. American Journal of Orthopsychiatry, 67, S. 4–19.

Biringen, Z. (2000): Emotional availability: conceptualisation and research findings. American Journal of Orthopsychiatry, 70 (1), S. 104–14.

Bowlby, J. (1975): Bindung: Eine Analyse der Mutter-Kind-Beziehung. München (Kindler Verlag).

Brazelton, T. B., Koslowski, B., Main, M. (1974): The origins of reciprocity: The early mother-infant interaction. In: Lewis, M., & Rosenbloom, L. A. (Hg.): The effect of the infant on its caregiver. New York (John Wiley).

Crittenden, P. M. (1999): Danger and development: the organization of self-protective strategies. In: Vondra, J. I., & Barnett, D. (Hg.): Atypical attachment in infancy and early childhood among children at developmental risk. Monographs of the Society for Research on Child Development, S. 145–71.

DeCaspar, A., & Spence, M. (1986): Prenatal maternal speech influences newborns`perception of speech sound. Infant Behavior and Development, Vol. 9, S. 133–150.

Dornes, M. (1994): Können Säuglinge phantasieren? Psyche 48, S. 1154–75.

Emde, R. N. (1992): Social referencing research: uncertainty, self, and the search for meaning. In: Feinman, S. (Hg.): Social Referencing and the Social Construction of Reality in Infancy. New York (Plenum Press), S. 79–94.

Field, T. (1983): Discrimination and imitation of facial expressions by term and preterm neonates. Infant Behavioural Development, 6, S. 485–90.

Fonagy, P., Steele, H., & Steele, M. (1991):Maternal representations of attachment during pregnancy predict infant-mother attachment patterns at one year. Child Development 62, S. 891–905.

Fonagy, P., & Target, M. (2002): Neubewertung der Entwicklung der Affektregulation vor dem Hintergrund von Winnicotts Konzept des »falschen Selbst«. Psyche 56, S. 839–62.

Fraiberg, S., Adelson, E., & Shapiro, V. (1987): Ghosts in the nursery: A psychoanalytic approach to the problems of impaired infant-mother-relationship. In: Fraiberg, S. (Hg.) (1987): Selected writings of Selma Fraiberg. Columbus (Ohio State University Press), S. 100–136.

George, C., Kaplan, N., & Main, M. (2001): Adult Attachment Interview. In: Gloger-Tippelt, G. (Hg.): Bindung im Erwachsenenalter. Bern (Huber), S. 364–387.

Gergely, G., & Watson, J. S. (1996): The social biofeedback theory of parental affect-mirroring. International Journal of Psychoanalysis, 77, S. 1181–212.

Grossmann, K., & Grossmann, K. (1991): Attachment quality as an organiser of emotional and behavioural responses in a longitudinal perspective. In: Parkes, C. M., Stevenson-Hinde, J., & Marris, P. (Hg.): Attachment across the Life Cycle. London (Tavistock-Routledge), S. 93–114.

Hofacker, von N. (1998): Frühkindliche Störungen der Verhaltensregulation und der Eltern-Kind-Beziehungen. In: von Klitzing, K. (Hg.): Psychotherapie in der frühen Kindheit. Göttingen (Vandenhoeck & Ruprecht).

Horvitz, J. C., Stewart, T. & Jacobs, B. L. (1997): Burst activity of ventral tegmental dopamine neurons is elicited by sensory stimulation in the awake cat. Brain Research, 759, S. 251–58.

Huether, G. (1998): Stress and the adaptive self-organization of neuronal connectivity during early childhood. International Journal of Developmental Neuroscience, 16, S. 297–306.

Klitzing, von K. (2003): Wann braucht ein Säugling einen Psychoanalytiker? Von der Erforschung zur Therapie früher Beziehungen. Kinderanalyse, 11, S. 3–20.

Laucht, M., Esser, G., Schmidt, M. H. (1992): Risikokinder. Zur Bedeutung biologischer und psychosozialer Risiken. Praxis der Kinderpsychologie und Kinderpsychiatrie, 8, S. 274–285.

Laucht, M., Esser, G., Schmidt, M. H., Ihle, W., Marcus, A., Stöhr, R. M., Weindrich, D. (1996): Viereinhalb Jahre danach: Mannheimer Risikokinder im Vorschulalter. Zeitschrift für Kinder- und Jugendpsychiatrie, 24, S. 67–81.

Mahler, M. S., Pine, F. & Bergman, A. (1975): Die psychische Geburt des Menschen. Frankfurt (Fischer) 1989.

Metzloff, A., & Moore, M. (1977): Imitation of facial and manual gestures by human neonates. Science 189, S. 75–78.

Morton, J., & Johnson, M. (1991): The perception of facial structure in infancy. In: Lockhead, G. R., & Pomerantz, J. R. (Hg.): The Perception of Structure: Essays in Honor of Wendell L. Garner. Washington, S. 317–25.

Newport, J. D., Stowe, Z. N., & Nemeroff, C. B. (2002): Parental depression: Animal models of an adverse life event. American Journal of Psychiatry, 159 (8), S. 1265–83.

Papousek, H., & Papousek, M. (1987): Intuitive parenting: A dialectic counterpart to the infant`s integrative competence. In: Osofsky, J. D. (Hg.): Handbook of Infant Development. 2. Auflage. New York (John Wiley), S. 669–720.

Perry, B. D. (1997): Incubated in terror: neurodevelopmental factors in the ›cycle of

violence‹. In: Osofsky, J. (Hg.): Children in a violent society. New York (Guilford Press), S. 124–148.
Piaget, J. (1936): Das Erwachen der Intelligenz beim Kinde. Stuttgart (Klett) 1975, Studienausgabe, Gesammelte Werke Band 1.
Reisman, J. (1987): Touch, motion and proprioception. In: Salapatek, P., & Cohen, L. (Hg.): Handbook of Infant Perception. Vol. 1: From Sensation to Perception. New York (Academic Press), S. 265–303.
Rholes, S. W., Simpson, J. A., Campell, L., & Grich, J. (2001): Adult attachment and the transition to parenthood. Journal of Personality and Social Psychology, Vol. 81, No. 3, S. 421–435.
Schore, A. N. (2000): Attachment and the regulation of the right brain. Attachment & Human Development, 2, S. 23–47.
Schore, A. N. (2001a): Effects of a secure attachment relationship on right brain development, affect regulation, and infant mental health. Infant Mental Health Journal, Vol. 22 (1–2), S. 7–66.
Schore, A. N. (2001b): The effects of early relational trauma on right brain development, affect regulation, and infant mental health. Infant Mental Health Journal, Vol. 22 (1–2), S. 201–69.
Spangler, G., Schieche, M., Ilg, U., Maier, U., & Ackermann, C. (1994): Maternal sensitivity as an external organiser for bio-behavioural regulation in infancy. Developmental Psychobiology, 27, S. 425–437.
Spitz, R. A.(1973): Die Entstehung der ersten Objektbeziehungen. Beiheft zur Psyche, Stuttgart (Klett).
Stern, D. (1985): The interpersonal world of the infant. A view from psychoanalysis and developmental psychology. New York (Basic Books).
Stern, D. (1995): The motherhood constellation. New York (Basic Books).
Tronick, E. Z., & Cohn, J. (1989): Infant-mother face-to-face interaction, age and gender differences in coordination and the occurrence of miscoordination. Child Development 60, S. 85–91.
Uexküll, von T., Krejci, E., & Dornberg, M. (1996): Der Säugling und das Phantasieren. Psyche 50, S. 1019–35.
Weinberg, K. M., Tronick, E. Z., Cohn, J. F., Olson, K. L. (1999): Gender differences in emotional expressivity and self-regulation during early infancy. Developmental Psychology, 1999, 35, S. 175–188.
Winnicott, D. W. (1965): Reifungsprozesse und fördernde Umwelt. Frankfurt (Fischer) 1988.

Bindungssicherheit als Prozess: Konsequenzen für die Praxis der Frühintervention

Gerhard J. Suess

»Ihr kennt nur Kenntnis,
Ihr kennt nicht des Willens heißen Trieb,
der Kenntnis erst gebiert.«

Leif Erikson

Es fällt gemeinhin schwer, in Prozess-Kategorien zu denken. Zustandskategorien sind allein schon deswegen sehr viel verbreiteter und immer dann gegeben, wenn nur ein Ergebnis und weniger die Art und Weise seines Zustandekommens bzw. seiner Herstellung beschrieben wird. Ihnen fehlt jedoch die Prozessbeschreibungen innewohnende Dynamik. Besonders deutlich wird dies, wenn die Bewältigung des Alltags beschrieben wird. »Es wird dann unterstellt, dass die Menschen wissen, wie man das Leben meistert; es wird angenommen, dass sie Routinen ausbilden, Mustern folgen, mit denen allfällige Probleme bewältigt werden können« (Krappmann 2003, S. 16). Ein solches Zustandsdenken werde jedoch der Alltagswirklichkeit nicht gerecht, so Krappmann, da diese vielmehr »ein Ort (ist), an dem die dort Lebenden auf der ständigen Suche nach Regeln und Verfahrensweisen, nach Routinen und Erlebnissen sind, die Entlastung bringen, Unsicherheit abbauen und Zufriedenheit stiften« (ebd., S. 17). Hier klingt schon deutlich an, weswegen gerade für Praktiker das hier aufgelegte Thema ein lohnenswertes ist. In der Anwendung der Bindungstheorie – und zwar in der Forschungs- ebenso wie in der Beratungs-/Therapiepraxis – besteht immer wieder die Gefahr, dass Zustände und weniger Prozesse betont werden. So bergen insbesondere die Längsschnittstudien die Gefahr, dass Zusammenhänge zwischen Bindungsmaßen aus unterschiedlichen Entwicklungsphasen ohne die Frage nach den zugrundeliegenden Prozessen gesucht werden. Ergebnis davon sind im Erfolgsfalle dann Aussagen wie: Frühkindliche Bindungssicherheit führt zu XY im Alter der Kinder von SZ. Doch auch hier ergibt sich meist ein sehr gemischtes Bild. Selbst bei erfolgreich gefundenen Zusammenhängen kann man dann auf der Ebene von Individuen immer wieder ins Bild passende, aber auch herausfallende Entwicklungsverläufe finden (vgl. Grossmann 1986, zur Kritik an variablenorientierten Forschungsansätzen). Solange wir dafür nicht wieder eine Erklärung finden können, sind solche Ergebnisse für die klinische Praxis mit ihrer Ausrichtung auf konkrete Fälle nicht gerade hilfreich. Denn wir erfahren durch solche »Outcome«-Studien nichts darüber, wie sich die jeweiligen Entwicklungsergebnisse ihren Weg bahnen, wie sie aufgrund komplexer Transaktionen zwischen der jeweiligen Innen- und Außenwelt hergestellt werden – und noch wichtiger, wie es immer wieder auch zu Ausnahmen kommt. Gerade Letztere zu verstehen, wäre für die klinische Praxis von großer Bedeutung, da sich hiervon Anleihen für die konkrete Interventionsgestaltung beziehen ließen (vgl. Sroufe & Rutter 1984).

Im folgenden Beitrag soll zunächst der Begriff der Sicherheit, wie er in der Bindungstheorie verwendet wird und in der therapeutischen / beraterischen Praxis als Zielgröße dienen kann, erörtert werden. Daran anschließend werden dann die daraus folgenden Konsequenzen für die Beratungs-/Therapie-Praxis aufgezeigt.

Der Begriff der Sicherheit in der Bindungstheorie

Der Prozessgedanke nimmt innerhalb der von John Bowlby (1969, 1973, 1980) formulierten Bindungstheorie eine zentrale Stellung ein. Am deutlichsten wird dies bei dem mit Anleihen aus der Ethologie und der Systemtheorie formulierten Konzept der Verhaltenssysteme. Das Bindungssystem wird aufgrund innerer und/oder äußerer Faktoren, die Gefahr signalisieren, aktiviert und soll Kräfte im Individuum und innerhalb von Beziehungen mobilisieren, die in Richtung Sicherheit oder Gefahrenabwehr – je nach Betonung (vgl. Crittenden 1999) – wirken. Sobald dieses Ziel erreicht ist, stehen die verwendeten Verhaltensweisen wieder anderen Verhaltenssystemen zur Verfügung, z. B. dem Explorationssystem. Und schließlich verdeutlicht das Zusammenspiel dieser beiden Verhaltenssysteme, das meist durch das Bild einer Wippe beschrieben wird, die diesem Konzept innewohnende Dynamik. Ein Oben des Bindungssystems bedeutet gleichzeitig ein Unten des Explorationssystems und umgekehrt. Und da sich eine Wippe immer in Bewegung befindet, ist die entscheidende Frage, wie das Zusammenspiel dieser beiden Verhaltenssysteme Zielen dient – Ziele die ihrerseits nicht starr, sondern in Bewegung sind: Bowlby spricht deshalb von zielkorrigierten Systemen. Hier wäre als erstes natürlich wieder die Gefahrenabwehr und das Überleben zu erwähnen oder – alltagsnäher – die Nähe zu einer Bindungsperson bzw. das erlebte Gefühl, in Sicherheit zu sein (Sroufe 1996). Die Bewegungen der beschriebenen Wippe hängen schließlich wesentlich von Einschätzungsprozessen ab. Doch wie nimmt eine Person diese vor? Wie kommt sie/er zu der Einschätzung, dass eine Gefahr droht oder nicht mehr droht? Wann fühlt sie/er sich sicher? Diese Fragen drängen und sind praxisrelevant, doch lassen sie uns vorher betrachten, wie John

Bowlby diesen Einschätzungsprozess beschrieb. Zunächst musste er sich für einen der in diesem Zusammenhang verwendeten Termini »Affekt«, »Emotion« oder »Gefühl«, die er synonym verwendet, entscheiden. John Bowlby (1969) entschied sich hier für »Gefühl«, weil es als einziges von den drei Substantiven ein Verb hat, nämlich »fühlen«. Damit wollte er den für ihn zentralen dynamischen Aspekt von Bindungssicherheit betonen. John Bowlby hat des weiteren Gefühle nicht von Kognition getrennt, sondern ihnen eine gemeinsame Funktion zugewiesen, und zwar die, Einschätzungen vorzunehmen: Kann ich mich sicher fühlen, mich auf den oder die verlassen usw.? Gefühle betrachtete John Bowlby als eine bestimmte Phase in einem Einschätzungsprozess, an dem auch Kognitionen beteiligt sind, am besten verdeutlicht an dem von ihm verwendeten Beispiel der Erhitzung von Stahl: Gefühle seien vergleichbar der Rotheit von Stahl, wenn er erhitzt und zum Glühen gebracht wird (1969). John Bowlby betrachtete Gefühle also nicht absolut, sondern betonte ihren Nutzcharakter in einem stammesgeschichtlichen und ontogenetischen Anpassungsprozess. Seine Sorgfalt in der Auswahl von Termini, die den zugrundeliegenden Prozess betonen, spiegelt sich auch in dem von ihm gewählten Ausdruck »Internale Arbeitsmodelle (IWM)« wieder. Dieser soll die psychischen Landschaften von Bindungssicherheit bezeichnen, die nach der Entwicklung von Objektpermanenz beim Kind die Bindungsentwicklung steuern. Bowlby entschied sich bewusst gegen den sich anbietenden Ausdruck »kognitive Landkarten« (vgl. Bretherton u. a. 2001), weil er ihm zu statisch erschien. Stattdessen entschied er sich für den Ausdruck »Internal Working Model (IWM)«, um die innewohnende Dynamik auszudrücken: ein im Entwicklungsverlauf aufgebautes »IWM« dient der Einschätzung von Situationen und steuert gleichzeitig Verhalten. In diesem Prozess muss sich das IWM in der Auseinandersetzung mit der Wirklichkeit bewähren, und es müssen immer wieder Veränderungen daran vorgenommen werden, weil sich ja auch in der abzubildenden Wirklichkeit fortdauernd Veränderungen ergeben. Mit der Sprachentwicklung und dem Einsetzen der Phantasietätigkeit beim Kind ermöglichen diese IWMs, dass sie willentlich in Gang gesetzt werden können, ohne auf die dazu notwendige Situation angewiesen zu sein, wie dies noch in der sensomotorischen Phase der Fall gewesen ist. Dadurch, dass ein Kind diese IWMs nun immer wieder sprachlich und/oder in Phantasiespielen ausdrücken und später dann in kleinen Geschichten ablaufen lassen kann, kann es sie immer wieder auch verfeinern. Das Kind drückt seine Selbst- und Weltsichten darin aus und schafft sie gleichzeitig immer ein Stück weit neu. Wenn keine bedeutsamen Aspekte der inneren und äußeren Wirklichkeit ausgeblendet werden, dann wird dieses IWM zu einer wirkungsvollen Auseinandersetzung mit den auf das Kind einströmenden Anforderungen befähigen.

Das Kind wird sie vor allem auf andere soziale Situationen anwenden; als erstes sind dies soziale Situationen mit Gleichaltrigen (Suess u. a. 1992; Suess 2001). Dazu sind natürlich immer auch Up-Dates an dem IWM vorzunehmen, wozu Kinder innerhalb sicherer Eltern-Kind-Bindungen optimal vorbereitet sind. Ihre IWM sind nicht nur geprägt von Gefühlsstimmigkeit und -richtigkeit, sondern weisen auch die nötige Flexibilität auf. Zudem haben sie das nötige Maß an Selbstakzeptanz und -unterstützung durch die Verinnerlichung von Erfahrungen mit einer sicheren Basis. Hier werden Kräfte wirksam, die zu einem gelingenden Entwicklungsverlauf beitragen – und dies ist ein sehr aktiver Prozess. Doch wie steht es mit anderen Kindern, die weniger Erfahrungen einer sicheren Basis verinnerlichen konnten?

Unterbrechung negativer Transaktionen

Frau M., eine alleinerziehende Mutter, kam auf Anraten des Kindergartens in die Beratungsstelle: ihre 4-jährige Tochter Klara spiele so gut wie nie mit anderen Kindern, sondern immer nur alleine. Frau M. war auch schon aufgefallen, dass Klara nicht mit anderen Kindern zurechtkam, und nahm die Rückmeldung des Kindergartens sehr ernst. Klara verhalte sich in Gegenwart anderer Kinder oft altklug und manchmal auch verbal verletzend. Alles Reden mit ihr, dass sie sich dadurch keine Freunde mache, habe allerdings nichts genutzt. Es wurde mit Frau M. vereinbart, dass die Beraterin zunächst alleine mit Klara eine Geschichtenergänzungsaufgabe mit Puppenspiel (ASCT, vgl. Bretherton u. a. 2001) durchführe; die Sitzung werde auf Video aufgezeichnet und könne danach gemeinsam mit ihr, der Mutter, angesehen werden. So könnten wir vielleicht etwas über die Selbst- und Weltsicht des Kindes erfahren und darüber, wie wir dem Kind helfen könnten, Freunde zu finden. Im ASCT verhielt sich Klara zunächst sehr zurückhaltend und ließ die Puppen nicht sprechen. Fast hatte es den Anschein, dass sie nicht zu Phantasiespiel fähig sei. Dies zog sich durch die gesamte Aufgabe mit all den unterschiedlichen Geschichten. Wenn Klara mit den Figuren spielte, dann war dies sehr destruktiv: sie schlug die Figuren ohne Rücksicht auf den vorgegebenen Geschichtenansatz aufeinander und ließ alle vom Tisch fallen; nur selten war sie zum Kommentieren des Geschehens bereit, aber auch so ließ sich unschwer erkennen, dass ihr Spiel voll von Katastrophen war. Als ich das Video mit der Mutter zusammen ansah, fiel ihr sofort Klaras Neigung zu Katastrophengeschichten auf; das sei zu Hause auch so und nerve sie zunehmend. Die Mutter schilderte dann, dass Klara nicht gut auf sie höre und keine Ratschläge von ihr annähme. Sie sei die zahlreichen Auseinandersetzungen mit dem Kind leid, aber sie wolle ja nicht so autoritär mit Klara umgehen, wie sie das von ihren Eltern erlebt habe. Wir sprachen noch darüber, wie gut es wäre, wenn Klara mehr Freude am Phantasiespiel fände, da Kinder sich dadurch für soziale Situationen trainierten. Aus der Bindungsforschung kennen wir die Zusammenhänge zwischen einem solchen Verhalten im ASCT und Bindungsdesorganisation, doch darüber sprach ich mit der Mutter nicht, die sehr verunsichert wirkte. Auch ging es zunächst ja in erster Linie darum, die destruktiven Auswirkungen eines vermuteten desorganisierten Bindungsmodell im weiteren Entwicklungsverlauf von Klara abzuschwächen: Darum vereinbarten wir als ein vorrangiges Ziel, das Phantasiespiel bei Klara zu fördern und ihrer Vorliebe für Katastrophen entgegenzuwirken. In Einzelsitzungen mit Klara gelang dies zunächst sehr schwer, später dann jedoch etwas besser. Die Mutter hatte mit den Erziehern im Kindergarten gesprochen, die sich vornahmen, Klara zum Phantasiespiel anzuregen. Verbale Attacken gegen andere Kinder wurden von nun an im Kindergarten angesprochen und es wurde versucht, sie zu unterbinden. Die Mutter nahm sich dies auch für den häuslichen Bereich vor. Diese drei Aspekte »Anregung zum Phantasiespiel«, »konstruktive Lösungen ins Spiel des Kindes einführen« und »Unterbindung von verbalen Feindseligkeiten gegenüber anderen Kindern« wurden deswegen zunächst hervorgehoben, weil sie wichtige Elemente in dem Prozess der Ausweitung der desorganisierten Form von Bindungsunsicherheit auf weitere wichtige Erlebens- und Entwicklungsbereiche des Kindes darstellen. Durch sie kommt es dann zu den bekannten negativen Auswirkungen von Bindungsdesorganisation im Entwicklungsverlauf dieser Kinder. Darüber hinaus waren diese Aspekte sehr konkret, wurden von der Mutter zum Teil selbst angesprochen und geteilt; über sie konnte die Mutter schnell aktiv in die Therapie mit einbezogen werden. Dies war bei dieser stark verunsicherten Mutter besonders wichtig. Ich versuchte immer wieder auch, die Mutter in ihrer Rolle zu bestätigen und zu ihrer Sicherheit beizutragen. So tauschten wir uns sehr oft aus, wie jeder mit den angestrebten Zielen zurecht gekommen sei, und ich teilte der Mutter auch bereitwillig meine Misserfolge mit; dadurch versuchte ich der Mutter als Modell zu dienen, sich selbst bei Verunsicherung eine sichere Basis zu sein. Etwas später wurde mit Video-Unterstützung die elterliche Kompetenz der Mutter gestärkt. Hierzu wurden Grenzsetzungs-Episoden gefilmt, in denen es immer wieder zu Auseinandersetzungen der Mutter mit dem Kind kam. Einzelgespräche mit der Mutter hatten ihren eigenen Bindungshintergrund zum Gegenstand: Als die Mutter selbst fünf Jahre alt war, seien ihre Eltern mit dem Auto schwer verunglückt und sie sei mehrere Wochen von ihren Eltern getrennt gewesen. Keiner habe ihr gesagt, was geschehen sei, um sie zu schonen, doch sie habe bereits viel erahnt und wahrscheinlich auch mitbekommen. Als sie nach mehreren Wochen ihre Mutter erstmals im Krankenhaus besuchen konnte, die ein Auge verloren und schwere Kopfverletzungen hatte, sei sie beim Anblick der Mutter sehr erschrocken und schreiend aus dem Zimmer gelaufen; ihre Mutter sei danach oft im Krankenhaus und in verschiedenen Kureinrichtungen gewesen, und bis heute müsse sie immer auf ihre eigene Mutter Rücksicht nehmen. Bis der eigene Bindungsstatus der Mutter in Einzelsitzungen (später dann unter Einbeziehung der eigenen Eltern) behandelt wurde, war jedoch schon ein Jahr vergangen, in dem die Mutter nicht kontinuierlich beraten wurde, sondern immer auch zwischendurch pausierte: es handelte sich eher um eine Serie von Kurzzeitberatungen als um eine kontinuierliche Beratung. Dieser Beratungsverlauf entspricht einer Sichtweise, die Bindungssicherheit und ihre Pendants nicht als Zustände, sondern als ein prozesshaftes Geschehen begreift. So kann eine Person nicht durch Therapie/Beratung gleichsam in den Zustand der Bindungssicherheit befördert werden. Vielmehr wird man zunächst versuchen, Prozessen entgegenzuwirken, durch die es vom Risiko einer Bindungsdesorganisation zu Problemen kommt, durch die wiederum negative Erfahrungen in anderen Sozialkontexten wahrscheinlicher und positive Erfahrungen verbaut werden (fehlende Phantasietätigkeit, Katastrophenneigung im Spiel, verbale Feindseligkeiten gegenüber anderen Kindern, erziehungsunsichere Mutter) (vgl. Marvin 2003; Suess, im Druck). Des Weiteren erfordert gerade die Veränderung von IWMs zum einen Zeit und zum anderen sehr wahrscheinlich oft viele vorgelagerte Veränderungen in den unterschiedlichen Lebensbereichen auf der Verhaltensebene.

Konstruktiver Umgang mit Rückschlägen

Wir alle machen immer wieder die Erfahrung, dass wir längst überwunden geglaubte Unarten oder Schwächen zu bestimmten Zeiten zu unserem Erschrecken an uns wieder beobachten müssen. Je mehr uns deren Überwindung gekostet hat und je unangenehmer die damit verbundenen Erinnerungen, umso größer das Erschrecken. Dies gilt sowohl für die Verhaltensebene als auch für die Repräsentationsebene. Wie verhält es sich also mit Veränderungen? Wie sollen wir uns das vorstellen, was dabei passiert – vor allem natürlich auch, was dabei mit uns passiert? Erfahren wir in Beratung und Therapie eine Zustandsveränderung oder müssen wir uns auf einen anderen Verlauf der bisher erfahrenen Dynamik einstellen? Eine Antwort darauf zu finden, ist nicht nur von theoretischem Interesse, vielmehr gerade auch für unsere Klienten/Patienten/Ratsuchenden bedeutsam. Mary Main (1999) betont, dass Bindungsmodelle, die sich von unsicher zu sicher im Lebenslauf verändert haben, nicht immer und in jeder Situation sicher bleiben. Die Bindungsrepräsentanzen sind vielmehr immer in Bewegung und bewegen sich manchmal von Bindungssicherheit wieder weg und dann wieder mehr dazu hin: »To move in and out« bezeichnet Mary Main diesen Vorgang.

Darauf sollten Eltern in der Beratung/Therapie vorbereitet werden, weil sonst Rückschläge den Beratungserfolg dauerhaft gefährden können – vor allem dann, wenn Eltern enttäuscht darüber ihre Motivation verlieren, an sich und ihrer Beziehung zum Kind zu arbeiten .

Frau K. kam in die Beratung, da sie beunruhigt war, sie könne ihr Kind genau so erziehen, wie sie selbst erzogen worden sei. Sie selbst sei von ihrem Vater viel geschlagen worden, ihre Mutter sei gestorben, als sie 19 Jahre alt gewesen sei – sie sei damals von zu Hause weg gewesen und habe den Tod der Mutter nie ganz nachvollziehen können. Einige Monate später habe sie ihren ersten Psychiatrieaufenthalt gehabt. Seit einigen Jahren habe sie sich allerdings stabilisiert, habe geheiratet und nun vor acht Monaten ihr erstes Kind bekommen: Stephanie. Doch nun plage sie immer wieder zwischendurch das schlechte Gewissen, da sie ihr Kind schon angeschrien habe, als es beim Wickeln nicht still halten wollte. Sie wolle ihrer Stephanie eine bessere Mutter sein als die Mutter, die sie selbst gehabt habe. Im weiteren Gespräch wurde die Therapieerfahrenheit von Frau K. deutlich. Sie geht heute immer wieder zwischendurch zu ihrem Therapeuten, der sie ihren Angaben zufolge gelehrt habe, angemessen mit ihrer Psychose-Erkrankung umzugehen. Auch ihre Beziehungen in ihrer Herkunftsfamilie habe sie ausführlich mit ihm besprochen. Wesentlich war für sie allerdings, dass sie mit seiner Hilfe gelernt habe, für sich zu sorgen und zufriedenstellende Beziehungen aufzubauen. Mit der Mutter wurde vereinbart, ein Erwachsenenbindungsinterview durchzuführen. Dieses ergab das Bild eines erarbeiteten sicher-autonomen Bindungsstatus. Die Mutter wurde darin bestärkt, weiterhin ihren Therapeuten als sichere Basis zu nutzen. Wir würden uns in unseren Terminen darauf konzentrieren, dass ihre Beziehung zu ihrem Kind so werde, wie sie sich das vorgenommen habe – und da spreche vieles dafür, dass sie hier auf dem richtigen Weg sei. Videoaufnahmen von Mutter und Kind unterstützten diese Einschätzung. In den Gesprächen mit der Mutter war ein wichtiges Thema, wie sie so annehmend und nachsichtig mit sich als Mutter umgehen könne, wie sie dies für sich als Erwachsene zur Vermeidung eines erneuten Erkrankungsschubes bereits gelernt habe. Wann neige sie dazu, im Umgang mit ihrem Kind auf alte Muster aus ihrer Kindheit zurückzugreifen? Wie könne sie dies verhindern und vor allem, wie könne sie dafür sorgen, dass dies nur eine kurze Episode bliebe und sie möglichst schnell wieder zu ihrer für das Kind gewohnten Einfühlsamkeit zurückkomme? Diese und ähnliche Fragen wurden mit der Mutter behandelt. Das von Erickson und Egeland (Erickson u. a. 2002) entwickelte STEEP-Interventionsprogramm (Steps Toward Effective and Enjoyable Parenting) empfiehlt, eigene Erfahrungen mit Rückschlägen und anderen »Erziehungsfehlern« einfließen zu lassen, um unter anderem einem

»Alles-oder-nichts-Denken« und einer Idealisierung des Therapeuten/der Beraterin entgegegenzuwirken (Erickson 2002, S. 302). Wenn die Therapeutin/der Berater als Modell für einen konstruktiven Umgang mit »Fehlern« dienen kann, dann fördert dies die Tauglichkeit des Erworbenen für den Erziehungsalltag. Auch in dem Interventionsprogramm von Marvin u. a. (vgl. Beitrag Marvin u. a. in diesem Band) wird den Eltern gegenüber betont, dass Eltern nie perfekt den Kindern als sichere Basis für ihre Erkundungen und als Hafen der Sicherheit bei Überforderung dienen können. Alle Eltern haben ihre für sie typischen »unterentwickelten« und »gutentwickelten« Stärken im Kreislauf der Sicherheit – und: Unterbrechungen oder Holprigkeiten wird es immer wieder geben, und dann kommt es besonders darauf an, die Beziehung wiederherzustellen, gleichsam zu reparieren. Wenn ein Eltern-Kind-Paar hierfür eine hohe Bereitschaft und die notwendigen Fähigkeiten mitbringt, dann ist dies von eigenständigem Wert für die Qualität der Beziehung – und wir kommen wieder ein Stück weiter weg von einem »ungesunden« Zustandsdenken. Es gibt dann auch kein völliges Scheitern, sondern immer nur eine neue Ausgangsbasis für neues Tätigwerden: Sich selbst eine sichere Basis zu sein oder einen Hafen der Sicherheit anzulaufen und Freunde oder Berater/innen aufzusuchen. Eine nachsichtige Haltung gegenüber und ein konstruktiver Umgang mit eigenen Erziehungsfehlern fördert auch ein sicher-autonomes Bindungsmodell, in dem Erfahrungen mit sicheren Basen in der eigenen Entwicklung und besonders in der eigenen Kindheit ihren Niederschlag gefunden haben. Diese Gruppe von Eltern konnte entweder von Anfang an ihr gesamtes Spektrum von Gefühlen zu Einschätzungen von sozialen Situationen verwenden und kann auch eigene Erziehungsfehler zugeben. Eltern aus dieser Gruppe werden ein Bild ihrer Kindheitsbeziehung zu ihren eigenen Eltern wiedergeben, das weder ideal noch in seiner Gesamtheit schlecht ist. Selbst wenn sie schreckliche Erfahrungen machen mussten, versuchen sie, auch eine Erklärung für das jeweilige Verhalten der Eltern zu finden, ohne die eigenen Kindheitsbedürfnisse dabei zu verraten. Letzteres wäre zum Beispiel der Fall, wenn sie der Schilderung von Schlägen durch die eigenen Eltern anfügen würden, dass sie es sicher verdient gehabt hätten. Vielmehr ist bei Eltern, die sich einen sicher-autonomen Bindungsstatus erworben haben, eine davon deutlich unterschiedene Nachsicht mit Erziehungsfehlern ihrer eigenen Eltern sowie eine Aussöhnung mit den eigenen Eltern erkennbar; sie sind in der Lage, das Geschehen aus Sicht ihrer Eltern zu sehen, auch wenn sie dieser Sicht nicht zustimmen können. Wahrscheinlich ist dieser konstruktive Umgang mit eigenen Fehlern und denen von Beziehungspartnern das Geheimnis von Bindungssicherheit.

Stärkung von Kindern für Risikobewältigung

Wenn Bindungssicherheit als Prozess verstanden wird, dann erscheint es naheliegend, frühzeitig Hilfen für Eltern anzubieten, zu einer Zeit, in der noch gar keine Probleme bei den Kindern aufgetreten sind. Wir sehen in Bindungssicherheit nämlich einen wunderbaren Mechanismus, mit risikoreichen Situationen umzugehen. Schon beim Kleinkind wird bei Unsicherheit ein Prozess in Gang gesetzt, an dessen Ende die größtmögliche Sicherheit steht, und dies gilt nicht nur für die Gruppe der Kinder mit einem sicheren Bindungsverhaltensmuster, sondern auch für die beiden organisierten Formen von Bindungsunsicherheit. Gerade bei den unsicher-vemeidenden Kindern wird der Prozess der Gewinnung von größtmöglicher Sicherheit deutlich: sie wenden aktiv ihre Aufmerksamkeit weg von der Bindungsperson hin zu Spielsachen, damit sie nicht von ihren Bindungsgefühlen überflutet werden. So vermeiden sie, diese direkt gegenüber der Bindungsperson auszudrücken, die sie ihrer Erfahrung nach zurückweisen würde. Sie vermeiden dadurch nicht nur eine Zurückweisung, sondern können nah – aber nicht zu nah – bei der Bindungsperson bleiben (Main 2002). Wir wissen natürlich heute, dass die beachtenswerte Anpassungsleistung gerade auch der unsicher-organisierten Bindungsmodelle langfristig ihren Preis hat, z. B. den der Unterbewertung der Bedeutung enger Beziehungen, von Gefühlen allgemein und in einigen Fällen in Form einer pessimistischen Erwartungshaltung gegenüber sozialen Beziehungspartnern (vgl. Suess u. a. 1992). Wie gut wäre es da, wenn Kinder von Anfang an eine vergleichbare oder bessere Anpassungsleistung an ihre Beziehungsrealität aktiv schaffen könnten, ohne dass dies langfristig einen Preis für sie hätte – eben wie dies bei sicheren Bindungsbeziehungen der Fall ist. Kinder würden sich dann von Anfang an in der richtigen Entwicklungsspur befinden und würden sich mehr und mehr in dieser Spur gleichsam eingraben, so dass sie immer schwerer wieder herausfallen können. Letzteres ist gerade deswegen auch der Fall, da ein Kind immer aktiv realitätsverarbeitend und -produzierend ist und seine Bindungsmodelle auf andere Sozialkontexte ausdehnt (vgl. Suess u. a. 1999; Suess 2002, 2003).

Frühe Hilfen zur Stärkung von Kindern sind deswegen gerade bei Hoch-Risiko-Familien notwendig, denn sie werden vergleichsweise vielen und großen Risiken in ihrem weiteren Entwicklungsverlauf ausgesetzt sein, ohne dass wir hier als Betreuer, Berater oder Therapeutinnen viel daran ändern können. Schutzmechanismen helfen diese dann abzupuffern. Einer der besten Schutzmechanismen, die wir kennen, ist eine warmherzige Eltern-Kind-Beziehung (vgl. Suess & Zimmermann 2001). Und, selbst wenn es gelänge, alle Risiken aus dem Leben von Kindern zu entfernen – das Bild einer Käseglocke oder einer Quarantänestation drängt sich auf –, so wäre dies nicht sinnvoll. Wir wissen, dass Kinder gestärkt aus Krisen hervorgehen, die sie bewältigen konnten. Und Risiken stellen sich dann auch aufgrund der Unterschiedlichkeit dieser Erfahrungen im Umgang mit Krisen für Kinder sehr unterschiedlich dar. Das Bild von einer Kanufahrerin, die eine Wildwasserstrecke durchfährt, soll der Veranschaulichung dienen. Für eine geübte Kanutin stellt diese Wildwasserstrecke neben den Risiken – die sie gut einzuschätzen gelernt hat – auch viele Chancen dar, ihr Können weiter zu verbessern. Hätte sie sich nicht solchen Risiken ausgesetzt und würde sie dies für die Zukunft nicht weiter tun, so könnte sie keinen Trainingseffekt an sich beobachten, der wiederum die Gefährlichkeit von Risiken bestimmt.

Frau B., 19 Jahre alt, kam in unsere Beratungsstelle wegen ihres 3-jährigen Kindes, das seit dem 16. Lebensmonat bei einer Pflegefamilie aufwuchs. Da es mit den Pflegeeltern Umgangskonflikte gab, hatte das zuständige Jugendamt an uns verwiesen. Im Laufe der Umgangsberatung berichtete Frau B. von einer erneuten Schwangerschaft und ihren Ängsten, dass ihr auch dieses Kind »weggenommen« werden könne. Wir sprachen sehr ausführlich über Frühintervention und in diesem Zusammenhang über die eigene Kindheit von Frau B., die voll von Ausbeutung und fehlender Fürsorge seitens der eigenen Mutter war. Ihren Vater hatte sie nie kennen gelernt. Später sei sie auch immer wieder an die falschen Männer geraten – einer davon der Vater ihres ersten Kindes. Als er angefangen habe, auch das Kind zu schlagen, habe sie ihn verlassen und das Kind in eine Pflegefamilie gegeben. Aus einer anfänglichen Kurzzeitpflege ist durch die Umstände und sich hinziehende Gerichtsverhandlungen eine Dauerpflege geworden. Frau B. arbeitete sehr intensiv an der Aufarbeitung ihrer Kindheit, und später, als das zweite Kind – ein Sohn, den sie Marvin nannte – dann geboren war, beteiligte sie sich, anfangs zögerlich, später sehr aktiv an einem Videointeraktionstraining. Zunächst fiel auf, dass sie wenig mit dem Säugling sprach. Das lag nur zum Teil an der ungewohnten Situation der Videoaufnahmen. Sie war vielmehr davon überzeugt, dass Kinder in dem Alter noch nichts sähen, und warum sollte sie mit Marvin »groß reden«, wenn er sie doch nicht verstehen würde. Wir setzten uns daraufhin mit früher Kindheitsentwicklung auseinander. Ich schlug immer wieder auch in einem englischsprachigen Entwicklungspsychologielehrbuch nach, das reich bebildert ist, und übersetzte daraus markante Stellen für die Mutter – und lernte dabei auch Neues über die Entwicklung der Farbwahrnehmung hinzu, wofür ich der Mutter dankbar bin, was ich ihr auch so rückmeldete. Ich versuchte den Prozess der Informations- und Wissensgewinnung partnerschaftlich mit Frau B. zusammen zu gestalten, der schließlich darauf hinauslief, wie bedeutsam ein Sprechen mit dem Kind sei. Von Hausbesuch zu Hausbesuch sprach Frau B.

mehr mit ihrem Kind, genoss dies auch sichtlich und wies immer wieder darauf hin: »das ist jetzt Erzählen, was er jetzt macht«. Als das Kind schließlich fünf Monate alt war, wurden die Abstände zwischen den vereinbarten Terminen größer. Frau B. berichtete stolz, dass K im Vergleich zu anderen Kindern sehr weit entwickelt sei und auch überall sofort beliebt sei, da er so sozial zugewandt sei und immer flirte. An einer Stelle bemerkte M, dass sie den Eindruck habe, dass dieses Kind »in der richtigen Spur« sei. Dem konnte ich nur zustimmen, und eine mit 13 Monaten durchgeführte Fremde Situation (Ainsworth u. a. 1978) bestätigte diesen Eindruck. Danach kamen für Mutter und Kind schwierigere Wasser. Die Trennung vom Vater des Kindes, der nun erst zu einer regelmäßigen Teilnahme an der Beratung (Mediation) gewonnen werden konnte, belastete die kleine Familie. Auch ging die sich immer noch hinziehende familiengerichtliche Auseinandersetzung um Umgangskontakte zum ersten Kind in ihre letzte Phase und endete mit der vorläufigen Aussetzung des Mutter-Kind-Umganges, was die Mutter sehr belastete. Schließlich erfolgte die Trennung vom Vater. Zur Familie bestand weiterhin Kontakt und auch zur Kindertagesstätte, die das Kind besucht. Wir alle haben immer noch den Eindruck, dass dieses Kind »in der richtigen Spur« ist.

Literatur

Ainsworth, M. D. S., Blehar, M. C., Waters, E., & Wall, S. (1978): Patterns of attachment. Hillsdale, NJ (Erlbaum).

Bowlby, J . (1969): Attachment and Loss. Vol. 1: Attachment. Tavistock (Basic Books). (dt. 1975 im Kindler-Verlag).

Bowlby, J. (1973): Attachment and loss. Vol. 2: Separation: Anxiety and anger. N.Y. (Basic Books) (dt.: Trennung. München: Kindler, 1976).

Bowlby, J. (1980): Attachment and loss. Vol. 3: Loss: Sadness and depression. N.Y. (Basic Books) (dt.: Verlust. Frankfurt: Fischer, 1983).

Bretherton, I., Suess, G. J., Golby, B., Oppenheim, D. (2001): Attachment Story Completion Task (ASCT) – Methode zur Erfassung der Bindungsqualität im Kindergartenalte durch Geschichtenergänzungen im Puppenspiel. In: Suess, G. J., Scheuerer-Englisch, H., Pfeifer, K-W. (Hg.) (2001): Bindungstheorie und Familiendynamik. Gießen (Psychosozial-Verlag).

Crittenden, P. M. (1999): Klinische Anwendung der Bindungstheorie bei Kindern mit Risiko für psychopathologische Auffälligkeiten oder Verhaltensstörungen. In: Suess, G. J., Pfeifer, W-K. P. (Hg.): Frühe Hilfen. Gießen (Psychosozial Verlag).

Erickson, M. F. and Kurz-Riemer, K. (1999): Infants, Toddlers, and Families. A framework for support and intervention. N.Y., London (Guilford Press).

Erickson, M. F. (2002): Bindungstheorie bei präventiven Interventionen. In: Brisch, K. H., Grossmann, K. E., Grossmann, K., Köhler, L. (Hg.): Bindung und seelische Entwicklungswege. Stuttgart (Klett-Cotta).

Erickson, M. F., Egeland, B., Simon, J., Rose, T. (2002): STEEP Facilitor´s Guide. Irving B. Harris Training Center for Infant and Toddler Development. ICD,

University of Minnesota.
Grossmann, K. E. (1986): From ideographic approaches to nomothetic hypotheses: Stern, Allport and the biology of knowledge, exemplified by an exploration of sibling relationships. In: J. Valsinger (Hg.): The individual subject and scientific psychology. N.Y. (Plenum Press).
Krappmann, L. (2003): Kompetenzförderung im Kindesalter. Aus Politik und Zeitgeschichte – Beilage zu Wochenzeitung DAS PARLAMENT. B 9 / 2003.
Main, M. (1999): Epilog. Cassidy & Shaver: Handbook of Attachment. N.Y., London (Guilford Press).
Main, M. (2002): Organisierte Bindungskategorien von Säugling, Kind und Erwachsenem. In Brisch, K. H., Grossmann, K. E., Grossmann, K., Köhler, L. (Hg): Bindung und seelische Entwicklungswege. Stuttgart (Klett-Cotta).
Marvin, R. S. (2003): Entwicklungspsychopathologische Intervention auf der Basis der Bindungs- und der Familiensystemtheorie. In: Scheuerer-Englisch, H., Suess, G. J., Pfeifer, W-K. P. (Hg.): Wege zur Sicherheit. Gießen (Psychosozial Verlag).
Marvin, R. S., Cooper, G., Hoffmann, K., & Powell, B. (2003): Das Projekt »Kreislauf der Sicherheit«: Bindungsgeleitete Intervention bei Eltern-Kind-Dyaden im Vorschulalter. In: Scheuerer-Englisch, H., Suess, G. J., Pfeifer, K.-W. P. (Hg.) (2003): Wege zur Sicherheit. Bindungswissen in Diagnostik und Intervention. Gießen (Psychosozial-Verlag).
Sroufe, L. A. (1996): Emotional development: The organization of emotional life in the early years. N.Y. (Cambridge University Press).
Sroufe, L. A., Rutter, M. (1984): The domain of developmental psychopathology. Child Development, 55, S. 17–29.
Suess, G. J., Grossmann, K. E., Sroufe, L. A. (1992): Effects of Infant Attachment to Mother and Father on Quality of Adaptation in Preschool: From Dyadic to Individual Organization of Self. International Journal of Behavioral Development. 15(1), S. 43–65.
Suess, G. J., & Pfeifer, W.-K. P. (1999): Frühe Hilfen. Gießen (Psychosozial).
Suess, G. J., Zimmermann, P. (2001): Anwendung der Bindungstheorie und Entwicklungspsychopathologie – Eine neue Sichtweise für Entwicklung und (Problem-) Abweichung. In: Suess, G. J., Scheuerer-Englisch, H., Pfeifer, K-W. (Hg.) (2001): Bindungstheorie und Familiendynamik. Gießen (Psychosozial-Verlag).
Suess, G. J. (2001): Eltern-Kind-Bindung und kommunikative Kompetenzen kleiner Kinder – Die Bindungstheorie als Grundlage für ein integratives Interventionskonzept. In: Schlippe, A. v., Lösche, G., & Hawellek, Ch.: Frühkindliche Lebenswelten und Erziehungsberatung – Die Chancen des Anfangs. Münster (Votum-Verlag).
Suess, G. J. (2002): Die Eltern-Kind-Bindung als Prototyp intimer Beziehungen und ihre Bedeutung für die Kindesentwicklung im Zeitalter der Globalisierung. In: Hantel-Quitmann, W., & Kastner, P. (Hg.) (2002): Die Globalisierung der Intimität. Die Zukunft intimer Beziehungen im Zeitalter der Globalisierung. Gießen (Psychosozial-Verlag).
Suess, G. J. (2003): Gewalt in der Gesellschaft, in den Medien, in den Schulen, in der Familie – Plädoyer zur Stärkung der Beziehungsfähigkeit. In: Korczak, D. (2003): »Bildungs- und Erziehungskatastrophe? Was unsere Kinder von uns lernen soll-

ten«. Westdeutscher Verlag.
Suess, G. J. (im Druck): Stärkung der Beziehungsfähigkeit als Antwort auf Gewalt in der Gesellschaft und in der Familie: Plädoyer für frühe Hilfen zur Förderung der Eltern-Kind-Bindung. Zentralblatt für Gynäkologie.

Intervention und Fallbeispiele von der mittleren Kindheit bis zum Erwachsenenalter

Entwicklungspsychopathologische Intervention auf der Basis der Bindungs- und der Familiensystemtheorie[1]

Robert S. Marvin

1. Einleitung

Bindungstheorie und Entwicklungspsychopathologie haben in den vergangenen Jahren eine wachsende Verbreitung als Rahmenmodelle für das Verständnis einer immer größer werdenden Zahl von Verhaltens- und Beziehungsstörungen der Kindheit gefunden (siehe Cicchetti und Greenberg 1991; Greenberg, Speltz, DeKlyen & Endriga 1991; Sroufe 1989). Die Kombination dieser Modelle bietet wirksame Hilfsmittel für die Konzeptualisierung von Störungen und für die Intervention. Die meisten Arbeiten auf diesem Gebiet konzentrierten sich jedoch darauf, diese Modelle zur Durchführung von Studien über Risiken und Ursachen zu verwenden, und/oder um »Baseline«- sowie »Outcome«-Maße für spezielle Interventionsprogramme zu erhalten, z. B. bei Lieberman (1990); Lyons-Ruth, Zoll, Connell, & Odem (1987). Bis heute lag dabei das Augenmerk weniger auf dem eigentlichen Prozess der Intervention (man beachte jedoch die Arbeiten von Lieberman 1992, und von Crittenden 1992). Dieses Kapitel wird einige der Hauptgedanken beschreiben, die Interventionsmodellen zugrunde liegen, welche Bindungstheorie und Entwicklungspsychopathologie vereinigen; es wird diese Prinzipien mit Hilfe der Beschreibung eines kurzen Interventions-Protokolls für psychogene Schmerz-Zustände aus der Pädiatrie erläutern und dann Ergebnisse von 19 Kindern berichten, die mit diesem »Protokoll« behandelt wurden.

1.1 Allgemeingültigkeit entwicklungspsychologischer Prinzipien

Möglicherweise ist die überzeugendste Überlegung bei der Kombination dieser Modelle, dass psychopathologische Auffälligkeiten sich nach denselben entwicklungspsychologischen und systemtheoretischen Prinzipien entwickeln wie adaptives Verhalten auch. Adaptive Entwicklung, Entwicklungsstörungen und sogar viele (alle?) Formen therapeutischer Intervention finden innerhalb desselben allgemeinen Entwicklungsprozesses statt und offenbaren vergleichbare Themen der Kontinuität und der Diskontinuität, normative Abfolgen, entwicklungspsychologische Differenzierung und Integration von Verhaltenssystemen, Selbstregulation, Äquifinalität[2] etc. Alle drei Vorgänge werden durch entwicklungspsychologische Beziehungen zwischen genetischen und Umwelt-Faktoren, sowie durch das vom Kind selbst (durch seine aktive Teilhabe an seiner/ihrer Entwicklung) hervorgerufene Feedback sowohl gefördert als auch beeinträchtigt. Alle drei finden im Kontext von Beziehungssystemen wie der Familie, der Gleichaltrigengruppe und der Schule statt und funktionieren ebenso auf der Grundlage dieser Regeln.

1.2 Entwicklungsverläufe

Das Konzept der »Entwicklungsverläufe« – veranschaulicht am Bild eines sich verzweigenden Baumes oder wahrscheinlich zutreffender eines Rangierbahnhofes mit auseinander- und zusammenlaufenden Gleisen – liefert ein Modell, das die Integration von »normaler« und psychopathologischer Entwicklung ermöglicht (Waddington 1957; Bowlby 1988). So gesehen, schlagen Individuen an unterschiedlichen Stellen ihrer Entwicklung einen bestimmten unter einer Reihe von möglichen Pfaden ein. Das Einschlagen eines Pfades kann durch einen Faktor oder eine Kombination von Faktoren determiniert sein. In jedem Falle kann der Pfad eine Abweichung von einem adaptiven (oder normativen) Entwicklungsverlauf oder eine Annäherung an einen adaptiveren Entwicklungsverlauf darstellen. In jedem Falle sind unseres Erachtens die zugrundeliegenden Entwicklungsprozesse dieselben. Psychopathologische Störungen werden somit Fälle von »Entwicklungsabweichungen« (Sroufe 1989).

Diese Vorstellung hat große Auswirkungen auf unsere Überlegungen und Planungen von Interventionen und bietet einem Therapeuten deutlich erhöhte Freiheitsgrade. Erstens erlaubt sie dem Therapeuten, das Zustandekommen der Störung einer bestimmten Person nicht nur mit den unserem traditionellen Wissen entsprechenden Kategorien pathologischer Entwicklung zu erklären, sondern ebenso mit den Kategorien jener entwicklungspsychologischen Sachverhalte, Kontexte und Bedingungsfaktoren, die auch für Kinder gelten, die sich entlang günstigerer Pfade entwickeln. In Anbetracht unseres rapide anwachsenden Wissens über adaptive Entwicklungsprozesse kann der Therapeut die Störung eines Klienten dann besser als eine Form, bei der Entwicklung »schief gelaufen« ist, verstehen.

Zweitens kann innerhalb dieses Modells Therapie als ein Input für ein System definiert werden, welcher mit vorhersagbarer Wahrscheinlichkeit dazu führt, dass dieses System wieder zu einem angepassteren Entwicklungspfad zurückkehrt. Mit dem Wissen über normale Entwicklungsmuster ist der Therapeut in einer besseren Ausgangslage für die Festlegung eines Zieles, auf das hin die Intervention ausgerichtet werden soll, und für das Auswählen einer Intervention, welche dem Klienten dazu verhelfen soll, Erfahrungen in diesem angepassteren Muster zu sammeln. Wie bereits von Bowlby (1988) erörtert wurde, erfordert dies vom Therapeuten, dass er dem Klienten dabei hilft, ein neues Arbeitsmodell von sich und anderen aufgrund gemeinsamer Reflektionen zu entwickeln. Wie weiter unten ausgeführt wird, kann dies auch bedeuten, dass der Therapeut dem Klienten dabei hilft, *neue Erfahrungsmöglichkeiten* aufzubauen – und zwar mit oder ohne gemeinsame Reflektion.

Drittens bestärkt dieses Modell durch seine Sichtweise, dass sich pathologische Störungen gemäß denselben systemischen Faktoren entwickeln wie adaptive Entwicklung auch, den Therapeuten darin, zwischen individueller Therapie und Familientherapie ohne ein Gefühl von Widerspruch oder Zusammenhangslosigkeit zu wechseln. Tatsächlich weisen bestimmte familientherapeutische sowie andere therapeutische »Schulen« aufgrund ihrer systemtheoretischen Ausrichtung überraschend ähnliche Sichtweisen bezüglich adaptiver versus fehlangepasster Entwicklungsverläufe, bezüglich der Grundprinzipien von Entwicklungsveränderungen und dem Wesen von therapeutischer Intervention auf (z. B. Marvin & Stewart 1990; Minuchin 1981; Nichols 1987).

1.3 Kontinuität und Veränderung von Entwicklungsstörungen

Sroufe (Sroufe & Rutter 1984; Sroufe 1989) hat überzeugend dargelegt, dass aufgrund der vielfältigen Verläufe, innerhalb derer sich ein gegebenes Entwicklungsresultat einstellen kann (Konzept der Äquifinalität), wahrscheinlich nicht davon ausgegangen werden kann, dass spätere Störungen zu einer früheren Entwicklungsperiode phänotypisch ähnliche Verhaltensmuster aufweisen. Z. B. scheint es mindestens zwei Entwicklungsverläufe hin zu Verhaltensmustern, die bei Schulkindern als »Aufmerksamkeits-Defizit-Störung (ADS)« diagnostiziert werden, zu geben: einen Verlauf mit einem im Erscheinungsbild ähnlichen Muster zu einem viel früheren Zeitpunkt in der Kindheit, während der andere mit Problemen in der Eltern-Kind-Interaktion ohne phänotypisch ähnliches Muster in Zusammenhang steht (Sroufe 1989). Vergleichbar steht aggressives Verhalten im Kindergarten mit früherem vermeidendem Verhalten und nicht mit aggressivem Verhalten gegenüber der Bindungsperson in Zusammenhang (Main & Weston 1982). Aus dem Blickwinkel der Entwicklungspsychopathologie liegt der Schlüssel für das Verständnis einer gegebenen Störung darin, sie vor dem Hintergrund der wesentlichen Themen derjenigen Entwicklungsperiode, in der sie auftritt, zu betrachten, und nach misslungenen Anpassungsversuchen auf die wesentlichen Themen dieser und/oder früherer Entwicklungsperioden zu suchen (Cicchetti, Toth & Bush 1988). Weiter hinten in diesem Kapitel wird postuliert, dass ein möglicher Entwicklungsverlauf bei chronischen, psychogenen Schmerzen in der Adoleszenz in einer frühen Störung der Eltern-Kind-Bindung, gefolgt von einer familiären »Übergangskrise« während der Adoleszenz des identifizierten Patienten, besteht.

1.4 Störungen als »kompetente« Lösungsversuche (»Competence-based« Outcomes)

Ein Zurücknehmen der Unterscheidung zwischen angepassten und fehlangepassten Entwicklungsprinzipien zwingt Forscher wie Therapeuten dazu, eine Sichtweise zu übernehmen, die sowohl äußerst nützlich als auch respektvoller gegenüber Klienten ist. Genaugenommen stellen viele (die meisten?) der als psychopathologisch identifizierten emotionalen und zwischenmenschlichen Muster in Wirklichkeit aktive, kompetente Bewältigungsstrategien eines Individuums in der Auseinandersetzung mit seiner oder ihrer Umwelt dar (Sameroff 1989). Während diese Sichtweise in einigen familientherapeutischen Ansätzen seit Jahren allgemein anerkannt ist, ist sie in der entwicklungspsychologischen Forschung am weitesten in Studien zur Eltern-Kind-Bindung entwickelt. Z. B. besteht gegenwärtig allgemein Einigkeit darüber, dass sogar unsichere – vermeidende und ambivalente – Bindungsmuster aktive Strategien widerspiegeln, mit denen sich ein Kleinkind erfolgreich mit dem Fürsorgeverhalten der Bindungsfigur auseinandersetzt, und die zu einem stabilen Verhaltensmuster zwischen den beiden führen. (z. B. Ainsworth, Blehar, Waters & Wall 1978).

Man sollte jedoch bei der Übernahme dieser Perspektive auch Vorsicht walten lassen. Zweifellos kann man nicht Psychopathologie mit Kompetenz gleichsetzen, und tatsächlich sind die meisten Störungen zumindest teilweise durch Kategorien der Untauglichkeit des betreffenden Verhaltensmusters und/oder Denkprozesses definiert. Dieser scheinbare Widerspruch löst sich wiederum durch die Übernahme eines Rahmenmodells, welches Pathologie als Abweichung von einem adaptiven Entwicklungspfad betrachtet. Ein Kind, dessen Bindungsfigur seine Bemühungen um Körperkontakt vorhersagbar zurückweist, wird bei Verunsicherung dazu neigen, eine Strategie zu übernehmen, die dazu führt, dass es Bindungsverhalten – außer unter relativ extremen Umständen – minimiert oder unterdrückt. Diese Strategie ist ziemlich kompetent, weil sie zu ausreichend Nähe zwischen der Bindungsfigur und dem Kind führt, das Kind vor ernstzunehmendem Schaden schützt und es gleichzeitig (zumindest in seinem Bewusstsein) vor den emotionalen Schmerzen einer Zurückweisung bewahrt.

Wie jedoch Main und Weston (1982) sowie Sroufe (1983) zeigen konnten, setzt die »Wahl« dieses speziellen Entwicklungsweges das Kind einem signifikant erhöhtem Risiko für zukünftige Probleme aus. Der Entwicklungspfad, der in der frühen Beziehung mit der primären Bindungsfigur als kompetent galt, schränkt die verfügbaren Entwicklungspfade zu späteren Zeitpunkten in der Entwicklung ein. Aufgrund der Transformationen, die in der Auseinandersetzung mit späteren Entwicklungsthemen stattfinden, erhöht sich für das Kind das Risiko für aggressives Verhalten, Zurückweisung durch Gleichaltrige und für bestimmte Probleme mit seinem Arbeitsmodell von sich selbst und anderen, wenn es das Kindergartenalter durchläuft. Was also zunächst zu einem bestimmten Punkt in der Entwicklung (oder in einem Kontext) als kompetent erscheint, drängt das Individuum (oder die Familie) auf einen Pfad, der zu einem späteren Zeitpunkt mit einer hohen Wahrscheinlichkeit zu einer weniger kompetenten Strategie führt. Wie Sroufe (1989) feststellt, »zeichnen sich Individuen mit Entwicklungsabweichungen dadurch aus, dass ihre Art der Auseinandersetzung mit den relevanten Themen einer bestimmten Entwicklungsperiode sie in eine ungünstige Lage für die Auseinandersetzung mit den Themen einer nachfolgenden Periode bringt« (S. 19).

Die Anwendung dieser Idee auf das Verständnis und die Behandlung von psychopathologischen Störungen bestärkt darin, »Symptome« als adaptive Bewältigungsstrategien (oder als Ergebnis adaptiver Bewältigungsstrategien) aus einem anderen früheren Kontext zu verstehen. Außerdem führt sie für einen Therapeuten zu einer ziemlich wirkungsvollen diagnostischen und therapeutischen Strategie. Die Strategie ist dreifach: 1) Versuche, das Problem für den Klienten im Sinne seiner früheren adaptiven Form und Zweckes umzudeuten, 2) Hilf dem Klienten zu begreifen, dass das Verhalten und/oder die Gedanken in seinem gegenwärtigen Kontext nicht adaptiv ist/sind; und 3) Hilf ihm, neuere und entwicklungsangemessenere Muster zu entwerfen und umzusetzen. Diese Interventionsstrategie erweist sich als erstaunlich respektvoll aus der Sicht des Klienten und reduziert seine »Abwehr« deutlich. In der Anwendung bei einer Stichprobe von Familien mit an chronischen, psychogenen Schmerzen leidenden Jugendlichen kam es – wie weiter unten erörtert wird – in einer sehr kurzzeitigen Therapie zu einer signifikanten Verbesserung.

1.5 Systeme gefühlsgetragener Bande und Entwicklungsstörungen

Viele psychologische Störungen in der Kindheit können in sehr direkter Art als Störungen gefühlsgetragener Bande, und hier vor allem der Eltern-Kind-Bindung, verstanden werden, z. B. die reaktive Bindungsstörung. Andere scheinen auf gefühlsgetragene Bande bezogen zu sein, allerdings nicht so direkt, z. B. störende Verhaltensauffälligkeiten (Greenberg u. a. 1991). Bei einigen dieser besagten Störungen scheinen Muster des Elternverhaltens eine größere ätiologische oder »kausale« Rolle zu spielen (z. B. reaktive Bindungsstörung), bei anderen nicht. Diese Punkte stehen sicher nicht zur Debatte.

Es gibt aber noch eine andere, weniger wahrgenommene Möglichkeit für deutliche Bindungseinflüsse auf die meisten Störungen des Kindheitsalters. Alle Kleinkinder und Kinder entwickeln sich im Kontext von Familien- (und später Gleichaltrigen-) Systemen. Man kann sich schwerlich eine Störung des Kindheitsalters vorstellen, die *keine* bedeutenden Konsequenzen für das Netz der Bindungs- und Gleichaltrigenbeziehungen des Kindes hat, oder die nicht wenigstens teilweise sogar stabile, adaptive Muster gefühlsgetragener Interaktionen verändert/stört. Angesichts deutlicher Veränderungen/Übergänge durchlaufen sogar sehr anpassungsfähige, flexible Familiensysteme Perioden von Ungleichgewicht und adaptiver Selbst-(Re)Organisation (Marvin & Stewart 1990).

Daraus folgt, dass bei den meisten Störungen des Kindesalters ein bedeutender Teil mit dem Bindungs-Fürsorge-Muster innerhalb der Familie in Beziehung steht. In einigen Fällen erweisen sich diese Muster als hauptsächliche oder als sekundäre ätiologische Faktoren im Krankheitsgeschehen. In anderen Fällen wird die Bindungs-Fürsorge-Komponente mehr das *Ergebnis* als die Ursache der vorgestellten Störung sein. In bestimmten Familien (einschließlich einiger von denen, die weiter unten erörtert werden) scheint das Einsetzen der Störung Muster der Bindungs-Fürsorge-Interaktion als eine adaptive *Lösung* des Problems zu aktivieren. Diese zunächst adaptive Lösung wird dann weniger funktional, so wie der Kontext sich ändert, und wird schließlich selbst zum Problem, wenn sie nicht beendet wird. Eine weitere Schlussfolgerung ist, dass Interventionen mit Bindungs-Fürsorge-Komponenten bei einer großen Bandbreite von Störungen hilfreich sind.

1.6 Interventionsprinzipien

Die bisher präsentierten Überlegungen haben eine Reihe von Auswirkungen auf die eigentliche Planung und Durchführung therapeutischer Interventionen. Nur wenige davon, wenn überhaupt welche, stammen tatsächlich von einem Bezugsrahmen, der Bindungstheorie und Entwicklungspsychopathologie miteinander verbindet. Die meisten kann man in der Arbeit psychodynamisch fundierter Therapien finden, speziell in »psychoanalytisch fundierten Kurzzeittherapien (»short term dynamic psychotherapy«) (z. B. Malan 1973), und in der Arbeit von Fraiberg und ihren Kolleg/innen (z. B. Lieberman & Pawl 1990), in der Familientherapie (z. B. Boscolo, Cecchin, Hoffman & Penn 1987;

Minuchin 1981; Papp 1983), und den »Kurzzeit«- oder »Lösungsorientierten« Therapien (z. B. Haley 1973; Imber-Black 1989). Viele der Überlegungen werden auch bei Bowlby erörtert (z. B. 1988). Was wahrscheinlich neuartig ist, ist die widerspruchsfreie Kombination dieser verschiedenen Grundsätze und Techniken, eine Kombination, die durch den Umstand erleichtert wird, dass sowohl die Bindungstheorie als auch die Entwicklungspsychopathologie von Natur aus Untergliederungen der Systemtheorie sind. Das im folgenden Beschriebene schöpft auch nicht in jeder Hinsicht die Grundannahmen und Techniken aus, die von einem kombinierten Bezugsrahmen nahegelegt oder mit ihm im Einklang sind. Ein praktischer Vorteil dieser Gruppe von Grundprinzipien und Techniken ist angesichts der derzeitigen Bemühungen um Kosteneindämmung im Gesundheitsweisen die gewöhnliche Kürze des gesamten therapeutischen Prozesses.

Es überrascht nicht, dass Sroufe (1989) bei der Präsentation einer Definition von Entwicklungspsychopathologie auch die Basis für eine Definition der Intervention aus dieser Perspektive mitliefert. Er erklärt die Beschreibung und das Verständnis normaler Entwicklungsverläufe, die Beschreibung signifikanter Abweichungen von diesen Entwicklungspfaden und das Aufdecken von Faktoren, die Individuen von irgendeinem gegebenen Entwicklungspfad abbringen und wieder zurückbringen zum zentralen Fokus von Psychopathologie. Er führt weiter aus, dass Entwicklungspsychopathologen sich

> »(...) genauso für jene Individuen interessieren, die sich von normalen Entwicklungspfaden wegbewegt haben und letztlich wieder zu einer normalen Entwicklung zurückkehren und eine adäquate Anpassung erreichen, wie für solche Individuen, die einem Stress, der normalerweise zu Entwicklungsabweichung führt, widerstehen (...) solche Vergleichsstudien werden bedeutende Hinweise für Prävention und Intervention liefern.« (Sroufe 1989, S. 13)

Eine Intervention kann man somit als einen (in der Regel geplanten) Input für ein System (ob Kind oder Familie) definieren, der eine Veränderung oder die Wiederherstellung eines Systems in Richtung eines adaptiven Entwicklungspfades einleitet. Dies lässt offen, ob die Quelle der Intervention entweder ein Professioneller, ein sorgender Freund oder ein anderer Nicht-Professioneller, oder sogar irgendein »Lebensereignis« ist.

Ein bedeutendes Grundprinzip der Intervention hat mit »Äquifinalität« zu tun. Das Konzept von Entwicklungspfaden erleichtert die Aufgeschlossenheit dafür, dass ein gegebener Anpassungsfehler mit einer Reihe von späteren Störungen verbunden, und ebenso, dass eine gegebene Störung mit einer Reihe früherer Fehlschläge verbunden sein kann. Dasselbe trifft für therapeutische

Interventionen zu: Unterschiedliche Kinder oder Familien, die eine gemeinsame, phänotypisch und ätiologisch ähnliche Störung aufweisen, können durch viele unterschiedliche Interventionsarten dabei unterstützt werden, sich wieder in Richtung eines angepassteren Entwicklungspfades zu bewegen; Kinder oder Familien, die alle eine Störung mit phänotypischer, aber nicht ätiologischer Ähnlichkeit haben, können durch dieselbe Intervention dabei unterstützt werden, sich auf einen angepassteren Entwicklungspfad hin zu bewegen; und Kinder oder Familien, die sehr unähnliche Störungen aufweisen, können ebenfalls durch dieselbe Intervention unterstützt werden, sich in Richtung adaptiverer Entwicklungspfade zu bewegen, weil die Störungen eine Komponente gemeinsam teilen (z. B. Bindungs-Fürsorge-Probleme), die eher die Folge als die Ursache des identifizierten Problems ist.

Zweitens sind Interventionen dann am wirksamsten, wenn sie auf hervorstechende Entwicklungsthemen, die das Kind oder die Familie gegenwärtig durchlebt, ausgerichtet sind. In Einsichts-orientierten Psychotherapien bedeutet dies oft, den Klienten dabei zu unterstützen, nicht nur die Strategien, die er/sie für die Auseinandersetzung mit dem Verhalten und der Kommunikation anderer in der Vergangenheit entwickelt hat, zu erinnern und zu verstehen, sondern auch, wie diese früheren Strategien in den gegenwärtigen Beziehungen »ausgespielt« werden. In einer weniger Einsichts-orientierten Therapie besteht die Behandlung eines Problems, das »frühere« Entwicklungsthemen widerspiegelt oder dessen Entwicklungspfad auf viel frühere Beziehungen zurückgeht, oft in der Ermutigung des Klienten, Verhaltensmuster zu verändern, die phänotypisch viel mehr auf gegenwärtige Entwicklungsthemen bezogen sind als auf diese frühere Beziehung. Zum Beispiel werden chronische Schmerzen in der Adoleszenz, die die Funktion von Bindungsverhalten einzunehmen scheinen, in dem Interventions-Protokoll, das weiter unten vorgestellt wird, dadurch behandelt, dass Familienmitglieder ermutigt werden, »normale« Rollen und Allianzen einer Familie mit einem Heranwachsendem einzunehmen, und nicht so sehr dadurch, dass das Bindungsthema direkt angegangen wird.

Ein drittes Grundprinzip wird von vielen Familien- und Kurzzeittherapeuten, und auch von Bowlby (z. B. 1969, 1988) in einem Gutteil seiner Arbeit, geteilt. Bowlby betonte, dass es eher die alltäglichen, konkreten, spezifischen Erfahrungen und Routinen sind als die Fantasien, die als Auslösegrund für eine Abweichung im Entwicklungsverlauf eines Individuums oder einer Familie identifiziert werden können. Dasselbe kann auf die Intervention übertragen werden. Die Erörterung alltäglicher Ereignisse und Familienmuster war schon immer die Basis der meisten familientherapeutischen Schulen. Und dieselben Therapeuten haben auch seit Jahren schon gewusst, dass die Veränderung bestimmter Interaktionen und Routinen sowie sorgfältig geplante Rituale oft viel wirksamere therapeutische Instrumente sind als jede Menge Erörterungen. Die Lehre besteht für jeden Therapeuten darin, dass die gründliche und genaue Kenntnis der normalen, alltäglichen Erfahrungen eines Individuums oder einer Familie ein wirkungsvolles Instrument, sowohl für die Konzeptionalisierung des Problems als auch für die Planung und Überwachung der Interventionen, sein kann.

Wenn wir uns nun dem eigentlichen Interventionsprozess zuwenden, so müssen wir nochmals darauf hinweisen, dass sehr wenig darüber aus der Perspektive der Bindung und der Entwicklungspsychopathologie geschrieben wurde. Bowlby hat wahrscheinlich den klarsten Ausblick präsentiert, als er sagte (1988, S. 117–118 (Übersetzung in Bowlby 1995, S. 110)):

> »Solange von der bewussten Verarbeitung abgesperrte, emotional bedeutsame Vorfälle und Erlebnisse situative Wahrnehmungen und Konstruktionen einschließlich der damit verbundenen Gefühle und Handlungen bestimmen, neigt die Persönlichkeit von Kognition und Affekt wie vom Verhalten her zur fehlerhaften Bewältigung aktueller Situationen (...) In solchen Fällen besteht die therapeutische Aufgabe darin, dem Patienten diese Vorfälle und Erlebnisse aufdecken zu helfen, damit er seine hieraus entstandenen, bis heute so belastenden Gedanken, Gefühle und Verhaltensweisen wieder den ursprünglichen Situationen zuordnen kann (...). Dies...befähigt...ihn, sein jetziges Verhalten, sobald es ihm selbst erklärlich geworden ist, in einem anderen Licht zu sehen und es gegebenenfalls neu zu strukturieren.«

Folglich besteht die Aufgabe von Therapie darin, den Klienten zu unterstützen: Seine Arbeitsmodelle von sich selbst und anderen zu erkunden, indem er konkrete Gefühle, Erinnerungen und Ereignisse aus seiner Vergangenheit exploriert; zu verstehen, inwiefern frühere Bewältigungsformen zu dieser Zeit oder in jenem Kontext kompetente Strategien darstellten; zu verstehen, wodurch sie in seinem gegenwärtigen Leben nicht angemessen funktionieren; und mögliche adaptive Veränderungen bezüglich der Arbeitsmodelle und des Verhaltens erkunden und unterstützen. Besonders sei betont, dass die Erkundung zurückliegender Strategien, welche im gegenwärtigen Leben des Klienten nicht mehr passen, sich nicht ausnahmslos auf die ferne Vergangenheit bezieht; sie kann sich genauso auf die Erforschung von Strategien beziehen, die in der nahen Vergangenheit aktiviert wurden und gegenwärtig versagen.

In seinen Schriften konzentrierte sich Bowlby auf die individuelle, Einsichts-orientierte Therapie. Diese strebte die Veränderung von Arbeitsmodellen hauptsächlich durch eine aktive explorative Erörterung jener Modelle und deren Anwendbarkeit in der Vergangenheit im Vergleich zur Gegenwart an. Es gibt jedoch mindestens noch einen anderen Weg für die Unterstützung eines Klienten bei der Veränderung seiner Arbeitsmodelle und seine Hinbewegung zu einem adaptiveren Entwicklungsweg. Dies erfordert vom Therapeuten, dass er – nachdem er sich mit den Abläufen und Interaktionsmustern eines Individuums oder einer Familie vertraut gemacht hat – neue, andere Interaktionsmuster zwischen dem Klienten und wichtigen anderen Personen (einschließlich des Therapeuten) oder unter den Familienmitgliedern »orchestriert«. Diese neue, anpassungsfördernde Erfahrung wird mehrmalig vom Therapeuten unterstützt, bis sie stabiler wird, und oft mit Gesprächen darüber verbunden, inwieweit das Individuum/die Familie sie als angemessener und zufriedenstellender sehen. Dieser auf dem Verhalten basierende Ansatz kann vergleichbar wirksam sein, entweder für sich genommen oder in Kombination mit dem ersten, indem Veränderungen auf der Ebene der Arbeitsmodelle und des Verhaltens gefördert werden.

Bei jedem dieser Ansätze ist die vom Therapeuten eingenommene Rolle oder Haltung etwas unterschiedlich zu der nicht-reagierenden, deutenden Rolle, wie sie in der traditionellen psychodynamischen Therapie eingenommen wird, und eher der ähnlich, die von den wirksamsten Familientherapeuten eingenommen wird. Grundsätzlich versucht der Therapeut, dem Klienten oder der Familie eine sichere Basis zur Verfügung zu stellen (Bowlby 1988), von der aus der Klient oder die Familie vergangene oder gegenwärtige Arbeitsmodelle und Verhaltensmuster erkunden können, erkennen können, dass einige von ihnen einmal adaptiv waren, dies jedoch nicht mehr sind, und schließlich mögliche Änderungsmöglichkeiten entdecken können. Diese Art der Exploration, ob nun in Form von Erörterungen, einer Orchestrierung neuer Interaktionsmuster oder einer Kombination aus beidem, ist schwer ohne einen »vertrauenswürdigen Begleiter«, der aufmuntert und unterstützt, durchzuführen. Die mit einer fehlangepassten, »festgefahrenen« Strategie verbundenen Gefühle und die mit dem Versuch einer neuen Strategie verknüpfte Angst sind gewöhnlich einfach zu stark, um sie in einer kurzen Zeit ohne Begleiter, den der Klient oder die Familie als vertrauenswürdig, fürsorgend und weise einschätzen, offen wahrzunehmen und zu verändern.

2. Pädiatrischer psychogener Schmerz

Pädiatrischer »psychogener« Schmerz bezeichnet eine Reihe von Zuständen, in denen ein Kind (gewöhnlich) chronischen Schmerz erfährt, der keine medizinischen Ursachen hat und der weitgehend oder vollständig resistent sowohl gegenüber nicht-invasiven als auch gegenüber mit hohem Risiko verbundenen medizinischen Interventionsmaßnahmen ist. Eine Reihe dieser Zustände, einschließlich wiederkehrender Unterleibsschmerzen, sympathischer Reflexdsystrophie (SRD)[3] und anderer, haben eine beträchtliche Aufmerksamkeit in der neueren pädiatrischen und pädiatrisch-psychologischen Literatur erhalten (z. B. Sherry, McGuire, Mellins, Salmonson, Wallace & Nepom 1991; Wotring, Mehn & Strengem 1985). Der Großteil dieser Literatur konzentriert sich mehr auf das individuelle Kind und nicht auf das Familiensystem. Eigentlich liegt all dieser Literatur ein nicht-entwicklungspsychologisches, auf Pathologie basierendes Modell zugrunde: Bis dato hat keine Studie die Möglichkeit in Betracht gezogen, dass diese Zustände in Wirklichkeit zumindest kurzfristig adaptive Strategien von Kindern und ihren Familien darstellen könnten, um mit Übergängen oder Krisen im Entwicklungsverlauf des Kindes oder der Familie fertig zu werden. Keine hat die Möglichkeit in Betracht gezogen, dass es von Vorteil sein könnte, die Schmerz-Symptome als eine aus dem Ruder gelaufene Anwendung »normaler« Verhaltensstrategien zu betrachten. Dies mag zum Teil der Grund dafür sein, dass diese schmerzvollen Zustände gegenüber einer Reihe von traditionellen medizinischen und psychologischen Interventionen resistent sind.

Das nachfolgend beschriebene – fünf Schritte umfassende – Interventionsprogramm entstand in ungefähr drei Jahren frustrierender Arbeit mit diesen Patienten und ihren Familien, die sich anfänglich verständlicherweise ärgerlich und verletzt bei der Andeutung zeigten, dass der Schmerz »psychologisch« sei. Viele Familien konnten einen konkreten Ausgangsschmerz identifizieren, von einer kleineren Operation hin zu einer sehr leichten und verbreiteten Verstauchung, welche das Muster auslöste, und waren deshalb überzeugt, dass es sich um ein »medizinisches Problem« handele. Die Familien neigten dazu, sich einer psychologischen Therapie heftig zu widersetzen, und blieben stattdessen dabei, weitere medizinische Tests und eine medizinische »Lösung« zu fordern. Dazu kam der Umstand, dass die meisten dieser Familien aus geographisch von der Klinik entfernten Gegenden kamen und somit nicht in der Lage waren, an einem stationärem Behandlungsprogramm über eine längere Zeitperiode teilzunehmen, und sie waren nicht in der Lage, sich kompetente lokale psychologische Dienste für die ambulante Nachsorge zu verschaffen. Während dieser frühen Periode war die Erfolgsrate für die Klinik weniger als 25%.

Im Kontext dieser Frustrationserlebnisse fielen dem Autor vier von diesen Familien gezeigte Muster auf: Muster, charakteristisch für die meisten Familien – ob »gesund« oder »dysfunktional« –, wenn sie mit einem kranken Familienmitglied konfrontiert wurden. Es war eine naheliegende Möglichkeit, dass diese Reaktionsmuster auf ein krankes Familienmitglied von der Familie in einer sehr adaptiven, sich selbst regulierenden Art aktiviert wurden (vgl.

Marvin & Stewart 1990), und dass die Familien sie aus dem einen oder anderem Grund nicht beendeten, auch wenn sie nicht länger einen adaptiven Wert hatten. Diese vier Muster sind:

1. Aktivierung von Bindungs-Fürsorge-Interaktionen. Wann immer ein Familienmitglied krank ist, konzentrieren sich andere Mitglieder und speziell die Eltern auf das kranke Mitglied und verstärken die Intensität und die Häufigkeit von Fürsorgeverhalten gegenüber dem kranken Mitglied. Dies ist im wesentlichen eine intensive Aktivierung des Bindungs-Fürsorge-Systems und funktioniert phänotypisch in derselben Art wie bei einem viel jüngeren Kind, das sich unsicher fühlt und viel Nähe und/oder Körperkontakt von seiner primären Fürsorgeperson einfordert. Dies bedeutet nicht, dass dieses besagte Kind notwendigerweise als unsicher gebunden eingestuft werden sollte; vielmehr, dass die *Strategie* (zeitweise oder chronisch für dieses Kind) Unsicherheit widerspiegelt.

2. Entlastung von Verantwortungen und Privilegien. Das kranke Mitglied trägt weniger Verantwortungen *und* Privilegien außerhalb der Krankenrolle. Andere Familienmitglieder neigen dazu, die Verantwortlichkeiten des Kranken zu übernehmen. Falls dieses Muster nicht rechtzeitig beendet wird, kann es in einen chronischen Zustand der »Infantilität« beim kranken Mitglied münden, einen Zustand, welcher auch ein gehöriges Maß an Kontrolle über die Familieninteraktionen durch dieses Mitglied mit sich bringt.

3. Verlust der »Führungsmacht« im Eltern-Subsystem. Wenn Eltern sich über eine Krankheit und/oder ihre Heilung unklar sind, und speziell, wenn sich die Krankheit unter diesen Bedingungen verschleppt, dann geraten Eltern dahin, sich weniger kompetent und wirksam in ihrer Rolle als Fürsorger zu fühlen. Damit einher geht oft ein entsprechendes Anwachsen der Macht des kranken Mitgliedes, die Interaktionen innerhalb der Familie zu beeinflussen, ebenso wie der verstärkte Verlass auf die Weisheit und das Können der Fachleute. Wenn dieses Muster chronisch wird, wird die Kontrolle durch dieses Kind und die Unterbrechung der normalen Familienmuster und -rollen der »kontrollierenden« Bindungsstrategie, so wie sie von Bindungsforschern identifiziert wurde, immer ähnlicher (z. B. Cassidy & Marvin 1992; Main & Cassidy 1985).

4. Abnahme der Partner-Interaktionen. Die Anwesenheit eines kranken Familienmitgliedes führt naturgemäß zu einer Zunahme der Eltern-Interaktionen, und zwar auf Kosten der Partner-Interaktionen. Dies kann besonders störend für die gesamte Familie werden, wenn sich die Krankheit hinzieht.

Vor Beginn des Programms nehmen der behandelnde Arzt und Psychologe separat eine vollständige Evaluation jeder Familie vor. Die des Arztes besteht im Ausschluss aller möglichen medizinischen Ursachen und Lösungen, die nicht bereits schon ausgeschlossen sind. Die psychologische Evaluation besteht aus einem ausführlichen Interview der Familie, das auf folgende zwei Dinge ausgerichtet ist: 1) eine auslösende Verletzung oder ein schmerzvolles Ereignis – egal wie scheinbar bedeutungslos – zu identifizieren (dies ist bisher in allen Fällen gelungen); und 2) die *Auswirkungen* dieser Krankheit im Sinne von konkreten, täglichen Routinen sowohl auf das Kind als auch auf die Familie als Ganzes zu identifizieren. Das Hauptaugenmerk gilt den Familieninteraktionen und den oben bereits angeführten vier Mustern. Wenn die Diagnose eines psychogenen Schmerzes gestellt wird, wird der Familie das Programm als eine Behandlungsmöglichkeit angeboten.

3. Klinische Stichprobe

19 Kinder und ihre Familien haben bis heute an dem Programm teilgenommen. 15 erhielten die Diagnose sympathische Reflexdsystrophie (SRD),[4] zwei hatten die Diagnose »wiederkehrende Unterleibsschmerzen«, und zwei litten an chronischen eigentümlichen Schmerzsymptomen[5] (starke Schmerzen beim Schlucken und tiefgreifender Schmerz im Oberschenkel). Das mittlere Alter der Kinder am Tag der Aufnahme war 14,5 Jahre mit einer Spannbreite von 9–19 Jahren. Die Stichprobe umfasste 17 Mädchen und zwei Jungen. Die Zeitdauer des Leidens an chronischem, starkem Schmerz variierte zwischen drei Wochen und über zwei Jahren. Es ist besonders darauf hinzuweisen, dass keines der Kinder eine vorausgehende psychiatrische Krankheitsgeschichte aufwies sowie in eine pädiatrische und nicht in eine psychiatrische Einrichtung aufgenommen wurde. Dies könnte die Unterschiede zwischen Ergebnissen dieses Programms und einigen anderen, die in der Literatur berichtet werden, erklären.

Da sorgfältig standardisierte Daten nicht bei jeder dieser klinischen Familien erhoben wurden, liefern Informationen aus den Interviews einige andere wertvolle Informationen über die Stichprobe. In vielen dieser Familien machte sich einer oder beide Eltern zwanghaft ständig Sorgen, besonders stark wegen der Schmerzen des Kindes. Viele dieser Eltern erkundigten sich sogar nach dem Schmerz, als das Kind keinerlei Verhalten zeigte, das auf diese Möglichkeit hindeutete.

Alle 19 Familien hatten einen realen oder befürchteten, kurz zurückliegenden oder bevorstehenden Verlust eines wichtigen Familienmitgliedes erlebt. Dies reichte von einer tatsächlichen Trennung der Eltern, über drohende Trennung der Eltern und Verlust oder schwere Erkrankung der Großmutter mütterlicherseits hin zu einem kürzlich erfahrenen (aber nicht tragischen) Autounfall des Kindes und des Vaters. In all diesen Fällen waren die Hauptbezugspersonen, in einigen beide Eltern, mit diesem realen oder drohenden

Verlust überbesetzt. Aus den detaillierten Beschreibungen der Familien lässt sich schließen, dass dieses »Überbesetzt-sein« wahrscheinlich zu einer deutlichen Abnahme der Zeit und/oder der Qualität der Aufmerksamkeit führte, die die Eltern den Kindern schenken konnten. Vergleichbar mit den Ergebnissen von Sherry u. a. (1991) hatten die meisten Familien mindestens einen Elternteil mit einer Geschichte von wiederkehrendem Schmerz.

In allen 19 Fällen konnte eine anfängliche, gewöhnlich recht schwach ausgeprägte, Verletzung als Auslöser identifiziert werden. Die Verletzungen schlossen auch kleinere Operationen, Schnitte, verstauchte Knöchel und Finger, versehentliche Überdehnungen des Beins und Verschlucken an einem Kartoffelchip ein. In vielen Fällen linderte sich der mit dieser Verletzung verbundene Schmerz auf normale Art und Weise, nur dass innerhalb von einem oder zwei Tagen der Schmerz in extremer Form wiederkehrte. Von da an blieb der Schmerz chronisch.

4. Behandlungs-Protokoll

Das eigentliche Programm, das Hypnose mit Kurzzeit-Familientherapie verbindet, wird stationär oder durch Aufnahme in eine »Tagesklinik« über eine Vier-Tages Periode durchgeführt, wobei zwischen zwei und fünf Stunden auf die Familie verwandt werden. Varianten des Programms wurden ebenso erfolgreich auf ambulanter Basis angewendet. Eine detailliertere Beschreibung des Programmes findet sich bei Marvin (in Vorbereitung).

4.1 Schritt 1: Der Familie den »Rahmen« vorstellen

Bei der Erklärung gegenüber der Familie oder dem ihr angebotenen »Rahmen« für den Schmerz wird die ausschließlich heuristische Arbeitshypothese getroffen, dass das grundlegende Problem darin besteht, dass normale adaptive Reaktionsmuster auf ein krankes Familienmitglied kein Ende finden. Zunächst wird der Familie (alle Mitglieder sind anwesend) einfühlsam mitgeteilt, dass der Schmerz *nicht* psychologisch ist: Dieser ist sehr real und existiert nicht nur im Kopf des Kindes. Der Familie wird ein praktisches, nachvollziehbares Modell dargeboten, wie Schmerz funktioniert, d. h. es wird ihnen versichert, dass die meisten Schmerzen gemäß eines neurologisch fundierten »Schaltungs«-Prozesses absolut notwendig sind, um diesen Teil des Körpers während des Heilungsprozess zu schützen. Ihnen wird dann mitgeteilt, dass dieser Schalt-Prozess aus Gründen, die die medizinische Wissenschaft noch nicht versteht, manchmal falsch funktioniert. Somit bleiben uns zwei Arten von Schmerz: notwendiger und nicht notwendiger. Der Arzt geht dann all die medizinischen Tests zusammen mit der Familie durch und versichert ihnen, dass dieser spezielle Schmerz, den das Kind empfindet, soweit wir sagen können, ein nicht notwendiger ist – und dass er das Ergebnis eines fehlerhaften Funktionierens dieses Schalt-Prozesses zu sein scheint. Dieser Punkt des nicht-notwendigen Schmerzes wird sehr sorgfältig solange mit der Familie besprochen, bis sie ihn als voll auf die Situation ihres Kindes zutreffend akzeptiert hat.

Danach wird der Familie gesagt, dass wir beim gegenwärtigen Stand der medizinischen Entwicklung noch nicht das Wissen über das Funktionieren des Gehirns haben, noch die Mittel und Wege kennen, um den Schmerz mit medizinischen Mitteln abzustellen. Zum gegenwärtigen Zeitpunkt bestünden die einzigen wirklichen medizinischen Lösungen in operativen oder chemischen Maßnahmen, die allerdings viel zu verheerende Nebenwirkungen hätten, um sie ernsthaft in Erwägung zu ziehen. Jedoch wird der Familie gesagt, dass wir ein auf Hypnose basierendes Behandlungsprogramm haben, das recht erfolgreich bei anderen vergleichbaren Fällen war. Während manche Familien an dieser Stelle zahlreiche Fragen über Hypnose stellen, stimmten alle schließlich einer Teilnahme an dem Programm zu. Die verbleibenden Schritte des Programm werden dann – außer dem letzten – gegenüber der Familie dargestellt. Der letzte Schritt wird der Familie gegenüber nicht vor dem Zeitpunkt, an dem mit ihm begonnen wird, erwähnt.

4.2 Schritt 2: Hypnose

Dieser Schritt wird entweder am Ende des ersten oder zu Anfang des zweiten Programmtages eingeleitet. Dieser Abschnitt beginnt allein mit Kind und Therapeut in der Behandlung mit einem Entspannungstraining, gefolgt von einer Trance-Induktion. Die am meisten verwendete hypnotische Metapher ist der Gebrauch eines Schmerz-Schalters, gewöhnlich in der Form eines in den meisten Haushalten verbreiteten »Dimmers«. In der überwiegenden Zahl der Fälle führt die Hypnose zu einer unmittelbaren, wenn auch manchmal nur temporären Abnahme oder Beseitigung des Schmerzes. Einige der Kinder, jedoch *alle* Eltern konnten an dieser Stelle beeindruckt werden. Alle Eltern erlebten eine deutlich gestiegene Verpflichtung gegenüber dem Programm. Ganz klar wurde der Therapeut an diesem Punkt zu einer »sicheren Basis« für die Familie.

Für den Rest der Aufnahmezeit hält der Therapeut eine Hypnose-Sitzung zweimal pro Tag ab und bringt dem Kind so schnell wie möglich die Anwendung von Selbst-Hypnose bei. Das Kind führt diese an den Abenden selbstständig durch und wird angeleitet, die Selbst-Hypnose nach der Entlassung zu Hause weiter durchzuführen.

4.3 Schritt 3: Die Rückkehr der Familie zu normalen Familienmustern planen

Dieser Schritt zu Beginn des zweiten Tages wird unter dem Thema »die Rolle der Familie bei der Hypnose-Induktion« gestaltet. Den Familienmitgliedern wird mitgeteilt, dass die Hypnose an sich einen teil- oder zeitweisen Effekt hat und zu Hause weiter durchgeführt werden muss, um wirklich stabil zu werden. Die Eltern und Geschwister nehmen eine wichtige Rolle in der Beibehaltung der Hypnose ein. Ihre Rolle besteht darin, sich gegenüber dem Kind so zu verhalten, als ob es nie eine Verletzung erfahren hätte. Der Familie wird in so vielen Gesprächen wie erforderlich versichert, dass diese Art des Umgangs mit dem Kind in Ordnung sei, da der Schmerz mittlerweile nicht weiter notwendig sei. Bei passender Gelegenheit sollte gegenüber der Familie auch betont werden, dass mit anderen Verletzungen irgendeines Familienmitgliedes in derselben Art umgegangen werden sollte, wie sie dies bei der jetzigen ursprünglich getan hatten.

In einer manchmal lange dauernden Familiensitzung stellen alle Familienmitglieder mit Hilfe des Therapeuten eine Reihe sorgfältig ausgearbeiteter, konkreter Pläne auf, wie die Familie zu ihren normalen Alltagsroutinen (oder solchen, welche sie sich als normale Routinen wünschen) zurückkehren wird. Diese Planungen greifen ausgiebig auf die während des Interviews gesammelten Informationen über die Auswirkungen der Krankheit auf das Kind und die Familie zurück. Bei den meisten Familien besteht der Plan aus einer langen Liste für jedes Familienmitglied voller Aktivitäten, Hausarbeiten, Routinen usw. Bei einigen Familien erweist sich die Konzentration auf eine bestimmte Art von Interaktion als effektiver. Zum Beispiel im Falle einer Familie, bei der sich ein Elternteil unablässig wegen des Schmerzes seines Kindes Sorgen macht, den sein Kind zu irgendeiner Zeit fühlt – oder fühlen könnte –, werden sehr konkrete Pläne dafür erstellt, wie die anderen Familienmitglieder diesen Elternteil von solchen Sorgen sowie von den daraus folgenden Interaktionen mit dem identifizierten Patienten, wann immer sie auftauchen, ablenken können. Diese Pläne werden den Rest dieses Tages von der Familie trainiert.

4.4 Schritt 4: Plan, um das Kind in seiner Entwicklung voranzubringen

Dieser Schritt – am dritten Tag des Programms eingeleitet – basiert auf dem bereits zuvor aufgeführten zweiten Familieninteraktionsmuster. Die Annahme lautet, dass das Kind als Symptomträger in der Krankenrolle »infantilisiert« wird, d. h. von vielen Verantwortlichkeiten und Privilegien entbunden wird (obwohl ihm oft andere »Privilegien« gewährt werden, wie z. B. lange aufbleiben, den Fernseher bedienen zu dürfen usw.). Diese Annahme gilt auch dann, wenn es Hinweise für emotionale »Rollenumkehr« zwischen Kind und mindestens einem Elternteil gibt.

In einer weiteren Familiensitzung werden konkrete Pläne erstellt, um dem Kind zusätzliche Verantwortlichkeiten und Privilegien zu geben. Es überrascht nicht, dass Eltern sich eher über Ersteres und das Kind sich über das Zweitere freut. Dieser Schritt leitet entweder angemessene, der Entwicklung entsprechende Aushandlungsmuster zwischen Eltern und Kind ein oder stellt sie wieder her. Es wird dabei darauf geachtet, dass einige Privilegien und Verantwortlichkeiten inbegriffen sind, die während der Aufnahmezeit wahrgenommen werden können.

4.5 Schritt 5: Gleichbleibende Verschreibung

Am vierten und letzten Behandlungstag beginnt nach der morgendlichen Hypnose-Sitzung und des Familien-Gesprächs der vierte Schritt damit, dass nur die Eltern mit dem Therapeut im Raum sind. Dieser Schritt wurde absichtlich im ursprünglich den Eltern mitgeteilten Entwurf ausgelassen. Der Therapeut beginnt die Sitzung, indem er sich etwas »mysteriös« verhält und von einem letzten und dem bedeutendsten Schritt, der bisher noch nicht erwähnt worden sei, und der nur die Eltern betrifft, spricht. Wenn die Eltern ausreichend neugierig geworden sind, teilt der Therapeut ihnen mit, dass dieser letzte Schritt der entscheidendste von allen ist und eben die »Verschreibung« beinhaltet, die ihnen jetzt gegeben wird (vgl. Boscolo, Cecchin, Hoffman & Penn 1987). Die Eltern werden gebeten, dass sie sich für die nächsten sechs Wochen jeweils einmal in der Woche verabreden und ausgehen müssen. Sie dürfen dem Kind (den Kindern) nicht sagen, wohin sie gehen, und dürfen auch nicht während des Ausgehens mit den Kindern sprechen. Der Therapeut betont nachdrücklich, dass – obwohl wir nicht verstünden warum – das Programm scheitern würde, wenn sie diese Verschreibung nicht befolgten, und dass es Erfolg haben werde, wenn sie dies täten. Es wird den Eltern nicht gesagt – was aber tatsächlich der Fall ist –, dass die Verschreibung darauf abzielt, das Kind (die Kinder) aus der Partnerbeziehung herauszulösen und die Interaktionen auf der Partnerebene (im Gegensatz zu der Elternebene) zu ritualisieren und ihre Häufigkeit zu erhöhen.

Eigentlich enthält das Programm in einem gewissen Sinne noch einen sechsten Schritt. In Absprache mit dem Therapeuten entscheiden die Eltern, ob eine nachfolgende Familientherapie sinnvoll ist. In den meisten Fällen war dies nicht notwendig: Die Unterstützung der Familie, ihre Reaktionsmuster auf ein krankes Familienmitglied zu beendigen, bringt die Familie wieder zu einem normalen, adaptiven »Pfad familiärer Entwicklung« zurück. In anderen Fällen wird der Beginn einer Familientherapie beschlossen: Dies sind tendenziell Fälle, bei denen die Abweichung von einem adaptivem Entwicklungspfad groß genug ist, um eine weiterführende Intervention zu rechtfertigen.

Schließlich werden eine Woche, einen Monat und sechs Monate nach der Entlassung Telefonanrufe bei jeder Familie getätigt. Der Zweck dieser Anrufe besteht darin, die Weiterführung des Programm zu Hause zu unterstützen, nach Bedarf bei etwaigen Aspekten des Programms eine Feinabstimmung vorzunehmen, und besonders die Eltern anzuhalten, ihre Verabredungen weiter fortzuführen.

Alle 19 Kinder waren bei der Entlassung symptomfrei. Siebzehn waren bei dem 6-Monats-Follow-up symptomfrei. Alle Kinder berichteten, dass sie die Selbst-Hypnose zu Hause weiter durchführten.

Drei Kinder entwickelten Symptome zwischen einem und drei Monaten nach der Entlassung. In allen drei Fällen berichtete das Kind, die Selbst-Hypnose weitergeführt zu haben, aber die Eltern seien nicht zu Verabredungen ausgegangen. Bei einem dieser letzteren drei Fälle nahm die Familie wieder Familientherapie und die Partner-Verabredungen auf: das Kind war daraufhin sechs Monate nach der Entlassung symptomfrei. In den beiden anderen Fällen lehnten es die Eltern ab, die Therapie wieder aufzunehmen; diese Fälle konnten auch nicht nachuntersucht werden.

Somit war das Programm in 17 von 19 Fällen erfolgreich (89%). Sogar noch signifikanter ist die Tatsache, dass beide »Fehlschläge« derselben Ursache zugeordnet werden können: In beiden Fällen weigerten sich die Eltern, die ihnen zugewiesene Aufgabe, zu Verabredungen auszugehen, zu Ende zu führen.

In 11 von den 19 Fällen (58%) benötigten die Familien keine nachfolgende Familientherapie zur erfolgreichen Bewältigung des Problems, definiert als »frei von Symptomen beim 6-Monats-Follow-up«. Es kann angenommen werden, dass dies allgemein gesunde Familien waren, die durch eigene Kraft einen gesunden Entwicklungspfad fortsetzen und aufrechterhalten konnten, nachdem das Programm sie aus einem Muster herausgerissen hatte, das anfänglich adaptiv war, aber sich schließlich verfestigte und fehlangepasst wurde.

Sechs der Familien blieben in Familientherapie, davon drei (16%) in Kurzzeittherapie (<12 Wochen) und drei in einer Langzeittherapie (>12 Wochen). Die wesentlichen Themen in den Therapiesitzungen waren der reale oder drohende Verlust, das Funktionieren der Paarbeziehung, und die entwicklungsadäquaten Aushandlungen zwischen Heranwachsenden und Eltern.

5. Schluss

Unsere Arbeitshypothese lautet, dass die hohe Erfolgsrate des Programms darauf zurückzuführen ist, dass es mehr auf Kompetenzen und weniger auf Pathologie aufbaut. Der Kern des Programm besteht darin, dass der Therapeut so handelt, als ob die Familie eine Abweichung von einem normalen Entwicklungspfad durchläuft, und zwar als Folge davon, dass ein kompetentes Interaktionsmuster, bzw. Reaktionen auf die Anwesenheit eines kranken Mitgliedes, nicht beendet werden konnten. Durch seine Weiterführung über einen angemessenen Zeitpunkt/Kontext hinaus unterbricht dieses Muster viele normale Familieninteraktionen und Beziehungen und wird dadurch fehlangepasst. Dieser therapeutische Standpunkt ordnet die Dysfunktion einem Muster und nicht der Familie oder dem Kind zu. Der Respekt, der in jedem Programm-Schritt steckt, wird der Familie konkret mitgeteilt, besonders den Eltern, die sich bereits viel weniger kompetent und wirkungsvoll in ihrer Elternrolle fühlten, weil viel von ihrer Führungskontrolle auf das Kind und das Gesundheitssystem übergegangen war.

Vor dem Hintergrund der Entwicklungspsychopathologie lautet eine der faszinierensten Fragen, die durch dieses Interventionsprogramm aufgeworfen werden: Warum gerieten diese Kinder und ihre Familien in einen solchen dysfunktionalen Zustand vor dem Eintritt in das Programm? Worin bestand der Entwicklungspfad, den die Familien einschlugen? Um diese Frage zu beantworten, brauchen wir prospektive Studien. Die Arbeit von Sherry u. a. (1991) liefert dazu einige Erkenntnisse. In ihrer Untersuchung an 100 Kindern mit vergleichbaren Störungen fanden Sherry und seine Kollegen heraus, dass die Kinder zum Zeitpunkt der Behandlung großen Stress zu Hause und in der Schule erfuhren, dass sie innerlich getrieben waren, Erfolg zu haben und willfährig zu sein, und dass sie sich schwer taten, ihre Gefühle auszudrücken. Sie folgerten daraus, dass diese Kinder ihre Gefühle in Form von Schmerz und durch einen Rückzug von unabhängigen Aktivitäten (Regression) ausdrückten. Sie fanden ebenso zwei unterscheidbare Familien-»Typen«: Einen stabilen, leistungsorientierten, »verwickelten« Typ, und einen chaotischen, losgelösten Typ, bei dem das Kind zwischen Allianzen mit jedem Elternteil zerrissen zu sein scheint. Unter den anderen Charakteristika, die sie bei den meisten Familien fanden, waren auch ein identifizierbares Muster, bei dem Schmerz eine Rolle spielte, sowie eheliche Uneinigkeit. Zwischen 19–28 % ihrer Familien berichteten außerdem über ein oder mehrere Ereignisse, wie z. B. ein kürzlich erfolgter Umzug, die Abwesenheit des Vaters, eine ernsthafte Erkrankung oder einen Todesfall in der Familie.

Weil die Daten erst erhoben wurden, nachdem die Schmerzsymptome chronisch geworden waren, kann man nur schwer herausfinden, welche dieser Charakteristika (und in welcher Weise) den Entwicklungsverlauf widerspiegeln, der zur Störung hinführt, und wie stark sie den Entwicklungsverlauf widerspiegeln, der eine Folge der Störung darstellt.

Dasselbe trifft für jede Schlussfolgerung zu, die aus der vorliegenden Studie gezogen wird. Die genauen Kenntnisse über die Familien durch die »Tiefen-Interviews« und die Behandlungssitzungen legen aber nahe, dass zum Zeitpunkt des Beginns der Störung zusätzliche charakteristische Merkmale mit dem Entwicklungsverlaufverbunden sind, und sie legen die Möglichkeit von mindestens zwei relativ unterschiedlichen Entwicklungsverläufen nahe.

In der aktuellen Stichprobe befand sich in vielen Familien mindestens ein Elternteil, den man als jemanden, der sich chronisch Sorgen macht, bezeichnen könnte. Alle 19 Familien erlebten einen realen oder einen drohenden Verlust eines bedeutsamen Familienmitgliedes, und alle taten sich schwer, offen innerhalb der Familie über diesen Verlust zu reden. In allen Fällen war es offensichtlich, dass zumindest ein Elternteil durch diesen Verlust bereits vor Einsetzen der Symptome beim Kind sehr beunruhigt/überbesetzt war. Bei jeder der Familien gab es ein identifizierbares, anfangs schmerzvolles Ereignis, das gewöhnlich in einer typischen Art bewältigt wurde, dann aber innerhalb von Stunden oder Tagen wiederkehrte und daraufhin chronisch wurde.

Schließlich befanden sich die meisten Symptomträger unter den Kindern am Beginn oder in der Mitte der Pubertät. Dies ist eine Entwicklungsperiode, die gewöhnlich durch verstärktes Verhandeln zwischen Eltern und Kindern gekennzeichnet ist, durch vermehrte Privilegien und Verantwortlichkeiten sowie durch allmähliche aber deutlich zunehmende Bestrebungen des Kindes in eine Richtung, welche es schließlich aus der Familie herausführt.

Diese Hinweise legen folgenden Entwicklungsverlauf nahe: In den oben genannten Familien fällt es schwer, Gefühle auszudrücken, und offene Diskussionen über Partnerkonflikte, Eltern-Kind-Konflikte sowie Reaktionen auf Verlust sind selten. Dies stünde im Einklang mit der Geschichte von zumindest leicht unsicheren Eltern-Kind-Bindungen. Zwei in vielen Familien verbreitete Entwicklungsübergänge treffen dann aufeinander: Der reale oder drohende Verlust eines bedeutsamen Familienmitgliedes und der drohende Verlust, der in den Bestrebungen des jungen Heranwachsenden weg von der Familie liegt. Die Eltern sind sehr beunruhigt und überbesetzt (aber nicht immer in Konflikt) mit dem Verlust. Als ein Ergebnis davon sind sie relativ wenig verfügbar, um für das Kind als altersangemessene Bindungsfiguren zu dienen – wenn es in der für Pubertierende typisch anstrengenden Art zwischen dem Einfordern von erwachsenenhafter Eigenständigkeit und kindlichem Aufmerksamkeitswunsch zumindest emotional, wenn auch nicht immer im Verhalten hin und her schwankt. An diesem Punkt im Entwicklungsverlauf hat das normale, adaptive Muster der Familie mit einem jungen Heranwachsenden versagt.

Beim Versuch, eine Lösung für dieses Dilemma zu finden, stolpert der Heranwachsende zufällig und ohne es zu merken in eine erfolgreiche Strategie. Es passiert, dass er/sie eine schmerzhafte, wenn auch harmlose, Verletzung erleidet. Die Familie reagiert mit gesteigerter Aufmerksamkeit und Fürsorge, wie dies in den meisten Familien in dieser Situation der Fall ist. Das Kind registriert sowohl die gesteigerte Aufmerksamkeit für sich als auch den gewachsenen Familienzusammenhalt, während die Familie ihr Interaktionsmuster rund um die Verletzung und den Schmerz organisiert.

Leider kehrt aber die Familie zu ihren Verhaltensmustern vor der Verletzung zurück, sobald die Verletzung heilt und der Schmerz abklingt. An dieser Stelle bringt es das Kind fertig, den Prozess umzukehren, indem es wieder eine Zunahme des Schmerzes infolge eines angenommenen neurologischen Prozesses des »sympathischen Übertreibens« erlebt (Schwartzman & McLellan 1987; Sherry u. a. 1991), vergleichbar – psychologisch ausgedrückt – der Selbst-Hypnose. Danach werden die Symptome chronisch, weil der Rest der Familie sich um die Suche nach einer Lösung für die Schmerzen des Kindes herum organisiert. In einer sehr realen Weise ist es dann dazu gekommen, dass die schmerzhaften Symptome als Bindungsverhaltensweisen funktionieren.

Die grundlegende Interventionsstrategie besteht darin, das Problem gegenüber der Familie als ein normales, aber falsch funktionierendes Muster darzustellen, eine ziemlich schnelle Veränderung anzustoßen, die die Familie dazu ermutigt, dem Therapeuten die Rolle einer sicheren Basis zuzuweisen, und bedachtsam und konkret daran zu arbeiten, die Familieninteraktionsmuster/-routinen auf einen normalen Weg zurückzubringen. Die bedeutendsten Ziele innerhalb dieses Prozesses bestehen darin, den Eltern die Führungskontrolle in der Familie zurückzugeben, einen Prozess in Gang zu setzen, um die normalen Elternschafts- und Partnerschaftsmuster wieder herzustellen, den Fokus der Familie auf altersangemessene Eltern-Kind-Aushandlungsprozesse zu verschieben, und das Kind von dem Bedürfnis zu entlasten, Schmerz als ein Bindungsverhalten zu benutzen. Aus der Bindungsperspektive besteht das Ziel in der Unterstützung der Familie, sich auf ein sichereres Bindungs-Fürsorge-Muster hin zu bewegen, ein Muster, das sehr deutlich von den Mustern der Partnerinteraktionen beeinflusst ist (vgl. Marvin & Stewart 1990).

Das Programm fußt ebenso auf der Annahme, dass die Familien nach der »Entlassung« in den meisten Fällen ihre eigenen Selbstregulationsfähigkeiten nutzen können, um den Weg zu einem angemesseneren Entwicklungsverlauf fortzusetzen. Eine weiterführende Beratung der Eltern am letzten Tag des Programms dient dazu, relevante Entscheidungen für jede einzelne Familie vorzunehmen. Informationen aus dem sechs-Monats-Follow-up-Kontakt legen nahe, dass die große Mehrheit der Eltern die angemessenen Führungsentscheidungen getroffen haben.

Das Vorliegen dieser zwei Gruppen[6] deutet auch darauf hin, dass es mindestens zwei unterscheidbare Entwicklungsverläufe hin zu einem dysfunktionalen Ergebnis gibt. Prospektive Daten wiederum werden benötigt, um diese unterscheidbaren Entwicklungspfade zu verifizieren und zu verstehen. Die Interview-Daten legen jedenfalls ebenso wie die Beobachtungen während des Programms nahe, dass zwei Variablen besonders bedeutsam sein könnten: Erstens hatten die Familien, die ohne nachfolgende Therapie erfolgreich blieben, in der Tendenz Elternsubsysteme, die leicht zu gewohnten Partnerinteraktionen zurückkehren konnten. Die Ehemänner neigten dazu, eine besonders wichtige Rolle dabei einzunehmen, ihre Frauen und sich selbst dazu zu ermuntern, zu diesen Routinen zurückzukehren. Zweitens zeigte sich bei Familien, die die Therapie fortsetzten, die Tendenz, dass mindestens ein Elternteil unverarbeitete Verluste oder Traumata aus der eigenen Kindheit aufwies. Diese fehlende Verarbeitung scheint es Eltern in diesen Familien zu erschweren, die Veränderung in die vom Interventionsprogramm eingeleitete Richtung aufrechtzuerhalten, und sie brauchen die nachfolgende Therapie, um den Verlust zu verarbeiten und die Veränderungen zu einem adaptiveren Entwicklungsverlauf aufrechtzuerhalten.

In dem Maße, in dem diese angenommenen Entwicklungsverläufe zutreffen, legen sie einen grundlegenden therapeutischen Ansatz nahe, der Sroufe und Rutters (1984) Behauptung bestätigt, dass die Vorläufer von Psychopathologie eher in phänotypisch sehr verschiedenen, hervorstechenden Entwicklungsthemen als in phänotypisch ähnlichen Verhaltensmustern im fortschreitenden Alterungsprozess zu finden sind. Und trotz der Tatsache, dass eine bestimmte Entwicklungsabweichung teilweise auf eine Fehlfunktion aus einem viel früheren Entwicklungszeitpunkt zurückzuführen ist, ist die effektivste Intervention wahrscheinlich eine, die sich an den *gegenwärtigen* im Vordergrund stehenden Entwicklungsthemen ausrichtet. Im Falle von pädiatrischem psychogenen Schmerz ist die wahrscheinlich effektivste Intervention eher diejenige, die darauf abzielt, die Familie zu einem angemesseneren Entwicklungsverlauf im Hinblick auf die Eltern-Jugendlichen-Aushandlungen zurückzubringen, als eine, die speziell auf eine Veränderung der Bindungs-Fürsorge-Interaktionen abzielt, selbst wenn die Störung zum Teil auf eine frühere Bindungsstörung zurückzuführen ist. In einer abschließenden Analyse mag diese Unterscheidung jedoch eher semantisch als real sein: Es kann sein, dass die Bindungs-Fürsorge-Interaktionen zwischen Heranwachsenden und ihren Eltern ihrerseits am besten als Aushandlung der »endgültigen« Muster verstanden werden können, die dem Schutz des Heranwachsenden vor Schaden dienen sollen, während er/sie den Prozess seiner/ihrer Emanzipation von der Ursprungsfamilie und des Vorwärtsstrebens hin zur Gründung seiner/ihrer eigenen Familie vorantreibt.

In jedem Falle wird ein Bezugsrahmen, der Störungen der Kindheit als Abweichungen von einem normalen Entwicklungsverlauf ansieht, und sowohl diese Abweichungen als auch effektive Interventionen auf der Grundlage derselben Entwicklungsgesetze wie bei der gesunden Entwicklung betrachtet, sicherlich wirksamer sein als ein auf Krankheit basierender Bezugsrahmen, der unterschiedliche Modelle für adaptive und fehlangepasste Ergebnisse anwendet.

Schließlich regt dieses Protokoll eine Reihe von Forschungsfragen an, von denen drei besonders herausragen. Erstens und besonders wichtig im Kontext der gegenwärtigen Betonung der Kostenfrage im Gesundheitswesen ist hier die Frage nach den Merkmalen eines Prozesses, bei dem eine Familie einem Therapeuten rasch die Rolle einer sicheren Basis zuweist. Tiefes Vertrauen und verbindliches Engagement gegenüber einem gegebenen Therapeuten bei einem Klienten (oder einer Familie) aufzubauen, ist oft ein längerer Prozess, und die Entdeckung von beschleunigenden Faktoren könnten zu effektiveren und effizienteren Behandlungsprogrammen führen. Das laufende Projekt regt an, dass folgende Faktoren dabei wichtig sein könnten: Frustration der Eltern über ausbleibende Symptomreduktion und ihr Verlust an Führungskontrolle innerhalb der Familie, eine *rasche* Symptomreduktion gleich zu Beginn der Behandlung, und die Umdeutung der gegenwärtigen Familieninteraktionsmuster aus einer Kompetenz-Perspektive. Weitere Forschung ist notwendig, um zu entscheiden, ob dies der Fall ist, und um herauszufinden, welche anderen Faktoren im Falle eines gegebenen Vorstellungsgrundes diesen Prozess beschleunigen könnten.

Zweitens müssen wir einen konzeptuellen Bezugsrahmen und Methodologien entwickeln, die es uns ermöglichen, angepasste und fehlangepasste Übergänge in den Entwicklungsverläufen von Familien zu untersuchen. Dies schließt sowohl normale Entwicklungsübergänge mit ein als auch, was »kritische Übergänge« genannt werden könnte. Das Konstrukt der herausragenden Entwicklungsthemen passt für Familien wie für Individuen. Wichtige Forschungsbereiche sind die Identifizierung solcher Themen, die Identifizierung von möglichen und verfügbaren Strategien für die Bewältigung von Übergängen sowie der verantwortlichen Faktoren für das Steckenbleiben der Familie während eines kritischen Übergangs. Die Arbeiten, die sich bei Cowan und Hetherington (1991), Falicov (1988), sowie bei Buehlman, Gottman & Katz (1992) finden, sind hier besonders auf diese Fragenkomplexe anwendbar.

Schließlich brauchen wir einen Wechsel in der Eltern-Kind-Bindungsforschung und in der sich im Feld abzeichnenden Betrachtung dieses

Forschungsbereiches. Gegenwärtig gibt es viel zu wenig empirische Erkenntnis darüber, dass das Bindungs-Fürsorge-Band nur ein Teil der gesamten Beziehung zwischen Kind und Bindungsperson ist, und dass diese gesamte Beziehung nicht in einem systemischen Vakuum existiert. Im Ergebnis gibt es enttäuschend wenig Integration von Bindungsforschung und Forschung zu Familienstrukturen und -dynamik, obwohl diese zwei konzeptuellen Bezugsrahmen eigentlich recht kompatibel sind (vgl. Marvin und Stewart 1990). Nur indem wir beide Bereiche miteinander verknüpfen (z. B. Akister, Meekings & Stevenson-Hinde, im Druck) werden wir verstehen, wie sich Bindungs-Fürsorge-Interaktionen auf andere Formen von Interaktion, Banden, Beziehungen und Familiensubsystemen auswirken und von ihnen beeinflusst werden. Das wird der wichtigste Standpunkt sein, um Fortschritte in der Entwicklung von Interventionen zu erzielen, welche individuelle Kinder und deren Familien zu adaptiveren Entwicklungsverläufen zurückführen.

Anmerkungen

1 Der vorliegende Beitrag erschien erstmals im Jahr 1992 in der Zeitschrift »Development and Psychopathology« (4, S. 697–711) unter dem Titel »Attachment- and family systems-based intervention in developmental psychopathology« und wird hier mit freundlicher Genehmigung des Verlages abgedruckt. Übersetzung aus dem Amerikanischen: Gerhard J. Suess.
Der Autor dankt Thomas O'Connor und Joan Stevenson-Hinde für ihre hilfreichen Anmerkungen. Anfragen bezüglich Sonderdrucke sollten an den Autor an folgende Adresse gerichtet werden: Department of Psychiatric Medicine, 310 Old Ivy Way, Charlottesville, VA 22903, USA.

2 Unterschiedliches führt zum gleichen Ergebnis (Anmerkung des Übersetzers).

3 Eine pathologisch gesteigerte Heilentzündung der distalen Gelenke, als Folge eines Traumas oder einer Operation: Überempfindlichkeit gegenüber allen örtlichen Reizen bis hin zu Schmerzempfindung schon bei leichter, normalerweise nicht schmerzhafter Berührung (Anmerkung des Übersetzers).

4 Eine pathologisch gesteigerte Heilentzündung der distalen Gelenke, als Folge eines Traumas oder einer Operation: Überempfindlichkeit gegenüber allen örtlichen Reizen bis hin zu Schmerzempfindung schon bei leichter, normalerweise nicht schmerzhafter Berührung (Anmerkung des Übersetzers).

5 chronic idiosyncratic pain symptoms

6 eine Gruppe, die die Behandlung beendete, und eine, die die Therapie weiterführte (Anmerkung des Übersetzers).

Literatur

Ainsworth, M. D. S., Blehar, M.C., Waters, E., & Wall, S. (1978): Patterns of attachment. Hillsdale, N. J. (Earlbaum).

Akister, J., Meekings, E., & Stevenson-Hinde (in press): The spouse subsystem in the family context: Couple interaction strategies. *Journal of Family Therapy*.

Boscolo, L., Cecchin, G., Hoffman, L., & Penn, P. (1987): Milan Systemic Family Therapy: Conversations in Theory and Practice. New York (Basic Books).

Bowlby, J. (1969): Attachment and loss: Attachment. New York (Basic Books).

Bowlby, J. (1988): A secure base: Parent-child attachment and healthy human development. New York (Basic Books).

Bowlby, J. (1995): Elternbindung und Persönlichkeitsentwicklung. Heidelberg (Dexter Verlag).

Buehlman, K. T., Gottman, J. M., & Katz, L. F. (1992): How a couple views their past predicts their future: Predicting Divorce from an Oral History Interview. Journal of Family Psychology. Vol. 5, 3–4, S. 295–318.

Cassidy, J., & Marvin, R. S. (with the MacArther Working Group on Attachment) (1992): Attachment organization in 2 1/2 to 4 1/2 year-olds: Coding manual. Unpublished coding manual.

Cicchetti, D. (1984): The emergence of developmental psychopathology. Child Development, 55, S. 1–7.

Cicchetti, D. & Greenberg, M. T. (1991) (Hg.): Special Issue. Attachment and developmental psychopathology. Development and Psychopathology, Vol. 3, (4).

Cicchetti, D., Toth, S., & Bush, M. (1988): Developmental psychopathology and incompetence in childhood: Suggestions for intervention. In: Lahey, B., & Kazdin, A. (Hg.): Advances in clinical child psychology. N.Y. (Plenum Press), S. 1–71.

Cowan, P. A., & Hetherington, M. (1991) (Hg.): Family Transitions. Hillsdale, N.J. (Erlbaum).

Crittenden (1992): Treatment of anxious attachment in infancy and early childhood. Development and Psychopathology, 4, S. 575–602.

Falicov, C. J (Hg.) (1988): Family transitions: Continuity and Change over the life cycle. New York (Guilford Press).

Greenberg, M. T., Speltz, M. L., DeKlyen, M., & Endriga, M. (1991): Attachment security in preschoolers with and without externalizing behavior problems: A replication. Development and Psychopathology, 3, S. 413–430.

Haley, J. (1973): Problem Solving Therapy. San Francisco (Jossey-Bass).

Imber-Black, E. (1989): Creating Rituals in Therapy. Family Therapy Networker, 13, S. 39–46.

Lieberman, A. F., & Pawl, J. J. (1990): Disorders of attachment and secure base behavior in the second year of life: Conceptual issues and clinical intervention. In: Greenberg, M. T., Cicchetti, D., & M. Cummings (Hg.): Attachment in the preschool years: Theory, research and intervention. Chicago (University of Chicago Press), S. 375–397.

Lieberman, A. F. (1992): Infant-parent psychotherapy with toddlers. Development and Psychopathology, 4, S. 559–574.

Lyons-Ruth, K., Zoll, D., Connell, D. B., and Odem, R. (1987): Maternal depression as mediator of the effects of home-based intervention service. Paper presented at the Biennial Meeting of the Society for Research in Child Development, Baltimore.

Main, M., & Weston, D. (1982): Avoidance of the attachment figure in infancy: Descriptions and interpretations. In: C. M. Parkes & J. Stevenson-Hinde (Hg.): The place of attachment in human behavior. London (Tavistock), S. 31–59.

Main, M. & Cassidy, J. (1985): Assessments of child-parent attachment at six years of age. Unpublished scoring manual.

Malan, D. M. (1973): Therapeutic factors in analytically-oriented brief psychotherapy. In: R. H. Gosling (Hg.): Support, Innovation and Autonomy. London (Tavistock), S. 187–209.

Marvin, R. S: (in preparation): A brief, hypnosis- and family therapy-based treatment protocol for pediatric reflex sympathetic dystrophy.

Marvin, R. S., & Stewart, R. B. (1990): A family systems framework for the study of attachment. In: M. T. Greenberg, D. Cicchetti & M. Cummings (Hg.): Attachment in the preschool years: Theory, research and intervention. Chicago (University of Chicago Press), S. 51–86.

Minuchin, P. (1985): Families and individual development: Provocations from the field of family therapy. Child Development 56, S. 289–302.

Minuchin, S. (1981): Family Therapy Techniques. Cambridge, MA (Harvard University Press).

Nichols, M. (1987): The self in the system: Expanding the limits of family therapy. New York (Brunner/Mazel)

Papp, P. (1983): The process of change. New York (Guilford Press).

Sameroff, A. J. (1989): Models of developmental regulation: The environtype. In: Cicchetti, D. (Hg.): The emergence of a discipline: Rochester symposium on developmental psychopathology, Vol. 1. Hillsdale, N. J. (Erlbaum), S. 41–68.

Schwartzman, R. J., & McLellan, T. I. (1987): Reflex sympathetic dystrophy: A review. Archives of Neurology. 44, S. 555–561.

Sherry, D. D., McGuire, T., Mellins, E., Salmonson, K., Wallace, C. A., & Nepom, B. (1991): Psychosomatic musculoskeletal pain in childhood: Clinical and psychological analyses of 100 children. Pediatrics. 88, 6, S. 1093–1099.

Sroufe, L. A. (1983): Infant-caregiver attachment and patterns of adaptation in preschool: The roots of maladaptation and competence. In: Perlmutter, M. (Hg.): Minnesota Symposium in Child Psychology, Vol. 16. Hillsdale, N. J. (Erlbaum), S. 41–81.

Sroufe, L. A., & Rutter, M. (1984): The domain of developmental psychopathology. Child Development. 55, S. 17–29.

Sroufe, L. A. (1989): Pathways to adaptation and maladaptation: Psychopathology and developmental deviation. In: Cicchetti, D. (Hg.): The emergence of a discipline: Rochester symposium on developmental psychopathology, Vol. 1. Hillsdale, N.J. (Erlbaum), S. 13–40.

Waddington, C. H. (1957): The strategy of the genes. London (Allen & Unwin).

Wotring, K., Mehn, J., & Strengem, C. (1985): Evaluation and treatment of the pediatric reflex neurovascular dystrophy patient. Arthritis Rheum., S. 28, 143.

Bindung, Autonomie und Essstörungen im Jugendalter

Fabienne Becker-Stoll

1. Bindung und Autonomie

Die Bindungstheorie und -forschung und die Autonomieforschung sind zwei Konzepte der Entwicklungspsychologie, die sich besonders gut eignen, um förderliche und hinderliche Einflussfaktoren auf die Entwicklung von der frühen Kindheit bis zum Erwachsenenalter zu beschreiben.

Bindungsverhalten zielt darauf ab, die Nähe einer bevorzugten Person zu suchen, um dort Sicherheit zu finden und von dieser aus erneut die Umwelt erkunden zu können (vgl. Bowlby 1975, 1976, 1983). Mit Autonomie ist eine autonome Verhaltensregulation gemeint, bei der das Individuum sich als selbstbestimmt und selbstwirksam erlebt und sein Verhalten in Einklang mit inneren Zielen und Werten bringen kann (vgl. z. B. Ryan, Deci & Grolnick 1995; Ryan, Kuhl & Deci 1997). Sowohl die Bindungsforschung als auch die Autonomieforschung untersuchen die Anpassung über den Lebenslauf.

Die Bindungstheorie sieht den Aufbau von Bindung als eine Entwicklungsaufgabe und somit als einen Teil der generellen Kompetenzentwicklung im Lebenslauf (Grossmann & Grossmann 2001; Sroufe 1989; Spangler & Zimmermann 1999). Nach Bowlbys Ansicht generalisieren Kinder die Erfahrung von Unterstützung und Wertschätzung oder auch Zurückweisung durch die Bindungspersonen in sog. Internale Arbeitsmodelle, die z. B. die Erwartung allgemeiner Wertschätzung bzw. Ablehnung durch andere beinhalten (Bowlby 1976). Kernpunkte des Arbeitsmodells von sich selbst sind die Vorstellung von der eigenen Person als liebenswert und akzeptabel oder nicht, und die Erwartung eigener Effektivität in der Auslösung von Reaktionen bei anderen. Feinfühliges elterliches Verhalten führt zu einem sicheren Arbeitsmodell, das es dem Kind ermöglicht, seine Gefühle offen zu zeigen und die emotionale Nähe der Bindungsperson zu suchen. Mit tagtäglicher Anwendung werden solche Interaktionsmuster automatisiert und durch unbewusste Informationsverarbeitung als relativ feste Verhaltensmuster etabliert. Internale Arbeitsmodelle steuern somit das Verhalten gegenüber den Bezugspersonen und in zunehmendem Maße auch Emotions- und Verhaltensregulierung in anderen Lebensbereichen (Sroufe 1989).

Mit Bindungssicherheit geht eine größere Kompetenz im Umgang vor allem mit emotionalen Anforderungen einher, was eine bessere Voraussetzung bietet, mit Risikofaktoren oder Belastung umzugehen (Sroufe 1989; Zimmermann, Suess, Scheuerer-Englisch & Grossmann 1999). Empirische Studien im Rahmen der Bindungsforschung weisen Zusammenhänge in Bereichen der sozio-emotionalen Kompetenz, der Selbst- und Persönlichkeitsentwicklung und der kognitiven Entwicklung auf, so dass eine sichere Bindungsorganisation eine wichtige Voraussetzung für gelungene Anpassung an Entwicklungsaufgaben in unterschiedlichen Altersstufen darstellt.

Parallel dazu zeigen die Ergebnisse der Autonomieforschung, dass Autonomie förderndes elterliches Verhalten nicht nur mit größerer Kompetenz und Ausdauer beim Problemlösen in der frühen Kindheit (Ryan & Connell 1989), schulischem Erfolg, besserem Selbstvertrauen und Selbstwertgefühl (Ryan & Stiller 1991) sowie gelungener Anpassung im Jugendalter (Ryan & Lynch 1989) einher geht, sondern auch im Erwachsenenalter größere Zufriedenheit in Partnerschaften bewirkt (Blais, Sabourin, Boucher & Vallerand 1990) und insgesamt psychisches Wohlbefinden und psychische Gesundheit bis ins hohe Alter fördert (Ryan, Sheldon, Kasser & Deci 1996).

Ebenso wie Bindung von Abhängigkeit muss auch Autonomie von Unabhängigkeit unterschieden werden. Bindung ist nicht Abhängigkeit, weil eine sichere Bindung Voraussetzung für eine sichere eigenständige Exploration ist. Autonomie ist nicht Loslösung von anderen, sondern selbstreguliertes Verhalten im Einklang mit eigenen Zielen. Autonomes Verhalten schließt, bindungstheoretisch gesehen, auch die Fähigkeit ein, sich auf andere zu verlassen und in der Lage zu sein, bei anderen Hilfe und Unterstützung zu suchen. Autonomie kann sich am besten im Kontext unterstützender und vertrauenswürdiger Beziehungen entwickeln und steht somit im Gegensatz zu Loslösung oder Unabhängigkeit (Ryan & Lynch 1989).

Um eine gesunde Entwicklung zu gewährleisten, müssen sowohl Bindungsbedürfnisse als auch Autonomiebedürfnisse erfüllt werden. Dies geschieht im sozialen Kontext naher zwischenmenschlicher Beziehungen, erst in der Eltern-Kind-Beziehung, später in Partnerschaften. Am förderlichsten für die weitere Entwicklung sind Beziehungen, die eine sichere Basis im Sinne einer sicheren Bindung bieten und gleichzeitig die Autonomieentwicklung fördern. Bindung an sich ist kein Selbstzweck, sondern bietet neben Sicherheit und Schutz die Grundlage, auf der Autonomie entwickelt werden kann. Eine ausgeglichene Balance von Bindung und Autonomie bildet damit die förderlichste Grundlage für eine adaptive Entwicklung über die Lebensspanne hinweg.

2. Autonomie und Verbundenheit im Jugendalter

Die Balance von Autonomie und Verbundenheit in der Beziehung des Jugendlichen zu seinen Eltern ist konzeptuell vergleichbar mit der Balance von Bindung und Exploration in der Kindheit. In der frühen Kindheit befähigt eine sichere Bindungsbeziehung zu den Eltern das Kind dazu, sowohl das Bindungs- als auch das Explorationsverhaltenssystem situationsangemessen zu aktivieren und von der sicheren Basis der Bezugsperson aus seine Umwelt zu erkunden (Grossmann, Grossmann & Zimmermann 1999).

Voraussetzung für eine sichere Bindungsorganisation ist das feinfühlige Verhalten der Eltern, die die Signale des Kindes wahrnehmen, richtig interpretieren und prompt und angemessen darauf reagieren (Ainsworth 1977). Feinfühliges Verhalten bedeutet auch, die Autonomie des Kindes, d. h. sein Bedürfnis nach Selbstregulation und Selbstbestimmung, zu respektieren (Bretherton 1987) und wird über die gesamte Lebensspanne als wichtige Voraussetzung für Autonomieentwicklung und damit für gelungene Anpassung verstanden (Ryan & Solky 1996).

Eine sichere Bindungsbeziehung zwischen dem Jugendlichen und seinen Eltern ist dadurch gekennzeichnet, dass er auf der Grundlage emotionaler Verbundenheit eigene Wertvorstellungen und Meinungen entwickelt und sicher gegenüber den Eltern vertritt.

Eine Möglichkeit, die Balance zwischen Autonomie und Verbundenheit bei Jugendlichen und ihren Eltern zu erheben, besteht darin, das Interaktionsverhalten in zwei unterschiedlichen, zehnminütigen Interaktionssituationen zu beobachten, was im Rahmen der Regensburger Längsschnittstudie untersucht wurde (Becker-Stoll 1997). Zunächst wurde eine »Streitgesprächssituation« durchgeführt, in der das Autonomieverhalten betont wird, im Anschluss daran wurde eine gemeinsame Urlaubsplanungsaufgabe gestellt, in der die Verbundenheit deutlicher zu Tage treten kann.

Das Streitgespräch

Der Ablauf für das Streitgespräch wurde von Kobak und seinen Mitarbeitern (1993) übernommen. Vor dem Streitgespräch füllten Mütter und Jugendliche getrennt einen Fragebogen zu häufigen, alltäglichen Streitpunkten aus. Anschließend wurde von den Versuchsleitern ein von beiden als häufig angekreuztes Thema ausgesucht. Mütter und Jugendliche wurden gebeten, ihre Meinung zu diesem Thema in ein oder zwei Sätzen zu sagen. Dieses kurze Statement wurde aufgenommen und anschließend beiden gemeinsam vorgespielt, um ihnen den Einstieg in die Diskussion zu erleichtern. Beide wurden aufgefordert, über das Thema zu diskutieren und, wenn möglich, eine Lösung zu finden.

Die Urlaubsplanung

Die Urlaubsplanungsaufgabe wurde in Anlehnung an Grotevant und Cooper (1985) konzipiert. Für die Urlaubsplanung wurde den Müttern und Jugendlichen jeweils eine kurze Instruktion vorgegeben, in der sie darum gebeten wurden, sich vorzustellen, sie hätten einen Kurzurlaub für ein verlängertes Wochenende gewonnen, es stünden unbegrenzte finanzielle Mittel zur Verfügung und sie sollten nun gemeinsam planen, wo sie diesen Urlaub verbringen wollten und was sie an den drei Tagen jeweils unternehmen würden.

Das Interaktionsverhalten der Jugendlichen und Mütter wurde gefilmt und von trainierten und unabhängigen Auswertern mit der deutschen Fassung des »Autonomy and Relatedness Coding System« nach Allen (1994) ausgewertet (Becker-Stoll u. a. 1996). Das Auswertesystem unterscheidet zwischen Autonomie-förderndem und -verhinderndem sowie Verbundenheit-förderndem und -verhinderndem Verhalten. Autonomie und Verbundenheit werden jeweils anhand von fünf Skalen gemessen.

Autonomie		**Verbundenheit**	
Autonomie-förderndes Verhalten	*Autonomie-verhinderndes Verhalten*	*Verbundenheit-förderndes Verhalten*	*Verbundenheit-verhinderndes Verhalten*
Argumente werden klar geäußert	Rückzug des eigenen Standpunktes	Fragen mit dem Ziel, Information zu erhalten	Unterbrechen, Ignorieren
Selbstvertrauen beim Äußern von Gedanken	Vermengen von Sach- und Personenebene	Zustimmung, Bestätigung, positive Reaktion	Explizit/ implizit feindselige Äußerungen
Engagierte Interaktion	Druck ausüben, den anderen zur Zustimmung zu drängen		

Abb. 1: »Autonomy and Relatedness Coding System« (Allen 1994)

Zusätzlich zum Interaktionsverhalten wurde auch die Bindungsrepräsentation 16jähriger Jugendlicher mit Hilfe des Bindungsinterviews für Erwachsene (Adult Attachment Interview, Main & Goldwyn 1985) erfasst. Jugendliche mit sicherer Bindungsrepräsentation zeigen in der Tat signifikant mehr Autonomie und Verbundenheit förderndes Verhalten als Jugendliche mit unsicher-distanzierter Bindungsrepräsentation (Becker-Stoll 1997). Jugendliche mit sicherer Bindungsrepräsentation zeigten in einer Sekundenanalyse ihres nonverbalen Emotionsausdrucks ihre Gefühle offener, wandten sich dabei mehr der Mutter zu und zeigten insgesamt einen expressiveren Gesichtsausdruck, als Jugendliche mit unsicherer Bindungsrepräsentation (Becker-Stoll, Delius & Scheitenberger 2000).

Aus frühen Untersuchungen in der Regensburger Längsschnittstudie (Escher-Gräub & Grossmann 1983; Wartner, Grossmann, Fremmer-Bombik & Suess 1984) war auch die Bindungsorganisation zwischen Mutter und Kind aus der frühen Kindheit (2. Lebensjahr) und der mittleren Kindheit (6. Lebensjahr) bekannt. Zwischen dem frühen Bindungsverhalten und dem späteren Interaktionsverhalten zeigten sich deutliche Zusammenhänge. Unsichere Bindungsorganisation in der frühen und mittleren Kindheit hängt signifikant mit Autonomie und Verbundenheit verhindernden Verhaltensweisen im Jugendalter zusammen, und die frühe Bindungsqualität des Kindes zur Mutter sagt ihr Autonomie förderndes Verhalten gegenüber dem Jugendlichen vorher (Becker-Stoll 1997). Diese Ergebnisse zeigen eindrücklich, dass eine frühe sichere Bindungserfahrung eine gelungene Balance von Autonomie und Verbundenheit im Jugendalter begünstigt.

3. Essstörungen

Bevor auf die Balance von Autonomie und Verbundenheit bei Essgestörten eingegangen wird, sollen zunächst verkürzt die Diagnosekriterien für die verschiedenen Formen von Essstörungen dargestellt werden (vgl. Gerlinghoff & Backmund 2000). Eine genaue Beschreibung findet sich jeweils im ICD-10 und DSM-IV.

Im medizinischen Sinn sind Essstörungen psychische Krankheiten. Es werden drei Formen unterschieden:

- Magersucht (Anorexia nervosa)
- Ess-Brech-Sucht (Bulimia nervosa)
- Ess-Sucht (Binge-Eating-Disorder)

Betroffen sind vor allem Mädchen und junge Frauen zwischen 12 und 25 Jahren, selten auch Jungen, das Verhältnis liegt bei etwa 1:20. In der Literatur wird die Häufigkeit der Magersucht auf 0,5-1% der Frauen in dieser

Altersgruppe, die der Bulimie auf 2-5% geschätzt. Folgende Kriterien sind jeweils für die Diagnose bedeutsam:

Augenfälligstes Attribut der *Anorexie* ist die Ablehnung der Betroffenen, ein für Alter und Größe angemessenes Gewicht aufrechtzuerhalten. Dieser Gewichtsverlust wird gewöhnlich mit Hilfe einer Reduktion der Nahrung erreicht. Als unangemessenes Verhalten zur Gewichtsreduktion wird auch Fasten oder übermäßige sportliche Betätigung gewertet. Vor einer Gewichtszunahme bestehen ausgeprägte Ängste, die auch durch das Untergewicht nicht gemildert werden. Bei an Anorexie erkrankten Personen ist die Wahrnehmung der eigenen Figur und des eigenen Körpers beeinträchtigt; das Selbstwertgefühl und die Selbstbewertung sind in extremer Weise vom Körpergewicht abhängig. Bei postmenarchalen Frauen besteht eine Amenorrhoe (ein Ausbleiben der Menstruation), die als Indikator für endokrinologische und physiologische Störungen gilt. Die Letalität wird in Längsschnittuntersuchungen zwischen 5 und 8 % angegeben.

Bei der *Bulimie* (Bulimia nervosa) stehen Heißhungerattacken und die kompensatorischen Maßnahmen, wie herbeigeführtes Erbrechen und Missbrauch von Laxativen, im Vordergrund, die oft mehrfach täglich über Jahre bestehen. Eine Diagnose wird dann gestellt, wenn die Heißhungerattacken und kompensatorischen Maßnahmen mindestens zweimal pro Woche über drei Monate auftreten. Heißhungerattacken und herbeigeführtes Erbrechen gehen oft mit einem Verlust des Kontrollgefühls über das eigene Verhalten einher. Vor allem häufiges Erbrechen kann zu lebensgefährlichen Störungen des Elektrolythaushaltes führen, sowie zu schweren Entzündungen der Speiseröhre und des Mundraumes. Ebenso wie bei der Magersucht ist die Wahrnehmung der eigenen Figur und des eigenen Körpers beeinträchtigt, das Selbstwertgefühl und die Selbstbewertung auch hier in extremer Weise vom Körpergewicht abhängig. Scham über das eigene Verhalten führt oft zu Verheimlichung und damit zu langjähriger Chronifizierung der Krankheit.

Die *Ess-Sucht* ist durch wiederholte Episoden von Heißhungerattacken gekennzeichnet, bei denen meist wesentlich schneller als normal üblich, und bis zu einem unangenehmen Völlegefühl gegessen wird. Aus Verlegenheit über die Menge essen die Patienten oft alleine. Die Heißhungerattacken führen zu Ekelgefühlen, Deprimiertheit oder großen Schuldgefühlen bezüglich des Essens, d. h. es besteht ein deutliches Leiden bezüglich der Heißhungerattacken

Die Heißhungerattacken treten mindestens an zwei Tagen in der Woche für sechs Monate auf.

Zwischen den verschiedenen Ausprägungen von Essstörungen bestehen fließende Übergänge und Überschneidungen. Spezifische Untergruppen zu den Hauptdiagnosen machen dies deutlich. So wird beispielsweise bei Magersüchtigen noch zwischen Patientinnen mit Erbrechen bzw. Missbrauch von Abführmitteln o. ä. und Patientinnen ohne diese Symptome unterschieden (»purging vs. non-purging«). Häufig kommt es auch zu einer Symptomverschiebung über die Zeit hinweg, so dass z. B. Patientinnen, die in der frühen Adoleszenz zunächst restriktiv anorektisch waren, einige Jahre später eine Bulimie entwickeln und umgekehrt.

Was die Entstehung von Essstörungen betrifft, so herrscht inzwischen Einigkeit darüber, dass es sich bei dem Phänomen der Essstörung um ein Krankheitsbild handelt, das auf eine multikausale Pathogenese gründet (u. a. Leon, Keel, Klump & Fulerson 1997; Stunkard 1997). Dennoch kann man davon ausgehen, dass allen Formen der Essstörung letztlich eine Störung der Emotionsregulation zugrundeliegt, die durch verschiedene Ursachen bedingt sein kann. Essgestörte Patientinnen versuchen über Essen bzw. Nicht-Essen ihre Gefühle, vor allem ihre negativen Empfindungen zu regulieren, genauer gesagt zu eliminieren. Dies erklärt auch den hohen Zusammenhang zwischen Essstörungen und affektiven Störungen, wie z. B. Depression (Herpertz-Dahlmann 1993).

4. Die Balance von Bindung und Autonomie bei Essgestörten

Auch wenn über die multifaktorielle Genese von Essstörungen Einigkeit besteht, so wird in der Literatur zu Essstörung häufig auf eine beeinträchtigte Autonomieentwicklung, insbesondere bei Magersüchtigen, hingewiesen. Bruch (1985) zeigt auf, dass die Eltern von anorektischen Jugendlichen die Unabhängigkeit ihrer Kinder nicht fördern oder sogar unterdrücken. Anorektikerinnen sind während ihrer Kindheit gehorsam und überangepasst. Durch das disziplinierte Essverhalten und die daraus resultierende Gewichtsabnahme erleben die Betroffenen Kontrolle in wenigstens einem Bereich (Bruch 1994). Das folgende Zitat verdeutlicht die Autonomieproblematik:

> »Die Beziehung zu den Eltern ist auf den ersten Blick ausgeglichen, doch tatsächlich ist sie viel zu eng, daß heißt ohne die notwendige Ablösung, Individuation und Differenzierung. Diese Harmonie wird erreicht durch übermäßige Konformität auf seiten des Kindes, das sich immer einfügt, immer tut, was von ihm erwartet wird, und dafür einen hohen Preis bezahlt, denn es unternimmt keine aktiven Schritte zur Entwicklung innerer Autonomie«. (Bruch 1994, S. 110-111)

Es gibt nur wenige Studien zum Thema Essstörung, bei denen das Interaktionsverhalten der Familie direkt beobachtet wurde. In einer gemeinsamen Studie sollte daher geprüft werden, ob die Balance von Autonomie und Verbundenheit bei

Jugendlichen, die an Anorexie erkrankt sind, tatsächlich gestört ist (Becker-Stoll, Scheitenberger und Stadler in Vorb.; Stadler 2002; Scheitenberger in Vorb., Jullien 2001; Höhne 2001). Dazu haben wir 37 Jugendliche, die an Magersucht erkrankt sind und sich am Beginn einer stationären Therapie befanden, gemeinsam mit ihren Müttern während des Streitgesprächs und der Urlaubsplanung beobachtet. Die Jugendlichen waren zwischen 12 und 18 Jahre alt (Durchschnitt 15 Jahre), davon 35 weiblich und 2 männlich. Das Interaktionsverhalten wurde von unabhängigen, trainierten Mitarbeiterinnen ausgewertet. Zum Vergleich wurde eine Teilgruppe der Regensburger Jugendlichen herangezogen, 27 Mädchen und 2 Jungen, die 16 Jahre alt waren.

Insgesamt zeigten in der statistischen Auswertung die essgestörten Jugendlichen fast durchgängig weniger deutliches Interaktionsverhalten, schienen insgesamt vorsichtiger und weniger aktiv zu kommunizieren. Sie konnten ihre Argumente weniger gut vertreten, nahmen aber auch ihren Standpunkt weniger zurück und übten deutlich weniger Druck aus, als die gesunden Jugendlichen. Letztere stellten mehr Fragen, waren aber auch feindseliger und unterbrachen ihre Mütter öfter als die kranken Jugendlichen.

Dieses Ergebnis entsprach jedoch nicht den Beobachtungen der Auswerterinnen (Jullien 2001; Höhne 2001), die bei den essgestörten Jugendliche durchaus extremes Verhalten festgestellt hatten. Unsere Vermutung war schließlich, dass sich unterschiedliche extreme Gruppen in der gesamten Gruppe der essgestörten Jugendlichen im Mittel gegenseitig aufheben. Darauf hin wurden die Streitgespräche mit den essgestörten Jugendlichen und ihren Müttern erneut analysiert und in vier Interaktionstypen »passiv-vermeidend«, »Mittelfeld konstruktiv«, Mittelfeld nicht konstruktiv« und »extrem - aggressiv feindselig« eingeteilt. Jugendliche, die dem »passiv-vermeidenden Typ« zugeordnet wurden, zeigen eine lustlose und abwesende Grundhaltung, die die Diskussion blockiert. Sie scheinen nicht daran interessiert, ein Gespräch zustande kommen zu lassen, oder ängstlich bemüht, dies zu vermeiden. Eine Zuteilung zum Typ »Mittelfeld, konstruktiv« erfolgte, wenn es der Mutter und dem Jugendlichen gelang, in der Diskussion Meinungen und Ziele abzustecken und aufeinander einzugehen, die Argumente des anderen zu verstehen, und schließlich zu einer Einigung zu kommen. Ein Paar wurde dem »Mittelfeld, nicht konstruktiv« zugeordnet, wenn ebenfalls versucht wurde, Meinungen und Ziele abzustecken, dabei Missverständnisse entstanden, die eine Einigung unmöglich machten. Schließlich wurden Jugendliche und Mütter dann als »aktiv-feindselig« eingestuft, wenn die Jugendlichen durch aggressives Verhalten und direkte Angriffe auf die Mutter eine vernünftige Diskussion verhinderten. Die beiden Gruppen »passiv-vermeidend« und »aktiv-feindselig« beinhalten die Mutter-Jugendlichen-Dyaden, in denen extremes Verhalten der

Jugendlichen aufgefallen war, und diese werden im folgenden als »extreme Gruppen« bezeichnet. Die Gruppeneinteilung konnte aufgrund der Auswertungsskalen des »Autonomy and Relatedness Coding system« statistisch überprüft und bestätigt werden. Dabei wurde auch deutlich, dass sich die beiden extremen Gruppen tatsächlich statistisch im Mittel gegenseitig aufheben.

Um einen Vergleich zwischen der Gruppe der nicht-klinischen und der klinischen Jugendlichen zu ermöglichen, wurde die Einteilung in die vier Gruppen auf die Regensburger Jugendlichen übertragen. Ein Vergleich zwischen beiden Stichproben zeigte, dass in der Gruppe der essgestörten Jugendlichen 16 von 35, also fast die Hälfte, extremes Interaktionsverhalten zeigte, während in der Gruppe der gesunden Jugendlichen nur 5 der 29 Jugendlichen in einem extremen Muster zugeordnet werden konnten.

Unsere Ergebnisse machen folgendes deutlich: Das Kommunikationsverhalten von essgestörten Jugendlichen und ihren Müttern ist keineswegs durchgehend von einer Störung der Balance zwischen Autonomie und Verbundenheit geprägt. Einige erkrankte Jugendliche und ihre Mütter unterscheiden sich von der Kontrollgruppe nicht und einige zeigen eine sehr konstruktive, engagierte Interaktion, die zu einem für beide zufriedenstellenden Lösung führt. Allerdings weist ein relativ großer Teil der klinischen Stichprobe ein auffälliges, extremes Interaktionsverhalten auf, das eine Problemlösung unmöglich macht und entweder die Autonomie durch passiv-vermeidendes oder die Verbundenheit durch aktiv-feindseliges Verhalten untergräbt.

Ähnliche Ergebnisse berichten auch Wallin und Hansson (1998). So wie wir untersuchten sie die Kommunikationsqualität in Familien mit einem an Magersucht erkrankten Kind zu Beginn der Therapie. Ziel der Studie war es, zu untersuchen, ob sich diese Familien von nicht-klinischen Familien unterscheiden. Sie untersuchten 26 Familien anhand von Fragebögen und Familien-Interaktions-Beobachtung. Die Auswertung durch unabhängige Beobachter beschreibt die klinischen Familien als etwas mehr »verwickelt«. Das Hauptergebnis zeigt jedoch, dass die Beobachter viele verschiedene Interaktionstypen in den Familien mit einem an Anorexie erkrankten Kind finden. Unsere Ergebnisse entsprechen den Befunden von Wallis und Hansson (1998) und den Befunden von Kog und Vandereyecken (1989), die sieben verschiedene Familientypen in einer Stichprobe von Familien mit einem essgestörten Mitglied fanden.

Grundsätzlich kann bei essgestörten Jugendlichen nicht pauschal von einer pathologischen Autonomieentwicklung im Verhalten gegenüber der Mutter ausgegangen werden. Das generelle Bild der gestörten Kommunikation in der Eltern-Kind-Dyade bei essgestörten Jugendlichen entspricht nicht unserem Befund. Stattdessen ist eine differenzierte Betrachtung der Kommunikationsfähigkeit in den einzelnen Familien notwendig, um eine Ressourcen-orientierte, nicht von vornherein stigmatisierende Intervention zu ermöglichen und auch eine der jeweiligen Familiensituation spezifisch angepasste Intervention (z. B. bei extrem feindseliger oder passiver Interaktion) einzusetzen.

5. Fallbeispiel

Sabine ist 16 Jahre alt, Einzelkind und besucht die 10. Klasse einer Realschule. Sie wird von ihrer Mutter in die Klinik begleitet und berichtet, seit etwa drei Monaten in Anschluss an eine Klassenfahrt, wo ihr das Essen nicht geschmeckt hatte, rapide abgenommen zu haben und kaum noch das Bedürfnis zu verspüren, etwas zu essen. Aktuelle Belastungen oder Probleme, die zu diesem restriktiven Essverhalten geführt haben, kann Sabine nicht nennen. Zu ihrem Vater habe sie einen guten Kontakt, sie beide verbinde das Interesse an Technik. Sie würde sich mit ihrer Mutter zur Zeit sehr gut verstehen und befürchte, dass sie einen Therapieaufenthalt aufgrund von Heimweh vielleicht nicht durchstehen könnte. Vor der Krankheit habe sie ihre Mutter jedoch als sehr kontrollierend und einmischend erlebt und sie sei froh, dass dies nun nicht mehr der Fall sei. Die Eltern machen sich große Sorgen um ihre Tochter und stimmen einer schnellstmöglichen Klinikaufnahme zu. Im Verlauf der Therapie wird deutlich, dass Sabine erst seit dem Beginn ihrer Krankheit eine enge Beziehung zur Mutter entwickelt hat, vorher waren ihre einzigen Freunde ihre Haustiere, vor allem ihr Pferd, aber auch ihr Hund und ihr Hase. Sie kann keine Erfahrung von vertrauensvollen Beziehungen, in denen sie bei emotionaler Belastung Unterstützung erfahren hätte, berichten. Die Beziehung zu ihren Eltern stellt sich als seltsam distanziert, fast neutral heraus. Sabine äußert die Sorge, dass die Eltern sich nicht gut genug um ihre Tiere kümmern und möchte daher regelmäßig nach Hause fahren, um sicherzustellen, dass die Tiere nicht verhungern. Am liebsten fährt sie dann heim, wenn sie sicher weiß, dass ihre Eltern nicht zu Hause sind. Sabine hat große Schwierigkeiten, in der Gruppe Anschluss zu finden; sie wehrt Annäherungen von anderen brüsk ab und es stellt sich heraus, dass sie auch in ihrer Klasse keine engeren Freundinnen hatte. Von ihrer Sorge um ihre Haustiere abgesehen, hat Sabine immer weniger das Bedürfnis, ihre Eltern zu sehen, und meldet sich längere Zeit nicht mehr daheim. Auch als es um einen möglichen Schulwechsel geht, bespricht sich Sabine nicht mit ihren Eltern, sondern nimmt selbständig den Kontakt zu verschiedenen Schulen auf, die sie in Begleitung einer anderen Patientin anschaut. Als von therapeutischer Seite ein gemeinsames Gespräch mit Eltern und Tochter anberaumt wird, steht Sabine diesem sehr skeptisch gegenüber: Ihre Eltern würden sich sowieso nicht um sie kümmern, da sie andere Interessen hätten, die Besuche daheim wären sehr konflikthaft verlaufen, und sie wolle momentan mit ihren Eltern nichts zu tun haben. Im gemeinsamen Gespräch zeigen die Eltern von Sabine durchaus Sorge und Anteilnahme für ihre Tochter, und vor allem die Mutter beklagt sich über die entstandene Distanz und die wenigen Besuche ihrer Tochter. Unter Tränen berichtet sie, dass sie das Gefühl habe, ihr Kind erneut zu verlieren. Auf Nachfragen hin erzählt sie, ein Kind etwa ein Jahr vor Sabines Geburt durch plötzlichen Kindstod verloren zu haben und auch nach Sabines Geburt aufgrund von gesundheitlichen Komplikationen, die zu mehrfachen Operationen im ersten Lebensjahr von Sabine führten, oft große Angst vor dem erneuten Verlust ihres Kindes durchlitten zu haben. Der Ausbruch der Magersucht und die Trennung durch die Therapie haben die Trauer und die Angst um ihr Kind wieder aufleben lassen, die sie in den letzen 15 Jahren nie angesprochen und eigentlich vergessen hatte.

Diese nicht verarbeitete Trauer und Angst führte gleichzeitig zu einem gefühlsmäßig eher distanzierten Verhältnis zwischen Mutter und Tochter. Als Sabine jedoch anfing, sich altersgemäß von den Eltern zu lösen, veranlasste der erneut drohende Verlust die Mutter zu stärkerer Kontrolle und einem Untergraben von Sabines Autonomiebedürfnissen. Eine Möglichkeit, diesem Konflikt zu entrinnen, fand Sabine in der Magersucht, in der sie selber kein Bedürfnis mehr nach Loslösung verspürte, sondern sich schwach und hilflos fühlte und sich über die Fürsorge und Nähe der Mutter, die sich sonst eher distanziert verhielt, freute. Gleichzeitig konnte die Mutter sich der Verbundenheit ihrer Tochter sicher sein, so dass die neu gewonnene Nähe zwischen Mutter und Tochter eine Auseinandersetzung mit den Autonomiebedürfnissen aufhob.

Im Gespräch wurde versucht, gemeinsam mit den Eltern und Sabine eine Lösung für die zukünftige Gestaltung des Kontaktes zu erarbeiten.

Das Fallbeispiel zeigt, dass eine Essstörung im Jugendalter oft zu einer scheinbar starken Verbundenheit zwischen Mutter und Tochter führen kann, und dadurch die vorhandenen Autonomiebestrebungen der Tochter verdeckt werden. Außerdem wird deutlich, dass es gerade die fehlende Bindungssicherheit ist, hier durch die unverarbeiteten Traumata der Mutter bedingt, die eine gute Loslösung der Tochter, auf der Grundlage einer sicheren Bindung, verhindert.

6. Interventionsschritte

Bei der Behandlung von Essstörung hat sich ein (teil)stationäres, gruppentherapeutisches Vorgehen, in dem eine verhaltenstherapeutisch ausgestaltete Essensstruktur die Grundlage bildet (vgl. Gerlinghoff 2000), bewährt. Hier können die Patienten gemeinsam mit Hilfe der Gruppe ihre krankhaften Essgewohnheiten überwinden und erfahren, dass gesundes Essverhalten auch für sie erlernbar ist. Die Überwindung des krankhaften Essverhaltens ist die Voraussetzung, um neue Bewältigungsstrategien erlernen und einüben zu können.

Bei der ambulanten Betreuung von essgestörten Patientinnen in Einzeltherapie besteht die Gefahr einer Chronifizierung, d. h. die Essstörung verschlimmert und verfestigt sich, und im schlimmsten Fall wird die Therapie zur Feigenblattfunktion instrumentalisiert, da sie der Patientin ermöglicht, unter dem Vorwand, sich in therapeutische Hilfe begeben zu haben, ihre Essstörung weiter zu führen.

Die im folgenden aufgeführten Interventionsvorschläge beziehen sich speziell auf die Balance von Autonomie und Verbundenheit und sollten in Vorbereitung auf eine (teil)stationäre Behandlung der Essstörung oder in einer Anschlussbehandlung an eine solche Behandlung erfolgen.

Neben dem gemeinsamen Gespräch mit Patient(in) und Eltern bewährt sich auch das Einzelgespräch mit Tochter (Sohn), Mutter und Vater. Oft wird schon im Vergleich der Einzelgespräche und dem gemeinsamen Gespräch deutlich, ob eine Problematik der Autonomieentwicklung vorliegt. Meist kommt es spontan zu einer Auseinandersetzung, wenn die Essensproblematik angesprochen wird. Zur weiteren Abklärung können auch die beiden oben genannten Gesprächssituationen durchgeführt werden, z. B. wenn die Möglichkeit einer Beobachtung oder Videoaufnahme vorliegt. Voraussetzung dabei ist es, die Beteiligten über Sinn und Zweck des Vorgehens zu unterrichten und ihr Einverständnis einzuholen.

Eine weitere Möglichkeit, während der Therapie die Balance von Autonomie und Verbundenheit und ihre Veränderung zu bearbeiten, besteht darin, verschiedenfarbige Papierkegel in verschiedenen Größen anzubieten, und die Patientin für sich und ihre engen Familienmitglieder aussuchen zu lassen (vgl. Gerlinghoff, Backmund & Mai 1999). Dann wird die Patientin gebeten, zu erklären, welche Bedeutung die Farbe und Größe der ausgewählten Kegel für sie hat und diese so aufzustellen, dass z. B. die Beziehung der Familienmitglieder in ihrer Kindheit, oder während der Pubertät oder in der Gegenwart abgebildet wird. Dabei können die Kegel so weit auseinander oder so nah aneinander stellen, wie die Nähe oder Distanz in den Beziehungen erlebt wird. Es ist auch möglich, Kegel übereinander zu stellen oder zu stülpen. Wichtig ist dabei, dass die Patientin ihre Wahrnehmung darstellt und sich ausreichend Zeit nimmt. Das Stellen einer zukünftigen, gewünschten Familiensituation kann z. B. auch zur Festlegung von Therapiezielen genutzt werden. Eine sinnvolle Ergänzung kann auch darin bestehen, später die Eltern einzeln zu bitten, ihre Sicht der Familienbeziehungen auf diese Weise darzustellen und gemeinsam mit der Patientin zu besprechen.

Sowohl die direkte Beobachtung als auch die symbolische Aufstellung der Familienbeziehungen trägt dazu bei, abzuklären, ob tatsächlich eine Problematik in der Autonomieentwicklung oder der Verbundenheit in den Familienbeziehungen vorliegt, da unsere Ergebnisse ja deutlich gezeigt haben, dass bei essgestörten Patientinnen und ihren Eltern keineswegs immer ein krankhaftes Kommunikationsverhalten vorliegt, sondern durchaus konstruktive Problemlösungen möglich sind. Diese Ressourcen sollten dann auch in der Therapie für die Genesung der Patientinnen eingesetzt und genutzt werden. Ziel sollte eine nicht stigmatisierende, Ressourcen orientierte Therapie sein.

Literatur

Ainsworth, M. D. S. (1977): Skalen zur Erfassung mütterlichen Verhaltens von Mary D. S. Ainsworth: Feinfühligkeit versus Unempfindlichkeit gegenüber den Signalen des Babys. In: Grossmann, K. E. (Hg.): Entwicklung der Lernfähigkeit in der sozialen Umwelt. München (Kindler), S. 96-107.

Allen, J. A. (1994): Delineating Conscious and Unconscious Processes: Commentary on Baars on Constructive Analysis. Psyche, 1 (9).

Becker-Stoll, F. (1997): Interaktionsverhalten zwischen Jugendlichen und Müttern im Kontext längsschnittlicher Bindungsentwicklung. Unveröffentlichte Dissertation. Universität Regensburg.

Becker-Stoll, F., Jaursch, S., Rasp, M., Stadler, B., & Stöcker, K. (1996): Auswertungssystem für Autonomie und Verbundenheit in Gesprächssituationen. Übersetzte und überarbeitete Version des »Autonomy and Relatedness Coding System« von Joseph Allen. Unveröffentlichtes Manuskript. Universität Regensburg.

Becker-Stoll, F., Delius, A., & Scheitenberger, S. (2000): Adolescents' Nonverbal Emotional Expressions During Negotiation of a Disagreement With Their Mothers: An Attachment Approach. Epilogue: Emotion Communication and Relationship. International Journal of Behavioral Development.

Becker-Stoll, F., Scheitenberger, S., & Stadler, B. (in Vorb.): Autonomie, Bindung und Essstörungen im Jugendalter. Forschungsprojekt der Köhler-Stiftung, Universität Regensburg.

Blais, M. R., Sabourin, S., Blucher, C., & Vallerand, R. J. (1990): Toward a motivational model of couple happiness. Journal of Personality and Social Psychology, 59, S. 1021-1031.

Bowlby, J. (1975): Bindung. München (Kindler) (Orig.: Attachment, 1969).

Bowlby, J. (1976): Trennung. München (Kindler) (Orig.: Separation, 1973).

Bowlby, J. (1983): Verlust. München (Kindler) (Orig.: Loss, 1980).

Bowlby, J. (1995): Bindung: Historische Wurzeln, theoretische Konzepte und klinische Relevanz. In: Spangler, G., & Zimmermann, P. (Hg.): Die Bindungstheorie: Grundlagen, Forschung und Anwendung. Stuttgart (Klett-Cotta), S. 17-26.

Bowlby, J. (1995): Elternbindung und Persönlichkeitsentwicklung. Heidelberg (Dexter Verlag).

Bretherton, I. (1987): New perspectives on attachment relations: Security, communication, and internal working models. In: Osofsky, J. D. (Hg.): Handbook of infant development. New York (Wiley), S. 1061-1100.

Bruch, H. (1985): Four decades of eating disorders. In: D. M. Garner und P. E. Garfinkel (Hg.): Handbook of psychotherapy for anorexia nervosa and bulimia. New York (Guilford), S. 7-18.

Bruch, H. (1994): Der goldene Käfig. Das Rätsel der Magersucht. (Aus dem Amerikanischen von W. Köhler.) Frankfurt am Main (Fischer).

Escher-Gräub, D., & Grossmann, K. E. (1983): Bindungsunsicherheit im zweiten Lebensjahr - Die Regensburger Querschnittsuntersuchung. (Insecure attachments in the second year - the Regensburg cross sectional study.) Unpublished research report, Universität Regensburg.

Gerlinghoff, M., & Backmund, H. (2000): Essen will gelernt sein. Essstörungen erkennen und behandeln. Weinheim und Basel (Beltz).

Gerlinghoff, M., Backmund, H., & Mai, N.(1999): Magersucht und Bulimie verstehen und bewältigen. Weinheim und Basel (Beltz).

Grossmann, K. E., & Grossmann, K. (2001): Bindungsqualität und Bindungsrepräsentation über den Lebenslauf. In: G. Röper, G. Noam & C. von Hagen (Hg.): Entwicklung und Risiko. Perspektiven einer klinischen Entwicklungspsychologie. Frankfurt a. M. (Kohlhammer), S. 143-168.

Grossmann, K. E., Grossmann, K. & Zimmermann, P. (1999): A Wider View of Attachment and Exploration: Stability and Change During the Years of Immaturity. In: J. Cassidy & P. R. Shaver (Hg.): Handbook of Attachment: Theory, Research, and Clinical Applications. New York (Guilford Press), S. 760-786.

Grotevant H. D., & Cooper, C. R. (1985): Patterns of interaction in family relationships and the development of identity formation in adolescence. Child Development, Vol. 56, S. 415-428.

Herpertz-Dahlmann, B. (1993): Essstörungen und Depression in der Adoleszenz. Göttingen (Hogrefe).

Höhne, A. (2001): Interaktions- und Kommunikationsverhalten von essgestörten Jugendlichen in einer Urlaubsplanungssituation im Vergleich mit einer Kontrollstichprobe. Diplomarbeit, Universität Regensburg.

Jullien, S. (2001): Interaktions- und Kommunikationsverhalten von essgestörten Jugendlichen beim Austragen von Streitpunkten. Diplomarbeit, Universität Regensburg.

Kobak, R. R., Cole, H. E., Ferenz-Gilles, R., Fleming, W. S., & Gamble, W. (1993): Attachment and Emotion Regulation during Mother-Teen Problem Solving: A Control Theory Analysis. Child Development, 64, S. 231-245.

Kog, E., & Vandereyecken, W. (1989): Family Interaction in Eating Disorders Patients and Normal Controls. International Journal of Eating Disorders, (1), S. 11-23.

Loen, G. R., Keel, P. K., Klump, K. L., & Fulkerson, J. A. (1997): The Future of Risk Factor research in Understanding the Etiology of Eating Disorders. Psychopharmacology Bulletin, 33 (3), S. 405-411.

Main, M., & Goldwyn, R. (1985): Adult Attachment classification rating systems. Unpublished manuscript. University of California, Berkeley.

Ryan R. M., Sheldon, K. M., Kasser, T., & Deci, E. L. (1996): An organismic perspective on the nature of goals and their regulation. In P. M. Gollwitzer & J. A. Bargh (Hg.): The psychology of action. New York (The Guilford Press), S. 7-27.

Ryan, R. M., & Lynch, J. (1989): Emotional autonomy versus detachment: Revisiting the vicissitudes of adolescence and young adulthood. Child Development, 60, S. 340-356.

Ryan, R. M., Deci, E. L., & Grolnick, W. S. (1995): Autonomy, relatedness, and the self: Their relation to development and psychopathology. In D. Cicchetti, D. & D. Cohen (Hg.): Developmental psychopathology, Vol. 1: Theory and methods. New York (John Wiley & Sons), S. 618-655.

Ryan, R. M., Kuhl, J., & Deci, E. L. (1997): Nature and autonomy: An organizational view of social and neurobiological aspects of self-regulation in behavior and development. Development and Psychopathology, 9, S. 701-7228.

Ryan, R. M., & Solky, J. A. (1996): What is supportive about social support? On the psychological needs for autonomy and relatedness. In: G. R. Pierce, B. R. Sarason & J. G. Sarason (Hg.): Handbook of social support and the family. New York (Plenum Press), S. 249-246.

Ryan, R. M., & Stiller, J. (1991): The social contexts of internalization: Parent and teacher influences on autonomy, motivation and learning. In P. R. Pintrich & M. L. Maehr (Hg.): Advances in motivation and achievement: Vol. 7. Goals and selfregulatory processes Greenwich, CT (JAI Press), S. 115-149.

Ryan, R. M., & Connell, J. P. (1989): Perceived locus of causality and internalization: Examining reasons for acting in tow domains. Journal of Personality and social Psychology. 57, S. 749-761.

Scheitenberger, S. (in Vorb.): Bindungsrepräsentation und Interaktionsverhalten von Müttern anorektischer Jugendlicher in Zusammenhang mit der Bewältigung von Entwicklungsaufgaben im Jugendalter. Unveröffentlichte Dissertation, Universität Regensburg.

Spangler, G., & Zimmermann, P. (1999): Bindung und Anpassung im Lebenslauf: Erklärungsansätze und empirische Grundlagen für Entwicklungsprognosen. In: R. Oerter, G. Röper, C. von Hagen & G. Noam (Hg.): Lehrbuch der klinischen Entwicklungspsychologie. Weinheim (PVU), S. 760-786.

Sroufe, L. A. (1989): Relationships, self, and individual adaptation. In: A. J. Sameroff & R. N. Emde (Hg.): Relationship disturbances in early childhood. A developmental approach. New York (Basic Books), S. 70-94.

Stadler, B. (2002): Verhalten von Vätern in Interaktion mit ihren anorektischen Jugendlichen in Zusammenhang zur Bindungsrepräsentation und der Bewältigung von Entwicklungsaufgaben im Jugendalter. Unveröffentlichte Dissertation, Universität Regensburg.

Stunkhard, A. (1997): Eating Disorders: The last 25 years. Appetite, 29, S. 181-190.

Wallin, U., & Hansson, K. (1999): Anorexia Nervosa in Teenagers: Patterns of Family Functioning. Nord J Psychiatry, 53, (1), S. 29-35.

Wartner, U., Grossmann, K., Fremmer-Bombik, E., & Suess, G. (1994): Attachment patterns at age six in South Germany: Predictability from infancy and implications for preschool behavior. Child Development, 65, S. 1014-1027.

Zimmermann, P., Suess, G. J., Scheuerer-Englisch, H., & Grossmann, K. E. (1999): Bindung und Anpassung von der frühen Kindheit bis zum Jugendalter: Ergebnisse der Bielefelder und Regensburger Längsschnittstudie. Kindheit und Entwicklung, 8(1), Göttingen (Hogrefe), S. 36-48.

Psychoanalytische Therapie im Jugendalter aus der Sicht der Bindungstheorie

Susanne Hauser

Die Adoleszenz ist eine Zeit des Umbruchs. In ihr vollzieht sich der Abschied von der Kindheit und der Übergang ins Erwachsenenalter. Die körperlichen und psychischen Veränderungen sind verbunden mit der Suche nach der eigenen Identität. In einer verwirrend vielfältigen Welt ist es noch schwieriger geworden, den eigenen Entwicklungsweg zu finden. In der heutigen Zeit geben die traditionellen Familienstrukturen immer weniger Halt, und der Familienverband wird häufig durch Trennungen und Scheidungen auseinandergerissen. Dies führt zu einer wachsenden inneren Verunsicherung und Haltlosigkeit, die den heranwachsenden Jugendlichen gefährden.

In der psychoanalytischen Entwicklungstheorie stehen die Integration der körperlichen Reife und die Ablösung von den Elternfiguren thematisch im Zentrum der adoleszenten Dynamik. Die Bindungstheorie stellt dagegen die Bedeutung sicherer Bindungsbeziehungen zu den Eltern für die Entwicklung aktueller und neuer Bindungsbeziehungen im Jugendalter heraus. Im emotionalen Rückhalt bei den Eltern findet der Jugendliche die sichere Basis für die Bewältigung der anstehenden Entwicklungsaufgaben und die Exploration der Erwachsenenwelt.

Auch in der therapeutischen Arbeit mit Jugendlichen vermittelt sich die Heftigkeit des adoleszenten Prozesses und fordert ein flexibles und zugleich standfestes therapeutisches Gegenüber. Durch das Wissen um Bindungsbeziehungen und unterschiedliche Bindungsstile in der Adoleszenz kann die psychoanalytische Therapie im Jugendalter bereichert werden.

1. Entwicklungsaufgaben im Jugendalter aus psychoanalytischer Sicht

Mit dem Einsetzen der Pubertät vollzieht sich die körperliche Veränderung sprunghaft und nach einer immanenten Eigendynamik. Wenn diese zu diskrepant zu den eigenen Wunschvorstellungen ist, fällt es dem Jugendlichen schwer, die Unumkehrbarkeit der Veränderung zu akzeptieren und den eigenen realen Körper anzunehmen. Mit der Reifung der eigenen Geschlechtlichkeit beginnt der Abschied vom kindlichen Körper und den damit verbundenen Vorstellungen. Da nun die Geschlechtsidentität eindeutig festgelegt ist, muss der Jugendliche seine kindliche Phantasie aufgeben, dass sein prägenitaler Körper das Männliche und Weibliche in sich vereinen kann. Galt für das Kind die Vorstellung von der eigenen Zeugungs- und Gebärfähigkeit als Krönung seiner Grandiositäts- und Omnipotenzphantasien, so führt das Erleben der erwachsenen Sexualität und Sinnlichkeit auch zur Konfrontation mit der eigenen Sterblichkeit und Begrenztheit. Gleichzeitig ist diese Identitätstransformation ein schöpferischer Prozess, in dem der Jugendliche sich in seiner Körperlichkeit neu erschafft und wiederfindet (King 1993).

Der Abschied vom kindlichen Körper bedeutet auch, dass die zugehörigen Wünsche nach körperlicher Nähe, Zärtlichkeit und Geborgenheit bei den Eltern mit der nun beginnenden Geschlechtsreife spannungsreich erlebt werden. Durch die Inzestschranke nimmt der innere Druck zu, sich von den Eltern zu distanzieren und abzulösen und die sexuellen Wünsche auf altersgemäße Personen außerhalb der Familie zu verlagern. Die damit verbundene innere Ablösung von den Eltern vollzieht sich unter dem Wiederaufflammen des Ödipuskomplexes zunächst vom gegengeschlechtlichen Elternteil und erst zum Ende der Adoleszenz vom gleichgeschlechtlichen Elternteil (Blos 1989).

Ausgehend von Freuds Erkenntnis der Zweizeitigkeit der psychosexuellen Entwicklung kommt der Adoleszenz eine besondere Bedeutung für die Strukturbildung zu (Freud 1905). Nach klassischer psychoanalytischer Theorie werden in der Adoleszenz die Phasen der frühkindlichen Triebentwicklung nochmals thematisch durchlaufen, bevor die Trieborganisation unter dem Primat der reifen Genitalität integriert wird. Durch phasengerechte, vorübergehende Regression wird die innerpsychische Struktur durchlässiger und für Veränderungen und Reorganisationen offen. Dies geschieht im Dienste der Bewältigung und Progression und betrifft internalisierte Aspekte früherer Entwicklungsphasen. Bei der erneuten Berührung mit präadoleszenten Entwicklungsthemen kommt der Jugendliche wiederum in Kontakt mit seinen infantilen Konflikten und Traumatisierungen.

Auf der Suche nach der eigenen Identität durchlebt der Jugendliche polare Gegensätze zwischen kosmischer Einsamkeit und Zugehörigkeit zu einer Gruppe, zwischen Größenvorstellungen und Minderwertigkeitsgefühlen, zwischen Trauer und Verliebtheit. Diese charakteristischen Schwankungen spiegeln ebenso wie die Labilität der Ich-Zustände die Anstrengung des Jugendlichen wider, seine Kontinuität, Kohäsion und den Bezug zur Realität aufrecht zu erhalten. Um die Integrationsfähigkeit seines eigenen Ichs zu testen, sucht er geradezu Extremsituationen auf, und zu keinem Zeitpunkt in der Entwicklung ist die Todesnähe im inneren Erleben so präsent wie in der Adoleszenz.

Diese notwendigen innerpsychischen Entwicklungsschritte im Dienste einer Identitätstransformation fordern vom Jugendlichen, dass er durch den Wandel seines eigenen Körperbildes die Kindheit als einen vergangenen Entwicklungsabschnitt akzeptiert. Mit dem Auftauchen eines historischen Empfindens (Erikson 1980) kommt es zu einer Trennung im Erleben zwischen Gegenwart und Vergangenheit. Es geht darum, die eigene Geschichte nachträglich zu verstehen und in ihrer Unwiderrufbarkeit anzunehmen sowie die nicht gelungenen Erfahrungen oder ungelebten Möglichkeiten zu betrauern (Bründl 1994).

2. Bindungen im Jugendalter

Aus Sicht der Bindungstheorie ist die Adoleszenz der Entwicklungsabschnitt, in dem die kindlichen Bindungserfahrungen mit beiden Elternteilen vom Jugendlichen intrapsychisch zu *einem* mentalen Bindungsmodell integriert werden. Der Übergang von der Ebene des Bindungs*verhaltens* zur Ebene der Bindungs*repräsentation* vollzieht sich mit der beginnenden Symbolisierungsfähigkeit ab dem zweiten Lebensjahr (Main 1985). Die inneren Arbeitsmodelle als Repräsentationen der wichtigen Bindungsbeziehungen zu den Eltern entwickeln sich kontinuierlich von früher Kindheit an und werden immer differenzierter und komplexer. Bowlby ging davon aus, dass zunächst mehrere unterschiedliche Bindungserfahrungen in verschiedenen inneren Arbeitsmodellen repräsentiert werden, die im Entwicklungsverlauf hierarchisch organisiert und dann in ein Hauptbindungsmodell integriert werden (Bowlby 1993). Dabei war die Frage nach der Kontinuität der Bindungsqualität von der Kindheit bis ins Erwachsenenalter lange Zeit kontrovers.

3. Kontinuität oder Veränderung der Bindungsqualitäten

Bowlbys Postulat, dass das kindliche Bindungsmuster umso eher eine Kontinuität bis ins Erwachsenenalter aufweist, wenn die Lebensbedingungen mit den wichtigen Hauptbindungsfiguren relativ konstant bleiben, konnte in empirischen Längsschnittstudien bestätigt werden. Im deutschsprachigen Raum zeigte die Forschergruppe um Grossmann in einer Längsschnittstudie mehrere komplexe Zusammenhänge bis ins junge Erwachsenenalter auf. Dabei konnte der langfristige, unterschiedliche Einfluss von Mutter und Vater auf die Bindungsrepräsentation des Heranwachsenden bestätigt werden. Die sichere Bindungsrepräsentation der Mutter (erhoben, als das Kind sechs Jahre alt war) hatte einen dominanten Einfluss auf die sichere Bindungsrepräsentation des Jugendlichen mit 16 Jahren (Zimmermann 1994). Der nachhaltige Einfluss des Vaters als sichere Bindungsfigur zeigte sich in seiner Feinfühligkeit im gemeinsamen Spiel mit seinem Kind im zweiten Lebensjahr, die mit einer sicheren Bindungsrepräsentation des Kindes mit 16 Jahren zusammenhing. Die

Bindungsforschung belegt somit den nachhaltigen und anhaltenden Einfluss der Elternbindungen auf die Bindungsrepräsentation des Jugendlichen und jungen Erwachsenen (Grossmann u. a. 2002).

4. Bindungserfahrungen in Freundschaften und Partnerschaft

Bei den jugendlichen Bindungserfahrungen geht es in den Freundschaften zunächst mehr um die Ähnlichkeit bzw. Gleichheit mit dem Freund bzw. der Freundin und die Verschiedenheit von den Elternfiguren. Sowohl bei gleichgeschlechtlichen Freundschaften als auch bei gegengeschlechtlichen ersten Beziehungen bildet die Kernbezogenheit auf der körperlichen Ebene die Haupterlebnisebene, auf welcher der eigene Körper gespiegelt oder ergänzt wird. Die Intimität in Jugendlichenbeziehungen bezieht sich vor allem auf den Austausch ganz ähnlicher Erfahrungen und Erlebnisweisen. In diesem Alter werden die Bindungsbedürfnisse nach Verständnis, Trost oder Anerkennung in ganz unterschiedliche Beziehungen eingebracht. Die beste Freundin z. B. ist »die Bindungspartnerin«, die das eigene Erleben oft am besten nachvollziehen kann, aber nicht unbedingt Sorgen oder Probleme wirklich auffangen kann.

Erst in der späten Adoleszenz entwickelt sich zunehmend die Fähigkeit zur intimen Partnerschaft. Dann werden Partnerschaften zu einer intensiven, intimen Bindungsbeziehung, in der gegenseitige Fürsorge im Rollentausch möglich wird und in der auch über Probleme zunehmend mit dem Partner gesprochen werden kann. Dabei zeigte sich in Längsschnittuntersuchungen, dass die Bindungserfahrungen mit den Eltern sich langfristig auf die Bindungsfähigkeit des Jugendlichen und die Gestaltung seiner neuen Bindungsbeziehungen auswirken. So verhalten sich Jugendliche mit einer sicheren Bindungsrepräsentation in Freundschaften emotional flexibler und können ihre Gefühle besser regulieren als unsicher gebundene Jugendliche. Der emotionale Rückhalt durch Verständnis und Fürsorge der Eltern stärkt das Selbstbewusstsein und die Bindungsfähigkeit des Jugendlichen. In der Studie von Zimmermann fand sich ein positiver Einfluss der mütterlichen Bindungssicherheit auf das Selbstbild des Jugendlichen und seine Fähigkeit zur Emotionsregulierung (Zimmermann 1994).

Die anhaltende Feinfühligkeit und Unterstützung durch die Eltern bilden während Kindheit und Jugend die sichere Basis, von der aus der Jugendliche seine neuen Bindungsbeziehungen knüpft und gestaltet. Sie dienen diesem im jungen Erwachsenenalter auch als Vorbild für die Gestaltung eigener Beziehungen. In den Partnerschaftsinterviews konnten sicher gebundene Personen in einem kohärenteren Diskursstil über ihre Beziehung zum Partner sprechen und besser über ihre eigenen Gefühle reflektieren (Grossmann u. a. 2002). Sie sind in ihrer Beziehungsfähigkeit und emotionalen Reife Gleichaltrigen mit einer unsicheren Bindungsrepräsentation überlegen.

Während Jugendliche mit einer sicheren Elternbindung auf den Rückhalt ihrer Eltern vertrauen können, fühlen sich Jugendliche, die bei ihren Eltern auf kein Verständnis stoßen, mit ihren Problemen allein gelassen. Bei ihnen ist zwar die Sehnsucht nach einem verständnisvollen Anderen umso größer, aber sie trauen sich oft nicht, ihre Probleme mitzuteilen aus Angst, zurückgewiesen zu werden, nicht »cool und souverän« zu sein. Besonders Jugendliche mit einem *unsicher-dismissiven Bindungsstil* (die erwachsene Entsprechung zum unsicher-vermeidenden Bindungsmuster in der Kindheit) betonen ihre eigene Stärke und Unabhängigkeit und müssen dabei ihre Gefühle und Unsicherheiten überspielen. Die Angst, zurückgewiesen und beschämt zu werden, hindert sie auch in Gleichaltrigenbeziehungen daran, Intimität zuzulassen und sich mit ihren Gefühlen anzuvertrauen. Die Tendenz zu Idealisierung und Verleugnung von konflikthaften Themen zeigt sich bei diesen Jugendlichen auch in der Partnerschaft, wo Spaß und Unternehmungsgeist gesucht wird, aber die Bereitschaft zur gegenseitigen Fürsorglichkeit fehlt. Jugendliche mit einem *unsicher-präokkupierten Bindungsstil* (die erwachsene Entsprechung zum unsicher-ambivalenten Bindungsmuster in der Kindheit) haben ein verstrickendes Bindungsmuster internalisiert. Da sie in ihrem Selbstbewusstsein wenig autonom und abgegrenzt sind, tendieren sie dazu, sich sehr früh in festen Partnerschaften zu binden, oft als Flucht aus dem Elternhaus. Hier wiederholen sich ähnlich eskalierende Beziehungsmuster, in denen Gefühle und Probleme exzessiv erörtert werden, ohne dass es eine Regulation oder Lösungsorientierung gibt.

Die Freundschaftsbeziehungen stellen somit eine Ergänzung zur Elternbeziehung dar. Im Guten sind sie eine Bereicherung, da eine Öffnung gegenüber neuen Erfahrungen stattfindet, wenn der Freund oder Partner eine sichere Bindungsrepräsentation mit einbringt. Im Schlechten findet der Jugendliche keinen Anschluss in Freundschaftsbeziehungen und fühlt sich mit seinen Problemen allein gelassen, was vor allem bei Entwicklungskrisen der Fall ist. Besonders gravierend wirken sich traumatische Bindungserfahrungen in Kindheit und Jugend aus, die wie innere Bruchstellen den adoleszenten Entwicklungsprozess gefährden und sich auch auf die neuen Bindungsbeziehungen auswirken.

Fallbeispiel

Als Arnika neun Jahre alt war, starb ihre Mutter nach einer mehrjährigen Krankheitsphase an Krebs. In Therapie kam sie mit 14 Jahren wegen einer Depression, die sie vor allem über körperliche Beschwerden somatisierte. Sie fühlte sich von den Gleichaltrigen ausgeschlossen und nicht akzeptiert. Im

Verlauf der Therapie konnte sie sich daran erinnern, wie einsam und verlassen sie sich gefühlt hatte, als die Mutter so schwer krank geworden war und sich kaum um sie kümmern konnte. Sie beschrieb, wie sie damals mutterseelenallein im Pausenhof gestanden hatte und niemand da gewesen war, der mit ihr spielen oder reden wollte – dass die Mädchen aus ihrer Klasse sich von ihr distanzierten, weil sie sie als komisch erlebten.

Ähnlich erging es Cornelia, die ihren Vater ebenfalls mit neun Jahren plötzlich durch eine Gehirnblutung verloren hatte. Sie konnte den Tod des Vaters nicht betrauern, sondern versuchte seinen Verlust zu verleugnen. In dieser Zeit begann sie sich selbst zu verletzen, indem sie sich Wunden an ihren Zehennägeln zufügte, was von der Umwelt nicht als Hilferuf wahrgenommen wurde. In der Klassengemeinschaft fühlte sie sich plötzlich von den Freundinnen aus der Clique ausgestoßen und lächerlich gemacht. Unter der Führung eines Mädchens wurde Cornelia zum Opfer von Spott und Verachtung, wogegen sie sich nicht wehren konnte. Auch Cornelia fühlte sich ganz allein ohne den schützenden Vater, der sie früher vor den Neckereien der anderen Mädchen beschützt hatte. Die Mutter hatte die Not ihrer Tochter gar nicht mitbekommen, da sie selbst damit beschäftigt war, für sich und die Tochter den Lebensunterhalt zu verdienen.

An diesen beiden Beispielen zeigt sich, wie durchschlagend der Verlust einer Elternfigur sich auf die Beziehungsfähigkeit auswirkt. Schon Bowlby hatte in seiner Arbeit über jugendliche Diebe auf die pathogene Wirkung eines frühen Elternverlusts vor dem zehnten Lebensjahr hingewiesen. Wenn auch mit unterschiedlichen Dynamiken verbunden, waren die Verluste für beide Mädchen traumatische Erfahrungen, die sie weder mit der Elternfigur gemeinsam betrauern und verarbeiten, noch in ihren Freundschaftsbeziehungen vermitteln konnten. Durch die Depression im einen Fall und die zwanghafte Selbstmanipulation und Dissoziation im anderen Fall wurden diese Mädchen von ihren Freundinnen als eigenartig und fremd erlebt. Anstelle von Verständnis und Mitleid erfuhren sie soziale Zurückweisung und Ausgrenzung, was ihr Selbstwertgefühl zusätzlich erschütterte.

Im Rahmen der therapeutischen Beziehung konnte in beiden Fällen über die Bearbeitung der aktuellen Freundschaftsbeziehungen ein sehr viel emotionalerer Zugang zur Zeit des Elternverlustes hergestellt werden, als über die Erinnerung an die verstorbene Mutter bzw. den verstorbenen Vater. Auch wenn zum Zeitpunkt des Verlusts die Symptomatik als Ausdruck einer fehlenden Verarbeitung noch nicht sozial auffällig wurde, kam es in der beginnenden Adoleszenz in beiden Fällen zu einer Intensivierung der Symptomatik und einem Entwicklungszusammenbruch.

5. Mentalisierung von Bindungserfahrungen

Die wachsende Fähigkeit zur Mentalisierung ermöglicht in der Adoleszenz eine *Neubewertung* der eigenen Beziehungserfahrungen und damit auch eine Reorganisation der inneren Arbeitsmodelle. In der kognitiven Entwicklung kommt es in der Adoleszenz zu einem gewaltigen Entwicklungssprung, wenn der Jugendliche die Denkstufe der formalen Operation nach Piaget erreicht. Dies geht mit der Fähigkeit zu einer erweiterten Perspektivenübernahme und der Fähigkeit einher, sich von seinem eigenen Erleben distanzieren und es von außen betrachten zu können. Damit verbunden ist auch ein komplexeres Verständnis mentaler Zustände. Hierin sieht Fonagy eine wesentliche Entwicklungsaufgabe in der Adoleszenz (Fonagy u. a. 2002). Die Entwicklung von symbolischen Gedanken und das erweiterte Verständnis von emotionalen und mentalen Zuständen stellt den Jugendlichen vor die Aufgabe, eine sehr viel komplexere Menge von Gedanken über die eigenen Gefühle und Motive und die der anderen zu integrieren. Obwohl Adoleszente scheinbar ohne Schwierigkeiten über mentale Zustände sprechen können, stellen die abstrakteren und komplexeren Gedankengänge eine Herausforderung für das innere Erleben dar, die erheblichen inneren Druck auf die psychische Struktur auslösen können und teilweise den Jugendlichen verwirren. Als Gegentrend entsteht häufig das Bedürfnis nach einfachen archaischen Spielen, was bestimmte Spiele am Computer oder das Surfen im Internet oft leisten können. Oder es besteht eine Vorliebe für romantische Geschichten, in denen die Gefühle noch als einfach und intensiv dargestellt werden.

Die Fähigkeit zur Mentalisierung entwickelt sich kontinuierlich in besonderem Maße in der Bindungsbeziehung mit Erwachsenen, indem Eltern ihr heranwachsendes Kind von Anfang an und auch anhaltend als intentionales und reflexives Wesen begreifen, welches seine eigenen Gefühle, Gedanken, Motive und Absichten hat. Im Diskurs mit einer älteren und reiferen Bindungsfigur kann der Jugendliche am persönlichen und kulturellen Wissen teilhaben und lernt seine eigenen Erfahrungen weiter zu mentalisieren.

Diese positive Erfahrung setzt allerdings eine sichere Bindungsrepräsentation voraus, die sich im Elternverhalten durch anhaltende Unterstützung und Feinfühligkeit auszeichnet. Der Begriff der Feinfühligkeit wird häufig missverstanden als eine allzu verwöhnende, nur liebe und nicht konfliktfähige Form der Bezogenheit. Dagegen impliziert der Begriff vor allem die emotionale Präsenz des Erwachsenen, die es ihm überhaupt erlaubt, die Bedürfnisse des Jugendlichen wahrzunehmen und richtig zu interpretieren. Feinfühligkeit bezeichnet die Fähigkeit, sich in die altersgemäßen Bedürfnisse des sich entwickelnden Kindes hineinzuversetzen und adäquat darauf zu reagieren.

Dies bedeutet, sowohl ein offenes Ohr zu haben, wenn der Jugendliche reden möchte, aber auch sein Distanzbedürfnis zu respektieren. Im Jugendalter zeigt sich die Feinfühligkeit vor allem in der sprachlichen Diskursqualität zwischen Eltern und Kind. Über die Sprache können Gefühle mitgeteilt und symbolisiert sowie Motive und Absichten verstanden werden. Über die Sprache wird eine metakognitive Ebene als ein Nachdenken über die eigenen Gedanken möglich. Im Sinne einer zielkorrigierten Partnerschaft können im feinfühligen Diskurs die eigenen Bedürfnisse mit denen des anderen abgestimmt und unterschiedliche Bedürfnisse miteinander ausgehandelt werden. Für das Jugendalter heißt dies auch die Fähigkeit, Unterschiede zu akzeptieren, Spannungen auszuhalten und Problemlösungen zu suchen.

Die kognitive Reifung und die wachsende selbstreflexive Fähigkeit des Jugendlichen sind von großer Bedeutung bei der Ausbildung des »State of Mind«, womit die Art und Weise, wie die vergangenen Bindungserfahrungen aus der Kindheit mental repräsentiert werden, bezeichnet wird. Dieser mentale Bindungsstatus sagt aus, wie die Kindheitserfahrungen innerpsychisch verarbeitet, integriert und bewertet wurden. Im »Adult Attachment Interview« (AAI; Erwachsenen-Bindungs-Interview)[1] von Main & Goldwyn ist der »State of Mind« gegenüber den Erfahrungsskalen von übergeordneter Bedeutung für die Bindungsklassifikation (Main 1985). Diese reflexive Betrachtungsweise entwickelt sich besonders in der Adoleszenz und beeinflusst somit auch die Bindungsrepräsentation.

So lässt die kindliche Idealisierung nach, wenn mit der eigenen Reife die Elternfiguren ihre Überlegenheit und Stärke verlieren. Gleichzeitig kann der Jugendliche sich besser in die Perspektive der Eltern hineinversetzen und versteht die Motive ihrer Handlungen besser. Das wachsende gegenseitige Verständnis bildet den Kern eines sicheren inneren Arbeitsmodells. Andererseits ermöglicht die Mentalisierungsfähigkeit unter weniger günstigen Familienbedingungen, das eigene Selbst zu schützen, indem plausible Gründe für Verhaltensweisen und Stimmungen der Eltern gefunden werden, die nicht so sehr mit dem Selbst zu tun haben, sondern in der äußeren Realität oder im anderen inneren Erleben liegen.

Ein Mangel an Mentalisierungsfähigkeit und der fehlende Rückhalt in den Elternbeziehungen sind meist Kennzeichen einer problematischen Entwicklung in der Adoleszenz. In der Längsschnittuntersuchung von Zimmermann hatten kritische Lebensereignisse wie Trennung, Scheidung, Krankheit oder Verlust eines Elternteils einen wesentlichen Einfluss auf die Diskontinuität sicherer Bindungsrepräsentationen bei Jugendlichen in Richtung Unsicherheit (Zimmermann 1994). Das Ausmaß, in dem die Defizite oder die Verweigerung der Mentalisierung zu langfristigen Schwierigkeiten in der Adoleszenz führen, hängt nicht nur davon ab, wie stark die psychische Struktur des Jugendlichen ist, sondern auch, wie die geschwächte Mentalisierungsfähigkeit durch die soziale Umwelt unterstützt wird. Bei potentiell traumatischen Trennungs- und Verlusterfahrungen wie Scheidung der Eltern, Tod eines Elternteils oder auch bei übergriffigen Bindungserfahrungen wie sexuellem Missbrauch oder körperlicher Misshandlung treffen meist beide Faktoren zusammen: Einem Jugendlichen mit einer infolge seiner Bindungserfahrungen geschwächten Mentalisierungsfähigkeit fehlt dann in der Adoleszenz die Unterstützung von den Eltern oder einem sozialen Umfeld, wodurch ein krisenhafter Verlauf prädestiniert wird.

6. Entwicklungskrisen im Jugendalter

Die Lösung altersspezifischer Entwicklungsaufgaben in der Adoleszenz hängt von den personalen Voraussetzungen und der sozialen Unterstützung ab. Wenn die Erwartungen der Umwelt in einer zu starken Diskrepanz zu den Entwicklungsmöglichkeiten und Entwicklungsbedürfnissen des Jugendlichen stehen, kommt es zu einem krisenhaften Verlauf (Fend 1990). Eine Adoleszenzkrise besteht demnach, wenn eine produktive Problembewältigung vorübergehend in Frage gestellt ist und der Entwicklungsprozess gestört wird. Beim Scheitern an diesen Entwicklungsaufgaben kommt es zu einer Pubertätskrise, in der die Abwehr oft unter Einbeziehung des Körpers weiter ausgeweitet wird, aber auch ein Entwicklungsstillstand eintreten kann.

Die Häufigkeit von Entwicklungszusammenbrüchen im Jugendalter wird im psychoanalytischen Verständnis primär als Folge der sexuellen Entwicklung angesehen. Nach Laufer ist eine Adoleszenzkrise gekennzeichnet durch die fehlende Integration des veränderten Körperbildes in die Selbstrepräsentation des Jugendlichen. Die unbewusste Zurückweisung des sexuellen Körpers und sein verzerrtes Selbstbild bilden die primäre Störung des Entwicklungsprozesses, der in der Folge auch zu einer Verzerrung der Objektbeziehungen führt und ein Scheitern an den Entwicklungsaufgaben hervorruft. Solche Entwicklungskrisen treten bevorzugt während der Pubertät und in der späteren Adoleszenz auf, wobei häufig das Scheitern einer ersten Liebesbeziehung als Auslöser eine Rolle spielt (Laufer 1989).

Aus Bindungssicht liegt dagegen die Hauptursache für eine Entwicklungskrise in der Adoleszenz in Defiziten der Mentalisierungsfähigkeit. Fonagy postuliert, dass durch die kognitive Reife und den Ablösungsdruck Entwicklungsdefizite aufgezeigt werden und zum Tragen kommen, die in früheren Entwicklungsphasen noch kompensiert werden konnten (Fonagy 2002). Bei solchen schweren Entwicklungsdefiziten können sich die Jugendlichen von den Eltern nicht trennen, weil sie weiterhin die physische Gegenwart des Elternteils brauchen, um Selbstanteile durch Projektion zu externalisieren.

In problematischen Bindungsbeziehungen, in denen es chronisch an Feinfühligkeit und emotionaler Einstimmung fehlt, wird das Kind gezwungen, die Repräsentation des mentalen Zustands vom Elternteil als Teil seines Selbstkerns zu internalisieren. Hier findet keine hinreichende Unterscheidung zwischen dem eigenen Affekterleben des Selbst und dem Erleben des Elternteils statt, da die kindlichen Affekte vom Erwachsenen verzerrt durch die eigenen Affekte gespiegelt werden. Anstatt dass das Kind sich in der emotionalen Resonanz des Elternteils auf seine eigenen Affekte bewusst erleben kann, übernimmt es die Affekte des Elternteils als Teil seiner Selbst. Dieser als »fremdes Selbst« erlebte Selbstanteil wird zunehmend in die sich entwickelnde Selbststruktur eingebunden und erzeugt das konstante Bedürfnis nach Externalisierung in Bindungsbeziehungen. Diese Externalisierung des »fremden Selbst« auf die Eltern wird durch die Trennung von den Elternfiguren aufgegeben und gefährdet somit auch die innerpsychische Stabilität. Für den Adoleszenten, der das fremde Selbst nicht integrieren kann und befürchtet, dass sein Kernselbst überschwemmt wird und er seine Identität verliert, entsteht somit ein enormer psychischer Druck, der zu einem Entwicklungszusammenbruch führen kann, wenn keine alternativen Bindungspartner zur Externalisierung zur Verfügung stehen.

Fallbeispiel

Julia hatte zu Beginn der Adoleszenz erstmals eine Episode der Desorientierung, als sie mit der Klasse im Schullandheim war. Solche Episoden wiederholten sich mehrmals und eskalierten, als sie 17 Jahre alt war und alleine mit einer Freundin weit weg von zu Hause ihren Urlaub verbrachte. Sie durchlebte zudem intensive Verlustängste, dass sie nicht mehr nach Hause zurückkehren bzw. den Eltern etwas zustoßen könnte. Zusätzlich hatte sie Angst vor Impulsdurchbrüchen, wenn sie dagegen ankämpfte, sich vor die U-Bahn zu werfen oder beim Anblick eines Küchenmessers damit auf ihre Mutter loszugehen.

Julias Mutter war seit ihrer Schwangerschaft schwere Alkoholikerin und hatte erst mit dem Trinken aufgehört, als Julia 16 Jahre alt war. Diese hatte ihre Mutter oft nach der Schule betrunken angetroffen und sich in Parentifizierung um sie gekümmert. Aufgrund der starken Wechselhaftigkeit und Unberechenbarkeit ihrer Mutter hatte Julia ein kontrollierendes Bindungsverhalten entwickelt. Mit einer seismographischen Sensibilität lernte sie frühe Anzeichen von Trunkenheit zu erkennen, um den Zustand der Mutter besser einschätzen zu können. Damit verbunden war aber eine tiefe Verunsicherung über ihre eigene Realitätswahrnehmung und ihr Wirklichkeitserleben, das von der Mutter nicht validiert, sondern im Gegenteil abgestritten wurde. In enger Verstrickung mit ihrer Mutter hatte Julia aggressive Anteile von ihr in sich als fremdes Selbst internalisiert und musste diese fremden Selbstanteile immer wieder nach außen projizieren, um sich selbst vor einer Überflutung zu schützen. Zu einem Entwicklungszusammenbruch kam es, als die Volljährigkeit als »innere Schwelle« zum Erwachsenenwerden nahte und Julia panische Angst hatte, die Mutter zu verlieren, mit der sie durch gegenseitige Externalisierung so verstrickt war.

7. Therapeutische Aufgaben im Jugendalter

In der Beziehung zum Therapeuten eröffnet sich dem Jugendlichen die Möglichkeit, eine neue Bindungserfahrung mit einem Erwachsenen zu machen. Der Therapeut ist eine Art Elternfigur, die kraft ihrer Neutralität einen anderen Blick auf die Realität ermöglicht. In vielerlei Hinsicht ist die Funktion des Jugendlichentherapeuten eine Mittlerrolle: Verbindungen herzustellen zwischen dem Jugendlichen und den Eltern, zwischen der äußeren Realität und dem Jugendlichen und zwischen dem Jugendlichen und seiner inneren Realität.

Die Bindungstheorie hat gezeigt, dass gerade in der Adoleszenz außenstehende Erwachsene einen nachhaltigen Einfluss auf den Jugendlichen bei der Bewältigung von Krisen oder traumatischen Erfahrungen haben. Zu diesem Entwicklungszeitpunkt ist die Bereitschaft zu neuen Beziehungserfahrungen größer und die reflexiven Fähigkeiten sind gereifter. Die Erfahrung, von einem neutralen Erwachsenen verstanden zu werden, ist der zentrale Faktor einer neuen Bindungsbeziehung, die es einem Jugendlichen ermöglicht, seine Wirklichkeit aus der Außenperspektive zu betrachten und eine reflexive Ebene einzunehmen. Die Bedeutung einer solchen Bindungsbeziehung hängt davon ab, wie viel Unterstützung und Hilfe ein Jugendlicher braucht. Hier eröffnet sich das Spektrum von Hintergrundfunktionen: etwa die eines Vertrauenslehrers oder Beratungslehrers sowie des Beraters einer Erziehungsberatungsstelle bis hin zu einem Jugendlichentherapeuten und Analytiker sowie stationären Einrichtungen.

Während also die Adoleszenz ein sehr günstiger Zeitpunkt für das Einwirken äußerer Bindungsfiguren ist, steht dem entgegen, dass es bei adoleszenten Störungen oft sehr schwierig ist, den Zugang zum inneren Erleben des Jugendlichen zu finden. So sind etwa bei Entwicklungszusammenbrüchen der Realitätsbezug und die Beziehungsfähigkeit zu Außenkontakten oft erheblich gestört und es fehlt dann auch die Bereitschaft, sich überhaupt auf eine therapeutische Bindungsbeziehung einzulassen. Im Bindungskontext formuliert kann die Angst vor der Wiederholung bzw. vor den eigenen Gefühlen so groß sein, dass die Hoffnung auf Verständnis und Hilfe aufgegeben wird.

Die therapeutische Arbeit mit Jugendlichen kann mittels der fünf therapeutischen Aufgaben konzipiert werden, die Bowlby programmatisch formuliert hat (Bowlby 1993). Anhand von kleinen Fallvignetten sollen behandlungstechnische Überlegungen aus Bindungssicht angestellt werden.

7.1 Der Therapeut als sichere Basis

Diese Aufgabe ist eine sogenannte Hintergrundfunktion, die für das affektive Klima der therapeutischen Beziehung von großer Wichtigkeit ist. Hier stellt der Therapeut einen verlässlichen äußeren Rahmen für den Jugendlichen bereit, in dem er ihm einen inneren Raum eröffnet für seine Gefühle und Erfahrungen. In Parallele zur frühen Mutter-Kind-Beziehung geht es um die Art und Weise, wie interaktive Abstimmungen im nonverbalen Verhalten stattfinden, wie die Beziehung wechselseitig reguliert und ausgehandelt wird. All diese interaktiven Prozesse werden vorwiegend prozedural als Beziehungswissen außerhalb des Bewusstseins gespeichert. Es ist anzunehmen, dass auf dieser Ebene die entscheidende Veränderung stattfindet, wenn innere Arbeitsmodelle reorganisiert und Bindungsstile korrigiert werden.

Dabei stellt sich die Frage, *wie* eine solche sichere Basis geschaffen werden kann. Ähnlich wie im Eltern-Kind-Bezug sind Feinfühligkeit gegenüber den Bedürfnissen des Jugendlichen und die Mentalisierung der Erfahrungen zentrale Kriterien, die eine sichere Bindung auszeichnen. Feinfühligkeit manifestiert sich in einer feinfühligen Diskursqualität, in der der Jugendliche die Erfahrung macht, ernst genommen und verstanden zu werden und sich über seine Motive selbst klar zu werden. Der Diskurs mit einem reifen Erwachsenen als potentielle Bindungsfigur ist die entscheidende Grundlage, über die eine Metaebene der Reflexion und der Integration von Gefühlen und Erlebnissen stattfindet. Gerade in der Adoleszenz ist es für den Erwachsenen und insbesondere die betroffenen Eltern sehr schwierig, sich auf die Bedürfnisse des Jugendlichen zu beziehen, vor allem wenn diese vordergründig negativ oder ablehnend sind. Aber gerade diese Negativität anzunehmen, sie zu »containen«, ist oft das Zentrale, da die aggressiven und destruktiven Impulse weder von den Eltern noch vom Jugendlichen selbst ausgehalten oder integriert werden konnten.

7.2 Das Durcharbeiten der aktuellen Bindungsbeziehungen

In der Regel sind die aktuellen Bindungsbeziehungen ein Hauptthema in der therapeutischen Arbeit mit Jugendlichen. Hier liegt emotional der wesentliche

Schauplatz, wo es um Zugehörigkeit, Akzeptanz und Zuneigung geht. Jugendliche, die in Therapie kommen, sind meist in ihre Peergruppe schlecht integriert und leiden unter starker Einsamkeit, dem Gefühl der Ausgeschlossenheit und fehlenden Zugehörigkeit. In der Erörterung der Freundschaftsbeziehungen kommen die intensiven Gefühle von Verliebtheit, Eifersucht, Verlustangst, Trauer, Enttäuschung zur Bearbeitung, die somit auch im therapeutischen Diskurs einer Differenzierung und Mentalisierung zugänglich werden. Hier scheint mir der wesentliche Unterschied von gleichaltrigen und erwachsenen Bindungsbeziehungen zu liegen. Während diese Gefühle in den Freundschaften durchlebt werden, können sie im therapeutischen Diskurs reflektiert und damit verarbeitet werden.

Fallbeispiel

Die 14-jährige Arnika brachte in der Anfangsphase ihrer Therapie wiederholt Kameradinnen mit in die Stunden: die beste Freundin, ihre Cousine, ihre Schwester sowie eine andere Freundin. Die Analytikerin sollte ihre wichtigsten Kameradinnen kennen lernen und umgekehrt wollte sie diesen ihre Therapeutin zeigen. Sie hatte die Vorstellung, dass diese sie besser verstehen könnte, wenn sie Arnika in Beziehung mit den anderen Mädchen erleben würde. Ein Teil der frühen Mutterübertragung war auch, dass sie mir ihre Freundinnen vorstellen wollte, um sich abzusichern, ob diese für sie aus Sicht der Analytikerin »in Ordnung« seien.

Die Freundschaftsbeziehungen waren im Verlauf der zweijährigen analytischen Therapie ein Spiegel für die Selbstentwicklung der Patientin. Zu Beginn der Therapie hatte sie sich von den Mitschülerinnen ausgegrenzt und nicht akzeptiert gefühlt. Zu ihrer besten Freundin Beate, einem sehr dynamischen und dominanten Mädchen, bestand eine ungleiche Beziehung. Arnika idealisierte die Freundin sehr und umwarb sie, während sie sich immer wieder auch in ihrer Zuneigung zurückgewiesen fühlte. Gegen Ende der Therapie war Arnika in ihrer Klassengemeinschaft bei Jungen und Mädchen gleichermaßen beliebt und integriert. In der Beziehung zu ihrer neuen besten Freundin hatte sie nun die dominante Rolle inne. Die Freundschaftsbeziehungen waren der Schauplatz, an den sie ihre Bedürfnisse nach Verständnis, nach Anerkennung und Zugehörigkeit verlagerte, da sie sich im Elternhaus von der Stiefmutter und vom Vater allein gelassen fühlte. Hier suchte sie einen Ausgleich für die Enttäuschungen zu Hause und vor allem für ihr geschwächtes Selbstbewusstsein.

Ein weiteres Fallbeispiel soll verdeutlichen, wie eng die aktuellen Bindungsbeziehungen mit den Bindungserfahrungen im Elternhaus zusammenhängen und für die Durcharbeitung der inneren Arbeitsmodelle genutzt werden können.

Fallbeispiel

David war vor kurzem 18 Jahre alt geworden, als er auf Drängen seiner Freundin therapeutische Hilfe suchte. Er hatte mehrere Wochen die Schule geschwänzt und war schließlich vom Gymnasium abgegangen. Mit seinem Vater hatte er eine heftige körperliche Auseinandersetzung, als dieser wollte, dass David sich nicht mehr so häufig mit seiner Freundin treffen sollte. Dies führte dazu, dass David von zu Hause auszog und bei der Familie seiner Freundin im Wohnwagen wohnte. Es hatte schon vorher wiederholt heftige Wutausbrüche bei Streitigkeiten gegeben, bei denen David mit der Hand durch die Glastür geschlagen und sich selbst verletzt hatte. Es reichten oft Lappalien als Auslöser, die bei ihm Eifersucht oder extreme Wut auslösten und zu Selbstverletzungen führten, um nicht auf sein Gegenüber einzuschlagen.

David war der Erstgeborene eines Bankkaufmanns und einer Sekretärin und wuchs die ersten zehn Jahre bis zur Geburt der jüngeren Schwester als Einzelkind auf. Seine Kindheitserinnerungen waren geprägt von einer tiefen Einsamkeit, die verdichtet in der Erinnerung des Verlustes seines Hundes als seinem einzigen Kamerad zum Ausdruck kam, der starb, als er acht Jahre alt war. Vom Vater wurde er öfters geschlagen, er erlebte ihn unberechenbar und angstauslösend; aber auch von der Mutter erhielt er wiederholt Schläge. Zur Strafe wurde er auch stundenlang in sein Zimmer eingeschlossen und traute sich nicht einmal, auf die Toilette zu gehen. Mit etwa 12 Jahren schloss sich David einer Jugendbande an, mit der er auch in Schlägereien und Bandenkriege unter Einsatz von Waffen verwickelt war und sich am Rande der Kriminalität bewegte. Die Eltern überließen David weitgehend sich selbst und sagten dazu nichts, wie überhaupt die emotionale Vernachlässigung im Gegensatz zur körperlichen Strenge stand.

Seine unkontrollierten gewaltsamen Ausbrüche hatten mit dem Einsetzen der Pubertät begonnen. Über seine Aggression hatte sich David in der Schule und in der Jugendbande eine Position der Stärke geschaffen, die ihm gleichzeitig innerpsychisch als Abwehr seiner Einsamkeit und Depression diente. Die Kindheitserfahrungen waren geprägt von emotionaler Vernachlässigung und von körperlichen Strafen. Seine Eltern konnten sich nicht auf seine wirklichen Gefühle und Erfahrungen beziehen, und so erzeugte der Mangel an Verständnis von Seiten der Bindungsfiguren bei David eine Verletzlichkeit gegenüber Gewaltbereitschaft. Sein Selbst blieb unvollständig organisiert, und er versuchte seinem Gefühl der Wertlosigkeit durch Identifikation mit der Aggression zu entkommen. Jede Bedrohung seines Selbstwertgefühls triggerte bei ihm die Externalisierung seiner Wut in der Hoffnung, mit dem Angriff auch das fremde Andere in sich zu zerstören, das er als verfolgenden Selbstaspekt nach außen projizierte.

Als David 16 Jahre alt war, trennte sich der Vater von seiner Familie, was für David überraschend kam, da er keine Ehestreitigkeiten mitbekommen hatte. Auf diese Trennung und den Zusammenbruch der Familie reagierte er zunächst gar nicht. Als er 18 Jahre alt war, dekompensierte er in der Schule und suchte in einer Partnerschaft Halt und Geborgenheit. David hatte sich nach dem Zusammenbruch seines schon vorher brüchigen Elternhauses in eine Partnerschaft geflüchtet. Hier konstellierte er ein unsicher-präokkupiertes Bindungsmodell zu seiner Freundin mit starken Verlustängsten, die hinter seinem eifersüchtigen Kontrollverhalten ihr gegenüber standen. Er passte sich seiner Freundin an, war übermäßig hilfreich bis zur Selbstaufgabe und erstickte damit jeglichen Freiraum in der Beziehung, was zu starken Kontroversen führte, die wiederum seine Verlustangst intensivierten.

In der therapeutischen Arbeit mit David lag der Fokus primär auf der Hilfe bei der Mentalisierung seines Erlebens, um seine defizitäre Affektregulation durch Ausbildung von Symbolisierung zu stärken. Durch das gemeinsame Verstehen seiner Verlustängste und deren Genese konnte David seine Gefühle besser zulassen und regulieren. Im therapeutischen Diskurs lernte er, seine Gefühle zu verbalisieren und über die Motive seines Verhaltens und das seiner Freundin zu reflektieren. Es gelang ihm besser, mit seiner Partnerin über sein Erleben zu sprechen, und dadurch fand er eine neue Selbstsicherheit und mehr Vertrauen in seine Freundin, was zu einer entspannteren Partnerbeziehung beitrug. Bei David war die Bereitschaft, sich mit seiner Elternbeziehung auseinander zu setzen und die Trennungserfahrung zu bearbeiten, zu diesem Zeitpunkt minimal. All sein Streben war darauf ausgerichtet, sich eine eigene Zukunft und ein neues Zuhause aufzubauen, am liebsten möglichst bald selbst eine Familie zu gründen und Kinder zu haben. Wenngleich vieles in dieser tiefenpsychologischen Therapie unbearbeitet blieb, trug die Bearbeitung seiner aktuellen Bindungserfahrungen wesentlich zu seiner Stabilisierung bei. Vermutlich wird das Thema seiner eigenen Elternerfahrungen für David eher einer Bearbeitung zugänglich, wenn er selbst Vater werden sollte und sich bemühen würde, seinem zukünftigen Kind eigene schmerzliche Erfahrungen zu ersparen.

7.3 Durcharbeitung der Bindungserfahrungen mit den Eltern

Die rekonstruktive Arbeit ist für das Verständnis der aktuellen Psychodynamik und der Pathogenese unerlässlich. Mit der kognitiven Reife entwickelt sich auch beim Jugendlichen ein wachsendes Geschichtsbewusstsein, um das aktuelle Erleben der Gegenwart mit dem »Dort und Damals« des erinnerten Erlebens zu verknüpfen. Die Durcharbeitung der Bindungserfahrungen mit den

Eltern vollzieht sich also einerseits in der Übertragung des vorherrschenden Bindungsmodells in Form von Erwartungen an den Therapeuten, andererseits aber im therapeutischen Diskurs über aktuelle Beziehungserfahrungen mit den Eltern. Während es für den Therapeuten von großer Bedeutung ist, sich eine Vorstellung von den frühen Bindungserfahrungen seines jugendlichen Patienten zu machen, liegt der Schwerpunkt im therapeutischen Diskurs mit Jugendlichen mehr im aktuellen Beziehungserleben. Das rekonstruktive Verstehen nimmt in der therapeutischen Arbeit mit den Jugendlichen meist eine untergeordnetere Rolle ein. Oft wird erst gegen Ende von analytischen Therapien durch den Rückblick über das Dort und Damals der gemeinsamen Arbeit im Verlauf der Therapie auch die Rückschau auf die eigene Entwicklung möglich.

Fallbeispiel (vgl. S. 155 f., S. 163)

So hatte sich die 14-jährige Arnika ein idealisiertes Bild ihrer verstorbenen Mutter bewahrt. Sie erinnerte sich einseitig positiv an schöne Kindheitserlebnisse mit der Mutter, als diese noch gesund war. Die Jahre ihrer Krankheit bis zu ihrem Tod waren aus ihrer Erinnerung weitgehend verdrängt. Erst im Therapieverlauf konnte Arnika auch die traurige und enttäuschende Seite ihrer Mutterbeziehung innerlich zulassen und sich daran erinnern, wie einsam und verlassen sie sich in dieser Zeit gefühlt hatte. Die Mutter, die bis zuletzt ihren nahen Tod verleugnet hatte, war für die Patientin ebenso wenig verfügbar gewesen wie der Vater, der die Erkrankung seiner Frau nicht ausgehalten und sich selbst in die Arbeit bzw. eine neue Partnerschaft geflüchtet hatte.

Die Bearbeitung dieser traumatischen Verlusterfahrung, die durch eine Idealisierung abgewehrt wurde, ermöglichte eine nachträgliche Trauerarbeit und Integration der abgespaltenen Wut. Dadurch konnte Arnika ihre zwanghafte Selbstgenügsamkeit und pseudoprogressive Selbstbemutterung immer mehr aufgeben und sich ihre Wünsche nach Fürsorge und Bemutterung eingestehen. Partiell wurde die Analytikerin zu einer Ersatzmutter, aber auch die Stiefmutter wurde von der Patientin als neue Mutterfigur angenommen.

In der Elternarbeit erweist sich die rekonstruktive Arbeit als ein sehr fruchtbarer Zugang zum Verständnis aktueller Schwierigkeiten und ihrer Entstehung. Hierbei geht es nicht nur um die Rückschau auf die Bindungserfahrungen des Jugendlichen mit seinen Eltern in der Kindheit, sondern auch um die eigenen Bindungserfahrungen der Eltern in ihrer Kindheit. Dabei hat sich die Arbeit mit dem Adult Attachment Interview (Main 1985) als sehr nützlich erwiesen, um mit Eltern über ihre eigenen Bindungserfahrungen ins Gespräch zu kommen. Diese erweiterte Perspektive erlaubt es den Eltern, Parallelen zwischen ihrer eigenen Entwicklung und der ihres Kindes herzustellen, aber auch den emotionalen

Zugang zur eigenen Kindheit und Jugendzeit wieder zu finden. Auch für den Jugendlichen – der je nach Setting der Elternarbeit meist bei solchen Elterngesprächen dabei ist – ist es oft überraschend und informativ, von den eigenen Eltern zu hören, wie sie diese Zeit und die Beziehung zu ihren eigenen Eltern erlebt haben.

Fallbeispiel

Die 16-jährige Erika kam nach einem stationären Krankenhausaufenthalt wegen starker Migräneattacken in psychoanalytische Behandlung. Dem vorausgegangen war eine Vergewaltigung durch einen rechtsradikalen Jugendfreund, von dem sie sich kurz vorher getrennt hatte. Die Eltern waren durch diese Beziehung und die Vorfälle tief verletzt, da ihre Tochter sich gegen ihren Willen auf solche Kreise eingelassen hatte. Bei den gemeinsamen Elterngesprächen, die in größeren Abständen therapiebegleitend mit Erika stattfanden, ging es im ersten Therapiejahr hauptsächlich um häusliche Streitereien und Kontroversen. So konnten die Beziehungsbrüche zwischen Erika und ihren Eltern wieder repariert werden. Als dann der Vater zu einem Gespräch nicht mitkam, warf die Tochter ihrer Mutter erstmals vor, dass sie über ihre eigene Geschichte niemals gesprochen habe, dass sie ihre ausländischen Verwandten gar nicht kenne und auch nicht verstehen könne, warum die Mutter nie mit ihr in ihrer Muttersprache gesprochen und sie nicht zweisprachig erzogen habe.

In den folgenden Familiengesprächen, zu denen auch der Vater wieder hinzukam, ging es dann auch um die vergangenen Bindungserfahrungen beider Eltern, über die mit der Tochter nie gesprochen worden war. So hatte die Mutter sich mit Beginn ihrer Ehe von ihrer Familie und Heimat losgesagt, um nicht zwischen zwei Ländern hin und her gerissen zu sein. Bei der Geburt ihrer Tochter fühlte sie sich von außen dazu gedrängt, mit dem Baby in ihrer Muttersprache zu sprechen, obwohl sie selbst viel lieber in Deutsch mit ihm sprechen wollte. Um ihrer Tochter die eigene Zerrissenheit zwischen beiden Sprachen zu ersparen, traf sie damals die Entscheidung, ihre Tochter nicht zweisprachig, sondern auf Deutsch groß zu ziehen. Diese Mitteilung ermöglichte es Erika, ihre Mutter besser zu verstehen und sich mit ihr zu solidarisieren.

7.4 Die Bindungserfahrungen in der therapeutischen Beziehung

Inwieweit kommt es zu einer Veränderung oder Korrektur der bestehenden Bindungsrepräsentation im Rahmen einer Therapie? Der jugendliche Patient bringt aufgrund seiner bisherigen Bindungserfahrungen mit den Eltern bestimmte Erwartungen in die therapeutische Beziehung mit ein. In den meisten Fällen haben Patienten eine unsichere Bindungsrepräsentation, tendenziell mit unverarbeiteten traumatischen Erfahrungen. Der Jugendliche wendet sich an einen Therapeuten in der Hoffnung, eine neue positive Bindungserfahrung zu machen, da seine eigenen Bewältigungsstrategien ihn nicht weiter geführt haben und er nun externe Hilfe in Anspruch nehmen muss. Gleichzeitig besteht die Befürchtung, ähnlich zurückgewiesen, beschämt oder mit Vorwürfen konfrontiert zu werden, wie er es in seinen bisherigen Beziehungen erfahren hat.

Voraussetzung für eine neue korrigierende Bindungserfahrung ist, dass der Therapeut sich dem Jugendlichen als sichere Basis zur Verfügung stellt, von der aus es möglich wird, die äußere Beziehungswelt und die innere Erfahrungswelt zu erkunden. Die Grundlagen für den Aufbau einer sicheren Bindungsbeziehung sind Feinfühligkeit bzw. Empathie, die sich in einem feinfühligen Diskurs zeigen, sowie Reflexivität über Gefühle und Motive bei sich und anderen, die eine Mentalisierung ermöglichen. Dabei ist die Beziehungserfahrung immer wieder von Verzerrungen und alten Befürchtungen gefährdet, die in die Übertragung auf den Therapeuten eingehen. In der therapeutischen Beziehung werden partiell Aspekte der Bindungserfahrungen mit den Eltern in der Übertragung wiederholt. Dabei findet häufig eine Rollenumkehr statt, so dass der Therapeut die Rolle des Kindes erlebt, während der Jugendliche in Identifikation mit dem Elternteil seine passive Erfahrung in eine aktive umwandelt und zu verarbeiten sucht.

Entscheidend ist, inwieweit sich der Therapeut dem Jugendlichen als Container für die intensiven Affekte und auch als »Gebrauchsobjekt« zur Verfügung stellt, um bei der Regulation intensiver Affekte mitzuwirken. In der Jugendlichentherapie ist der Therapeut in höherem Maße ein Übergangsobjekt auf dem Wege zum Erwachsenwerden, eine Art Teddybär, der je nach Bedarf geknuddelt und weggeworfen wird (Leyting 1994). In vielen Jugendlichentherapien ist es jedoch wichtig, dass der Therapeut eine Selbstobjektfunktion übernimmt. Besonders ausgeprägt ist bei Jugendlichen das Bedürfnis nach einem Erwachsenen, der ihrem Idealisierungsbedürfnis gerecht wird und eine beruhigende, sichernde Funktion übernimmt, denn adoleszente Patienten kommen mit einem Mangel an Elternidealen in Therapie, da sie immer wieder oder anhaltend enttäuscht wurden.

7.5 Reorganisation der inneren Arbeitsmodelle

Die Veränderung der unsicheren Bindungsrepräsentationen in sichere Bindungsmodelle bedarf einer nachträglichen Verarbeitung, bei der die eigenen Erfahrungen reflektiert und die entsprechenden Gefühle integriert werden. Inwieweit dies gelingen kann, hängt maßgeblich von der Qualität der therapeutischen Bindungsbeziehung ab. Ausgehend von der Annahme, dass ein Therapeut eine sichere Bindungsrepräsentation (erworben) hat, spielt das Bindungsmodell des Jugendlichen eine wichtige Rolle dabei, wie intensiv die therapeutische Erfahrung sein muss, um eine Veränderung zu ermöglichen. Ein Jugendlicher, dessen Eltern sich scheiden lassen und vorübergehend nicht für seine Bedürfnisse emotional verfügbar sind, kann während einer solchen Krise in verständnisvollen Gesprächen mit einem neutralen Dritten (sei dies ein Verwandter, ein Lehrer oder Berater) seine Erfahrungen vermutlich weitgehend integrieren und verarbeiten, wenn vorher eine sichere Bindungsqualität zu den Eltern bestand. Dies würde den präventiven Bereich auch der Beratungsarbeit umfassen, indem frühe Hilfen in Form von feinfühligen Diskursen mit Jugendlichen dazu beitragen, bei der Reflexion der Erfahrungen zu helfen und so eine Verarbeitung zu ermöglichen.

Erfahrungsgemäß ist eine Jugendlichentherapie meist nicht die erste Anlaufstelle bei psychischen Problemen, sondern wird erst dann gesucht, wenn nichts anderes geholfen hat. Meist kommen Jugendliche in analytische Therapie, die eine schwere Entwicklungskrise oder einen adoleszenten Zusammenbruch erlebt haben. Hier braucht es die intensive und kontinuierliche Beziehungsarbeit, um die Defizite in der Mentalisierungsfähigkeit zu verringern und neue Bindungserfahrungen zu ermöglichen.

Eine Reorganisation der inneren Arbeitsmodelle früher Bindungsbeziehungen ist in der Jugendzeit eine besondere Chance, da diese Entwicklungsphase dank der kognitiven Reifung einer reflexiven Metaebene in besonderem Maße zugänglich ist. Im therapeutischen Diskurs geht es um das *Spiel mit der Realität*: eine Neubetrachtung von verschiedenen Gefühlen, Perspektiven, Motiven, Entscheidungsmöglichkeiten. Dadurch erwirbt der Jugendliche neben der Handlungssprache eine verbale Ebene des Ausdrucks, die ihm dabei hilft, seine Erfahrungen zu reflektieren und seine Gefühle besser zu regulieren.

Anhand der analytischen Arbeit mit Julia (vgl. S. 160 f.), die sich über einen Zeitraum von vier Jahren erstreckte, soll abschließend das Zusammenwirken der verschiedenen therapeutischen Aufgaben illustriert werden.

Fallbeispiel

Für Julia war es lange äußerst schwer, die therapeutische Beziehung als *sichere Basis* zu erleben. Zunächst recherchierte sie ausgiebig über das Privatleben der Analytikerin, um sich Gewissheit zu verschaffen, ob sie ihr trauen könne. Später wurde die sichere Basis immer wieder durch die negative Übertragung enttäuschender Bindungserfahrungen erschüttert, bis in der mehrjährigen Arbeit ein Gefühl von Sicherheit und Vertrautheit überwog.

Die Bearbeitung der *aktuellen Bindungsbeziehungen* wurde erst mit der ersten Partnerschaft zu einem wichtigen Thema im therapeutischen Diskurs. In zahlreichen episodischen Erzählungen wollte Julia mit der Analytikerin herausfinden, welche Motive hinter dem Verhalten ihres Partners standen, um ihn besser zu verstehen. Es war für sie schmerzlich und unverständlich, wenn ihr Freund Notlügen benützte oder sein Wort nicht hielt. Für Julia wiederholten sich so Aspekte aus der Bindungserfahrung mit ihrer Mutter, auf die sie besonders sensibel reagierte. So hatte Julia früh gelernt, sich nicht auf Aussagen von anderen zu verlassen, sondern selbst die Realität zu prüfen und die Bindungsfigur maximal zu kontrollieren, um nicht getäuscht und enttäuscht zu werden. In der Partnerbeziehung stellte sich für Julia erneut die Frage, inwieweit sie ihrem Freund vertrauen konnte oder selbst kontrollieren musste, ob er die Wahrheit sagt. Allmählich konnte Julia die Motive seines Handelns besser verstehen und auch annehmen, dass es seine Art war, so mit Gefühlen umzugehen. Hierdurch entstand mehr Vertrauen und Julias Kontrollbedürfnis ließ nach.

Im Rahmen dieser Partnerschaft konnte Julia auch zunehmend über ihre *Bindungserfahrungen mit den Eltern* reflektieren. Sie brachte Erinnerungen an Szenen mit der betrunkenen Mutter ein, wo sie belogen wurde, wo sie die Mutter als schwach erlebte und sich selbst äußerst hilflos fühlte, oder wo die Mutter launisch und zurückweisend zu ihr war. Deshalb hatte Julia beschlossen, auf keinen Fall wie ihre Mutter zu werden: launisch und aggressiv, depressiv und alkoholabhängig. Sie wollte zu allen hilfreich und freundlich sein, vor allem niemals trinken und in Beziehungen die Kontrolle behalten. Allerdings war diese Gegenidentifikation zur Mutter nur begrenzt tragfähig als Modell gegen Suchtgefahr und Kontrollverlust. Es brauchte die Internalisierung von anderen »Modellen«, damit Julia ihre Weiblichkeit entwickeln und andere Erfahrungen von Fürsorglichkeit verinnerlichen konnte.

Der Schwerpunkt der analytischen Arbeit lag in der therapeutischen Bindungsbeziehung, wo sich für Julia im Übertragungserleben die enttäuschende Liebe zur Mutter, die – erschwert durch ihre Alkoholprobleme – die Liebe der Tochter nicht annehmen und erwidern konnte, partiell wiederholte. Ihr Konflikt wurde reaktiviert zwischen intensiven Nähewünschen und deren Abwehr aus Angst vor Zurückweisung, aber auch aus Angst vor Abhängigkeit, die sie durch ihre eigene Bedürftigkeit noch verletzlicher machen würde. Entsprechend ihrer inneren Aufspaltung in gute und böse Objekte konstellierte sich in ihrem Erleben eine Polarität zwischen einer idealisierenden Übertragung, in der die Analytikerin menschlich-liebevoll ihre Nähewünsche annehmen konnte, und einer negativen Mutterübertragung, in der sie die Analytikerin als kalte und unmenschliche Therapeutin erlebte und sich die enttäuschende Beziehungserfahrung zurückgewiesener Liebe aus der Mutterbeziehung für sie wiederholte.

Eine positive, gefühlvolle Übertragungsbeziehung entsprach zwar dem Wunsch der Patientin, mobilisierte aber gleichzeitig ihre Ängste vor Abhängigkeit und die damit verbundene Abwehr. Da ihr Übertragungswunsch nach einer intimen Freundschaftsbeziehung allein durch die Einhaltung der Rahmenbedingungen immer wieder enttäuscht wurde, wurde bei Julia gleichzeitig Enttäuschungswut aktiviert. Die Rollenannahme der zurückweisenden, kalten Seite der Mutterübertragung andererseits löste bei Julia zuviel Enttäuschungswut aus, was dann zu einem Rückzug und einer Blockade im therapeutischen Diskurs führte und die Gefahr einer Verstrickung bedingte.

Außerhalb des therapeutischen Rahmens war die Analytikerin für Julia zu einer zentralen Bindungsfigur geworden, die in ihrer Phantasie viel Raum einnahm. Hier fand Julia auch den einzigen Halt in der schwierigen Zeit des Schulabschlusses, als all die gewohnten Strukturen wegbrachen und sie die Schwellensituation als Verlust und nicht als Neuanfang erlebte. Innerhalb des therapeutischen Rahmens war Julia damit beschäftigt, ihre intensiven Beziehungswünsche und Gefühle auf mehreren Ebenen abzuwehren. Im Sinne einer Reaktionsbildung wehrte sie ihre Zugewandtheit und ihre Bindungswünsche hinter einer »coolen« Haltung ab, in der sie sich scheinbar emotionslos und zum Teil unbeteiligt, ohne große Erwartungen gab. Gleichbleibend blieb das anfängliche Abchecken des Raumes und der Stimmung der Therapeutin, welche für die Patientin bestimmten, ob es eine »gute« oder eine »schlechte« Stunde wurde. Im Dienste der Gefühlsabwehr stand auch über lange Zeit die strikte Kontrolle der Stundenabläufe, die Julia für sich vorher plante und in der Stunde inszenierte, z. B. wenn sie der Analytikerin am Ende der Stunde eine Mitteilung in Form von Texten oder Bildern übergab, die eine unmittelbare Reaktion der Analytikerin verhinderte, da eine Bearbeitung des Materials erst in der nächsten Stunde möglich wurde.

Eine andere Form der Kontrolle war ihre Tendenz zur Rollenumkehr, indem sie von ihrem Erleben weglenkte und stattdessen das Erleben der Analytikerin erkunden wollte. Neben dem Abwehraspekt wurde darin auch ein Mangel an früher Objekterfahrung deutlich, so dass Julia sich an ihr eigenes Seelenleben annäherte, indem sie ihr Bild in der Analytikerin aufsuchte (Theory of Mind). Abwehrdeutungen lösten dagegen Wutgefühle aus, die häufiger zu einem verstrickenden Interaktionsmodus führten. Für Julia *wurde* die Analytikerin dann zur kalten, unmenschlichen Therapeutin, von der sie sich emotionslos seelisch seziert fühlte, so dass sie ihrerseits versuchte, diese aus ihrem inneren Erleben auszugrenzen. Diese aggressive Projektion stand im Dienste der Abwehr durch Externalisierung.

Bei Julia bestand ein hartnäckiger Widerstand gegen das Bewusstwerden der Übertragung, da sie ihr Beziehungserleben in der Therapie ausschließlich in der Gegenwart und an der Analytikerhaltung festmachte. Es gab keine »Als ob«-Ebene, sondern die Analytikerin *war* die kalte, zurückweisende Therapeutin hinter einer freundlichen Fassade oder die Analytikerin, die sie für verrückt *hielt*. Hier zeigte sich die Wahrnehmung nach dem Äquivalenzmodus, so dass die äußere Beziehung entsprechend ihrer inneren Realität erlebt wurde. Im Laufe der therapeutischen Arbeit wurde es Julia besser möglich, partiell ihre Wünsche wie auch ihre Enttäuschungswut im Hier und Jetzt der therapeutischen Beziehung einzubringen. Sie lernte ihr inneres Erleben mehr zu verbalisieren und Externalisierungen zurückzunehmen. Als wesentlicher Therapiefortschritt war zu werten, dass Julia ihre Enttäuschungswut über Empathiemängel der Therapeutin in der Beziehung zu »reparieren« lernte und so eine allmähliche Integration ihrer aggressiven Seiten möglich wurde, ohne dass die Beziehung vollständig in ihrem Erleben kippen musste.

Die *Reorganisation* ihres inneren Arbeitsmodells von Bindungsbeziehungen betraf in erster Linie die Verbesserung ihrer Mentalisierungsfähigkeit. Die Erfahrung in der therapeutischen Beziehung ermöglichte vor allem auf der prozeduralen, impliziten Ebene immer wieder neue Erfahrungen von Verlässlichkeit und Sicherheit und bahnte damit ein neues Bindungserleben. Im Diskurs konnten die »Schatten der Vergangenheit«, die Wiederholung der alten Enttäuschungen gedeutet und verarbeitet werden, so dass eine neue Offenheit für alternative Beziehungserfahrungen geschaffen wurde. Hier wirkten die *sichere Basis* und das *Durcharbeiten der therapeutischen Bindungsbeziehung* zusammen. Schließlich erwarb Julia im gemeinsamen Diskurs immer mehr metakognitive Fähigkeiten, die eine Mentalisierung ihrer Erfahrungen ermöglichten. Zunächst ging es um die Erfahrung, dass sie im Sinne der »Theory of Mind« das Bild von sich bei der Analytikerin wahrnehmen konnte und sich als intentionales Wesen verstanden und gespiegelt fühlte. Parallel entwickelte Julia ihre Fähigkeit zur Mentalisierung in anderen Beziehungen, wenn sie die Motive und Absichten der anderen, insbesondere ihres Partners, zu verstehen versuchte. Dadurch wurde ihr Realitätssinn, der maßgeblich auf Kontrolle beruht hatte, durch die subjektive Realität erweitert. Julia konnte nun zulassen, dass neben einem Konsens über die objektive Realität auch unterschiedliche subjektive Realitäten gleichwertig koexistieren können.

Betrachtet man das Therapieziel in einer Jugendlichenbehandlung als den Anschluss an die normale Entwicklung, so gelang Julia im Verlaufe der analytischen Arbeit eine Loslösung aus der verstrickenden Mutterbeziehung. Dies wurde durch eine Verbesserung ihrer Mentalisierungsfähigkeit möglich, da sie die als fremd internalisierten Selbstanteile modifizieren und ihre aggressiven Seiten soweit integrieren konnte, dass sie diese nicht mehr externalisieren musste.

8. Zusammenfassung

In der therapeutischen Arbeit mit Jugendlichen ist in hohem Maße eine flexible Haltung des Analytikers notwendig, um als sichere Bindungsfigur zu fungieren. Eine zu abstinente und rigide therapeutische Grundhaltung wird häufig vom Jugendlichen als Zurückweisung erlebt und verhindert eine neue Bindungserfahrung der sicheren Basis. Gerade die Adoleszenz ist eine Entwicklungsphase, in der auch die Bindungsbeziehungen einer neuen Betrachtung zugänglich werden und so eine Nachreifung in der Fähigkeit zur Mentalisierung ermöglicht wird.

Anmerkungen

1 In deutsch nachzulesen in dem von Gloger-Tippelt (2001) herausgegebenen und im Verlag Hans Huber erschienenen Buch »Bindung im Erwachsenenalter«.

Literatur

Blos, P. (1989): Adoleszenz. Stuttgart (Klett-Cotta).

Bowlby, J. (1993): Elternbindung und Persönlichkeitsentwicklung. Heidelberg (Dexter).

Bründl, P. (1994): Überlegungen zur Entwicklung des Geschichtsempfindens in der Adoleszenz. In: M. M. F. Pedrina, E. Garstick & E. Burkard: Spielräume. Tübingen (edition diskord).

Erikson, E. H. (1980): Jugend und Krise. Die Psychodynamik im sozialen Wandel. Stuttgart (Klett-Cotta).

Fend, H. (1990): Vom Kind zum Jugendlichen. Der Übergang und seine Risiken. Entwicklungspsychologie der Adoleszenz in der Moderne. Band 1. Bern (Huber).

Fonagy, P., György Gergely, Elliot L. Jurist, Mary Target (2002): Affect Regulation, Mentalization and the Development of the Self. New York (Other Press).

Freud, S. (1905): Drei Abhandlungen zur Sexualtheorie. Frankfurt (Fischer).

Grossmann, K. E., Grossmann, K., Winter, M., & Zimmermann, P. (2002): Bindungsbeziehungen und die Bewertung von Partnerschaft. In: K. H. Brisch, K. E. Grossmann, K. Grossmann & L. Köhler (Hg.): Bindung und seelische Entwicklungswege. Stuttgart (Klett-Cotta), S. 125–164.

King, V. (1993): Geburtswehen der Weiblichkeit – Verkehrte Entbindungen. Zur Konflikthaftigkeit der psychischen Aneignung der Innergenitalität in der Adoleszenz. In: V. K. H. Karin Flaake (Hg.): Weibliche Adoleszenz. Frankfurt/Main,

New York (Campus), S. 103–125.
Laufer, M. L., M. E. (1989): Adoleszenz und Entwicklungskrise. Stuttgart (Klett-Cotta).
Leyting, G. (1994): Von der Verwicklung zur Entwicklung. Der adoleszente Prozess im psychoanalytischen Dialog. In: P. Pedrina, Mögel, M., Garstick, E. & Burkard, E. (Hg.): Spielräume. Tübingen (edition diskord), S. 158–190.
Main, M., Kaplan, N., & Cassidy, J. (1985): Security in infancy, childhood, and adulthood: A move to the level of representation. In: I. Bretherton & E. Waters (Hg.): Growing points in attachment theory and research. 50, S. 66–106.
Main, M. G., R. (1985): Adult attachment classification and rating system. Berkeley (University of California).
Zimmermann, P. (1994): Bindung im Jugendalter: Entwicklung und Umgang mit aktuellen Anforderungen. Regensburg.

Frühe Bindungsstörung und der Gang durch die Institutionen: Zusammenarbeit zwischen Jugendhilfe und Kinder- und Jugendpsychiatrie anhand eines Fallbeispiels

Elisabeth Fremmer-Bombik

Einführung

In der Kinder- und Jugendpsychiatrie begegnen uns immer wieder Jugendliche, die viele Stufen der Jugendhilfe durchlaufen haben und, weil sie nicht »bindungsfähig« sind, die Einrichtungen immer wieder wechseln müssen und schließlich zur diagnostischen Abklärung ihrer Probleme auch stationär in eine Kinder- und Jugendpsychiatrie eingewiesen werden. Oft kommen diese Jugendlichen aus sehr schwierigen psychosozialen Verhältnissen, und man kann retrospektiv aus den vielen Berichten der Ämter erkennen, dass ihren Problemen eine frühe Bindungsstörung zugrunde liegt.

Das Diagnoseschema ICD 10 (1999) begrenzt die Diagnose Bindungsstörung auf die frühe Kindheit, es bietet keine Beschreibung der Folgen einer frühen Bindungsstörung. Stattdessen wird sehr oft die Diagnose »Störung des Sozialverhaltens« gestellt; es kommt auch vor, dass bei sehr jungen Mädchen schon Begriffe wie Borderlinestörung erwogen werden.

Zunehmend versucht die Entwicklungspsychopathologie die Ergebnisse der Bindungsforschung in einen klinischen Ansatz zu integrieren. Für eine gesunde Entwicklung wird eine sichere Bindung als Schutzfaktor, eine unsichere Bindung als fehlender Schutzfaktor, eine desorganisierte Bindung als Risikofaktor gesehen, eine Bindungsstörung gilt dagegen bereits als pathologisch (Zimmermann 2001; Zeanah, Mammen & Liebermann 1993).

Bindungen aufzubauen ist eine der ersten und elementarsten Entwicklungsaufgaben menschlicher Wesen. Kann diese Aufgabe nicht zufriedenstellend gelöst werden, entstehen vielfältige lebenslange Probleme (Bowlby 1979). Ziel der Zusammenarbeit zwischen Jugendhilfe und Kinder- und Jugendpsychiatrie sollte es sein, auf dem Wissen der Bindungstheorie und -forschung aufbauend, die Kinder mit früher Bindungsstörung so zu begleiten, dass sie die Lösung dieser Entwicklungsaufgabe im Sinne der Entwicklung eines stabilen Arbeitsmodells von Bindung nachholen können.

Entwicklungsaufgabe: Arbeitsmodell von Bindung

Der Aufbau von Arbeitmodellen von Bindung gehört zu den elementaren Entwicklungsaufgaben des Menschen. Diese Arbeitmodelle helfen ihm, die Wirklichkeit zu simulieren und damit die Reaktionen der Bindungsfiguren vorherzusehen, sie als berechenbar zu erleben und das Verhalten der Bindungsfiguren sinnvoll zu beeinflussen.

Bindungsverhalten, also das Suchen nach Nähe bei einer vertrauten Person, begleitet den Menschen von der Geburt bis zum Tod (Bowlby 1979). Von Geburt an ist ein Kind mit einem Verhaltensrepertoire ausgestattet, das dazu dient, die Nähe zu einer Pflegeperson aufrechtzuerhalten, und das innerhalb eines Bindungsverhaltenssystem organisiert ist. Weinen ist die auffälligste unter den Signalverhaltensweisen. Das Pflegeverhalten der Eltern ist das Komplement zum Bindungsverhalten des Kindes. Beide Systeme sind fein aufeinander abgestimmt und entwickeln sich in einer bestimmten Abfolge.

Ab der Mitte des ersten Lebensjahres formt sich das Kind eine Vorstellung von seinen hauptsächlichen Bindungspersonen. Es hat die Fähigkeit entwickelt, auch dann nach der Pflegeperson zu suchen, wenn diese nicht anwesend ist. Gleichzeitig mit dieser Fähigkeit tritt auch Kummer bei einer Trennung auf. Das Kind ist an diesem Punkt seiner Entwicklung zu einer festen Bindung fähig (Ainsworth 1985a). Wird das Kind im Laufe seines Erkundens der Umwelt verunsichert, etwa durch zu große Entfernung von der Bindungsfigur oder durch fremde Reize, so sorgt die Aktivierung des Bindungssystems und des damit verbundenen Verhaltens für Nähe und Schutz durch die Bindungsfigur. Sie dient idealerweise als sichere Basis, von der aus das Kind, nachdem die Erregung des Bindungssystems abgeklungen ist, von neuem erkunden kann (vgl. den Beitrag von Marvin in diesem Buch).

Über das Bindungsverhalten und die Reaktionen der Bindungsfiguren entwickelt das Kind eine innere Repräsentation von Bindung, das sogenannte innere Arbeitsmodell von Bindung (»inner working model«). Die Bindungstheorie (Bowlby 1969, 1984; Ainsworth 1985a, b; Main, Kaplan & Cassidy 1985; Bretherton 1985) geht davon aus, dass Kinder innere Arbeitsmodelle von ihren Bindungsfiguren und von sich aufbauen. Die wichtigste Funktion dieser inneren Arbeitsmodelle ist nach Bowlby (1969), Ereignisse der realen Welt zu simulieren bzw. vorwegzunehmen, um so das Individuum in die Lage zu versetzen, sein Verhalten mit Einsicht vorausschauend zu planen. Je besser und genauer die Simulation der Wirklichkeit entspricht, desto besser ist das darauf basierende Verhalten angepasst. Unterschiedliche Bindungsfiguren erfordern eine unterschiedliche Anpassung. Unterschiedliche Erfahrungen müssen in ein Gesamtmodell, wie die Umwelt und die Bindungsfiguren funktionieren, integriert werden. Gelingt diese Integration gut, so entsteht eine kohärente, anpassungsfähige Abbildung der Wirklichkeit. Es entstehen Arbeitsmodelle, die wie ein Schlüssel zum Schloss des Arbeitsmodells der Bindungsfigur passen. Unterschiedliche Schlösser brauchen unterschiedliche Schlüssel (vgl. Fremmer-Bombik 1995). Das Kind entwickelt zu den unterschiedlichen Bindungsfiguren unterschiedliche Arbeitsmodelle. Später im Leben integriert es seine Erfahrungen mit den verschiedenen Bindungsfiguren zu einem einheitlichen Arbeitsmodell. Main u. a. (1985) vertreten die Hypothese, dass sich das Arbeitsmodell der Hauptbindungsfigur, also meist der Mutter, durchsetzt. Dafür gibt es jedoch bisher keine ausreichenden empirischen Belege.

Man unterscheidet geordnete Bindungsstrategien (sicher, unsicher vermeidend und unsicher ambivalent), ungeordnete Strategien (desorganisiert) und fehlende Strategien.

Das sichere Modell

Mit einem sicheren Modell bringt das Kind Vertrauen in die Verfügbarkeit der Bindungsfigur, z. B. in die »Fremde Situation« (eine standardisierte Abfolge von Trennung und Wiedervereinigung, vgl. Ainsworth 1985a), mit. Es kann, ausgehend von seinem Modell, die Bindungsfigur als sichere Basis benutzen, um die fremde Umgebung zu erforschen. Auch wenn die Bindungsfigur den Raum verlassen hat, empfindet das Kind sie noch als verfügbar, und es sorgt sich nur allmählich, wenn sie länger nicht zurückkommt. Die Rückkehr der Bindungsfigur bestärkt das Kind in seinem Glauben an ihre Zuverlässigkeit. Folglich sucht das besorgte, sicher gebundene Kind sofort und unzweideutig Trost bei der Bindungsfigur, lässt sich schnell und wirksam beruhigen und kann so sein Erkundungsverhalten fortsetzen (Ainsworth 1985b). Die negativen Gefühle, die die Trennung beim Kind auslöst, führen zu Bindungsverhalten, das eine positive Lösung, nämlich Trost, und damit Beendigung des Leids verspricht. Allgemein gesagt, negative Gefühle werden mit Hilfe dieses Arbeitsmodells in eine insgesamt positive gefühlsmäßige Erwartung über einen guten Ausgang integriert, da dieser in sicheren Dyaden auch meist tatsächlich erlebt wird.

Das Modell des sechsjährigen sicher gebundenen Kindes ermöglicht dem Kind auch nach einer einstündigen anstrengenden Trennung eine entspannte Offenheit gegenüber der Bindungsfigur. Das Kind beginnt einen freien flüssigen Dialog mit der zurückkehrenden Bindungsfigur, seine Zuversicht wird durch freundliche Zugewandtheit bestätigt. Der Aktionsradius dieses Kindes ist nicht eingeschränkt und die Stimmung entspannt (Main u. a. 1985).

Das sichere Arbeitsmodell bei Erwachsenen wird als autonom bezeichnet. Es entsteht entweder aus einer zuverlässig sicheren frühen Bindung oder aus einer tiefgreifenden Verarbeitung negativer Kindheitserlebnisse (Fremmer-Bombik 1995). Für diese Menschen haben Bindungen einen hohen Stellenwert, und sie betrachten Erfahrungen, die sie mit Bindungspersonen gemacht haben, als wesentlich für ihre Entwicklung. Sie haben einen guten Zugang zu den eigenen Gefühlen. Das autonome Arbeitsmodell ermöglicht es ihnen, negative Erfahrungen in eine positive Grundhaltung zu integrieren.

Das unsicher ambivalente Modell

Im Modell unsicher ambivalent gebundener Kinder ist die Bindungsfigur als nicht zuverlässig vorhersehbar abgebildet. Diese Kinder wissen, dass sie sehr intensives Bindungsverhalten einsetzen müssen, um das Fürsorgeverhalten der Bindungsfigur zuverlässig zu aktivieren. Diese Kinder sind in der »Fremden Situation« unruhig und ihr Bindungssystem ist allein schon wegen der fremden Umgebung und der fremden Person stark aktiviert. Ihr unsicheres inneres Arbeitsmodell über ihre Erwartungen an die Bindungsfigur aufgrund bisheriger Erfahrungen lässt sie die Nähe der Bindungsfigur schon vor der Trennung suchen. Durch die chronische Aktivierung ihres Bindungssystems ist ihr Erkundungsverhalten stark eingeschränkt. Verlässt die Bindungsfigur dennoch den Raum, so werden diese Kinder in ihrer Erwartung bestärkt, dass die Bindungsfigur wohl wieder nicht verfügbar ist. Die Trennung belastet diese Kinder besonders stark. Der wiederkehrenden Bindungsfigur gegenüber verhalten sie sich widersprüchlich. Sie suchen ihre Nähe, sind aber zugleich ärgerlich und wütend auf sie, was sich in ihrem ambivalenten Verhalten zeigt (Ainsworth 1985a). Da keine positive Erwartungshaltung beim Kind aufgebaut wurde, kann es seine negativen Gefühle nicht auf ein positives Ziel hin integrieren.

Die schlechte Berechenbarkeit der Reaktionen der Bindungsfigur lässt das Kind lange unreif erscheinen. Mit sechs Jahren wirkt es noch sehr anhänglich und kleinkindhaft. Das Arbeitsmodell gibt dem Kind keine Zuversicht in die Voraussagbarkeit und Verfügbarkeit der Bindungsfigur, so dass eine einstündige Trennung bereits eine starke Bedrohung für das Kind bedeuten kann. Das sehr starke Bindungsverhalten kommt aber den Bedürfnissen und Arbeitsmodellen dieser Bindungsfiguren entgegen, so dass eine für diese Dyade funktionierende Strategie entstanden ist.

Analog zum ambivalenten Verhalten in der Fremden Situation, das die niedrige Schwelle für Bindungsverhalten bei diesen Kindern verdeutlicht, gibt es auch Erwachsene, die so tief in das Thema Bindung eintauchen, dass sie nicht mehr kohärent darüber berichten können. Das unsicher ambivalente Arbeitsmodell eines Erwachsenen zeichnet sich durch Verstricktheit in frühen Beziehungen aus. Diese Erwachsenen sind verwirrt, widersprüchlich und besonders wenig objektiv, wenn sie über ihre Beziehungen und deren Einflüsse Auskunft geben. Sie sind in ihren frühen Bindungserfahrungen gefangen, dabei aber passiv, ängstlich oder auch ärgerlich gegenüber den Bindungspersonen. Sie sind besonders schlecht in der Lage, unterschiedliche Gefühle zu integrieren, und sind sich der Inkohärenzen in ihren Angaben nicht bewusst.

Das unsicher vermeidende Modell

Unsicher vermeidend gebundene Kinder wirken während der Fremden Situation nicht beunruhigt, sie vermeiden sogar die Nähe zur wiederkehrenden Bindungsfigur. Ihre Erfahrungen mit der Bindungsfigur zu Hause haben zu einem Modell von der Bindungsfigur als in vielen, vor allem kummervollen, Situationen zurückweisend geführt. Um aber die Wahrscheinlichkeit für die doch sehr schmerzhafte Zurückweisung zu verringern, haben sie die Strategie der Vermeidung entwickelt. Sie zeigen möglichst ihre Verunsicherung nicht mehr und suchen auch die Zuwendung durch Trost und körperliche Nähe der Bindungsfigur nicht mehr, da sie von ihr keine Auflösung der Verunsicherung mehr erwarten (Ainsworth 1985b). Auch bei diesen Kindern ist keine Integration negativer Gefühle in eine positive Erwartungshaltung möglich, sie versuchen aber im Gegensatz zum ambivalenten Modell negative Gefühle gegenüber der Bindungsperson nicht mehr auszudrücken. Da sie die zurückweisenden Reaktionen der Bindungsfigur auf negative Gefühlsäußerungen recht zuverlässig vorhersagen können, hilft ihnen die Strategie der Vermeidung, das Risiko von Zurückweisung zu minimieren und die Nähe zu dieser speziellen Bindungsfigur optimal zu regulieren.

Das Arbeitsmodell des unsicher vermeidenden sechsjährigen Kindes wird in angespannter Vorsicht sichtbar. Es spricht höflich, aber distanziert zu seiner Bindungsfigur. Seine Antworten sind kurz und auf das Nötigste beschränkt. Es entsteht kein flüssiger Dialog. Je weniger sich das Kind offenbart, umso geringer ist die Wahrscheinlichkeit für eine abwertende Reaktion der Bindungsfigur. Das Kind scheint eine Art unsichtbare Mauer aufgebaut zu haben, hinter der es nicht hervorkommt, über die aber auch die Bindungsfigur nicht hinweg kann.

Personen mit einem unsicher vermeidenden Arbeitsmodell wirken als Erwachsene sehr distanziert gegenüber Beziehungsthemen. Sie erinnern sich kaum an Ereignisse aus ihrer Kindheit, vor allem aber können sie nicht mehr nachempfinden, was sie in den Episoden, an die sie sich erinnern können, gefühlt haben. Sie machen sich fast immer ein idealisiertes Bild von ihren Eltern. Widersprüche zwischen dem idealisierten Bild der Eltern und einzelnen Episoden, an die sie sich erinnern und die die Zurückweisung oder mangelnde Nähe durchblicken lassen, werden von ihnen nicht erkannt. Sie halten sich für starke, unabhängige Menschen, für die Nähe zu anderen und Bindungen wenig bedeuten. Ainsworth (1985b) vermutet, dass diese Menschen zwei Tendenzen in sich tragen, die zum Konflikt führen. Sie haben zwei Modelle entwickelt: ein dominierendes, in dem die Eltern idealisiert werden, und ein unbewusstes, das auf den realen Erfahrungen von Zurückweisung und Mangel an sicherheitsspendender Nähe basiert.

Das unsicher desorganisierte Modell

Über das Arbeitsmodell der unsicher desorganisierten Kinder gibt es noch wenig konkrete Aussagen (vgl. Main & Hesse 1990). Es ist jedoch anzunehmen, dass bindungsrelevante Probleme der Bindungsfigur (z. B. unverarbeitete Trauer, eigener Missbrauch oder andere traumatische unverarbeitete Ereignisse) ihr eigenes Bindungssystem aktiviert halten und so das Pflegesystem, hier vor allem ihre Funktion als feinfühlige Bindungsperson, nur eingeschränkt tauglich ist.

Diese Kinder befinden sich in vielen bindungsrelevanten Situationen in einem Annäherungs-Vermeidungs-Konflikt, der aus dem ängstlichen oder angstmachenden Verhalten der Bindungsfigur entsteht. Er entsteht sowohl, wenn die Bindungsfigur in spezifischen für sie selbst belastenden Situationen feindselig reagiert, als auch, wenn sie hilflos reagiert (Lyons-Ruth, Melnick & Bronfman 2002).

Ihre Kleinkinder sind länger nicht in der Lage, eine klare Bindungsstrategie zu entwickeln und ihre Erwartungen an die Bindungsperson in einem Arbeitsmodell abzubilden. Im Lauf der Zeit entwickeln sie eine kontrollierende Strategie, die in vielen Fällen an Rollenumkehr erinnert. Als Sechsjährige fühlen sie sich entweder für das Wohlergehen der Bindungsfigur verantwortlich, was sich in überfürsorglichem Verhalten zeigt, oder sie versuchen die Kontrolle durch bestrafendes Verhalten nach der einstündigen Trennung (Beschimpfungen oder Tätlichkeiten) zu behalten (Main u. a. 1985).

Die Desorganisation des erwachsenen Arbeitsmodells zeigt sich in verbalen und gedanklichen Inkohärenzen und Irrationalitäten bei ganz bestimmten Bindungsthemen wie Tod, Trennungen oder der Beschreibung eines erlebten Missbrauchs. Die Kindheitserinnerungen dieser Erwachsenen und ihre Art, darüber zu berichten, sind, abgesehen vom Bericht des traumatischen Ereignisses, immer auch einem der vorne beschriebenen Arbeitsmodelle zuordenbar. Die Erfahrung von Misshandlung oder Missbrauch (auch psychischer) durch die Bindungsfigur führen zu eine desorganisierten Bindungsstrategie, aber auch ein nicht verarbeitetes Trauma der Bindungsfigur kann eng zusammenhängen mit desorganisierter Bindung zum eigenen Kind (Ainsworth & Eichberg 1991).

Das Scheitern dieser Entwicklungsaufgabe: Kein Arbeitsmodell von Bindung – Bindungsstörung

Alle vier unter Punkt 2 beschriebenen Arbeitsmodelle von Bindung zeichnen sich dadurch aus, dass das Kind eine Strategie entwickeln konnte, die bei seiner Bindungsfigur Fürsorgeverhalten auslöst. Wir gehen in der Entwicklungspsychopathologie davon aus, dass ein sicheres Modell ein wichtiger Schutzfaktor für eine gesunde Entwicklung ist, ein unsicheres Modell dagegen das Fehlen eines Schutzfaktors bedeutet, eine desorganisierte Bindung als Risikofaktor angesehen werden muss, aber noch keinen Krankheitswert an sich hat. Eine unsichere und/oder desorganisierte Bindung ist nicht äquivalent zu einer Bindungsstörung, obwohl die Desorganisation der Bindung bereits ein ungeordnetes Modell darstellt, welches ohne Intervention nicht selten zu Problemen in der kindlichen Entwicklung führt. Eine Bindungsstörung entsteht dann, wenn ein Kind keine, auch keine unsichere, Bindungsstrategie entwickeln konnte.

Zeanah und Kollegen (1993) führen in Ergänzung zur ICD 10 weitere Untergruppen der reaktiven und der enthemmten Bindungsstörungen ein; zur reaktiven Bindungsstörung gehören auch exzessiv klammernde Kinder und zwanghaft folgsame Kinder, zur enthemmten Bindungsstörung gehören auch sich jederzeit trennende Kinder und sich selbstgefährdende Kinder. Zusätzlich führen sie drei weitere Formen von Bindungsstörung an: fehlende Bindung, aggressive Bindungsstörung und Bindungsstörung mit Rollenumkehr.

In der Bindungsforschung fand sich in allen Stichproben, in denen mit Hilfe der Fremden Situation Eltern-Kind-Beziehungen untersucht wurden, ein geringer Prozentsatz von Beziehungen, die nicht klassifizierbar waren, weder in den drei klassischen Kategorien von Ainsworth noch in der von Main gefundenen Gruppe desorganisierter Beziehungen (Main u. a. 1985). Kennzeichnend war hier, dass entweder kein Bindungsverhalten der Bindungsfigur gegenüber zu beobachten war, oder Mischformen aus verschiedenen Kategorien vorkamen, aber keine Strategie dominierte.

Auch bei Sechsjährigen konnten wenige von solchen in keiner Kategorie erfassten Verhaltensweisen beobachtet werden. Nie jedoch waren sie sich ähnlich genug, dass die Idee von einem eigenen Muster hätte entstehen können.

Da es sich jeweils um sehr wenige Fälle handelte, wurden sie meist aus den statistischen Analysen herausgenommen und wie Messfehler behandelt. Es gibt daher keine empirischen Aussagen darüber, ob es Zusammenhänge gibt zwischen dem Elternverhalten im ersten Lebensjahr und der mangelnden Entwicklung einer Bindungsstrategie.

In den Erwachseneninterviews finden sich nun aber aus bindungstheoretischer Sicht ähnliche Fälle: Interviews, in denen sich kein eindeutiges

Arbeitsmodell zeigt. Es finden entweder ständige Wechsel von andeutungsweise vorkommenden Modellen statt, meist analog zu biographischen kritischen Lebensereignissen und Veränderungen, oder so extrem inkohärente Schilderungen, dass der Leser das Interview nicht verstehen kann. Auch intensives und strukturierendes Nachfragen bringt keine Klärung.

Hesse (1996) beschreibt diese nicht-klassifizierbare Kategorie (CC = cannot classify) ausführlich und trägt einige Studien zusammen, die zeigen, dass es Häufungen dieser Kategorie von bis zu über 40% in klinischen Stichproben mit kriminellen und gewalttätigen Biographien bei Männern und Biographien mit sexuellem Missbrauch bei Frauen gibt.

Wir können in der klinischen Arbeit davon ausgehen, dass Kinder, die in extrem schwierigen psychosozialen Verhältnissen aufwachsen mit häufig wechselnden Bezugspersonen, extrem unzuverlässigen Bezugspersonen, wie drogen- und alkoholabhängigen Eltern, die Gewalt und Vernachlässigung ausgesetzt sind, nicht in der Lage sein können, ein stabiles Arbeitsmodell von Bindung zu entwickeln. Ihr alltägliches Leben ist so unberechenbar, dass sie die Reaktionen der Umwelt nicht zuverlässig vorhersagen können und keine Simulation der Wirklichkeit entwickeln können. Beginnen diese Kinder dann frühzeitig den Weg durch die Einrichtungen der Jugendhilfe, sind sie oft wieder mit häufig wechselndem Betreuungspersonal konfrontiert. Sie lernen alle Bindungsstrategien im Ansatz, können aber ihre Erfahrungen nicht langfristig integrieren. Sie werden in ihrem eigenen Bindungsverhalten so sprunghaft und unberechenbar, wie ihr Leben war. Dies erschwert den Umgang mit ihnen auch für professionelles Betreuungspersonal und führt zu immer wieder dramatischen Enttäuschungen und letztlich Verstoßungen (vgl. auch Schleiffer 2001).

Fallbeispiel Jennifer[1]

Jennifer wird Ende der 80er Jahre in einem Krankenhaus in L. geboren. Beide Eltern sind drogenabhängig. Aufgrund von Entzugserscheinungen und weiterer somatischer Probleme muss Jennifer zwei Monate im Krankenhaus bleiben. Bis zu 18 Monaten wird sie dann von ihren drogenabhängigen Eltern mehr schlecht als recht betreut, zwischendurch ist sie immer wieder bei den Großeltern väterlicherseits.

Aus den Berichten des Jugendamtes können wir schließen, dass die Betreuungssituation für Jennifer sehr schlecht ist. Neben der Vernachlässigung ist sie den extremen Stimmungsschwankungen ihrer drogenabhängigen Eltern ausgeliefert. Die extreme Unberechenbarkeit ihrer Umwelt lässt die Entwicklung von Bindungsstrategien sicher nicht zu.

Ab 18 Monaten lebt Jennifer für drei Monate ganz bei den Großeltern väterlicherseits. Hier findet mit hoher Wahrscheinlichkeit sexueller Missbrauch durch den Großvater statt. Die Mutter verschwindet zu dieser Zeit ganz aus ihrem Leben.

Statt zu einer Stabilisierung der Lebensumstände führt der Betreuungswechsel zu den Großeltern zu einer weiteren Traumatisierung, die die Aufgabe, eine Bindungsstrategie zu entwickeln, zusätzlich verhindert. Die Ersatzbindungsfigur Großvater wird zur angstauslösenden Figur.

Anschließend kommt Jennifer für zwei Jahre in ein Kinderheim in L.

Hier versäumt das Jugendamt einen geeigneten Zeitpunkt für eine Unterbringung bei einer Pflegefamilie. Stattdessen wird Jennifer mit ihren knapp zwei Jahren wiederum einer instabilen Betreuungssituation in einem Kinderheim ausgesetzt.

Im Alter von vier bis sechs Jahren lebt Jennifer dann in einer Pflegefamilie. Zu dieser Zeit ist sie bereits so verhaltensauffällig, dass sie von der enttäuschten Pflegefamilie regelrecht verstoßen wird.

Jennifer dürfte im Alter von vier Jahren, also zu Beginn ihres Lebens in der Pflegefamilie, bereits eine ausgeprägte Bindungsstörung entwickelt haben. Die Pflegeeltern hätten intensive Begleitung und Aufklärung gebraucht, um Jennifers Verhalten verstehen zu können. Jennifer hat mit ihren vier Jahren nicht nur keine Bindungsstrategie entwickeln können, auch eine Integration der Gefühle ist für sie nicht möglich, ebenso wenig ein stabiles Modell über ihre eigene Person.

Jennifer kommt jetzt in ein Kinderheim in S. Sie lebt hier insgesamt sechs Jahre. Sie wird in die Grundschule eingeschult, muss die erste Klasse wiederholen. Sie entwickelt Essprobleme fast im Sinne einer Anorexie, hat mit zehn Jahren bereits Alkohol- und Drogenprobleme und erste sexuelle Kontakte. Sie bekommt im Heim Psychotherapie und wird vor allem hinsichtlich der sexuellen Kontakte vorsichtiger.

In diesem Kinderheim verbringt Jennifer immerhin die längste Zeit ihres bisherigen Lebens. Sie hat inzwischen einen Amtspfleger, der sich sehr viel Mühe gibt. Die Kontakte zur Großmutter, an der sie sehr hängt, und zum Vater werden mit viel Aufwand und Engagement von Seiten des Heims und des

Vormunds gepflegt. Sie finden im Kinderheim statt, so dass es keinen Kontakt zum Großvater gibt. Leider suggerieren ihr beide immer wieder, dass sie eigentlich zu ihnen gehöre und die Ämter schuld seien, dass sie im Heim leben müsse. So gelingt es Jennifer auch hier nicht, wirklich Vertrauen zu fassen und stabile Bindungen einzugehen, was aber von Seiten des Heimes im Hilfeplan gemeinsam mit dem Jugendamt als Ziel formuliert wird. Schließlich gibt das Heim auf und entlässt sie wiederum mit der Begründung, sie sei nicht bindungsfähig und brauche eine andere Form der Betreuung, als dieses Heim ihr bieten könne. Schulisch werden starke Aufmerksamkeitsprobleme deutlich, die Jennifer das Leben zusätzlich erschweren.

Jennifer kommt mit nicht ganz dreizehn Jahren in eine Jugendwohngruppe für Mädchen. Sie ist hier deutlich überfordert, alle anderen Mitbewohnerrinnen sind deutlich älter als sie. Sie hat wegen ihres impulsiven, unberechenbaren Verhaltens sehr schnell große Probleme mit dem Mitbewohnerinnen.

Mit ihrem immer wieder wechselnden und unberechenbaren Beziehungsverhalten sorgt sie für große Konflikte. Sie ist aggressiv und impulsiv. Gleichzeitig wirkt ihr sehr gutes Aussehen und ihre charmante Lebhaftigkeit sehr anziehend auf die anderen Mädchen, die aber von ihrer Unstetigkeit immer wieder enttäuscht werden.

Nach fünf Monaten muss Jennifer die Gruppe verlassen und wechselt in eine intensive, sozialpädagogische Einzelbetreuung (ISE). Hier wohnt sie für acht Monate allein mit einer festen Betreuerin in einer Wohnung. Die Maßnahme verläuft ausgesprochen gut. Jennifer wird außerdem schulisch entlastet. Trotz durchschnittlicher Intelligenz wird sie wegen ihrer Aufmerksamkeitsprobleme in eine Schule zur individuellen Lernförderung umgeschult.

Jennifer kann sich in der fachmännischen Einzelbetreuung gut entwickeln. Sie ist im Einzelkontakt wesentlich leichter führbar als in der Gruppe. Gleichzeitig entsteht eine gute Beziehung zu ihrer neuen Lehrerin. Ihre Verhaltensauffälligkeiten und dissozialen Tendenzen nehmen deutlich ab.

Nach acht Monaten soll Jennifer in die Mädchenwohngruppe rückgeführt werden. Trotz sorgfältiger Planung misslingt dies. Die alten Konflikte flammen sofort erneut auf. Jennifer wird entlassen. Sie wird in der Ambulanz der Kinder- und Jugendpsychiatrie (KJP) vorgestellt.

Das Scheitern der Rückführung zeigt zum einen, dass die Stabilisierung in der ISE noch nicht dauerhaft genug war. Zum anderen tendiert Jennifer immer noch dazu, die Erwartungen der anderen zu erfüllen, und ist für die anderen Mädchen schnell wieder die Aggressive, Impulsive und Unberechenbare. Um ihre neuentwickelten Fähigkeiten leben zu können, hätte sie jetzt eine neue Umgebung gebraucht, die ihr vorurteilsfreier und angstfreier hätte entgegentreten können.

Kurzfristig wird eine erneute Einzelbetreuung in einem erlebnispädagogisch arbeitendem Institut organisiert, bis Jennifer stationär in die KJP aufgenommen werden kann.

Jennifer ist jetzt mit dreizehn Jahren ohne festen Wohnsitz, ihre Betreuung ist zerrissen zwischen dem Jugendamt L. und einer neuen Amtspflegerin in S., die sich leider weit weniger engagiert als ihr Vorgänger. Die KJP wird erst dann in Anspruch genommen, als alle anderen Maßnahmen bereits gescheitert sind.

Nach zwei Monaten Einzelbetreuung kommt Jennifer stationär in die KJP. Hier lebt sie sich rasch ein. Sie schließt schnell Freundschaften zu Mitpatientinnen. Die Regelverstöße halten sich in Grenzen, sie ist bei relativ viel Freiheit gut führbar. Psychopathologisch besonders auffällig ist, dass Jennifer Tag und Nacht ihren Mantel trägt. Erst nach mehreren Wochen gibt es einige wenige Situationen, wo sie genügend Vertrauen hat, den Mantel abzulegen.

Der eher distanzierte Umgang des Betreuungspersonals tut Jennifer sehr gut. Sie muss keine emotionalen Verpflichtungen eingehen. Die Regeln sind klar und transparent. Die Erwachsenen sind extrem zuverlässig. Obwohl Jennifer als einzige Patientin kein Taschengeld hat und auch sonst finanziell sehr schlecht versorgt wird, ist sie geduldig und kooperativ. Die Klinik organisiert in Zusammenarbeit mit ihrem ehemaligen Pfleger, der die Urlaubsvertretung für die eigentlich zuständige Kollegin übernommen hat, aus Sonderkassen Geld, so dass Jennifer mehrmals zum Vater und dessen Lebensgefährtin beurlaubt werden kann. Diese Konfrontation mit der Realität ist sehr wichtig. Die geliebte Großmutter ist inzwischen verstorben, der gefürchtete Großvater ein Pflegefall, der Vater immer noch alkoholabhängig und unzuverlässig. Die einzige stabile Person ist die Lebensgefährtin des Vaters, die mit Jennifer sehr realistisch umgeht. Sie organisiert die Beurlaubungen, macht ihr aber keinerlei Illusionen, dass Jennifer ganz bei ihnen leben könnte. Dies erleichtert die Arbeit in der KJP, für Jennifer eine neue Institution zu finden, in der sie leben und die Entwicklungsaufgaben der Pubertät unter fachmännischer Begleitung zu erfüllen versuchen kann.

Dass Jennifer sich praktisch nie ohne ihren Mantel zeigt, ist als Hinweis zu deuten, dass sie wirklich sexuell missbraucht wurde und auch deshalb Therapie brauchen wird.

Weihnachten 2001 kann Jennifer in eine therapeutische Wohngruppe südwestlich von L. wechseln. Von hier aus sind Beurlaubungen zum Vater möglich, und die Einrichtung hat eigene Ausbildungsmöglichkeiten.

Jennifer ist mit knapp 14 Jahren bereits durch so viele Institutionen gegangen, dass es unbedingt notwendig ist, eine Einrichtung zu finden, wo sie längerfristig betreut werden kann und wo keine zu hohen Ansprüche an ihre Beziehungsfähigkeit gestellt werden, d. h. das Personal in der Nähe-Distanz-Regulierung gut geschult ist. Sie braucht therapeutische Unterstützung in ihrer emotionalen Entwicklung und wird so vielleicht doch noch in der Lage sein, ein stabiles Arbeitsmodell von Bindung zu entwickeln, das ihr helfen wird, die Reaktionen der Umwelt vorhersagen zu können und nicht mehr aggressiv und impulsiv auf die scheinbare Unberechenbarkeit reagieren zu müssen. Diese Einrichtung kann ihr außerdem einen geschützten Rahmen bieten und so ihre dissoziale Entwicklung vielleicht doch noch verhindern. Freilich ist ihre Prognose dennoch denkbar schlecht.

Konsequenzen für eine kindzentrierte Begleitung von Kindern mit frühen Bindungsstörungen in der Jugendhilfe

Das Beispiel von Jennifer S. zeigt uns, wie wichtig es ist, die Erkenntnisse der Bindungstheorie und -forschung in die konkrete Arbeit der Hilfsinstitutionen wie Pflegefamilien, Jugendhilfe, ambulante und stationäre Jugendhilfeeinrichtungen und Kinder- und Jugendpsychiatrie zu integrieren.

Werden Kinder in extrem unzuverlässige Betreuungssituationen hineingeboren, wie es bei drogen- und alkoholabhängigen Eltern vermutet werden kann, muss bereits in der Neugeborenenzeit stabile Hilfe für solche Familien organisiert werden. Die Kinder brauchen neben den Eltern, die ihre Aufgabe als sichere Basis für das Kind nicht erfüllen können, professionelle, stützende Fürsorge. Können die Eltern nicht zur Therapie motiviert werden, muss frühzeitig an eine Unterbringung in einer Pflegefamilie gedacht werden. Je jünger die Kinder sind, desto flexibler ist ihr Bindungsverhaltenssystem und desto eher sind sie in der Lage, stabile Bindungen aufzubauen. Je länger diese Entwicklungsaufgabe nicht bewältigt werden konnte, desto schwieriger wird es. Die Kinder verfügen über keine eindeutige Bindungsstrategie, sind nicht in der Lage, Gefühle zu integrieren, und haben auch kein Arbeitsmodell über ihre eigene Person entwickeln können. Die Pflegefamilien brauchen unbedingt professionelle Begleitung, die sie über die Auffälligkeiten bindungsgestörter Kinder aufklärt und die Erwartungen an die Realität anpasst. Bereits frühzeitig sollte eine kinder- und jugendpsychiatrische Diagnostik klären, ob so ein Kind aus einer extrem belasteten Familie nicht eigene zusätzliche entwicklungspsychopathologisch relevante Probleme mitbringt. Leben die Eltern in extrem chaotischen Lebensumständen, so kann man mit einer gewissen Wahrscheinlichkeit auch eine Vulnerabilität der Kinder für psychische Auffälligkeiten wie z. B. Aufmerksamkeitsstörungen erwarten (vgl. Rolf, Masten, Cicchetti, Nuechterlein & Weintraub 1990).

Sollte die Unterbringung in einer Familie nicht gelingen und eine stationäre Jugendhilfeeinrichtung in Anspruch genommen werden müssen, ist hier vor allem darauf zu achten, dass die Institution motiviert wird, nicht aufzugeben, so dass das Kind möglichst lange in der selben Einrichtung gehalten werden kann. Hierfür sollten alle möglichen therapeutischen Hilfen in Anspruch genommen werden. Langfristig erweist sich fast immer eine psychologische Betreuung dieser Kinder als notwendig. Die Figur eines entsprechend ausgebildeten Heimpsychologen kann es dem Kind ermöglichen, die Erfahrung einer erfolgreichen Beziehungsgestaltung nachzuholen, mit all ihren Entwicklungsstufen wie Bindungsaufbau, Bindungsstabilisierung, Vertrauen und vor allem Loslösung. Wichtig ist die Entwicklung einer funktionierenden Bindungsstrategie mit einer oder mehreren berechenbaren Bindungsfiguren und schließlich eines zuverlässigen Arbeitsmodells von Bindung. Die Erfahrung, dass dieses Arbeitsmodell die Reaktionen der Umwelt berechenbar macht und das Gefühl des Hilflos-ausgeliefert-Seins langsam verschwindet, verstärkt die Zuversicht, effektiv zu sein, und stärkt so das Selbstvertrauen. Es hilft dem Kind auch, ein Modell über sich selbst als effektiv zu entwickeln.

Sollte das Kind zusätzliche pathologische Auffälligkeiten zeigen, ist professionelle Hilfe und Aufklärung der Betreuungspersonen umso notwendiger. Die Erwartungen an dieses Kind müssen dann dringend an die Realitäten dieses Kindes angepasst werden, um chronische Überforderungen zu vermeiden. Auch hierfür ist ein rechtzeitiges Ineinandergreifen von Jugendhilfe und Kinder- und Jugendpsychiatrie notwendig.

Verläuft ein Lebenslauf wie im Fall von Jennifer extrem unstet, so kann eine Jugendliche mit knapp 14 Jahren in ihrer Beziehungsgestaltung bzw. in ihrer Unfähigkeit zur Beziehungsgestaltung bereits so schwierig sein, dass die betreuende Institution besonders sorgfältig mit der Nähe-Distanz-Gestaltung umgehen können muss. Das Nachholen der Entwicklungsaufgabe »Entwicklung eines Arbeitsmodells von Bindung« ist dann eine mehrjährige Aufgabe, die von den betreuenden Personen sehr viel Geduld und Frustrationstoleranz verlangt. Diese Kinder haben in den äußerst unterschiedlichen Betreuungssituationen alle Bindungsstrategien im Ansatz gelernt, keine hat sich aber für sie wirklich bewährt, ihre Umwelt blieb unvorhersehbar. So kommt es, dass diese Kinder immer wieder scheinbar gut mit neuen Situationen zurecht kommen, sich enorm anpassen können, längerfristig aber extreme Enttäuschungen produzieren, weil sie doch immer wieder die Erwartungen der Erwachsenen nicht erfüllen können und sprunghaft ihre Beziehungsstrategien wechseln. Die Entwicklungsaufgabe »Entwicklung eines Arbeitsmodells von Bindung« kann, wenn überhaupt, nur in einer längerfristigen therapeutischen Beziehung nachgeholt werden.

Für die professionellen Helfer muss dies heißen: für möglichst hohe Stabilität sorgen, die Betreuungspersonen vor Enttäuschungen warnen, die Erwartungen herunter schrauben und das Netz der Hilfsinstitutionen möglichst eng knüpfen und das Nachholen der »Entwicklung eines Arbeitsmodells von Bindung« ermöglichen.

Anmerkungen

1 Namen und Kontexte sind so weit verändert, dass die Anonymität der Jugendlichen/Familie gewährleistet ist, die psychodynamischen Zusammenhänge aber erhalten bleiben.

Literatur

Ainsworth, M. D. S. (1985a): Patterns of infant-mother attachments: Antecedents and effects on development. Bulletin of the New York Academy of Medicine, 61 (9), S. 771–791.

Ainsworth, M. D. S. (1985b): Attachment across the life span. Bulletin of the New York Academy of Medicine, 61 (9), S. 792–812.

Ainsworth, M. D. S., & Eichberg, C. G. (1991): Effects on infant-mother attachment of mother's unresolved loss of an attachment figure, or other traumatic experience. In: C. M. Parkes, J. Stevenson-Hinde & P. Marris (Hg.) (1991): Attachment across the life cycle. London/New York (Tavistock/Routledge), S. 160–183.

Bowlby, J. (1984): Bindung. München (Kindler). Original: Attachment and loss. Vol. 1: Attachment. London (Hogarth Press and Institute of Psycho-Analysis) (1969).

Bowlby, J. (1979): The making and breaking of affectional bonds. London (Tavistock Publications). Deutsch: Das Glück und die Trauer. Stuttgart (Klett-Cotta).

Bretherton, I. (1985): Attachment theory: Retrospect and prospect. In: Bretherton, I., & E. Waters (Hg.): Growing points of attachment theory and research. Monographs of the Society for Research in Child Development 50, S. 3–35.

Fremmer-Bombik, E. (1995): Innere Arbeitsmodelle von Bindung. In: Spangler, G., & P. Zimmermann (Hg.): Die Bindungstheorie. Grundlagen, Forschung und Anwendung. Stuttgart (Klett-Cotta), S. 109–119.

Hesse, E. (1996): Discourse, memory, and the adult attachment interview: A note with emphasis on the emerging cannot classify category. Infant Mental Health J. 17, S. 4–11.

Deutsches Institut für medizinische Dokumentation und Information (Hg.) (1999): ICD-10. Internationale statistische Klassifikation der Krankheiten und verwandter Gesundheitsprobleme. Im Auftrage des Bundesministeriums für Gesundheit. 10. Revision.

Lyons-Ruth, K., Melnick, S., & Bronfman, E. (2002): Desorganisierte Kinder und ihre Mütter. In: Brisch, K. H., Grossmann, K. E., Grossmann, K., Köhler, L. (Hg.) (2002): Bindung und seelische Entwicklungswege. Stuttgart (Klett-Cotta).

Main, M., Kaplan, N., und Cassidy, J. (1985): Security in infancy, childhood, and adulthood: A move to the level of representation. In: Bretherton, I., und E. Waters (Hg.): Growing points in attachment theory and research. Monographs of the Society for Research in Child Development 50, S. 66–106.

Main, M., & Hesse, E. (1990): Parents' unresolved traumatic experiences are related to infant disorganized attachment status: Is frightened and/or frightening parental behavior the linking mechanism? In: Greenberg, M. T., D. Cicchetti und E. M. Cummings (Hg.): Attachment in the preschool years. Chicago (University of Chicago Press), S. 161–184.

Rolf, J., Masten, A. S., Cicchetti, D., Nuechterlein, K. N., & Weintraub, S. (1990): Risk and Protective Factors in the Development of Psychopathology. Cambridge (Cambridge University Press).

Schleiffer, R. (2001): Der heimliche Wunsch nach Nähe. Bindungstheorie und Heimerziehung. Münster (Votum).

Zeanah, C., Mammen, O. K., & Liebermann, A. F. (1993): Disorders of attachment. In: Zeanah, C. (Hg.): Handbook of infant mental health. New York (Guildford Press), S. 332–349.

Zimmermann, P. (2001): (Reaktive) Bindungsstörungen im Kindesalter. In: Lauth, G. W., U. Brack und H. Linderkamp (Hg.): Praxishandbuch: Verhaltenstherapie bei Kindern und Jugendlichen. Weinheim (Psychologie Verlags Union), S. 54–62.

Bindungsdiagnostik in der Kindheit

Entwicklungswege zur Repräsentation von Bindung bei 6-jährigen Kindern - Fallbeispiele

Gabriele Gloger-Tippelt

1. Einleitung

Spielt ein 5-jähriges Kind im Verlauf der psychologischen Diagnostik in einer Beratungsstelle beispielsweise eine Szene mit Familienfiguren, in der das Puppenkind von zu Hause wegläuft, sich versteckt, die Eltern es lange suchen, schließlich finden und nach Hause bringen, so versuchen die diagnostizierenden Psychologen zu deuten, was das Kind damit über seine Beziehung zu den Eltern ausdrückt. Ein anderes Kind dagegen spielt z. B. ein Geburtstagsfest mit mehreren Kindern und Eltern, die zusammen Spiele machen, Spaß haben und Kuchen essen. Wieder ein anderes Kind kommt nur schwer zum Spielen, scheint von den Familienfiguren abgestoßen zu sein und starrt sie reglos an. Wie lassen sich die Unterschiede zwischen den gleichaltrigen und ansonsten ähnlich entwickelten Kindern verstehen? Hier kann die Bindungstheorie und empirische Bindungsforschung wertvolle Interpretationshilfen über die Beziehungsstrukturen zwischen Eltern und Kindern geben.

In diesem Beitrag werden drei Fallbeispiele aus einer Längsschnittstudie an erstgeborenen 6-jährigen Kindern berichtet. Die Beispiele beginnen mit den gespielten und erzählten Geschichten der Vorschulkinder zu bindungsrelevanten Themen, wie sie sich mit einem neuen Erhebungsverfahren, dem Geschichtenergänzungsverfahren zur Bindung, erfassen lassen. Als Anhaltspunkte für die daraus erschlossenen Bindungsrepräsentationen dienen das frühere Bindungsverhalten der Kinder zu ihrer Mutter in der Fremden Situation (FS) sowie die Bindungsrepräsentationen der Mütter, die mit dem Adult Attachment Interview (AAI) erhoben wurden. Die Art und Weise, wie die Mütter ihre Kindheitserfahrungen verarbeitet haben, lässt Schlussfolgerungen über die intergenerative Vermittlung der Bindung von der Mutter zum Kind zu.

Weitere längsschnittliche Daten zum Schwangerschaftserleben der Mutter belegen den psychischen Verarbeitungsstil der Mütter. Informationen über die Partnerschaftsqualität von der Schwangerschaft bis zum sechsten Lebensjahr des Kindes liefert ein Partnerschaftsfragebogen (PFB, Hahlweg 1979).

2. Entwicklungspsychologischer Hintergrund

Will man Bindung bei Kindern jenseits des Kleinkindalters diagnostisch erfassen, ist davon auszugehen, dass sich diese nach dem Alter von zwei Jahren nicht mehr nur auf der Verhaltensebene manifestiert, wie sie in der Fremden Situation bei Wiederkehr der Bezugsperson nach Trennung zu beobachten ist, sondern auch auf der Ebene mentaler Repräsentation. Die Bindungstheorie nimmt an, dass das frühe Bindungsverhalten des Kleinkindes im impliziten oder prozeduralen Gedächtnis gespeichert ist. Ab der Beherrschung der Sprache und den verbesserten kognitiven und Gedächtnisfähigkeiten steht eine explizite Repräsentationsebene und ein zunehmendes Verständnis für mentale, innere Vorgänge bei anderen Personen und bei sich selbst zur Verfügung. Für diese theoretische Vorstellung führte J. Bowlby (1975) den Begriff »Inneres Arbeitsmodell von Bindung« ein, der die psychologische Basis für den dynamischen Veränderungsprozess in der kindlichen Konstruktion des eigenen Selbst und der Umwelt, im Wesentlichen der Bezugspersonen, bezeichnen sollte.

Während das frühe Bindungsverhalten (FS) auf der Ebene des impliziten (prozeduralen) Gedächtnisses verankert und nicht bewusst ist, sind Bindungsrepräsentationen als Teil des inneren Arbeitsmodells spätestens ab vier Jahren bewusst zugänglich und explizit im deklarativen Gedächtnis gespeichert, wobei sowohl das allgemeine Weltwissen (semantisches Gedächtnis) als auch autobiografische Erinnerungen (episodisches Gedächtnis) beteiligt sind. Wie der Entwicklungsfortschritt von der impliziten zur expliziten Repräsentation und Speicherung - auch von Bindung - genau vor sich geht und welche Zwischenschritte dabei angenommen werden müssen, ist noch nicht vollständig geklärt. Jedoch besteht Übcreinstimmung, dass die sprachliche Kommunikation über bindungsrelevante Situationen mit den Bezugspersonen eine wesentliche Rolle dabei spielt (Bretherton 2001; Grossmann 1999; Nelson 1999; Klann-Delius 2002). Gespräche zwischen Kind und Bindungsperson, in denen vor allem Trennungen ausgehandelt werden, sind auch in der letzten Phase der Bindungsentwicklung, in der von Bowlby sogenannten »zielkorrigierten Partnerschaft«, von herausragender Bedeutung (Bowlby 1969/82).

Nach der Bindungstheorie hat das innere Arbeitsmodell oder das mentale Bindungsmodell die Funktion, die Erfahrungen, Gedanken und Gefühle über das Selbst und die Bezugsperson zu integrieren und zukünftiges Verhalten relevanter anderer Personen vorherzusagen. Diese innerpsychische Struktur bei Kindern bezeichnete Bowlby als dynamisch, weil sie einerseits durch die ständige Interaktion mit den Bezugspersonen aufrechterhalten oder neu konstruiert wird, und andererseits durch Fortschritte kognitiver Fähigkeiten ein mentales

Operieren, d. h. auch eine Veränderung des bereits aufgebauten Bindungsmodells, ermöglicht (Bretherton 2001; Solomon/George 1999).

Die Entstehung früher mentaler Bindungsmodelle wird auf die Repräsentation wiederholter Erfahrungen mit den Bindungspersonen zurückgeführt; damit sollte ein autobiografischer Anteil gewährleistet sein. Gleichzeitig bilden Kinder jedoch ab zwei bis drei Jahren verallgemeinerte mentale Ereignisrepräsentationen, d. h. kognitive Wisseneinheiten im Sinne von Scripts, z. B. über die Routine des abendlichen Schlafengehens. Darin ist die zeitliche Abfolge von Ereignissen oder Alltagsroutinen festgelegt, in denen die Eltern und das Selbst bestimmte Handlungen und Rollen übernehmen. Daher kommt es im Vorschulalter zu einer Überlagerung der autobiografischen, episodischen durch die allgemeinen, wissensbezogenen Gedächtnisanteile. Die erlebten Ereignisse können nun auf der Ebene der Repräsentation - besonders durch Kommunikation mit den Eltern im »memory talk« - weiter interpretiert, missverstanden, verzerrt, durch Phantasien, Wünsche und Abwehrprozesse beeinflusst werden (Nelson 1999).

Bindungsrepräsentationen werden nicht erst mit Verfügbarkeit von Sprache mitteilbar, sondern können sich bereits in Spielhandlungen zeigen. Bretherton und Mitautoren (Bretherton, Suess, Golby & Oppenheim 2001) beschreiben als Ausgangspunkt dieser Entwicklung das frühe Als-Ob-Spiel im Alter von zwei Jahren; ab dem dritten Lebensjahr zeigen sich komplexere Formen, bei denen die Kinder Figuren im Spiel interagieren lassen und ihnen Gefühle und Absichten zuschreiben. Jetzt treten geordnete Ereignisrepräsentationen für Alltagsroutinen wie ›ins Bett bringen‹, ›Frühstücken‹, ›in den Kindergarten gehen‹ auf. Zunächst verdeutlichen die Kleinkinder ihre Spielhandlungen nur motorisch, mimisch und gestisch; später begleiten sie diese auch sprachlich, oft mit Unterstützung der erwachsenen Bezugsperson.

Zwei Hypothesen über die Entwicklungsbedingungen von Bindungsrepräsentationen sind in der Forschung mehrfach untersucht worden: Eine Kontinuitätshypothese postuliert eine zunehmende Konsolidierung und Stabilisierung früher Bindungsrepräsentationen im Verlauf der Kindheit - zumindest bis zum Schuleintritt - mit einem gewissen Widerstand zur Veränderung des mentalen Bindungsmodells, besonders wenn die Lebensbedingungen der Familie stabil bleiben. Eine Transmissionshypothese nimmt an, dass die Bindungsrepräsentationen, die Mütter über ihre Beziehungen in der Herkunftsfamilie entwickelt haben und im AAI berichten, einen wichtigen Einflussfaktor auf die kindliche Bindung zur Mutter darstellen. Diese Vorstellungen vermitteln sich zum Teil über ihr mehr oder weniger feinfühliges Verhalten im Umgang mit dem Kind. Beide Hypothesen, insbesondere die letztere, wurden mehrfach empirisch belegt (z. B. Gloger-Tippelt, Gomille, König & Vetter 2002; Übersicht: Van Ijzendoorn 1995).

3. Ziele und Beschreibung des Geschichtenergänzungsverfahrens zur Bindung (GEV-B)

In dem vorliegenden Geschichtenergänzungsverfahren wird der Einsatz von Spiel und Sprache kombiniert zur Erfassung der Bindungsrepräsentationen von Kindern im Vorschul- und frühen Schulalter genutzt. Konzeption, Aufbau und Durchführung des GEV-B gehen zurück auf die Attachment Story Completion Task (ASCT) von Bretherton und Ridgeway (1990). Die Vorgeschichte des Erhebungsverfahrens schildern Bretherton und Mitarbeiter/innen (2001). Das Prinzip besteht darin, den Kindern Anfänge von fünf erprobten Geschichten mit kleinen Familienfiguren vorzuspielen und sie dann aufzufordern, diese Geschichten durch Spielen und Erzählen fortzuführen (»zeige mir und erzähle mir, wie es weitergeht«). Diese Geschichten dienen dazu, das Bindungssystem der Kinder zu aktivieren. Die folgenden Themen werden angesprochen:

1. Die Bindungspersonen (Eltern) in einer Autoritätsrolle (»verschütteter Saft«)
2. Schmerz als Auslöser von Bindungs- und Fürsorgeverhalten (»verletztes Knie«)
3. Angst als Auslöser von Bindungs- und Fürsorgeverhalten (»Monster im Kinderzimmer«)
4. Trennungsangst und ihre Bewältigung (»Trennungsgeschichte«)
5. Bindungsverhalten bei Wiederkehr der Eltern (»Wiedervereinigungsgeschichte«)

Aus den von den Kindern angebotenen Spiel- und Erzählstrukturen werden ihre Bindungsrepräsentationen erschlossen. Das von uns dazu entwickelte Auswertungsmanual beruht auf theoretischen Vorannahmen der Bindungstheorie, vorliegenden diagnostischen Verfahren anderer Autorinnen und eigenen, mehrfach empirisch erprobten und validierten Kodierungen und Klassifikationsregeln (Gloger-Tippelt & König 2000, 2002).

In der Abfolge der Geschichten, dem Material und der Durchführung orientierten wir uns an Bretherton und Ridgeway (1990). Wir haben jedoch zwei Veränderungen vorgenommen: Die Geschichte mit dem verletzten Knie wurde für Deutschland in den Wald verlegt, das Kind stürzt von einem gefällten Baumstamm und nicht von einem Felsen im Park. Nach Beendigung jeder Geschichte erfolgen standardisiert zwei Nachfragen zur Klärung: *Wie geht es dem Kind? Denkt das Kind noch etwas?*

Die Auswertung unterscheidet sich allerdings grundlegend von anderen Autoren (Bretherton, Ridgeway & Cassidy 1990; Green, Stanley, Smith &

Goldwyn 2000; George & Solomon 2000). Sie wurde eigenständig von uns entwickelt und auf Gütekriterien überprüft. Die Auswertung der transkribierten Geschichtenergänzungen der Kinder erfolgt in mehreren Schritten, die hier nicht im Detail dargestellt werden können. Prinzipiell kodiert man zuerst pro Geschichte einzelne Kategorien, die dann nach Zuordnungsregeln einem 4-fach abgestuften Bindungssicherheitswert zugeordnet werden (4 (sehr sicher); 3 (sicher); 2 (unsicher); 1 (sehr unsicher)). Danach erstellt man diagnostische Notizen über die Untersuchungssituation und den Verlauf der erzählten Geschichten des Kindes, wobei besonders die Bewältigung von gesteigertem Stress in der Trennungs- und Wiedersehensgeschichte zu beachten ist. Dann wird ein vierfach gestufter globaler Bindungssicherheitswert über alle fünf Geschichten festgelegt, der jedoch nicht rein nummerisch, sondern nach dem Verlauf vergeben wird. Auf der Grundlage dieser verschiedenen Informationen und der vorherrschenden Bindungsstrategie wird eine Bindungsklassifikation in eine sichere, eine unsicher-vermeidende, eine unsicher-ambivalente Bindungsrepräsentation und einen desorganisierten Bindungsstatus vorgenommen. Das folgende Schema zeigt das Prinzip der Bindungsklassifikation im GEV-B.

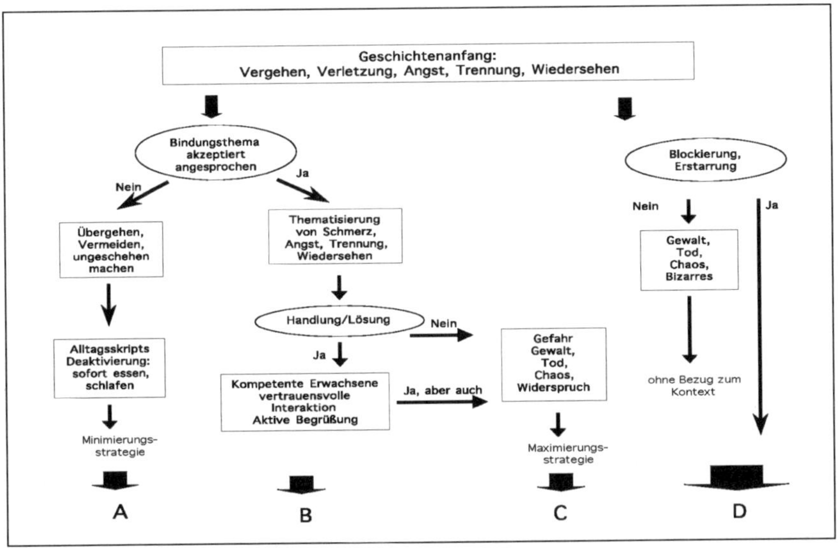

Abb. 1: Schematische Orientierungshilfe zur Identifizierung der Bindungsstrategien im Geschichtenergänzungsverfahren zur Bindung (GEV-B) (Gloger-Tippelt & König 2002)

Die Auswertung mittels Videos und Transkripten erfordert ein besonderes Training. Für Forschungsprojekte ist das Erreichen einer Reliabilität von 80 % über 30 Fälle erforderlich.

4. Reliabilität und Validität des GEV-B

Die Reliabilität und Objektivität des GEV-B wurde bisher an drei Stichproben geprüft: einer Heidelberger Längsschnittstichprobe (N = 27), einer Heidelberger Kindergartenstichprobe (N = 24) und einer Düsseldorfer Einelternstichprobe (N = 60). Die Interraterübereinstimmungen für den 4-stufigen Bindungssicherheitswert lagen zwischen 71 und 95 %.[1]

Die Validität des GEV-B wurde im Heidelberger Längsschnitt an 27 Mutter-Kind-Paaren geprüft. Im Alter von 13 Monaten wurden in der Fremden Situation Mutter-Kind-Bindungen, im fünften Lebensjahr des Kindes die mütterlichen Bindungsrepräsentationen im Adult Attachment Interview (AAI) erhoben und beide Merkmale in ihrem Zusammenhang mit den Bindungsrepräsentationen der Kinder im GEV-B überprüft, das durchgeführt wurde, als die Kinder im Durchschnitt 6,4 Jahre alt waren. Aufgrund der unterschiedlichen Verteilungen der unsicheren Bindungstypen konnten jeweils nur Unterscheidungen von sicherer /unsicherer (B versus A, C, D) Bindung vorgenommen werden. Es ergab sich sowohl eine Kontinuität bei zweifacher Unterscheidung sicher/unsicher[2] von der Fremden Situation zu dem Geschichtenergänzungsverfahren mit sechs Jahren als auch eine Bestätigung der Transmissionshypothese. Die mütterlichen Bindungsrepräsentationen im AAI entsprachen dem Bindungsverhalten des Kleinkindes in der Fremden Situation und den Bindungsrepräsentationen ihrer sechsjährigen Kinder im Puppenspiel (Gloger-Tippelt u. a. 2002). Die Abbildung 2 gibt einen Überblick über die Entwicklungsverläufe in den drei Bindungsmerkmalen.

Die Stärke der Pfeile in Abbildung 2 entspricht annähernd der Häufigkeit. Zwei Entwicklungswege treten deutlich hervor: einer vom sicheren Kleinkind über eine sichere Mutter im AAI zum Vorschulkind mit sicherer Bindungsrepräsentation. Der zweite Pfad verläuft vom unsicheren Kleinkind über eine unsichere Mutter im AAI zum unsicheren Vorschulkind. Es ergaben sich jedoch auch einige Fälle von abweichenden Entwicklungswegen, die ebenso beachtenswert sind.

Aus diesen prospektiv erhobenen Entwicklungswegen werden nun drei Familien oder Mutter-Kind-Paare vorgestellt. Familie A und C gehören dem unteren Entwicklungsweg »unsicher/unsicher/unsicher« an, Familie B dem oberen Entwicklungspfad »sicher/sicher/sicher«. Namen und soziodemographische Angaben wurden zum Schutz der Familien anonymisiert.

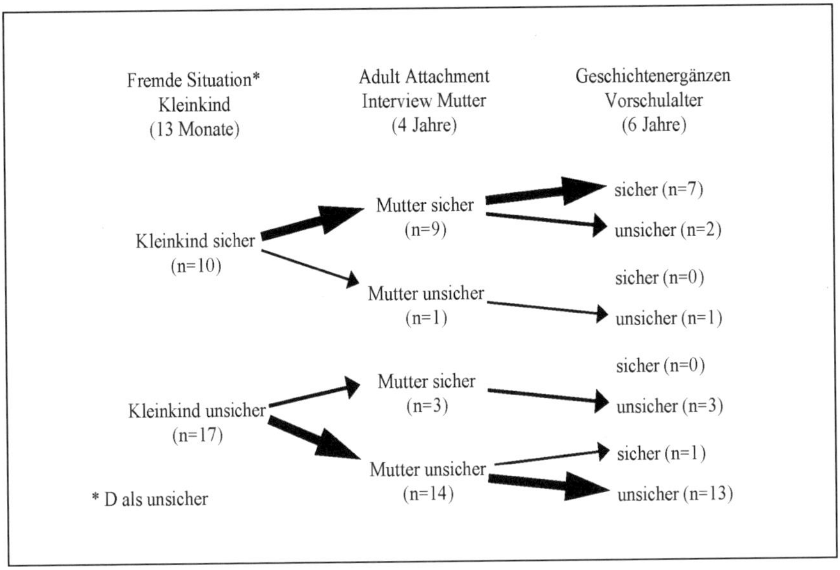

Abb. 2: Beziehung zwischen sicherer/unsicherer Bindung bei Kleinkindern, Müttern und Vorschülern[3]

Die Darstellung erfolgt rückblickend: Die aktuellen Bindungsrepräsentationen der sechsjährigen Kinder werden zuerst mit dem Bindungsverhalten der Kinder im Alter von 13 Monaten verglichen. Danach folgt eine Zusammenfassung des AAI, in dem die Mutter ihre Beziehungen in der Herkunftsfamilie darstellt. Über die Bindungsmaße hinaus werden ergänzend noch Befunde aus Interviews in der Schwangerschaft und die Partnerschaftsqualität anhand eines Fragebogens über fünf Messzeitpunkte einbezogen (PFB, Partnerschaftsfragebogen von Hahlweg 1979). Der Verlauf der drei Werte für die Skalen »Zärtlichkeit«, »Streitverhalten« und »Kommunikation« über fünf Jahre wird an anderer Stelle für die Gesamtstichprobe berichtet (Jurgan/Gloger-Tippelt/Ruge 1999). In dieser Darstellung muss darauf verzichtet werden, die Verfahren der Fremden Situation und des AAI ausführlich darzustellen (vgl. FST 7-stufige Interaktionsskalen; Ainsworth, Blehar, Waters & Well 1978, AAI (vgl. Fragen und Auswertung in Gloger-Tippelt 2001).

5. Fallbeispiele

Familie A mit Sohn Anton

Anton im Geschichtenergänzungsverfahren
Anton ist knapp sieben Jahre alt, als das Geschichtenergänzungsverfahren mit ihm durchgeführt wird. Er spielt bereitwillig mit allen Figuren, wirkt aber verhalten, z. B. verschränkt er oft die Arme vor dem Körper. Das Thema Ordnung und ordentliche Abläufe werden in jeder Geschichte deutlich. Seine Spielinhalte zeigen überwiegend konventionelle Alltagsscripts ohne persönliche Note, »die Kinder und die Familie essen«, »sie schlafen«. Gefühle benennt Anton nur auf Nachfrage und sehr global (»wie geht es dem Kind?« (Identifikationsfigur Puppe Jan): »gut«). Die Puppenmutter zeigt in seinen Geschichten nur im Ansatz Interesse an kindlichen Bedürfnissen. Das Kind schiebt diese schnell beiseite. Beispielsweise, nachdem das Kind zweimal vom Baumstamm gefallen ist, fragt die Mutter: »tut es noch weh?«, Kind: »nein«, Mutter: »dann gehen wir weiter«. Die Dialoge sind durchgängig knapp, die Geschichten enden immer im konventionellen Script und mit leichten Vorwürfen der Mutterfigur.

Saftgeschichte: Die Mutter putzt den verschütteten Saft weg, dabei wischt sie lange und gründlich, sie macht dem Kind leichte Vorwürfe. Auf Nachfrage bekommt die Identifikationsfigur noch neuen Saft, es klingen Schuldgefühle beim Kind an.

Verletztes Knie: Die Mutter hebt das Kind zwar spontan auf und trägt es ein Stückchen, sie fragt »tut es noch arg weh?«, aber sie tröstet und versorgt es nicht. Die Mutter formuliert einen leichten Vorwurf: »Hättest Du besser aufgepasst«.

Monster: Die Mutter weist das Monster sofort zurück (»es gibt keine Monster«), (»leg dich wieder hin«) und gibt eine Anweisung. Auf Nachfrage äußert das Kind Angst vor dem Monster (»Er hat geträumt von dem Monster, vom Gespenst«). Diese Angst wird aber auch gleich weggeschoben. Auf die Frage wie es weitergeht: »es ist Morgen, das Monster hat er vergessen«. Anton zeigt jedoch während des Spiels in seiner Gestik und Mimik eine Anspannung, er nestelt mit den Händen und rutscht auf dem Stuhl herum.

Die *Trennungsgeschichte* fällt am knappsten aus. Die Oma spielt als Vertrauensperson überhaupt keine Rolle. Den Kindern ist zuerst langweilig, dann gehen sie gleich schlafen. Was denkt Jan? »Er hat noch etwas Angst wegen dem Monster, aber die kleine Schwester hat keine Angst«.

Das *Wiedersehen* ist im Tonfall freundlich. Die Eltern begrüßen die Kinder verbal, aber ohne Körperkontakt: »hallo, wir sind wieder da«. Ihr Interesse bezieht sich aber nur auf die Alltagsabläufe und das korrekte Benehmen der Kinder: *»haben die Kinder schon gefrühstückt?, geschlafen?, Oma, waren sie brav?«*. Ein persönlicher, vertiefter Austausch von Erlebnissen findet zwischen Eltern und Kindern nicht statt. Auf Nachfrage »wie geht es Jan« äußert Anton Angst um die Eltern - es hätte ja auch ein Unfall passieren können - und erklärt genau, wie ein solcher zustande kommen kann: »wenn einer bremst und sie bremsen zu spät«.

In Antons Narrativen erhält das Identifikationskind bei deutlicher Belastung (Verletzung, Schmerz) geringfügige Zuwendung von den Eltern, indem es nach der Verletzung zwar getragen, aber nicht getröstet oder versorgt wird. Unangenehme Gefühle, wie Schmerz, Angst vor dem Monster und Trennungsangst, werden sofort beiseite geschoben, und zwar entweder von der Mutter (»tut's noch weh?«, »können wir weiter gehen?«, »es gibt keine Monster, leg dich ins Bett«) oder vom Kind selbst (»er schläft«, »er hat das Monster vergessen«, er geht nach der Trennung »gleich schlafen«). Der geordnete, regelmäßige Ablauf hat Vorrang vor Gefühlen oder vor dem Eingestehen weiterer Wünsche (»der Saft wird weggeputzt«, »man geht weiter beim Baumstamm«, »haben die Kinder gegessen?«, »geschlafen«, »waren sie brav?«). Anton entspricht mit seiner Strategie derjenigen seiner Mutter (s. u.) und wirkt beherrscht und selbstgenügsam. Die kurzen Hinweise auf die Ängste des Kindes, die er beim Monster noch einmal vorbringt, seine Sorgen um die Eltern bei deren Ausflug werden schnell weggeschoben. Eine solche konsequente, durchgängige Vermeidung von Bindungsbedürfnissen wird als »second best strategy« bezeichnet.

In der *Fremden Situation mit 14 Monaten* geht Anton gleich auf die Spielsachen zu, als er den Raum betritt. Er spielt mit der Mutter Ball und zeigt eine gute Interaktion mit ihr im Spiel. Nach einigem Zögern geht er auf die Fremde zu und zeigt ihr Spielsachen. Beim Weggang der Mutter ruft er »Mama«, geht dann aber zur Fremden und lässt sich zum Spielen animieren. Am Ende von Episode 4 sagt er wieder »Mama« und geht mit ihrer Handtasche zur Tür. Als die Mutter in der *ersten Wiedervereinigung* hereinkommt und ihn anspricht, ignoriert Anton sie, schaut sie nur kurz an. Als sie sich nähert, wendet er sich etwas zur Mutter hin, bleibt auf halben Weg aber plötzlich stehen, geht wieder einen Schritt zurück und schaut zur Fremden. Als die Mutter wieder zu ihm redet, wendet er sich den Spielsachen zu. Auf der Interaktionsskala »Nähe vermeiden« wurde deutliche Vermeidung (5) festgesetzt. Bei der zweiten Trennung folgt er der Mutter zur Tür, stöhnt laut, ruft nach ihr, läuft im Raum herum mit einem Teddy in der Hand. Als die Fremde kommt, läuft er ihr entgegen und lächelt. Er exploriert dann wieder (die Spielsachen). Zu Beginn der *zweiten Wiedervereinigung* bewegt sich Anton gerade wieder mit der Tasche der Mutter in Richtung Fremde, als die Mutter eintritt, und blickt diese an. Erst als die Mutter näher kommt und ihn anspricht, schaut er zu ihr hin, bietet ihr ein Spielzeug an, schaut dann aber wieder weg. Er blickt der Fremden nach, wie sie den Raum verlässt. Die Mutter spielt mit einer Handpuppe und will ihn ins Spiel einbeziehen, Anton geht darauf nicht ein. Mutter und Kind räumen die Bauklötze ein. Auch in der zweiten Wiedervereinigung wurde Anton auf der Interaktionsskala »Nähe vermeiden« auf 5 gesetzt, alle anderen Werte der Interaktionsskalen auf 1 und 2, das Kind zeigte damit kein Bindungsverhalten.

Anton zeigt deutlich Kummer bei der zweiten Trennung, er äußert ihn aber nicht gegenüber der Mutter. In beiden Wiedervereinigungen besteht kein Körperkontakt. Anton wurde als unsicher-vermeidend klassifiziert, und zwar in der Gruppe A2 als leicht vermeidend. In dieser Teilgruppe der vermeidenden Bindungen zeigen die Kleinkinder gemischte Reaktionen bei der Wiedervereinigung mit den Bindungspersonen; sie tendieren dazu, zu grüßen, ignorieren sie aber auch und sehen weg. Wenn sie aufgenommen werden, drehen sie ihr Gesicht häufiger weg.

Kindheitserfahrungen der Mutter und deren distanzierende Verarbeitung im AAI im 5. Lebensjahr von Anton

Antons Mutter war das einzige Kind und wuchs bis zum Alter von elf Jahren fast ausschließlich bei der Urgroßmutter auf, weil beide Eltern durch ihre Erwerbstätigkeit und später durch den Bau eines neuen Hauses sehr beschäftigt waren. Da die Großmutter zu dieser Zeit auch noch arbeitete, wurde Frau A als Kind überwiegend von der Urgroßmutter versorgt. Als die Urgroßmutter starb, war Frau A 14 Jahre alt, und die Betreuung wurde von der Großmutter übernommen. Aus der Kindheit von Frau A gibt es nur wenige Szenen, in denen sie ihre Mutter konkret schildert. Die Mutter von Frau A wird nach diesen Episoden insgesamt als wenig liebevoll und stark zurückweisend beschrieben. Beide Eltern verhielten sich deutlich vernachlässigend. Auch wenn sie krank war, selbst mit Fieber, musste Frau A in die Schule gehen. Häufig haben die Eltern sie aufgrund ihrer Berufstätigkeit und der Arbeit am Hausbau nur am Wochenende zu sich geholt. Sie wurde dann auch wechselnd von den Geschwistern der Mutter betreut.

Die Beziehung zum Vater schildert Frau A etwas liebevoller und fürsorglicher, selbst wenn es sich nur um wenige erinnerte Episoden handelt. Als sie 18 Jahre alt war, verstarb der Vater unerwartet. Nach dem Tod des Vaters kümmerte sich Frau A sehr um die Mutter. So schlief sie z. B. bei ihr im Bett, da diese häufig unter Weinkrämpfen litt. Die Beziehung zur Mutter war im Jugendalter nach dem Tod des Vaters durch Rollenumkehr gekennzeichnet. In ihrer Bewertung teilt Frau A die stark materiellen Ziele ihrer Eltern wie z. B. den Hausbau (mit viel Eigenarbeit); es ist zu erkennen, dass sie dies als wichtiger ansieht als die persönliche Versorgung eines kleinen Kindes.

Wie verarbeitet Frau A diese für Kinder in unserer Kultur nicht üblichen Erfahrungen? Sie erinnert sich nicht, dass sie als Kind von ihren Eltern auf den Arm genommen wurde. Dass die Eltern sie auch bei Krankheit zur Oma oder zur Schule schickten, selbst wenn sie Fieber hatte, rechtfertigt sie im Wesentlichen mit »ich war halt gezwungen, bei Krankheit in die Schule zu gehen, da war man halt aufgehoben«. Sehr selten führt sie in ihrem Interview unerfüllte Wünsche an die Eltern an. Beispielsweise bei Krankheit: »da hätte man schon mal gern 'ne Mutter gehabt, mit der man mal ein bisschen schmusen kann«.

Als vorherrschende Verarbeitungsformen lassen sich im Lebensbericht von Frau A Normalisieren, Idealisieren und Leugnen verletzender Gefühle ableiten. Die Erfahrung geringer Liebe und persönlicher Zuwendung rechtfertigt sie, z. B. »das war nicht anders zu machen, die wollten ein Haus bauen, die brauchten Geld«. »Da hatte man schon mal Sehnsucht nach den Eltern, aber das ging halt nicht«. Die wenigen anschaulichen Szenen, in denen die Mutter sich für sie Zeit nahm, schildert sie oft in abstrakter Sprache: »Da bekam man halt die Schmuseeinheiten, die man so als Kind braucht«. Besonders deutlich wird ihre gefühlsvermeidende Verarbeitung beim Bericht über den frühen Tod des Vaters, zu dem sie nach eigenen Angaben eine enge Beziehung hatte. Den Tod des Vaters kommentiert sie mit »das hat mich einfach abgehärtet, bin selbständiger geworden«. »(...) meine Seele ist ein bisschen abgehärtet, durch diesen schnellen, frühen Tod«. »(...) Ich bin nicht so mimosenhaft (...)«, womit sie implizit Gefühlsäußerungen anderer abwertet.

Die vermeidende, verdrängende Bewältigung der Erfahrung von Ablehnung und Vernachlässigung in der Kindheit, die in täglichen oder wöchentlichen Trennungen bis zum Alter von elf Jahren bestanden, wird in der Beantwortung der entsprechenden Frage »*Waren Sie jemals in Ihrer Kindheit getrennt von Ihren Eltern*« sehr deutlich. Hier leugnet Frau A diese Erfahrung vollständig. Sie sagt: »Nein, ich habe mich auch immer überall wohl gefühlt, so eine richtige Trennung habe ich nie erlebt.« »Heimweh kannte ich nicht«, ist ihr Kommentar zu Schulausflügen. Ihre zusammenfassende Bewertung ihrer Erfahrungen (Frage 10 des AAI) klingt so: »ich nehm' an, in dem Sinn, dass ich halt - ne völlig normale - Einstellung zum Leben hab' (...) (4 sec), dass ich eigentlich jede Arbeit mache, die anfällt, die man einfach machen muss (...), sie haben mir eigentlich alles ermöglicht, was möglich war (...) wenn auch nicht immer sofort, sondern ich musste halt irgendwas dafür tun.« »*Warum glauben Sie, haben sich Ihre Eltern so verhalten?*« »Halt einfach, um mir beizubringen, dass man dafür etwas tun muss, um was zu kriegen (...), dass einem nicht alles in den Rachen fliegt, dass man erst was dafür tun muss«. »So mache ich es ja mit ihm (dem Sohn) genauso.« Als sie später gefragt wird, was der Sohn wohl aus den Erfahrungen mit ihr gelernt haben wird: »So, dass man nicht alles geschenkt kriegt im Leben (...) ob in der Schule oder am Arbeitsplatz«. »Und das begleitet einen eigentlich durchs ganze Leben«.

Frau A entspricht mit ihrem Verarbeitungsprofil einer Teilgruppe *der distanzierenden Bindungsrepräsentationen*, die Main und Goldwyn als »eingeschränkt in ihren Gefühlen« bezeichnen (Ds 3). Hierbei sind die Kindheitserfahrungen gekennzeichnet durch fehlende Nähe zu den Eltern, durch Zurückweisung oder Vernachlässigung, bei Frau A zusätzlich durch den frühen Tod des Vaters. Frau A glaubt jedoch, dass die Erfahrungen ihre Persönlichkeitsentwicklung nicht besonders beeinflusst haben. Sie spricht zwar über die Abwesenheit der Eltern während ihrer ersten elf Lebensjahre, erwähnt sogar einmal Sehnsucht gehabt zu haben, aber dieser vorsichtige Wunsch wird gleich abgewehrt: »es ging ja nicht anders, sie mussten arbeiten«. Tiefere und deutlicher ausgedrückte Gefühle, z. B. die Eltern vermisst zu haben, Enttäuschung oder Schmerz über ihre Abwesenheit spricht sie nicht an. Sie rechtfertigt das Verhalten der Eltern, normalisiert und idealisiert (»ich habe mich überall wohl gefühlt«) oder leugnet bzw. spaltet die Erfahrungen sogar ab: »ich war nie getrennt«. Die Folgen für ihre persönliche Entwicklung schätzt sie als gering ein, sie sei heute nicht so sensibel. Der frühe Tod des Vaters habe sogar förderliche Wirkungen gehabt, da sie »nicht so mimosenhaft« sei. Die Erfahrung von Antons Mutter, dass ihr tatsächlich von den Eltern keine Liebe, Zeit, wenig Freude und Geborgenheit geschenkt wurden und sie früh den Vater verloren hat, erklärt sie zur eigenen Lebensweisheit, die sie ihrem Sohn erfolgreich weitergegeben hat, wie man in seinem Puppenspiel sieht: »Es wird einem nichts geschenkt«, eigene Bedürfnisse sollte man besser verleugnen.

Drei Interviews mit Frau A im *Verlauf der Schwangerschaft* mit Anton bestätigen das später im AAI gezeigte Bild. Sie hatte bereits zwei Fehlgeburten erlitten und machte sich am Anfang der Schwangerschaft sehr große Sorgen. Sie war nun 35 Jahre alt, die Schwangerschaft war gewollt und geplant. Sie ging während der Schwangerschaft häufiger als vorgesehen zum Arzt, da sie sehr große Angst hatte, »dass etwas nicht so gut läuft«. Sie brauchte die Arzttermine zu ihrer Beruhigung; wenn sie die Herztöne des Kindes hörte, ging es ihr besser. Das Geschlecht des Kindes war beiden Eltern nicht so wichtig, sie wollten sich überraschen lassen. In Bezug auf ihre Vorstellungen über das Kind im Vergleich zu anderen Verwandten: »das Kind soll nicht so verhätschelt werden, nicht so viel rumgetragen und verzärtelt werden«. Ein ideales Kind wäre für sie, wenn es von Anfang an durchschlafen würde.

Frau A möchte strenger erziehen als Verwandte und so ähnlich wie die eigene Mutter, sie selbst wurde »schon ein bisschen an die Kandare genommen«, das möchte sie fortsetzen. Mutterschaft bedeutet für sie vor allem, neue Verantwortung zu haben. Wenn sie an die Erziehung denkt, »da gehört halt nicht nur das Versorgen mit Essen und Kleidung dazu«, sondern »dass man sich auch mit dem Kind abgibt und vielleicht das eine oder andere, wo es ihm schwer fällt hilft. Vielleicht in gewissen Grenzen, es vor Gefahren schützt. Ich meine, vor allem kann und soll man es ja auch nicht schützen. Ich meine, auf die Nase muss es auch mal fallen... ja so ist es auch für das spätere Leben. Es soll seine Erfahrungen selbständig machen«.

Im weiteren Verlauf der Schwangerschaft muss Frau A viel liegen wegen vorzeitiger Wehen und drohender Fehlgeburt. Dadurch ist sie viel zu Hause. Sie hat weiterhin starke Ängste, z. B. vor einer Fehlbildung des Kindes oder vor einer Frühgeburt. Ihre starken Ängste in der Schwangerschaft können nur durch (medizinische) Experten etwas beruhigt werden. Ein intuitives Vertrauen auf sich und ihren Körper findet sich nicht bei Frau A. Schon früh deutet sich eine wenig warmherzige oder fürsorgliche, sondern strenge Einstellung zum Kind an. Das Kind kann sie »nicht vor allen Gefahren schützen«. Die Geburt verlief ohne Komplikationen, Frau A und Anton haben sich schnell gut erholt.

Die *Partnerschaftsqualität* von Frau A, gemessen mit dem PFB, liegt in der Skala »Zärtlichkeit« im hohen Bereich, diese sinkt im Verlauf der fünf Jahre (wie in der Gesamtstichprobe von Eltern). In der Skala »destruktives Streitverhalten« gibt es im Vergleich zu den anderen Elternpaaren einen leichten Anstieg.

Zwischen Kind und Mutter fallen folgende *Parallelen* auf: Schon als Kleinkind hat Anton eine vermeidende Regulation seiner Trennungsängste gelernt. In der Fremden Situation (FS) erlebt er sichtbar Kummer, er ruft nach der Mutter und läuft mit dem Teddy oder Handtasche der Mutter durch das Zimmer. Bei ihrer Wiederkehr vermeidet er jedoch den Kontakt, er erwartet keinen Trost. Die Mutter beantwortet die Frage im AAI, was sie getan habe, wenn sie sich als Kind nicht wohlgefühlt hat, folgendermaßen: »eigentlich habe ich fast nur geschlafen«. Entsprechend schlafen die Kinder in Antons Geschichtenergänzungen auch sofort in der üblicherweise belastenden Trennungsgeschichte. Die Mutter berichtet im AAI von einem eigenen Unfall, als sie Kindergartenkind war, und schildert das Verhalten ihrer Mutter: »die stand dann da neben mir, das war aber nicht so schlimm«. Entsprechend berichtet Anton in der Geschichte vom verletzten Knie, »das war aber nicht so schlimm, er konnte dann gleich weitergehen«. Außer den Parallelen und der deutlichen intergenerationalen Vermittlung eines vermeidenden Bindungsmusters ist eine leichte Verbesserung in der Situation von Anton im

Vergleich zu den Erlebnissen seiner Mutter bemerkenswert. Immerhin wird das Kind in Antons Geschichte vom verletzten Knie spontan von der Mutter aufgenommen und getragen, wenn auch nicht getröstet und versorgt. Im Vergleich zur Erfahrung der Mutter, die berichtete, dass sie sogar bei Fieber in die Schule gehen musste, könnte dies als Entwicklungsfortschritt zu einer verbesserten Fürsorge gedeutet werden.

Familie B mit Sohn Benjamin

Benjamin im Geschichtenergänzungsverfahren zur Bindung
Benjamin ist knapp sieben Jahre alt bei der Untersuchung und besucht bereits die erste Schulklasse. Er spielt interessiert und kooperativ mit den Figuren, äußert sich sehr lebhaft und expressiv und unterstützt sein Spiel mit lautmalerischen Tönen. Beispielsweise zeigt er durch Schlürfen, wie gut der Saft schmeckt. Mit Schnarchgeräuschen veranschaulicht er, dass das Kind gut schlafen kann. Alle Geschichten sind kurz und haben klare Lösungen, in denen das Bindungsbedürfnis des Puppenkindes zuerst direkt angesprochen und gleich befriedigt wird. Die Eltern kommen sofort und spontan zu Hilfe und verhalten sich fürsorglich gegenüber dem Kind in den Geschichten.

Saftgeschichte: Die Mutter bedauert das Verschütten und tröstet das Kind. Sie wischt den Saft weg. »Na klar« bekommt er noch neuen Saft (auf Nachfrage).

Verletztes Knie: Mutter und Vater kommen sofort, die Mutter klebt Jan ein Pflaster auf das Knie. Jan sagt: »Oh, es geht mir gleich besser«. Der Vater fällt auch hin und tut sich weh.

Bei der *Monstergeschichte* kommt der Vater mit und erklärt dem Kind auf überzeugende Weise, dass das Monster der Schatten eines Tennisschlägers war, und das Kind kann gut einschlafen.

Trennungsgeschichte: Die Oma erinnert das Kind fürsorglich an die Schule, zieht ihm den Schulranzen an, bringt das kleine Kind in den Kindergarten, dann kocht sie und die Kinder begrüßen sie freundlich, als sie von der Schule zurückkommen. Das Identifikationskind macht sich etwas Sorgen um die Eltern (auf Nachfrage).

Das *Wiedersehen* verläuft schnell. Die Kinder und Eltern begrüßen sich gegenseitig sehr freundlich, drücken dies verbal aus, nehmen sich in den Arm und küssen sich. Dem Kind geht es wieder gut, als die Eltern da sind.

Sehr einheitlich zeigt sich in allen Geschichten die unmittelbare und spontane Befriedigung der kindlichen Bedürfnisse durch die erwachsenen Bezugspersonen und die Beruhigung des Bindungssystems. Dabei verlaufen die Geschichten kurz und sehr eindeutig.

Fremde Situation mit Benjamin mit 12 Monaten
Benjamin läuft sofort zum Spielzeug und exploriert gut. Er erforscht es, und die Mutter kommentiert sein Spiel. Auf den Eintritt der Fremden reagiert Benjamin kaum, er vokalisiert häufiger zur Mutter, ist aber überwiegend vertieft in sein Spiel. Er sieht die Mutter gehen, sagt »baba«, zeigt aber keine Alarmreaktion. Er spielt weiter, geht einmal zur Tür, lässt sich von der Fremden aber wieder zu den Spielsachen vorlocken. Bei der *ersten Wiedervereinigung* steht Benjamin schon bei der Tür, er klammert sich gleich an die Mutter und läuft mit ihr zurück zum Spielzeug. Er spielt weiter, kommt aber dreimal während dieser Episode zum Stuhl der Mutter gelaufen und legt seinen Kopf in ihren Schoß. Die Mutter redet freundlich mit ihm. Nach diesen Schmusemomenten kann er sich selbst lösen, er zeigt deutliches Kontakterhalten, als die Mutter ihn wieder für das Spielzeug interessiert (»Kontakterhalten« 4, »Nähe suchen« 6, also mäßiges bis deutliches Bindungsverhalten). Nach dem Weggang der Mutter stößt er sofort einen spitzen Schrei aus und weint verzweifelt an der Tür. Die Fremde kann ihn sofort trösten, er lässt sich beruhigen und ist bereit, mit der Fremden zu spielen. Benjamin zieht aber an der Jacke auf Mutters Stuhl und ist traurig. Bei der *zweiten Wiedervereinigung* ruft das Kind wieder »baba« und läuft zur Tür. Er wird von der Mutter in den Raum zurückgeführt, widersetzt sich etwas und will offensichtlich zur Tür hinaus. Dann will er auf den Arm, die Mutter nimmt ihn hoch, setzt ihn wieder ab und führt ihn zu den Spielsachen zurück, indem sie ihn an der Hand fasst. Benjamin geht ohne Protest zu den Spielsachen. Er kommt danach noch einmal kurz auf ihren Schoß, windet sich aus der Umarmung der Mutter, bleibt aber auf dem Schoß sitzen. Kind und Mutter spielen dann gemeinsam mit den Spielsachen (»Kontakterhalten« 4, »Nähe suchen« 6). Benjamin wird nach seinem Bindungsverhalten als sicher (B2) eingestuft. Diese Teilgruppe nimmt zur Bindungsperson zuerst Kontakt auf, in der achten Episode auch verstärkt, klammert sich jedoch nicht an.

Kindheitserfahrungen der Mutter mit sicher-autonomer Verarbeitung im AAI im sechsten Lebensjahr von Benjamin
Frau B ist mit beiden leiblichen Eltern und vier Geschwistern in einem großen Haus mit Großeltern aufgewachsen. Sie war zweitälteste Tochter und nennt sich das Lieblingskind des Vaters. Sie schildert ein beschützendes, geregeltes, aber auch strenges Elternhaus. Äußerlich war die wirtschaftliche Situation der Familie zwar gesichert, aber es bestanden Schwierigkeiten durch die besondere Lebensgeschichte der Eltern. So hat der Vater von Frau B eine sehr strenge Erziehung genossen, die er nach ihren Aussagen an seine Kinder weitergegeben habe. Der Vater litt unter einer Kriegsverletzung und in ihrer späteren

Kindheit unter depressiven Krankheitsepisoden. Die Mutter von Frau B brachte durch ihre Herkunft aus einem streng gläubigen Elternhaus und den frühen Verlust der eigenen Mutter ebenfalls einige Schwierigkeiten mit. Sie wird als religiös gebunden und sehr mit den Kindern beschäftigt beschrieben. Ebenfalls gab es eine »herrschsüchtige Oma« im Haus.

Frau B kann ihre sehr behütende, einschränkende, aber trotzdem unterstützende Familiensituation konkret schildern. Dazu gehören ihre Kindergeburtstage, positive persönliche Zuwendungen, vor allem vom Vater, aber auch Situationen mit strengen und rigiden Erziehungskonsequenzen des Vaters. Als körperliche Strafen kamen in ihrer Kindheit nur seltene Ohrfeigen vor. Sie vermittelt eine starke Familienorientierung in der Darstellung ihrer Kindheit. Die Beziehung zu ihren Eltern schildert Frau B ausgewogen mit positiven und negativen Adjektiven. Sie hat Schwierigkeiten, sich selbst von der ganzen »Kinderschar« abzugrenzen. Oft redet sie von »wir Kinder« oder auch etwas kindlich von »Mutti« oder »Omama«. Auch das Verhältnis ihrer Eltern kann sie kritisch, aber nicht vorwurfsvoll mit verschiedenen Schwierigkeiten darstellen. Häufig beschreibt sie die Familiensituation aus Sicht der Mutter, d. h. sie ist involviert in deren schwierige Situation und die zahlreichen Aufgaben mit den vielen Kindern. Diese Tendenz in Richtung einer Rollenumkehr ging so weit, dass sie nach einem Autounfall, den sie im Alter von elf Jahren erlebt hatte, den Fahrer des Krankenwagens bat, das Martinshorn abzustellen, damit die Mutter nicht beunruhigt würde. Außerdem hat Frau B einige Zurückweisungen erlebt. Dies lässt sich daraus ableiten, dass sie mehrere kindertypische Schwierigkeiten mit sich selbst ausmachen musste, »da habe ich mich ins Bett gelegt« oder »dann wollte ich für mich sein, wenn irgendetwas war«, »da habe ich meistens Musik gehört«.

Auf die Frage, wie sie durch ihre Kindheitserfahrungen in ihrer Persönlichkeit beeinflusst worden sei, antwortet Frau B, »dass ich so gradlinig meinen Weg gut gesehen habe«. Damit meint sie ihre Ausbildung und kann diese Entscheidungen gut belegen. Die Eltern haben ihren Wunsch, ein Musikinstrument zu erlernen und dies später in der Ausbildung zu verfolgen, sehr gefördert. Sie äußert hohe Wertschätzung für die Haltung ihrer Eltern. Das Verhältnis zu ihnen sei heute sehr freundschaftlich. Den Tod des Großvaters im Vorschulalter und die Beerdigung eines totgeborenen Geschwisterkindes mit sechs Jahren sowie den plötzlichen Tod einer sehr nahen Verwandten, als sie Mitte Zwanzig war, kann sie sehr ergriffen, authentisch, aber mit überzeugenden Hinweisen auf abgeschlossene Trauer berichten.

Frau B hat die besondere Konstellation in ihrer Familie, auch die schwierigen Bedingungen, recht klar beschrieben. An einigen Hinweisen lassen sich sentimentale Haltungen zur Familie erkennen. Sie neigt dazu, die Strenge des

Vaters zu entschuldigen, d. h. sie idealisiert sein Verhalten gegenüber den Kindern: »er war eigentlich innerlich weicher«, »er hätte uns gern in den Arm genommen«, »er meinte es nicht so (...) wenn er an die Kinder Ohrfeigen verteilte«. Manche Passagen in Bezug auf die Mutter enthalten einen mittleren Grad an aktuellem Ärger, z. B. wenn sie schildert, wie der Vater das Weinen des jüngsten Bruders abstellen will, »und mein Vater hat immer gesagt, mach die Tür zu, der wird schon aufhören zu schreien und wenn dann niemand mehr reinkommt, weil meine Mutter immer geguckt hat und Licht an und aus und so, wir schliefen alle im gleichen Zimmer, da war ich damals schon 14, ach, der wird schon aufhören zu schreien und was soll das, lass die Tür zu und an die Situation denke ich heute noch...«. Diese Passage ist sehr lang, und sie verfällt ständig in wörtliche Rede in Bezug auf Mutter und Vater. Dies wird in der Auswertung als fehlende Abgrenzung von den Eltern interpretiert. Insgesamt ist ihre Haltung zu den Eltern jedoch versöhnlich. Sie kann ihre Lebensgeschichte klar und kohärent berichten und zeigt viel Wertschätzung für die Familienbeziehungen.

Damit erfüllt Frau B die Anforderungen an eine *sicher-autonome Bindungsklassifikation*. Sie hat offenen Zugang zu Gefühlen über ihre Eltern, kann angenehme und unangenehme Erlebnisse berichten und die Auswirkungen ihrer Beziehungserfahrungen auf ihre persönliche Entwicklung ausgewogen darstellen. Die Schwächen der Eltern kann sie auf deren besondere Erfahrungen zurückführen und überwiegend versöhnlich und humorvoll sehen. Gelegentlich gerät sie über einzelne Kindheitserfahrungen in erregten Ärger. Frau B schätzt Familienbeziehungen sehr und redet gelegentlich etwas kindlich und sentimental darüber. Im engeren Sinne fällt sie in die Teilgruppe F4a, bei der eine große Wertschätzung von Beziehungen mit leichter Präokkupation mit den Bindungsfiguren verbunden ist. Ebenso treffen Kriterien F5 auf sie zu, da sie eine leicht konflikthafte, aber akzeptierende Beschäftigung mit der eigenen Verwicklung in Familienbeziehungen erkennen lässt.

Frau B's Vorgeschichte in der *Schwangerschaft* ergibt, dass sie lange Jahre mit ihrem Mann verheiratet war und auf diese Schwangerschaft sehr gewartet hatte. Eine Behandlung wegen unerfülltem Kinderwunsch lehnten jedoch beide Partner ab, weil dies zu sehr in den natürlichen Ablauf eingreifen würde. Beide Partner waren sehr glücklich, als endlich eine Schwangerschaft eintrat. Zu der Zeit war Frau B Mitte 30, als Selbständige voll berufstätig und plante schon, wie sie ihr berufliches Engagement nach der Geburt des Kindes mit Hausangestellten und Verwandten weiter aufrecht erhalten konnte. Die Mutterschaft sah sie als große Bereicherung für sich. Sie beschrieb begeistert das Ultraschallbild ihres Kindes. Das Geschlecht haben beide Eltern nicht wissen wollen. Die Schwangerschaft verlief unproblematisch, Frau B fühlte sich körperlich wohl. Sie erzählt viel von Träumen in der Schwangerschaft.

Wenn sie an das Kind dachte, wünschte sie sich bestimmte Charaktereigenschaften, z. B. dass das Kind »musisch« veranlagt sei. Nach den Kindesbewegungen erwartete sie ein »temperamentvolles Kind«, sie erzählte, wie das Kind im Bauch auf Musik reagierte, und empfand das als sehr schönes Gefühl. Frau B und ihr Mann stellten ihre Ernährung sehr um, sie nahmen beide an einer Schwangerschafts-Yogagruppe teil. Vor der Geburt äußerte Frau B etwas Angst. Sie habe schon sichergestellt, dass sie das Kind im Krankenhaus bei sich haben kann. Die *Geburt* musste durch einen unerwarteten Kaiserschnitt mit Vollnarkose beendet werden. Sie berichtete, wie der Partner das Kind in Empfang nehmen konnte. Frau B erholte sich schnell, sie konnte stillen und dem Kind ging es gut.

In der Einschätzung ihrer *Partnerschaftsqualität* liegt Frau B in dem Bereich der Zärtlichkeit (PFB Skala) sehr hoch, dies bleibt erhalten über sechs Jahre. Dagegen ist das Streitverhalten extrem niedrig (PFB Skala zwischen 0 und 2) über die fünf Messzeitpunkte. In den ersten sechs Lebensjahren von Benjamin haben die Eltern eine sehr hohe Partnerschaftsqualität.

Parallelen zwischen der Bindungsqualität von Benjamin und den Bindungsrepräsentationen seiner Mutter fallen deutlich auf. Benjamin kann als Kleinkind über seine Mutter als sichere Basis verfügen. Sie unterstützt ihn bei seiner Exploration von Spielsachen, und er wendet sich sofort an sie nach der für ihn sehr belastenden Trennung, wie sein anfängliches lautes Weinen zeigt. Er findet jedoch schnell Trost durch Körperkontakt, den sowohl die Mutter als auch er selbst herstellt. Nach kurzem Schmusen und Kontakt kann er wieder zum Spielen zurückkehren.

Eine sichere Bindungsrepräsentation ist auch im Alter von knapp sieben Jahren zu erkennen. Die Geschichtenergänzungen des Jungen sind sehr klar und stringent. Er spricht negative und positive Gefühle an. Die Bindungsfiguren zeigen sofort und unmissverständlich Fürsorge und gehen auf die Bedürfnisse des Puppenkindes angemessen ein. Benjamin zeigt bei seinen Spielen sehr offene Mimik. Er ist engagiert, spielt aber keinerlei Verlängerungen in seinen Narrativen. Auch die Gefühle der Identifikationsfigur in den Geschichten werden äußerst expressiv und lautmalerisch geäußert (wie gut der Saft schmeckt oder wie gut das Kind schlafen kann). Noch deutlicher als Frau B selbst in ihrer Kindheit kann ihr Sohn Benjamin auf die Fürsorge beider Eltern vertrauen. Die bei Frau B erkennbare leichte Verwicklung mit der Perspektive ihrer Eltern oder ihr Ärger finden sich bei Benjamin nicht. Seine Lösungen der Situation sind direkt, das Bindungssystem wird auf der Repräsentationsebene sofort beruhigt. Bei Familie B ist die Transmission und Kontinuität der sicheren Bindung exemplarisch erkennbar. Die konstant hohe Qualität der elterlichen Partnerschaft unterstützt die Stabilität der Familienbeziehungen.

Familie C mit Sohn Carlo

Carlo im Geschichtenergänzungsverfahren zur Bindung
Carlo ist knapp sechs Jahre alt und interessiert an der Durchführung des Geschichtenergänzungsverfahrens. Er bewegt alle Figuren in jeder Geschichte, jedoch behandelt er sie lieblos und aggressiv, indem er ihnen die Arme und Beine verdreht oder alle durch die Luft wirbeln lässt. In jeder Geschichte lässt er die Puppen viel agieren, oft chaotisch und aggressiv. Ein kohärenter Handlungsablauf findet sich nicht. Häufig treten bizarre Szenen auf, die in nicht nachvollziehbarer Weise vom Thema ablenken.

In der *Saftgeschichte* wirft Jan alles um, die Gläser und den Krug ins Gesicht der Eltern, die Möbel auf die Schwester. Der Vater schimpft mit ihm. Die Gläser kleben am Boden fest, deshalb kann der Saft nicht aufgewischt werden. Fliegen stechen den Papa. Die männliche Identifikationsfigur hat sich als Mädchen verkleidet.

In der *Kniegeschichte* findet keine Versorgung statt. Jan stürzt noch einmal vom aufrecht gestellten Baumstamm. Er beschimpft die Eltern: »Ihr blöden Kälber«. Die Frage nach dem Schmerz am Knie beantwortet er: »das (die Verletzung) ging weg von der Drehung« (des Knies), d. h. er zeigt gleichzeitig Ärger und Maximierung (zweimaliges Hinfallen) und eine Deaktivierung des Bindungsthemas.

In der *Monstergeschichte* fragt die Mutter selbst sehr ängstlich und hilflos, ob es wirklich ein großes Monster ist. Niemand leistet Hilfe. Das Identifikationskind weist das Monster zurück, indem behauptet wird, er wollte die Eltern nur reinlegen, weil er fernsehen wolle. Jan hat keine Angst, »so wie ich keine Angst habe«. Aber die Angst wird möglicherweise umgelenkt, denn eine Tarantel tritt auf, die Jan sticht. Er ist tot. Carlo erklärt, Taranteln seien gefährliche Insekten. Die Bedrohung der eigenen Sicherheit durch das Monster wird also noch verstärkt durch die Tarantel.

In der *Trennungsgeschichte* spricht die Oma nach kurzem Trost wieder eine Drohung aus: »geh ins Bett, sonst kommt eine Tarantel und sticht dich tot«. Dann fliegen Kinder und Oma zu den Eltern und machen die Trennung damit ungeschehen und rückgängig. Hier herrscht bei der Bedrohung durch die Trennung eindeutig eine Deaktivierungsstrategie vor.

Beim *Wiedersehen* wird nicht begrüßt, die Kinder fahren sofort weg, als die Eltern ankommen. Es gibt keine gemeinsame Aktivität. Jan denkt (auf Nachfrage): »die Eltern sind dumm und blöde«, d. h. er ist verbal aggressiv. »Wir waren in Afrika, in Afrika war es schön«.

Zusammenfassend lässt sich eine gemischte Bindungsstrategie bei Carlo erkennen. Er führt uns eine ambivalente Verstärkung des Bindungsthemas mit viel Ärger und Aggression gegen die Eltern vor, zeigt aber auch bizarre Ablenkungen oder diffusen Ärger, da die Figuren unspezifisch durch die Luft fliegen. Es finden sich jedoch auch noch Anteile einer vermeidenden Deaktivierung, die vor allem im Leugnen und Ungeschehen machen der belastenden Trennung bestehen.

Carlo in der Fremden Situation mit 12 Monaten
Die Auswerter heben sehr hervor, dass die Mutter Carlo während der gesamten Beobachtung »vollredet« und das Kind in jeder Episode dirigieren will. Der Sohn reagiert jedoch nicht. Nachdem er abgesetzt wird, interessiert sich Carlo für die Spielsachen und krabbelt hin. Er spielt und exploriert, nimmt dabei sehr häufig Spielsachen in den Mund. Die Mutter spricht sehr viel zu ihm, das Kind geht auf ihre Spielangebote und ihre Rede nicht ein. Dabei sitzt er konsequent mit dem Rücken zur Mutter. Bei Eintritt der Fremden schaut das Kind zu ihr hin, lutscht aber weiter an den Spielsachen. Das Kind exploriert den Baukasten, die Fremde bietet ihm ein Spiel an, er geht darauf ein. Als die Mutter weggeht, schaut Carlo ihr nach, spielt dann weiter mit der Fremden. Es gibt eine freundliche Interaktion mit einer Handpuppe, und Carlo lacht die Fremde an. Bei *Wiederkehr der Mutter* schaut das Kind zur Tür, als sie seinen Namen ruft, dann aber gleich zur Fremden. Die Mutter ist sehr bemüht, das Kind für sich zu interessieren. Als sie sich dem Kind jedoch nähert, schaut es gleich wieder weg. Er exploriert mit dem Rücken zu ihr. Dabei redet die Mutter pausenlos: »Guck mal«, »Schau mal...« Das Kind spielt weiter und meidet die Mutter anzusehen. Es gibt in der *ersten Wiedervereinigung* fast keinen Blickkontakt, das Kind spielt weiter allein mit den Bauklötzen. Die Mutter versucht Kontakt aufzunehmen, das Kind versucht sich dem Kontakt zu entziehen. Die Mutter verabschiedet sich mehrfach mit sehr viel Aufwand, sie zögert hinauszugehen. Das Kind schaut aber nur kurz auf, nimmt dann weiter Spielsachen in die Hand und beschäftigt sich damit. (Alle Werte der Interaktionsskalen sind niedrig, d. h. kein Bindungsverhalten, höher bei »Nähe vermeiden« 5, »Kontakterhalten« 1, »Nähe suchen« 2, »Kontaktwiderstand« 2). In der siebten Episode mit der Fremden erkundet das Kind mit ihr zusammen weiter die Spielsachen, Carlo schiebt einen Lastwagen durch den Raum. Bei der *zweiten Wiedervereinigung* schaut er zur Tür und wirft einen Ball weg, er krabbelt dem Ball nach in Richtung Mutter, bleibt aber dann sitzen, macht eine Kehrtwendung. Er schaut wieder die Fremde an, lächelt ihr zu und schaut ihr beim Weggehen nach. Das Kind blickt kurz zur Mutter und deutet auf die Spielsachen. Die Mutter streckt ihm die Arme entgegen und fordert ihn auf, zu ihr zu kommen, Carlo krabbelt

auf sie zu. Als er die Hände der Mutter berührt, strauchelt er etwas, krabbelt aber weiter in Richtung Mutter, ändert dann seine Richtung und krabbelt zum Spielzeug. Er exploriert weiter mit dem Rücken zur Mutter, die Mutter sitzt dahinter. Carlo wird nach seinem Bindungsverhalten als unsicher-vermeidend klassifiziert, und zwar als stark vermeidend (A1). Kleinkinder dieser Teilgruppe vermeiden Kontakt, suchen keine Nähe und schmiegen sich auch nicht an.

Kindheitserfahrungen der Mutter und deren präokkupierte Darstellung im AAI im 5. Lebensjahr von Carlo

Frau C wuchs als ältere Tochter mit einer wesentlich jüngeren Schwester auf, von der sie sich »entthront fühlte« und während der ganzen Kindheit unter der Rivalität litt. Die Eltern arbeiteten sehr viel und hatten wenig Zeit für die Kinder. Ihre Erziehung sei durch Ablehnung, viele Strafen, Schläge und Androhung von Schlägen und Einschränkungen im Vergleich zur Schwester gekennzeichnet gewesen. Sie habe oft Schulprobleme gehabt, auf die der Vater mit Leistungsdruck und wenig Unterstützung reagierte. Als Kind litt Frau C stark unter Neurodermitis. Im Alter von zehn Jahren wurde sie auf eine mehrwöchige Kur geschickt. Während dieser Zeit haben die Eltern sie nie besucht, die Pakete von zu Hause bekam sie nicht persönlich, sondern der Inhalt wurde unter allen Kindern aufgeteilt. Als sie nach der Kur am Bahnhof abgeholt werden sollte, musste sie besonders lange warten, es kam schließlich nur der Vater.

Die Beziehung zwischen den Eltern war sehr konfliktreich, was sie schon als Kind stark gespürt habe. Die Mutter sei vom Vater wegen ihrer Herkunft nicht anerkannt worden. Die Mutter hatte über lange Zeit Liebhaber, zum Teil aus dem Freundeskreis des Vaters. Als Frau C 11 bis 13 Jahre alt war, habe die Mutter das Kind in diesem Kontext auch für ihre Interessen benutzt und sie angehalten, das Geheimnis der mütterlichen Untreue dem Vater gegenüber zu verheimlichen. »Und ich hab' aber schon alles voll mitgekriegt, und das waren so Sachen, was ich dann, da war ich schon unheimlich wütend auf sie.«

Diese Erfahrung stellt eine Rollenumkehr dar und bringt das Kind in starke Loyalitätskonflikte zu den Eltern: »und sie, da hat sie praktisch sowieso meinen Vater verletzt und da hat sie mich auch verletzt, weil als Kind ist das unheimlich übel, wenn man das tatsächlich mitkriegt, dass mit den Eltern was nicht stimmt (...) da hab' ich überhaupt kein Verständnis mehr für meine Mutter gehabt«. Als Frau C zwischen 10 und 15 Jahren war, hatte die Mutter über längere Zeit ein Alkoholproblem.

Als sie in die Pubertät kam, starb eine Oma, zu der Frau C ein gutes Verhältnis hatte. Die Eltern zwangen sie während der Todesstunden der Großmutter dabei zu sein, was für sie sehr schwer zu verarbeiten war und wozu ihr keine

Hilfe angeboten wurde. Sie wollte so früh wie möglich von zu Hause ausziehen, dies konnte sie auch durchsetzen.

Frau C trägt diesen Lebensbericht erregt mit zahlreichen Details und Abschweifungen vor. Ihre Sprache ist übertrieben, dramatisierend, Gefühle drückt sie ebenfalls übertrieben aus: »total gehasst«, »mich total erpresst«, »die Familie vom Vater war völlig chaotisch«. Die Beziehung zu beiden Eltern kennzeichnet sie durch »Hass und Wut«. Viele Erlebnisse bezeichnet sie »als Trauma«. An vielen Stellen formuliert sie Vorwürfe an die Eltern, »die nicht geduldig waren«, »die als Ansprechpartner nicht zur Verfügung standen«, »die nie zugehört, sie nie verstanden haben«, »die ihre Intimsphäre nicht respektiert haben«. Die Vorwürfe steigern sich zu ärgerlichen Passagen, »ja, dass sie niemals versucht haben, wirklich auch in mich reinzugucken, in mich reinzusehen, sondern sie immer nur irgendwo ihrs gesehen haben, ihre Interessen, also zum Beispiel mit dem Weggehen, dass sie immer nur weggegangen sind und gar nicht mal gefragt haben, ob ich vielleicht auch mal weggehen möchte oder ob zum Beispiel das Aufpassen auf meine Schwester oder so, das Wahren der Intimsphäre und so weiter (...)«. Die Wiederholungen und übertriebenen Ausdrucksweisen deuten auf starken Ärger hin. Bei direkten Fragen, ob sie sich zum Beispiel zurückgesetzt gefühlt habe, antwortet Frau C sehr inkohärent: Sie habe sich nie abgelehnt gefühlt, war nie traurig, »ich hab 'ne schöne Kindheit gehabt«, »viel bekommen, was meinen Eltern möglich war«, »sie haben mir meine Wünsche schon erfüllt«. »Schöne Ostern, schöne Geburtstage, Schwarzwälder Kirschtorte habe ich mir gewünscht und bekommen«. »Ich glaub' schon, ich war ein glückliches Kind«. Hier fällt ein deutlicher Widerspruch zwischen den berichteten Erfahrungen und der Bewertung auf. Es lässt sich auch eine Neigung zum Wegschieben unangenehmer Erfahrungen erkennen. Andererseits sagt Frau C auf die Frage, ob die Erlebnisse mit den Eltern ihr heute noch zu schaffen machen: »das macht mir alles noch zu schaffen«. »Weil ich glaube, das braucht ewig, um so was zu überwinden (...) die Traumen«.

Auf die Frage zur Bewertung aller Erlebnisse und der möglichen Auswirkungen auf ihre Persönlichkeit kann sie wenig Zusammenfassendes sagen. Es gäbe zwar einige Aspekte, in denen sie sich behindert fühlte, weil »die Eltern nicht richtig auf mich eingegangen sind«. Dann verfällt Frau C in Einzelheiten, z. B. der Geigenunterricht über mehrere Jahre »war total zwecklos, war alles umsonst«, weil es dem musikalischen Vater gefallen hätte, sie sich aber nicht als musikalisch herausstellte. Wenn sie heute nach Hause fahre, stelle sie fest, dass sich eigentlich nichts geändert habe und die Eltern nichts dazu gelernt hätten, aber sie bleibe dabei »cool« und versuche distanziert zu sein.

Der Lebensbericht von Frau C zeigt eine ärgerliche, konflikthafte Bindung zu den Eltern mit der *Klassifikation unsicher präokkupiert* (E 2). Sie formuliert zahlreiche Vorwürfe an die Eltern, viele hoch ärgerliche Passagen über die Mutter, schweift in zahlreiche Details über die Schwierigkeiten der Eltern ab und ist mit den Bindungspersonen aus der Kindheit insofern immer noch aktuell verwickelt. Frau C kann selten abgewogen und sachlich berichten, sondern nimmt kleine Vorkommnisse zum Anlass, um kritisch und voller Vorwürfe Anschuldigungen an die Eltern zu formulieren, gelegentlich analysiert sie psychologisierend deren Verhältnis. Bei der Bewertung ihrer Lebensgeschichte zeigt sich ebenfalls eine Tendenz zur Deaktivierung, d. h. zum Wegschieben von Verletzungen, zum Normalisieren und Bagatellisieren der Erfahrungen, die sie zuvor dramatisch erwähnt hat. Diese Verarbeitung tritt allerdings gegenüber der ärgerlichen Präokkupation zurück.

Aus drei Interviews in der *Schwangerschaft* wird bereits eine geringe Abgrenzung in der Beziehung zum Kind deutlich, die ihrer Verwicklung mit den eigenen Eltern (im AAI) entspricht. Frau C und ihr Partner hatten das Kind nicht geplant, aber die Verhütung abgesetzt. Sie waren zum Zeitpunkt der Schwangerschaft nicht verheiratet, Frau C ist jetzt 32 Jahre alt. Die erste Reaktion auf den positiven Schwangerschaftstest war uneindeutig, nach dem späteren bestätigenden Test beschreibt sie eine ambivalente Einstellung: »weil das war ein Gefühl, auf der einen Seite Mutter werden wollen, Sehnsucht danach haben, auf der anderen Seite wieder ein Fragezeichen setzen und aufgeben, ja vieles aufgeben. Das Leben aufgeben, was wir bisher geführt haben, Beruf aufgeben, verzichten. Das sind immer so zwei Sachen gewesen (...) und das war immer so ein Zwiespalt (...) Und deswegen habe ich auch selber immer gedacht, ich möchte halt auch relativ spät ein Kind, wenn überhaupt. Also ich möchte erst mal ein bisschen leben, was erleben und dann ein Kind. Das war eigentlich von mir aus schon immer geplant.«

Frau C stellt sich jedoch auf die Schwangerschaft ein und der erste Ultraschall überzeugt sie sehr. Ihr Kinderwunsch steigert sich in kurzer Zeit sehr, »das ist so ein Gefühl, dass eine Frau, die Kinder möchte, ab einem bestimmten Zeitraum, wenn sie kleine Kinder sieht, so ein unheimliches Verlangen danach bekommt, ein unheimliches Gefühl zu einem kleinen Kind entwickelt, das hatte ich früher nie (...) aber ab einem bestimmten Zeitpunkt, wenn das Gefühl dann mehr wird, dann könnte man die Kinder irgendwo - das ist ein unbeschreibliches Gefühl, die könnte man holen und knuddeln und machen und nicht mehr loslassen. So nach dem Motto: ›ich möchte auch so ein Kind haben‹ (...) Und das habe ich wirklich extrem erlebt.« Frau C heiratet ihren Freund vor der Geburt, »damit das Kind in einer richtigen Familie aufwächst«. Sie und ihr Mann möchten das Geschlecht wissen und erfahren, dass es ein Junge wird. Die Schwangerschaft verläuft unauffällig.

Auch weiterhin beschreibt sie das Kind als Besitz, als etwas, das einem gehört und das man nicht mehr loslassen will. Ultraschall und die Kindesbewegungen begeistern sie sehr. Ihre Äußerungen klingen sehr schwelgerisch: »ab einem bestimmten Zeitpunkt war das einfach ›mein Kind dann‹ irgendwie dieses Liebesempfinden, das ist aufgetaucht in dem Moment, so dieses Sentimentale, das in mir hochkam«. Das Kind wird immer greifbarer, »irgendwie ist es schon so etwas, das es zu mir gehört, es kann mir einfach nicht schnell genug gehen, ich hätte es gern, es (die Geburt) gern hinter mir (...)«. Wenn sie ein Kind sieht, »dann könnte ich so ein Kind einfach holen und nur im Arm halten und knuddeln. Das ist so ein unheimliches Gern-Haben-Gefühl, als ob ich denke, ich würde ein Kind irgendwo in Liebe ertränken oder so. Also jetzt schon.« Wenn sie an Erziehung denkt, »dann habe ich eine Wahnsinnspanik, dann kriege ich nur noch Panik, wie so kleine Kinder mit Dingen umgehen oder wie sie sich so frei bewegen ohne Angst. Da denke ich halt, dass eine junge Frau viel besser damit umgehen kann als eine ältere« (wie sie selbst).

In der 35. Schwangerschaftswoche ist Frau C noch unsicher, wie sie mit dem Kind umgehen soll. Sie hat zwar alles eingekauft und vorbereitet, aber sie äußert Zweifel: »das ist irgendwie noch gar nicht so fassbar alles, das ist ganz eigenartig«. Sie wird zu Hause bleiben und nicht weiter arbeiten, »aber ich habe was gegen diese Mutterrolle, Hausfrau zu sein und so (...) ich möchte jetzt nicht einfach so das Mütterchen werden, das den ganzen Tag den Kinderwagen rumschiebt und jetzt nur noch Kind, kochen und putzen und sonst nichts mehr, sondern ich möchte mich einfach noch ganz normal verhalten, so wie jetzt auch, ich möchte auch nicht nur noch das Thema Kind haben, sondern auch für andere Themen offen bleiben.« Im Verlauf der Schwangerschaft schwankt Frau C zwischen Skepsis, überquellender Freude, einem Wunsch nach Besitzenwollen des Kindes und starker Unsicherheit in Bezug auf den Umgang mit ihm. Dies könnte auch Anteil einer ambivalenten Bindungsrepräsentation sein. Die Geburt muss durch einen unerwarteten Kaiserschnitt (mit Periduralanästhesie) vorgenommen werden, sie kann dadurch das Kind gleich sehen. Frau C erholt sich bald, sie hat aber Schwierigkeiten mit dem Stillen. Dem Kind geht es gut.

Die *Partnerschaftsqualität* im Fragebogen wies für Frau C ein geringeres Ausgangsniveau von »Zärtlichkeit« (im PFB) und eine deutlich abnehmende Tendenz über die nächsten fünf Jahre auf (Skalenwerte von 20 auf 13). Dagegen steigen die Angaben für »Streitverhalten« an, liegen aber immer noch absolut auf einem mittleren Niveau.

Als *Parallelen* zwischen dem Lebensbericht von Frau C im AAI und den kindlichen Bindungsmaßen von Carlo fällt folgendes auf: Carlo entspricht beiden Verarbeitungsweisen in den mütterlichen Bindungsrepräsentationen. Als Kleinkind überwiegt bei ihm eindeutig die vermeidende Strategie. Die Mutter verhält sich in allen Szenen der Fremden Situation überstimulierend, konsequent weicht das Kind den Angeboten der Mutter aus und vermeidet jeden Blickkontakt oder Körperkontakt mit ihr bei der Wiedervereinigung. Am Ende des ersten Lebensjahres ist nur diese stark vermeidende Verarbeitung erkennbar. Bei der späteren Erhebung der Bindungsrepräsentation von Carlo ist eine Veränderung eingetreten. Seine vorrangige Strategie ist nun ambivalent, übertreibend oder ausweichend in Bezug auf das Bindungsthema. Damit entspricht er der ambivalenten Verarbeitung seiner Mutter. Er zeigt in den Geschichtenergänzungen allerdings auch noch einen vermeidenden Umgang mit Bindungsbedürfnissen.

Seine Geschichten mit sechs Jahren enthalten viele konflikthafte Szenen, oft drückt er Ärger und Aggression aus, es gibt auch bizarre, unerklärliche Wendungen im Handlungsverlauf. Carlo spielt keinerlei fürsorgliche, schützende Handlungen der Puppeneltern/Erwachsenen (keine Versorgung des Knies, keine Beseitigung des Monsters, keine Begrüßung und gemeinsame Aktivität nach der Trennung) in seinen Geschichten, so wie auch die Kindheitserfahrungen der Mutter keine Fürsorge enthielten. Wenn das Identifikationskind Ansätze von Fürsorge und Trost erfährt (frischer Saft, die Oma tröstet bei Trennung), wird dies durch die folgenden Handlungen unwirksam gemacht, weil diese eher negativ und dramatisch in ihrer Wirkung sind. Es kommt zu keiner Lösung des Bindungsthemas. Die Elternfiguren treten in den Inhalten des Puppenspiels nur in einer Geschichte als Autorität auf (der Vater schimpft bei der Saftgeschichte), meist sind sie nicht existent (keine Versorgung in der Kniegeschichte, in der Monstergeschichte ist die Mutter selbst sehr ängstlich und unfähig) oder die Eltern sind letztlich Opfer der Kinder. So werden in der Saftgeschichte Vater und Mutter umgeworfen, der Vater wird von Fliegen gestochen, die wegen des ausgelaufenen Saftes kommen, das Identifikationskind hat in der Monstergeschichte die Eltern reingelegt, damit es fernsehen kann. Die Kinder fahren zu dem Zeitpunkt weg, als die Eltern von der Reise zurückkommen, und das Kind denkt, die Eltern seien doch »doof und blöde«. Das heißt, in drei Geschichten tritt gegenüber den Eltern körperliche Aggression auf (Saftgeschichte: reinlegen, Monster: austricksen, Trennung: verbale Aggression). Dies entspricht dem vorwurfsvollen ärgerlichen Bericht der Mutter und ihren geäußerten Beziehung von Wut und Hass in der Beziehung zu Mutter und Vater. Die aggressive Neigung des Kindes entspricht den vorwurfsvollen, übertriebenen und dramatisierenden Darstellungen der Mutter. So bleibt Frau C bei der Auffassung, dass die Eltern sie nie verstanden haben, und führt dazu an vielen Stellen Vorwürfe an: »man braucht ewig, um die Traumen zu überwinden«. Die Präokkupation der Mutter gegenüber ihren eigenen Eltern im Bindungsinterview findet eine Parallele in den aggressiven und bizarren Handlungen des

Kindes im Puppenspiel. Bei dem Sohn Carlo finden sich ebenso Hinweise auf Ambivalenz in Form von Maximierungstendenzen; so fällt das Kind in der Kniegeschichte vom hohem Baumstamm und nach dem Monster tritt eine Tarantel auf, die die Identifikationsfigur sticht, so dass sie tot ist. Auch hier zeigt sich keine hilfreiche, schützende Reaktion der Eltern.

Gleichzeitig zeigt Carlo auch noch Anteile einer vermeidenden Strategie (wie im Kleinkindalter), wenn er durch Nachfrage auf mögliche unangenehme Gefühle angesprochen wird. So bewältigt er den Schmerz in der Kniegeschichte, indem er ihn leugnet (der Schmerz »ging weg von der Drehung«, eine quasi rationale Erklärung), die möglicherweise schmerzhafte Trennung wird rückgängig gemacht, indem die Kinder mit der Oma zu den Eltern fliegen, ohne dass eine Vereinigung gespielt wird. Dieselbe Neigung zur Leugnung von Bindungsbedürfnissen zeigte auch die Mutter im AAI bei Fragen nach ihrer Wertung der schwierigen Kindheitserfahrungen. Dabei vergisst sie ihren aktuellen Ärger und behauptet, sie sei nie traurig gewesen, habe sich nie abgelehnt gefühlt, sie war nie getrennt (schwierige sechswöchige Kur im Alter von zehn Jahren): »ich hatte eine schöne Kindheit«, »ich war ein glückliches Kind«. Hier zeigt sich ein deutliches Wegschieben verletzender und zurückweisender Erfahrungen.

Bei Familie C tritt eine Veränderung von einem vermeidenden Bindungsverhalten des Kleinkindes mit 12 Monaten zu einer überwiegend ambivalenten Bindungsrepräsentation des sechsjährigen Kindes auf. Die Partnerschaft der Eltern zeigt zunehmend Streit und weniger Zärtlichkeit. Die zeitlich nah erfasste Bindungsrepräsentation der Mutter zeigte ebenfalls präokkupierte Anteile, aber auch deutlich vermeidende Tendenzen. Insofern ist diese nicht einfache Beziehung: vermeidendes Kleinkind - präokkupierte Bindung der Mutter - überwiegend ambivalente und teilweise vermeidende Bindungsrepräsentation beim Vorschulkind auch ein Beleg dafür, dass die Kontinuitätshypothese im Einzelfall nicht zutreffen muss bzw. eine Entwicklungshypothese gelten könnte. Danach ist für Kinder mit einer invasiven, aufdringlichen Mutter eine Vermeidung die nächstliegende Strategie. Spekuliert man über die Veränderung bei Carlo, so könnte man vermuten, dass ihm mit zunehmendem Alter ein Abwehren der Bindungsbedürfnisse nicht mehr so durchgehend möglich war wie im Kleinkindalter und er mehr von der mütterlichen Ambivalenz übernahm.

Zusammenfassung

Die unterschiedlichen Bindungsrepräsentationen von drei knapp siebenjährigen Kindern, erhoben mit einem Geschichtenergänzungsverfahren, wurden illustriert. Die Kinder stammen aus Familien, die im Bildungs- und ökonomischen

Niveau nicht sehr weit auseinanderliegen und dieselbe Familienstruktur aufweisen. Unter Rückgriff auf die mütterliche Darstellung ihrer Beziehungen zur Herkunftsfamilie im AAI konnte die Transmission von sicherer und unsicherer Bindungsqualität beschrieben werden. Es fanden sich klare Parallelen zwischen der mütterlichen Verarbeitung von Beziehungserfahrungen zu dem Bindungsverhalten des Kindes in der Fremden Situation und den Spielnarrativen der älteren Kinder im Puppenspiel. Deutlich wurde eine Transmission von vermeidender und sicherer Verarbeitung. Bei diesen beiden Mutter-Kind-Paaren (A und B) zeigte sich gleichzeitig eine Kontinuität der Bindungsqualität von der Fremden Situation zu den Bindungsrepräsentationen der Siebenjährigen. Bei dem Kind aus Familie C fand ein Wechsel von vermeidendem Bindungsverhalten in der frühen Kindheit zu überwiegend ambivalenten Bindungsrepräsentationen im Vorschulalter statt. In dieser Familie wies die mütterliche Bindungsrepräsentation ebenfalls zwei Anteile auf; vorherrschend war eine präokkupierte Verarbeitung entsprechend dem zeitlich nah erfassten Bindungsmuster des Siebenjährigen, daneben gab es vermeidende, distanzierende Bestandteile des mentalen Bindungsmodells, die dem Kleinkind entsprechen. Insofern ließ sich auch hier die Transmission inhaltlich verdeutlichen, wenn auch nicht ausschließlich auf der Ebene der Klassifikationen.

An den drei Familien wird belegt, wie Bindungsrepräsentationen der Mütter sich beim Kind fortsetzen. Es soll allerdings betont werden, dass es sich bei den beiden unsicheren Familien nicht um pathologische Familienbeziehungen handelt. Die Reaktionsweisen, z. B. des ambivalenten Jungen Carlo im Vorschulalter, stellen Anpassungsstrategien an das sehr eingreifende und wenig unterstützende Verhalten seiner Mutter dar. Trotzdem zeigen die Verhaltensweisen nach der Trennung in der Fremden Situation und die Geschichtenergänzungen im symbolischen Medium des Puppenspiels von Kind A und C jeweils weniger günstige Ausgangsbedingungen für deren weitere Entwicklung. Anton hat keinen Zugang zu seinen Gefühlen und schiebt Belastungen systematisch weg, Carlo kann keine kohärenten, die Bindungsbedürfnisse befriedigenden Lösungen in den symbolischen Geschichten finden. Benjamin dagegen kann sich auf eine sichere Basis verlassen und findet eindeutige, beruhigende und zufriedenstellende Lösungen.

Für beratende und therapeutische Maßnahmen können die Transmissionsprozesse dahingehend genutzt werden, dass die mütterlichen Bindungsrepräsentationen als Ausgangspunkt zur Veränderung dienen. Einen zweiten Ausgangspunkt zur Veränderung bildet das beobachtbare Verhalten der Mutter im Umgang mit dem Kind, das durch Videofeedback im Hinblick auf Feinfühligkeit verändert werden könnte. Für die therapeutische Arbeit mit Kindern stellt möglicherweise die Ebene des Puppenspiels einen ergänzenden Zugang dar, wenn der Therapeut dem Kind z. B. andere, nämlich sichere Geschichtenergänzungen anbietet und die Gefühle des Kindes nacherleben lässt. Ein Durchbrechen des intergenerationalen Zyklus von Bindungsunsicherheit kann auf mehreren Ebenen versucht werden (van den Boom 1994; Van Ijzendoorn, Juffer & Duyvesteyn 1995; Ziegenhain, Dreisörner & Derksen 1999). Allerdings zeigen die empirischen Studien, dass dieses Ziel nicht einfach und nicht mit kurzfristigen Maßnahmen zu erreichen ist.

Anmerkungen

1. Die internen Konsistenzen nach Cronbach Alpha betrugen zwischen .64 und.83. Für die 4-fache Bindungsklassifikation ergaben sich Übereinstimmungen von zwei unabhängigen Auswertern zwischen 83-88 %.
2. Bei dieser Berechnung wurden als unsichere Klassifikationen die vermeidende, ambivalente und desorganisierte Bindung gezählt, d. h. es wurde eine vierfache Gruppeneinteilung zugrunde gelegt.
3. Alle Bindungsverfahren wurden von reliablen Kodierern ausgewertet, die blind für die anderen Daten der Familie waren. Die FS wurde in Regensburg von K. Grossmann und F. Becker-Stoll ausgewertet, das AAI von B. Gomille und G. Gloger-Tippelt, das GEV durch vier verschiedene Kodierer (König u. a. 2001).

Literatur

Ainsworth, M. D., Blehar, M. C., Waters, E., & Wells, S. (1978): Patterns of attachment. Hillsdale, NJ (Erlbaum).

Boom van den, D. C. (1994): The influence of temperament and mothering on attachment and exploration: An experimental manipulation o sensitive responsiveness among lower-class mothers with irritable infants. In: Child Development 65, S. 1457-1477.

Bowlby, J. (1969/82): Attachment and loss. Vol. 1: Attachment. Attachment and loss. New York (Basic Books).

Bowlby, J. (1975): Attachment and loss. Vol. 2: Separation. Anxiety and anger. Harmondsworth, Middlesex (Penguin Books).

Bretherton, I. (2001): Zur Konzeption innerer Arbeitsmodelle in der Bindungstheorie. In: Gloger-Tippelt, G. (Hg.): Bindung im Erwachsenenalter. Bern (Huber), S. 52-74.

Bretherton, I., & Ridgeway, D. (1990): Appendix: Story completion task to assess young children's internal working models of child and parents in the attachment relationship. In: Greenberg, M. T., Cicchetti, D., & E. M. Cummings (Hg.): Attachment in the preschool years. Chicago (The University of Chicago Press), S. 300-305.

Bretherton, I., Ridgeway, D., & Cassidy, J. (1990): Assessing internal working models of the attachment relationship: An attachment story completion task for 3-year-olds. In: Greenberg, M. T., Cicchetti, D., & Cummings, E. M. (Hg.): Attachment in the preschool years. Chicago (The University of Chicago Press), S. 273-308.

Bretherton, I., Suess, G. J., Golby, B., Oppenheim, D. (2001): Attachment Story Completion Task (ASCT). Methode zur Erfassung der Bindungsqualitäten im Kindergartenalter durch Geschichtenergänzungen im Puppenspiel. In: Suess, G., Scheuerer-Englisch, J. H., Pfeifer, W.-K. (Hg.): Bindungstheorie und Familiendynamik. Gießen (Psychosozial-Verlag), S. 83-124.

George, C., & Solomon, J. (2000/1996/1990): Six-year attachment doll play classification system. Unpublished classification manual. Mills College, Oakland, CA, USA.

Gloger-Tippelt, G. (2001): Bindung im Erwachsenenalter. Bern (Huber).

Gloger-Tippelt, G., & König, L. (2002/2000): Geschichtenergänzungsverfahren zur Bindung (GEV-B). 5. Fassung. Unveröffentlichtes Manuskript, Universität Düsseldorf.

Gloger-Tippelt, G., Gomille, B., König, L., & Vetter, J. (2002): Attachment representation in six-year olds: Related longitudinally to the quality of attachment in infancy and mothers' attachment representations. In: Attachment & Human Development, 4 (3), S. 318-339.

Green, J., Stanley, C., Smith, V., & Goldwyn, R. (2000): A new method of evaluating attachment representations in young school age children: The Manchester Child Attachment Story Task. In: Attachment and Human Development, 2 (1), S. 48-70.

Grossmann, K. E. (1999): Old and new internal working models of attachment: the organisation of feelings and language. In: Attachment and Human Development, 1 (3), S. 253-269.

Hahlweg, K. (1979): Konstruktion und Validierung des Partnerschaftsfragebogens PFB. In: Zeitschrift für Klinische Psychologie, 8, S. 17-40.

Jurgan, S., Gloger-Tippelt, G., & Ruge, K. (1999): Veränderungen der elterlichen Partnerschaft in den ersten 5 Jahren der Elternschaft. In: B. Reichle & H. Werneck (Hg.): Der Übergang zur Elternschaft (S. 37-51). Stuttgart (Enke).

Klann-Delius, G. (2002): Bindung und Sprache in der Entwicklung. In: K. H. Brisch, K. E. Grossmann, K. Grossmann & L. Köhler (Hg.): Bindung und seelische Entwicklungswege (S. 87-108). Stuttgart (Klett-Cotta).

König, L., Gloger-Tippelt, G., Vetter, J., Bülow, S., Kinigopoulou, K., Backhaus, A., & Stange, S. (2001): Bindung bei 6-jährigen Kindern. Reliabilität und Validität eines Geschichtenergänzungsverfahrens (GEV) im Puppenspiel. Poster präsentiert auf der 2. Münchener Tagung zur Familienpsychologie.

Nelson, K. (1999): Event representations, narrative development and internal working models. Attachment & Human Development, 1 (3), S. 239-252.

Solomon, J., & George, C. (1999): The measurement of attachment security in infancy and childhood. In: J. Cassidy, J., & P. R. Shaver (Hg.): Handbook of attachment. Theory, research, and clinical applications New York (Guilford Press), S. 287-316.

Van Ijzendoorn, M. H. (1995): Adult attachment representations, parental responsiveness, and infant attachment: A meta-analysis on the predictive validity of the Adult Attachment Interview. Psychological Bulletin, 117, S. 387-403.

Van Ijzendoorn, M. H., Juffer, F., & Duyvestey, M. G. C. (1995): Breaking the intergenerational cycle of insecure attachment: A review of the effect of attachment-based interventions on maternal sensitivity and infant security. Journal of Child Psychology and Psychiatry, 36, S. 225-248.

Ziegenhain, U., Dreisörner, R., & Derksen, B. (1999): Intervention bei jugendlichen Müttern und ihren Säuglingen. In: Suess, G. J., & Pfeifer, W.-K. P. (Hg.): Frühe Hilfen. Die Anwendung von Bindungs- und Kleinkindforschung in Erziehung, Beratung, Therapie und Vorbeugung. Gießen (Psychosozial Verlag), S. 222-245.

Bindungsorganisation und kindliches Narrativ[1]

Henri Julius

Einführung

Die (emotionalen) Beziehungserfahrungen eines Kindes mit seinen Bezugspersonen bilden sich aus bindungstheoretischer Sicht beim Kind in sogenannten internalen Arbeitsmodellen ab. Internale Arbeitsmodelle sind geistige Repräsentationen - im Sinne von Schemata - von vergangenen Beziehungserfahrungen, die sowohl affektive als auch kognitive Komponenten enthalten. Je nach Qualität dieser Beziehungserfahrungen[2] entwickeln Kinder ein sicheres (B), ein unsicher-vermeidendes (A), ein unsicher-ambivalentes (C) oder ein desorientiertes/desorganisiertes (D) Arbeitsmodell von Bindung.

Inzwischen gibt es eine Reihe von Instrumenten, mittels derer kindliche Bindungsrepräsentationen erfasst werden können. Während im Kleinkindalter die Bindungsorganisation aus dem Verhalten der Kinder in einer Trennungs- und Wiedervereinigungssituation und/oder in weiteren belastenden Situationen erschlossen wird, isoliert man die Bindungsrepräsentation von Kindern ab dem Grundschulalter v. a. aus deren sprachlichen Äußerungen zu bindungsrelevanten Themen. Eines der am häufigsten eingesetzten Instrumente, mittels derer die Bindungsmuster von Grundschulkindern auf diesem Weg diagnostiziert werden, ist der Separation-Anxiety-Test (SAT). Ursprünglich von Hansburg (1972) entwickelt, um Trennungsangst von Kindern und Jugendlichen zu diagnostizieren, hat dieses Verfahren schon früh Eingang in die Bindungsforschung gefunden. Seit der ersten Adaptation durch Bowlby hat der SAT mehrere Überarbeitungen erfahren - insbesondere von Kaplan (1987) und Jacobson und Ziegenhain (1997).

Anhand konkreter Interviewausschnitte aus dem SAT soll im vorliegenden Beitrag exemplarisch verdeutlicht werden, wie sich die Bindungsrepräsentanzen von Kindern in deren Sprachmustern manifestieren.

Beschreibung des SAT

Beim SAT handelt es sich um einen bildgestützten, projektiven Geschichtenergänzungstest, in dessen Verlauf den Kindern Fragen zu acht Bildern gestellt werden, auf denen jeweils ein Junge oder ein Mädchen (je nach

Geschlecht des interviewten Kindes) abgebildet ist, das über kürzere oder längere Zeit von einer Bindungsfigur (bis auf eine Ausnahme von einem oder beiden Elternteilen) getrennt wird.

In drei Bildern sind Szenen dargestellt, die eine längere, bzw. bedrohliche Trennung zwischen Kindern und Eltern zum Inhalt haben. Da vorausgesetzt wird, dass es sich bei diesen Bildern um Situationen handelt, in denen auch bei älteren Kindern das Bindungsverhaltenssystem aktiviert wird, kommt ihnen eine besondere Bedeutung bei der Auswertung zu. Auf dem ersten dieser Bilder ist dargestellt, wie die Mutter eines Kindes auf einer Trage in einen Notarztwagen gebracht wird, während das abgebildete Kind vor der Haustür sitzt (siehe Abb. 1). Das zweite Bild zeigt die Eltern beim Einladen ihrer Koffer in ein Auto. Das abgebildete Kind steht mit seiner Großmutter am Fenster. Dem interviewten Kind wird gesagt, dass die Eltern für vier Wochen in Urlaub fahren und das Kind bei der Großmutter bleibt.

Abb. 1: SAT-Bildtafel: Die Mutter wird auf einer Trage in den Notarztwagen gebracht

Die dritte dieser Bildtafeln zeigt, wie der Vater des abgebildeten Kindes die Wohnung verlässt. Die Mutter und das Kind stehen im Hausflur. Dem interviewten Kind wird gesagt, dass die Eltern sich gestritten haben und der Vater daraufhin aus der Wohnung geht. In drei Bildern sind kürzere bzw. eher alltägliche Trennungen dargestellt (das abgebildete Kind verabschiedet sich von seiner Mutter und geht zur Schule, das abgebildete Kind fährt auf eine Klassenfahrt, und die Mutter des abgebildeten Kindes bringt das Kind zu Bett und löscht das Licht). Ein Bild zeigt ein Kind, das von zu Hause wegläuft, ein weiteres ein Kind, das in eine neue Schulklasse kommt. Zu allen Bildern werden die Kinder gefragt, wie das abgebildete Kind sich ihrer Meinung nach in der jeweiligen Situation fühlt, warum es sich so fühlt, was das Kind auf dem Bild denkt, was es jetzt tun wird und wie die Geschichte ihrer Meinung nach ausgehen wird. Im Anschluss an diese offenen Fragen, die in der Regel von Nachfragen begleitet sind, werden die Kinder nach entsprechenden eigenen Erfahrungen befragt. Nennen sie solche Erfahrungen, werden ihnen wiederum Fragen nach Gefühlen, Gedanken und Bewältigungsstrategien gestellt, die mit diesem Ereignis verbunden waren. Die Durchführung des Interviews dauert in etwa 30 Minuten. Das Interview wird aufgenommen und anschließend wortwörtlich transkribiert. Die Auswertung erfolgt ausschließlich aus der sprachlichen Information (ausgenommen sind auffällige Verhaltensweisen - wie z. B. Verhaltensstereotypien während des Interviews; s. u., die ebenfalls in die Kodierung eingehen).

Aus den SAT-Narrativen lassen sich die vier Bindungsmuster sicher (B), unsicher-vermeidend (A), unsicher-ambivalent (C) sowie desorganisiert (D) nebst deren Subklassifikationen isolieren. Im Folgenden soll anhand konkreter Beispiele verdeutlicht werden, wie sich die Bindungsorganisation in kindlichen Sprachmustern manifestiert - zunächst für die drei organisierten Strategien (sicher, ambivalent und vermeidend) und dann für das desorganisierte Muster.

Sprachmuster von Kindern mit organisierten Bindungsstrategien

Im Arbeitsmodell *sicher gebundener Kinder* sind die Bindungsfiguren aufgrund entsprechender Erfahrungen als feinfühlig, zuverlässig, verfügbar und unterstützend repräsentiert. Deshalb suchen sie in belastenden Situationen aktiv deren Nähe, Trost und Unterstützung. Kinder dieser Bindungsgruppe sind sich der Verfügbarkeit ihrer Bezugspersonen sicher und können daher außerhalb emotional belastender Situationen ihre Umwelt frei explorieren; ihr Aktionsradius ist nicht eingeschränkt. Da sicher gebundene Kinder erfahren haben, dass die Äußerung negativer Gefühlszustände zu feinfühligem und responsivem Verhalten der Bezugspersonen führt, sind sie in der Lage, emotionale Betroffenheit auszudrücken, indem sie eigene negative Gefühle, wie z. B.

Angst oder Ärger offen äußern. Kinder, die im SAT als sicher klassifiziert werden, können daher Fragen nach den Gefühlen der abgebildeten Kinder in bindungsrelevanten Situationen offen und differenziert beantworten. Wie das folgende Beispiel zeigt, drücken sie in angemessener Weise Gefühle von Trauer, Sehnsucht, Angst oder Ärger aus und können gleichzeitig Begründungen für diese Gefühle liefern. Äußerungen über eigene Gefühle kommen in dieser Gruppe häufiger vor als in den anderen Gruppen.

Interviewausschnitt zum Bild: Die Mutter wird auf einer Trage in den Notarztwagen gebracht (Mädchen, 6 J.)

I.: »Was denkst du denn, wie fühlt sich das Mädchen?«
K.: »Ganz schlecht, weil seine Mutter weg is.«
I.: »Ja, mhm.«
K.: »Gehen sie die besuchen?«
I.: »Was meinst du?«
K.: »Ich würde sie sofort besuchen.«
I.: »Ja. - Was meinst du, könnte das Mädchen auch noch ein anderes Gefühl haben?«
K.: »Ja, es ist bestimmt sehr, sehr traurig, weil seine Mutter krank ist und macht sich jetzt Sorgen. Ich wäre bestimmt traurig und würde mir große Sorgen machen.«

Weiterhin sind Kinder dieser Bindungskategorie in der Lage, konstruktive Lösungsvorschläge für alle Trennungssituationen zu nennen. Diese Lösungsvorschläge bestehen v. a. darin, dass sie die Trennung in realistischer Art und Weise versuchen zu verhindern, oder dass sie soziale Unterstützung suchen, wie die Fortsetzung des obigen Interviewausschnittes verdeutlicht.

I.: »Hast du eine Idee, was das Mädchen jetzt denken könnte?«
K.: »Sie hofft, dass ihre Mama bald wieder gesund wird.«
I.: »Und was glaubst du, wird das Mädchen jetzt machen?«
K.: »Sie wird zu ihrem Vater gehen und weinen. Er tröstet sie dann und dann gehen sie zusammen ins Krankenhaus.«
I.: »Und was meinst Du, wie diese Geschichte ausgeht?«
K.: »Dass die Mutter bald wieder gesund ist und nach Hause kommt.«

Im Gegensatz zum Arbeitsmodell sicher gebundener Kinder sind im Arbeitsmodell *unsicher-vermeidend gebundener Kinder* die Bindungsfiguren aufgrund entsprechender Erfahrungen als zurückweisend und nicht unterstützend repräsentiert. Um weitere Zurückweisung zu vermeiden, verhalten sich diese Kinder eher beziehungsvermeidend und suchen in belastenden Situationen keine Nähe, Trost und Unterstützung bei ihren Bindungsfiguren. Stattdessen zeigen sie ein erhöhtes Explorationsverhalten, indem sie sich z. B. Spielsachen oder anderen Objekten zuwenden. Dieses Verhalten wird als eine Verschiebung der Aufmerksamkeit weg von der emotional belastenden (z. B. angstauslösenden) Situation interpretiert. Auch im SAT manifestiert sich dieses Muster. Betroffene Kinder können für keine der signifikanten Trennungssituationen Strategien nennen, die darauf zielen, die Nähe zur Bindungsfigur wiederzuerlangen bzw. herzustellen. Auf die Frage, was das Kind in der jeweiligen Trennungssituation tun wird, nennen sie stattdessen ausschließlich passive Strategien.

In den nächsten drei Interviewauszügen, in denen unterschiedliche Kinder zum Bild gefragt werden, auf dem dargestellt ist, dass die Eltern verreisen und das abgebildete Kind bei der Großmutter bleibt, finden sich unterschiedliche Strategien, die eine solche Passivität reflektieren.

Interviewausschnitte zum Bild: ›Die Eltern verreisen für vier Wochen und das Kind bleibt bei der Großmutter‹

Interviewausschnitt 1 (Junge, 8 J.)

I.: »Was glaubst denn, was das Kind da jetzt grad denkt? (zuckt mit den Schultern). Na, überleg amal.«

K.: »Weiß ich nicht.«

I.: »Mhm - was glaubst denn, was das Kind jetzt tun wird?«

K.: »Schlafen gehen.«

Interviewausschnitt 2 (Junge 9, J.)

I.: »Was glaubst denn, wie sich das Kind da fühlt?«

K.: »Nicht schön.«

I.: »Nicht schön, warum denn?«

K.: »Vielleicht wenn die Oma stirbt und dann ist er ganz allein, ganz allein. Nicht gut wenn er ganz allein ist.«

I.: »Mhm - und was, meinst du, denkt das Kind jetzt?«

K. »Dass die Eltern nie mehr wieder zurückkommen.«

I.: »Was meinst du denn, was das Kind jetzt tun wird, wenn die Eltern weg sind?«

K.: »Nix, sitzen, ferngucken.«

Interviewausschnitt 3 (Junge, 10 J.)

I.: »Was glaubst denn, was das Kind jetzt denkt?«
K.: »Dass sie vielleich länga wegbleiben als vier Wochen.«
I.: »Mhm - denkt sichs noch was?«
K.: »Nein.«
I.: »Was glaubstn was das Kind jetzt tun wird?«
K.: »Gar nichts mehr, nur traurig sein.«

Unsicher-ambivalent gebundene Kinder haben ihre Bindungsfiguren bezüglich deren Responsivität und Verfügbarkeit als unberechenbar repräsentiert. Ein solches Arbeitsmodell ist Folge eines Sorgeverhaltens, das durch unvorhersehbares Eingehen der Bindungsfiguren auf die Bindungsbedürfnisse des Kindes (=Bedürfnis nach Nähe) charakterisiert ist (Cassidy & Berlin 1994). Da sich Kinder dieser Bindungsgruppe der Verfügbarkeit ihrer Bezugspersonen in emotional belastenden Situationen nicht sicher sein können, suchen sie ständig deren Nähe. So sind z. B. ambivalent gebundene Kinder selbst im Grundschulalter häufig noch sehr anhänglich und ›kleinkindhaft‹ und äußern dramatisierte Wünsche nach Interaktion und Fürsorge. Es ist unmittelbar einsichtig, dass ein solches Verhalten auf Kosten des Explorationsverhaltens geht. Ambivalent gebundene Kinder suchen jedoch nicht nur ständig die Nähe ihrer Bezugspersonen. Gleichzeitig, und hier manifestiert sich die Ambivalenz bei diesen Kindern, zeigen sie - z. T. massiven - Ärger gegenüber ihren Bindungsfiguren, der aus der Nichtbeachtung ihrer Bindungsbedürfnisse resultiert. Das gleichzeitige Auftreten solcher gegensätzlicher, unvereinbarer Strategien ist das zentrale Kriterium, nach dem Kinder im SAT als unsicher-ambivalent klassifiziert werden. Betroffene Kinder verbalisieren im SAT häufig aggressive Verhaltensweisen gegenüber den Bindungsfiguren und kombinieren dieses Verhalten mit Strategien, die darauf zielen, die Nähe zu diesen Personen herzustellen.

Interviewausschnitt zum Bild: ›Der Junge rennt von zu Hause weg‹ (Junge, 8 J.)

I.: »Und was tut er jetzt?«
K.: »Abhauen.«
I.: »Wohin? Weißte das?«
K.: »Nach Berlin« [»Hmm«]
K.: »n Auto klauen.«
I.: »Und was macht er dann mit dem Auto, wo fährt er hin?«
K.: »Der fährt weg.«
I.: »Wohin denn?«

K.: »Nee, der klaut sich 'nen Panzer.«
I.: »Und dann, was macht er dann?«
K.: »Fährt weg.«
I.: »Wohin?«
K.: »Zu seine Eltern und ballert die Eltern ab.«

Wie der folgende Interviewausschnitt zeigt, wird dieses extrem destruktive Verhalten gegenüber den Eltern vom befragten Jungen mit dem Wunsch nach Nähe zu den Bindungsfiguren kombiniert.

Interviewausschnitt zum Bild: ›Die Eltern verreisen für 4 Wochen‹ (der gleiche Junge)

I.: »Was denkt denn der Junge jetzt?«
K.: »Ob er nicht lieber mit kann.« [»Mhh«]
I.: »Und was wird er jetzt tun?«
K.: »Fragen.«
I.: »Was fragt er, sag mal genau.«
K.: »Ähm, kann ich bitte mitgehn.«

Solche gegensätzlichen Strategien finden sich im SAT nicht nur in der Befragung zu unterschiedlichen Bildern, sondern auch in den Antworten zu ein und derselben Bildkarte, wie das folgende Beispiel zeigt.

Interviewausschnitt zum Bild: ›Die Eltern verreisen für vier Wochen‹ (Junge, 9 J.)

I.: »Was glaubstn wie sich das Kind da fühlt im Bild?«
K.: »Na supa ... i-ich ... jetzt bleib ich nicht bei meiner alten Kraxn*.«
I.: »Mhm.«
K.: »Oide** Kraxn, oida.«
I.: »Und wie fühlt sich das Kind?«
K.: »Traurig, weil seine Mutta und sein Vata wegfahrn.«
I.: »Ja.«
K.: »Warum können sie mich nicht einfach mitnehmen?«

*wienerisch: abfällig für ›hässliche Frau‹
**wienerisch für ›alte‹

Sprachmuster von Kindern mit einer desorganisierten Bindungsstrategie

Neben diesen drei traditionellen Bindungsmustern wurde in neuerer Zeit noch ein viertes Bindungsmuster identifiziert, das sogenannte desorganisierte/desorientierte Muster (D) (Main 1997; Main & Solomon 1986, 1990).

Im Arbeitsmodell dieser Kinder - so Solomon & George (1999) - ist das Kind selbst als vulnerabel und hilflos im Angesicht angstauslösender Situationen repräsentiert, und die Bindungsfigur als eine Person, die keine Sicherheit in diesen Situationen bietet. Ein solches Arbeitsmodell von Bindung ist nach den bisherigen Ergebnissen charakteristisch für Kinder, die von ihren Eltern zurückgewiesen, verlassen oder vernachlässigt werden, deren Eltern häufig mit Trennung drohen, sowie für Kinder, die von ihren Eltern physisch misshandelt oder sexuell missbraucht werden. In letzteren Fällen sind die Bindungsfiguren zudem selbst die Quelle der Angst.

Ist das Kind öfter solchen Situationen ausgesetzt, führt dies zu einer häufigen oder gar chronischen Aktivierung seines Bindungsverhaltenssystems, ohne dass die Bindungsfigur diese hohe Aktivierung beendet, indem sie die Bindungsbedürfnisse des Kindes nach Nähe oder Rückversicherung befriedigt. Unter solchen Bedingungen, so Bowlby (1988), sei das Kind gezwungen, Abwehrmechanismen einzusetzen, durch die diese schmerzvollen Bindungserfahrungen vom Bewusstsein ausgeschlossen werden. Deren Speicherung erfolge deshalb in sogenannten abgetrennten Systemen (segregated systems). Ein solches System, das bindungsbezogene Verhaltensmuster, Erinnerungen, Gefühle und Kognitionen enthält, habe zumeist keinen oder nur einen eingeschränkten Zugang zum Bewusstsein.

Die Bindungsrepräsentationen betroffener Kinder spiegeln diese Abwehrprozesse bzw. das Versagen dieser Abwehr wider. Denn zum einen reflektieren die Kriterien des D-Musters Symptome, die darauf hinweisen, dass ein abgetrenntes System aktiviert wurde, und zum anderen Versuche, die Deaktivierung eines solchen Systems aufrecht zu erhalten.

Kriterien, die auf eine Aktivierung abgetrennter Systeme hinweisen

Hinweise auf eine Aktivierung abgetrennter Systeme finden sich in den SAT-Narrativen v. a. in Form von unkontrolliert verbalisierten Gedächtnisinhalten, die sich als

1) Katastrophenphantasien,
2) eingeschobene Aussagen oder
3) gegenteilige Aussagen, die vom Kind nicht bemerkt werden, manifestieren.

ad 1) Katastrophenphantasien: Viele D-Kinder verbalisieren beim Sprechen über bindungsrelevante Situationen Katastrophenphantasien, die eine endgültige Trennung zu den Eltern zum Inhalt haben. In den folgenden Beispielen beschreiben die interviewten Kinder, dass die Eltern des abgebildeten Kindes getötet werden, oder dass das abgebildete Kind überfahren wird, verhungert, sich umbringt oder von der Bindungsfigur getötet wird. Solomon & George (1999) nehmen an, dass das SAT-Narrativ dieser Kinder in den Katastrophenphantasien außer Kontrolle gerät. Inhaltlich spiegeln diese Phantasien die Angst und Hilflosigkeit dieser Kinder in bindungsrelevanten Situationen wider (Solomon & George 1999).

Interviewausschnitt zum Bild
›Die Mutter bringt das Kind ins Bett‹ (8 J.)

I.: »Wie fühlt sich denn der Junge?«
K.: »Da hat er Angst vielleicht, ohne seine Mutti, dass die, also dass se nie mehr wieder, also dass ein Einbrecher kommt, und sie irgendwo hinschleppt, oder, also sie tötet.«

Interviewausschnitt zum Bild
›Ein Junge läuft von zu Hause weg‹ (10 J.)

I.: »Was macht denn der jetzt gleich, der Junge?«
K.: »Hä?«
I.: »Wo geht denn der hin, was tut denn der gleich?«
K.: »Abhaun.«
K.: »Wohin?«
K.: »Aus'm Fenster klettern.«
I.: »Ja, und dann?«
K.: »Dann spaziert er, und denn wird er von ein Auto überfahren [Pause 4 Sek., weiter mit geflüsterter Stimme] oder von 'n' Panzer.«

Interviewausschnitt zum Bild
›Die Mutter wird ins Krankenhaus gebracht‹ (Junge, 10 J.)

I: »Was glaubst du, wie fühlt sich das Kind auf dem Bild?«
K: »Traurig.«
I: »Warum könnt es sich traurig fühlen?«
K: »Weiß ich nicht.«
I: »Mhm, was glaubst du, was denkst das Kind auf dem Bild gerade?«

K: »Jetzt bin ich ganz alleine.«
I: »Und was glaubst du, wird es tun?«
K: »Weinen.«
I: »Mhm«
K: »Sich selbst umbringen.«
I: »Mhm, was meinst du, wie die Geschichte ausgehen wird? Was hat die für ein Ende?«
K: »Seine Mutter stirbt.«

Interviewausschnitt zum Bild ›Die Eltern verreisen für vier Wochen‹ (Junge, 8 J.)

I: »Was meinst'n wie sich das Kind auf dem Bild fühlen könnte?«
K: »Dass die Oma jetzt auf einmal mit dem Kind irgendetwas herumtut und so [Mhm], vielleicht etwas Böses.«
I: »Mhm.«
K: »Vielleicht kanns ihn töten - nein.«
I: »Mhm, was meinst wie er sich dann fühlt grad da?«
K: »Komisch.«
I: »Wie könnt er sich noch fühlen?«
K: »Weiß ich nicht.«
I: »Was glaubst'n was das Kind da grad denkt?«
K: »Puuhhhh, weiß ich nicht.«
I: »Mhm, und was glaubst was das Kind jetzt tun wird?«
K: »Wird's vielleicht amal in der Nacht ausbrechen?«
I: »Mhm.«
K: »Und irgendwo herumgehen und die Mama und den Papa suchen.«
I: »Mhm, was meinst'n wie die Geschichte ausgehen wird?«
K: »Der wird bald sterben, weil er nichts zu essen hat.«

Interviewausschnitt zum Bild ›Streit der Eltern‹ (Junge, 9 J.)

I: »Was glaubst denn wie sich das Kind da fühlt am Bild?«
K: »Ich glaube schlecht, weil es, - vielleicht bringt die Mama das Kind um.«
I: »Mhm - Fallt da noch was ein, wie sich das Kind fühlen könnte?«
K: »Dass der Papa sich verletzt beim Autofahrn.«
I: »Was glaubst du denn, was das Kind da denkt?«
K: »(Pause, 6 Sek.) Wenn das Kind schlaft, dann kommt die Mama und tut sie mit einem Messer töten.«

ad 2) eingeschobene Aussagen. Definition: Weniger häufig als Katastrophenphantasien finden sich in den SAT-Narrativen eingeschobene Aussagen. Damit sind Aussagen bezeichnet, die sich inhaltlich und stimmlich vom Gedanken- bzw. Redefluß abheben. Im folgenden Beispiel sind die entsprechenden Textpassagen kursiv markiert.

Interviewausschnitt zum Bild ›Die Mutter wird auf einer Trage in den Notarztwagen gebracht‹ (Mädchen, 7 J.)

I.: »Was meinst du, wird das Mädchen jetzt machen, was wird es jetzt tun?«

K.: »Det wird jetzt tun, ähm in' Krankenhaus, ähm hier in Krankenhaus mitgehn.«

I.: »Mhmh. Hast du 'ne Idee, wie das Mädchen das machen könnte?«

K.: »Mhhhhhh [Pause 6 Sek.] [unverständl.] la lass meine Mama, det jeht, äh, die, er, die, det Mädchen sagt zu de hier, äh warum muss denn die meine Mama in' Krankenhaus.«

I.: »Mhmh.«

K.: »Und denn, denn sa denn sagn se bestimmt das Mädchen jetzt und denn ham se det jesagt, und dann ist det Mädchen ganz traurig.«

I.: »Mhmh, sehr gut.«

K.: »Traurig, mhmh.«

I.: »Und was denkste, wie die Geschichte ausgehn wird?«

K.: *»Die wird jar nicht mehr, die wird jar nicht mehr*, ähm hier, ihr wenn die würde denn jetzt freuen wenn die Mutter wieder rausgekommen hätte.«

In diesem Beispiel befragt der Interviewer das Kind zu der Bildtafel, auf der dargestellt ist, wie die Mutter auf einer Trage in einen Krankenwagen gebracht wird. Auf die Frage, was das Mädchen auf dem Bild jetzt tun könnte, antwortet das befragte Kind, dass es mit ins Krankenhaus gehen könnte. Auf die Nachfrage, wie das abgebildete Mädchen das erreichen könnte, antwortet das interviewte Kind zunächst stockend, und dann in hoher, verängstigter Stimme »lass meine Mama«, um nach diesem Einschub mit dem begonnenen Gedanken in ihrer bisherigen Sprechstimme fortzufahren. Ein weiteres Beispiel findet sich in der vorletzten Zeile dieses Auszuges. Auf die Frage, wie die Geschichte ausgehen könnte, antwortet das interviewte Mädchen zunächst in hoher, verängstigter Stimme: *»Die wird gar nicht mehr, die wird gar nicht mehr«* (wahrscheinlich ›gesund‹ oder ›wiederkommen‹), bevor sie sagt, dass das abgebildete Kind sich freuen wird, wenn die Mutter wieder nach Hause kommt.

Mary Main (1997) hypothetisierte, dass solche ›Fehler‹ in der Organisation der Gedanken oder der Sprache auf ›parallele, inkompatible Überzeugungs-

und Erinnerungssysteme‹ in bezug auf das traumatische Ereignisse zurückgehen. Damit bezieht sie sich auf das Konzept der abgetrennten Systeme von Bowlby. Fehler in der Organisation der Sprache - wie im vorgestellten Beispiel - könnten darauf hindeuten, dass abgetrennte Systeme - ausgelöst durch traumabezogene Reize - für eine kurze Zeit aktiviert wurden.

Der Einschub *»lass meine Mama«*, der sich nicht nur inhaltlich, sondern auch durch die verängstigte Stimmlage von dem übrigen Antwortverhalten abhebt, bezieht sich wahrscheinlich auf eigene, diesbezügliche traumatische Erlebnisse, die vom Kind wenig später berichtet werden.

Fortsetzung des Interviews

I.: »Hast du selbst schon mal sowas erlebt, dass deine Mama oder dein Papa ins Krankenhaus gekommen ist oder jemand anders?«
K.: »Doch, meine Mama war schon im Krankenhaus.«
I.: »Mhmh«.
K.: »Mein Papa hat meine Mama jeschlagen« [Mhmh], janz dolle.«
I.: »Ja - und dann ist deine Mama ins Krankenhaus gekommen?«
K.: »Nein - weil weil sie so Schmerzen jehabt hat« [Ja] »weil sie so jeschrien hat.«

Wie aus den Antworten des Kindes hervorgeht, hat es miterlebt, dass sein Vater seine Mutter so schwer geschlagen hat, dass diese ins Krankenhaus musste. Der Einschub *»lass meine Mama«* bezieht sich somit wahrscheinlich auf einen Ausschnitt dieser Erfahrung, der in der damaligen Situation abgewehrt wurde und somit in einen parallelen Gedächtnisspeicher gelangte.

ad 3) Gegenteilige Aussagen, die vom Kind nicht bemerkt werden. Interferenzen unabhängiger Gedächtnissysteme spiegeln sich wahrscheinlich auch in gegenteiligen Aussagen wider, die vom Kind nicht bemerkt werden. Der folgende Interviewausschnitt mit einem siebenjährigen Mädchen verdeutlicht dies.

Interviewausschnitt zum Bild ›Die Eltern verreisen für 4 Wochen mit dem Auto und das Kind bleibt bei der Großmutter‹ (Mädchen, 7 J.)

I.: »Was meinst du, wird das Kind jetzt tun?«
K.: »Det Kind wird jetzt, det Kind wird jetzt mitfahren.«
I.: »Wird mitfahrn mit den Eltern.«
K.: »Hmhm, und denn die steigt jetzt in' Kofferraum, fährt se mit einfach.«
I: »Mhmh, gut, was denkst du, wie wird die Geschichte ausgehen?«

K.: »Die Geschichte wird ausgehn, ähm, ähm, und, und ähm die Oma fährt mit und die det Kind, det is jut dann.«
I.: »Nochmal, hab ich nicht verstanden, und die Oma fährt mit?«
K.: »Und, und det Kindchen bleibt alleine.«

In diesem Interviewausschnitt befragt der Interviewer das Kind zu der Bildtafel, auf der dargestellt ist, dass die Eltern des abgebildeten Mädchens in Kürze mit dem Auto in den Urlaub fahren werden, während das Mädchen bei der Großmutter bleibt. Auf die Frage, was das abgebildete Mädchen jetzt tun könnte, antwortet das interviewte Kind, dass es heimlich in den Kofferraum steigen wird. In der darauffolgenden Frage nach dem Ausgang der Geschichte hingegen sagt das interviewte Kind, dass die Großmutter mit den Eltern mitfährt, und dass das abgebildete Mädchen allein zu Hause bleibt. Der Widerspruch in den Aussagen wird vom Kind nicht bemerkt.

Kriterien, die auf eine Deaktivierung abgetrennter Systeme hinweisen

Ebenso häufig wie Symptome, die auf eine Aktivierung abgetrennter Systeme hinweisen, finden sich in den SAT-Narrativen desorganisiert gebundener Kinder Anzeichen für eine Deaktivierung abgetrennter Systeme. Die kindlichen Versuche, die Deaktivierung eines abgetrennten Systems aufrecht zu erhalten, manifestieren sich besonders deutlich in Situationen, in denen bindungsrelevante Erinnerungen aktiviert werden. So verfallen betroffene Kinder im SAT beim Sprechen über bindungsrelevante Inhalte in Schweigen oder sie flüstern während langer Phasen des Interviews, und/oder sie zeigen stereotype Verhaltensweisen, in der Form, dass sie z. B. rhythmisch anfangen zu klopfen, oder sie zeigen - wie in den folgenden Beispielen - massiven Widerstand.

Interviewausschnitt zum Bild ›Die Eltern verreisen für vier Wochen‹ (Junge, 9 J.)

I.: »Und was denkt das Kind jetzt?«
K.: »Weiß nicht. Etwas Schlimmes darf ich auch sagen?«
I.: »Du darfst alles sagen.«
K.: »Ein Rad ist abgeflogen.«
I.: »Und was ist dann passiert?«
K.: »Das Auto ist dann stehengeblieben und da war es dunkel und die mussten übernachten, denkt er sich. Wo gehen sie denn verreisen?«

I.: »Wohin die verreisen weiß ich nicht, hast du eine Idee?«
K.: »Zu ihren Vater und Mutter.«
I.: »Zu ihren eigenen Eltern meinst Du? [nickt] Und das Kind macht sich Gedanken, dass unterwegs was passieren könnte. Und da müssen sie übernachten.«
K.: »Hab' Hunger.«
I.: »Möchtest du ein Bonbon?«
K.: »Ja.«
I.: »OK, Patrick, was meinst du denn, was das Kind jetzt tun wird?«

Fortsetzung des Interviews

K.: »In ein leeres Zimmer gehen ohne Licht. Ohne Lampe, ohne Lampe. [Pause 8 Sek.]
Wo ich pinkeln war, hast du das ausgemacht?* [Ja] Kann ich jetzt erst mal kacken?«
I.: »Ja.«

* das Kind hatte das Interview kurz zuvor schon einmal unterbrochen, weil es zur Toilette wollte.

Zum Bild befragt, auf dem dargestellt ist, dass der Vater aufgrund eines Streites die Wohnung verlässt, sagte das gleiche Kind:

Interviewausschnitt zum Bild ›Streit der Eltern‹

I.: »Was glaubst du, wie könnte sich das Kind auf diesem Bild fühlen?«
K.: »Glücklich.«
I.: »Warum denn?«
K.: »Weil der Vater endlich weggeht.«
I.: »Weil der Vater endlich weggeht?«
K.: »Ja, Juhuuh.«
I.: »Und wie fühlt es sich sonst noch?«
K.: »Mir wird schlecht. Ich muss was trinken.«

PAUSE (in der das Kind etwas trinkt)

I.: »Schau nochmal, die Eltern haben sich gestritten und der Vater geht jetzt aus der Wohnung. Du hast gesagt, das Kind ist glücklich. Hast du noch eine Idee, wie sich das Kind fühlen könnte?
K.: »Mir tun die Füße weh.«

In beiden Interviewausschnitten zeigt das Kind massiven Widerstand, über bindungsrelevante Themen zu sprechen. Zum einen leugnet es bindungsrelevante Gefühle, indem es diese ins Gegenteil verkehrt, und zum anderen versucht das Kind, sich den Fragen des Interviews zu entziehen, indem es über Schmerzen klagt oder primäre Bedürfnisse verbalisiert, deren Befriedigung keinen Aufschub erlaubt.

Für Kinder, die als desorganisiert klassifiziert werden, ist es charakteristisch, dass sie während des SAT-Interviews Anzeichen sowohl für eine Deaktivierung als auch für eine Aktivierung abgetrennter Systeme zeigen. Dieses Oszillieren zwischen Aktivierung und Deaktivierung wird auch für andere Verfahren zur Erfassung der kindlichen Bindungsqualität (z. B. im ASCT; Bretherton, Suess, Golby & Oppenheim 2001) beschrieben.

Kontrollierendes Verhalten als D-Kriterium

Zusätzlich zu den Symptomen, die mit der Aktivierung bzw. Deaktivierung abgetrennter Systeme einhergehen, fallen desorganisiert gebundene Kinder ab dem Grundschulalter häufig durch kontrollierende Verhaltensweisen gegenüber ihren Bindungsfiguren auf. Das kontrollierende Verhalten kann entweder eine fürsorgliche Form annehmen oder strafend sein, und findet sich auch in den SAT-Narrativen, wie die beiden folgenden Interviewausschnitte zeigen.

Interviewausschnitt zum Bild ›Streit der Eltern‹ (Junge, 8 J.) Beispiel für eine kontrollierend-fürsorgliche Strategie

I.: »Was glaubst du, wie fühlt sich der Junge?«
K.: »Schlecht.«
I.: »Warum?«
K.: »Weil er zu seinem Vater und zu seiner Mutter will. [...]«
I.: »Und was glaubst du, was er jetzt tun wird?«
K.: »Die Mutter trösten.«

Interviewausschnitt zum Bild ›Die Eltern verreisen für vier Wochen und das Kind bleibt bei der Großmutter‹ (Junge, 8 J.) Beispiel für eine kontrollierend-strafende Strategie

I.: »Was glaubstn du, was wird der jetzt machen, wenn die Eltern dann weg sind?«
K.: »Sich aufführn.«
I.: »Was wirda denn machen?«

K.: »Rauchn, trinken. Alles kaputt machen. Und die Oma schimpfen. Sich schlagen und so weita.«

Nach Solomon und George (1999) sind diese Formen des Beziehungsverhaltens fragile Strategien, mittels derer Kinder versuchen, Desorganisation zu bewältigen. Durch beide Formen des kontrollierenden Verhaltens ist es den Kindern zudem möglich, die Nähe zu den Bindungsfiguren zu erhalten.

Anwendung des SAT in der klinischen Praxis: Alle vorgestellten Beispiele stammen aus Stichproben von Kindern, die in Berlin und Wien an einer Schule für verhaltensauffällige Kinder beschult wurden. Insbesondere diejenigen Kinder, deren Antworten in diesem Beitrag als Beispiel für eine desorganisierte Bindungsorganisation zitiert wurden, litten unter familiärer Vernachlässigung und/oder familiärer Gewalt in Form von körperlicher Misshandlung oder sexuellem Missbrauch und/oder waren von einem oder beiden Elternteilen verlassen worden. Auf dem Hintergrund dieser (und weiterer) diagnostischer Daten wurden pädagogische Strategien entwickelt, die darauf zielen, dem Kind in der Lehrer-Schüler-Beziehung neue Bindungserlebnisse zu ermöglichen, damit sich das Kind von früheren Bindungsmustern lösen kann und ein internales Arbeitsmodell von anderen als responsiv und sorgend und von sich selbst als wertvoll und liebenswert aufbauen kann.

Dieses Beispiel zeigt, dass der SAT geeignet ist, wichtige diagnostische Daten für die klinische Praxis zu liefern, auch wenn dieses Verfahren bisher zumeist in der Forschung eingesetzt wurde, um mehr über die Bindungsorganisation von Kindern auf der Repräsentationsebene zu erfahren. Aber auch wenn die Durchführung des SAT relativ leicht zu erlernen ist - detaillierte Hinweise zur Durchführung des SAT finden sich bei Julius, Ziegenhain und Jacobson (2003) -, so bedarf es für die Kodierung jedoch eines intensiven Trainings. Ob der SAT auch ohne ein solches Training für den diagnostischen Prozess gewinnbringend eingesetzt werden kann, muss von jedem Praktiker selbst entschieden werden.

Anmerkungen

1 Das Urheber- und Nutzungsrecht für diesen Beitrag liegt beim Autor. Der Abdruck erfolgt mit seiner freundlichen Genehmigung.

2 insbesondere für das desorganisierte Muster werden zudem noch andere Einflussfaktoren diskutiert

Literatur

Bowlby, J. (1988): A secure base. New York (Basic Books).

Bretherton, I., Suess, G., Golby, B., & Oppenheim, D. (2001): Attachment Story Completion Task. In: Suess, G., Scheuerer-Englisch, H., & Pfeifer, P. (Hg.) (2001): Bindungstheorie und Familiendynamik. Gießen (Psychosozial Verlag), S. 83-124.

Cassidy, J., & Berlin, L. J. (1994): The insecure/ambivalent pattern of attachment: Theory and research. Child Development 65, S. 971-991.

Hansburg, H. (1972): Adolescent Separation Anxiety: A method for the study of adolescent separation problems. Springfield (C. C. Thomas).

Hesse, E., & Main, M. (2002): Desorganisiertes Bindungsverhalten bei Kleinkindern, Kindern und Erwachsenen. In: Brisch, K. H., Grossmann, K. E., Grossmann, K., & Köhler, L. (Hg.) (2002): Bindung und seelische Entwicklungswege. Stuttgart (Klett-Cotta), S. 249-276.

Jacobson, T., & Ziegenhain, U. (1997): Der Separation Anxiety Test - SAT. Unveröffentlichtes Manuskript.

Jacobvitz, D., Hazen, N., & Thalhuber, K. (2001): Die Anfänge von Bindungsdesorganisation in der Kleinkindzeit: Verbindungen zu traumatischen Erfahrungen der Mutter und gegenwärtiger seelisch-geistiger Gesundheit. In: Suess, G., Scheuerer-Englisch, H., & Pfeifer, P. (Hg.) (2001): Bindungstheorie und Familiendynamik. Gießen (Psychosozial Verlag), S. 125-156.

Julius, H., Ziegenhain, U., & Jacobson, T. (in Vorb.): Der Separation Anxiety Test (SAT). In: Julius, H., und Gasteiger-Klippera, B. (Hg.): Die Anwendung der Bindungstheorie in der klinischen und pädagogischen Praxis. Erscheint Herbst 2003 bei Hogrefe.

Kaplan, N. (1987): Individual differences in six-year-olds' thoughts about separation: Predicted from attachment to mother at age one. Unpublished doctoral dissertation, University of California, Berkeley.

Main, M. (1997): Desorganisation im Bindungsverhalten. In: G. Spangler & P. Zimmermann (Hg.): Die Bindungstheorie: Grundlagen, Forschung und Anwendung. Stuttgart (Klett-Cotta), S. 120-140.

Main, M., & Solomon, J. (1986): Discovery of an insecure disorganized/disoriented attachment pattern: Procedures, findings and implications for the classification of behavior. In: Brazelton, T. B., & M. Yogman (Hg.): Affective development in infancy. Norwood, NJ (Ablex), S. 95-124.

Main, M., & Solomon, J. (1990): Procedures for identifying infants as disorganized/disoriented during the Ainsworth strange situation. In: Greenberg, M. T., D. Cichetti & E. M. Cummings (Hg.): Attachment in the preschool years. Theory, research and intervention. Chicago (University of Chicago Press), S. 121-160.

Solomon, J., & George, C. (1999): Attachment disorganisation. New York (Guilford).

Das Bindungsinterview für die Späte Kindheit (BISK):

Leitfragen und Skalenauswertung

Peter Zimmermann & Hermann Scheuerer-Englisch[1]

1. Einführung: Bindung, Emotionsregulation und internale Arbeitsmodelle

Bindungstheorie und Bindungsforschung beschäftigen sich mit den Entwicklungsbedingungen des Aufbaus enger emotionaler Beziehungen zwischen Kind und betreuenden Bindungspersonen. Sie untersuchen auch die Auswirkungen dieser Erfahrungen auf die Ausbildung der Bindungsorganisation und die weitere sozio-emotionale Entwicklung des Kindes im Lebenslauf.

Unter Bindung versteht man eine lang andauernde emotionale Beziehung zu bestimmten Personen, die nicht ohne weiteres austauschbar sind (Ainsworth 1989). Ein Kind hat dann eine Bindung aufgebaut, wenn die Disposition beobachtbar ist, bei Belastung Kontakt und Nähe zu einer bestimmten Person zu suchen (Bowlby 1982). Die beobachtbare Grundlage einer solchen Beziehung ist das Bindungsverhalten, worunter alle Formen von Verhalten subsumiert werden, die zum Ziel haben, die schützende Nähe einer solchen spezifischen Bindungsperson zu suchen oder aufrechtzuerhalten. Dieses Ziel kann durch Erreichung körperlicher Nähe oder aber durch Kommunikation mit den Bindungspersonen erreicht werden.

Als Grundlage hierfür wird ein Bindungsverhaltenssystem postuliert, welches biologisch fundiert und bereits ab dem Säuglingsalter funktionsfähig ist (Bowlby 1982; Grossmann, Grossmann, Kindler, Scheuerer-Englisch, Spangler, Stöcker, Suess & Zimmermann 2003). Es wird durch bestimmte Bedingungen aktiviert, wie z. B. Furcht, Fremdheit, Trauer, Erschöpfung, Krankheit, aber auch durch die Unerreichbarkeit der Bindungspersonen oder subjektiv lange Trennungen von ihnen. Die Aktivierung wird - je nach Intensität - durch die Verfügbarkeit und den Trost der Bindungspersonen oder ausreichend gefühlte Sicherheit durch eine vertraute Umgebung wieder beendet. Bindung umfasst nicht die gesamte Beziehung zur Bindungsperson, sondern die Komponente, die auf Verhaltensweisen bezogen ist, welche mit dem Schutz und der Sicherheit des Kindes bei emotionaler Belastung oder Bedrohung zu tun haben (Belsky & Cassidy 1994).

Das Bindungsverhaltenssystem ist somit ein evolutionär begründetes Sicherheitsregulierungssystem. Auslöser sind Gefühlsprozesse beim Kind, Jugendlichen oder Erwachsenen. Nähe wird dann von einem Kind bei einer vertrauten Bezugsperson gesucht, wenn diese vom Kind als fähig betrachtet wird, die aktuelle Situation zu verändern oder zu meistern und so das Gefühl von Sicherheit beim Kind wieder herzustellen (Ainsworth 1991). Komplementär zum Bindungsverhaltenssystem wird ein Explorationssystem postuliert, das das Erkunden der Umgebung bzw. andere explorative Aktivitäten steuert. Dem Konzept der Sicherheit von Bindung steht somit auch das Konzept der Sicherheit bei der Exploration zu Seite (Grossmann, Grossmann & Zimmermann 1999).

Die emotionale Bindung eines Kindes zu seinen Bezugspersonen wird dann vom Kind genutzt, wenn es negative Gefühle erlebt und sich selbst nicht in der Lage sieht, mit den eigenen Ressourcen die Situation zu ändern oder sich selbst emotional zu regulieren. In solchen Situationen hat ein Kind die Neigung, die Nähe vertrauter Personen zu suchen. Allerdings wird es dies jenseits des ersten Lebensjahres nur dann tun, wenn es erlebt hat, dass die Bezugsperson emotional verfügbar ist.

Auf der Basis von Beziehungserfahrungen in das Kind emotional überfordernden Situationen - wie Fürsorglichkeit, Trost, Ermutigung oder Hilfe einerseits oder Erfahrungen von Zurückweisung, Abwertung, Vertrösten auf später, emotionale Verunsicherung oder Belastung der Eltern bei Emotionsausdruck des Kindes andererseits - baut ein Kind internale Arbeitsmodelle auf, die die Art des Bindungsverhaltens wesentlich beeinflussen und zu verschiedenen Bindungsmustern führen.

Die Bindungstheorie postuliert, dass das Bindungsverhalten von internalen Arbeitsmodellen gesteuert wird, die auf Erwartungen und Regulationsmustern basieren, die das Kind in der Interaktionsgeschichte mit dem jeweiligen Elternteil entwickelt hat. Sie erklären, wie Fürsorgeerfahrungen mit den Bezugspersonen zu bestimmten Mustern der Handlungssteuerung beim Kind führen. Nach Bowlby (1973) beinhalten Arbeitsmodelle von der Bindungsperson Erwartungen hinsichtlich deren emotionaler Verfügbarkeit, d. h. ein Wissen darüber, ob und wo sie erreichbar sind und wie sie reagieren werden, wenn das Kind Bindungsverhalten zeigt, also in einem hilfsbedürftigen oder emotional belasteten Zustand ihre Nähe sucht. Emotionale Verfügbarkeit bedeutet, dass die Bezugsperson für das Kind erreichbar ist und auf das Bindungsverhalten mit Zuwendung und Regulation (z. B. Trost, Beruhigung, Rat) reagiert. Der Inhalt des Arbeitsmodells von sich selbst bezieht sich darauf, für wie liebenswert, akzeptiert und effektiv in der Auslösung einer angemessenen Reaktion der Betreuungsperson man sich selbst einschätzt. Die Arbeitsmodelle und gemeinsamen Bindungs-Fürsorge-Muster von Kind und

Bindungsperson beeinflussen damit die problemlose oder eingeschränkte Nutzung der Bindungspersonen als »sichere Basis« und »sicheren Hafen« (vgl. auch den Beitrag von Marvin u. a. in diesem Band).

Strukturell kann man internale Arbeitsmodelle in eine Informationsverarbeitungskomponente und eine Emotions- und Verhaltensregulationskomponente unterteilen. Auf der informationsverarbeitenden Ebene steuern sie die eigene Wahrnehmung von sozialen Situationen, deren Interpretation und die Vorhersage des Verhaltens der Bezugspersonen. Dies geschieht im Vergleich der wahrgenommenen Situation mit der Datenbasis bisheriger Erfahrungen im Gedächtnis. Nicht immer ist dies ein bewusster Prozess. Vielmehr geschieht es oft sehr schnell und automatisiert und ohne dass man sich der eigenen Erinnerungen, Bewertungen und Erwartungen bewusst ist. Selbst wenn man sich nicht bewusst an solche Erfahrungen erinnern kann, ist deren Effekt im Verhalten oder in automatischen Reaktionen beobachtbar. Auf der Emotionsregulationsebene haben internale Arbeitsmodelle die Funktion der Steuerung des Bindungsverhaltens bzw. anderer automatisierter Handlungen, um die eigenen Gefühle oder die belastende Situation zu verändern (Zimmermann 1999).

Bezieht man das Konzept der internalen Arbeitsmodelle von Bindung auf die Bindungsmuster als verschiedene Möglichkeiten der Emotionsregulation, wie sie unten kurz dargestellt sind, so kann man sich ihre Rolle als Steuerungsinstanz des sensorischen und des Handlungssystems vorstellen. Sie steuern die Interpretation einer Situation als relevant für das Bindungsverhaltenssystem, die Vorhersage der Reaktion der Bezugsperson sowie das Verhalten in Anpassung an die jeweilige Bindungsperson. Dabei können internale Arbeitsmodelle in der frühen Kindheit eher als implizit-prozedurale Strukturen verstanden werden, d. h. sie sind Kopplungen von emotionalen Bewertungen von Situationen und inneren Zuständen mit Handlungsschemata, die eingeübt und automatisiert werden, ohne dass dies einem Kleinkind oder Vorschulkind bewusst ist oder es darüber Auskunft geben kann. Vergleichsweise werden Handlungsmuster wie z. B. Gehen oder Radfahren eingeübt. Hier wirken prozedurale Schemata, die sehr effektiv Verhalten steuern und anpassen, die Informationen der aktuellen Umwelt mit einbeziehen, aber weitgehend automatisiert ablaufen. Die Handlungssteuerung und die Anpassung des konkreten Verhaltens sind nicht ohne weiteres deklarativ, d. h. sprachlich mitteilbar. Mit wachsender kognitiver und sprachlicher Entwicklung eines Kindes können Teile internaler Arbeitsmodelle als evaluativ-deklarative Strukturen erfasst werden. Im Unterschied zu den implizit-prozeduralen Strukturen können diese durch Interviewverfahren deutlich gemacht werden. Hierbei werden die eigenen Bindungserfahrungen und deren Bewertung, sowie die eigenen Handlungsweisen im Umgang mit emotionaler Belastung auf sprachlicher Ebene durch Bericht und Reflexion deutlich.

Innerhalb der Bindungsbeziehung lernt ein Kind jedoch nicht nur den Umgang mit Unsicherheit und Angst, sondern auch mit anderen Gefühlen, wie z. B. Kummer oder Ärger. Diese führen jeweils dann zu Bindungsverhalten, wenn das Kind sie nicht selbst bewältigen kann und die Erwartung hat, dass die Bindungsperson ihr hilft. Kinder, die aufgrund ihrer Erfahrungen ein Arbeitsmodell mit der Erwartung aufgebaut haben, dass die Bezugspersonen in bindungsrelevanten Situationen mit Zurückweisung oder Ignorieren ihrer Bedürfnisse reagieren werden, können die Bezugspersonen nicht zur Regulation negativer Gefühle und somit nicht als sichere Basis nutzen und entwickeln so weniger effektive Strategien zur Regulation negativer Gefühle. Die Bindungserfahrungen mit den Eltern als die erste Sozialisationsinstanz im Lebenslauf von Kindern beeinflussen somit die Ausbildung bestimmter emotionaler Organisationsmuster gesteuert durch internale Arbeitsmodelle.

In der Bindungsforschung unterscheidet man zwischen vier wesentlichen Bindungsmustern. Ein *sicheres Bindungsmuster* ist dadurch gekennzeichnet, dass Kinder ihre emotionale Belastung direkt und offen der Bezugsperson signalisieren, bei Bedarf deren Nähe suchen und über ihre Beziehungserfahrungen klar und ohne Einschränkungen berichten können. Das *unsicher-vermeidende Bindungsmuster* ist durch die Vermeidung des Ausdrucks negativer Befindlichkeit gegenüber den Bezugspersonen, das Vermeiden ihrer Nähe bei Belastung und das Signalisieren von Unbelastetheit gekennzeichnet. Das *unsicher-ambivalente Bindungsmuster* ist durch lang andauernde emotionale Erregung und mangelnde Bereitschaft oder Fähigkeit, sich von der Bezugsperson wieder zu lösen, charakterisierbar. *Desorganisation* zeigt sich in der frühen Kindheit durch unterbrochene und teilweise ziellose Bindungsstrategien oder einen Zusammenbruch der Strategie eines Kindes, mit emotionaler Belastung umzugehen, im späteren Alter durch kontrollierendes Verhalten gegenüber den Bezugspersonen (George & Solomon 1999). Es gibt Zusammenhänge von Anzeichen kindlicher Desorganisation zu unbewältigten Traumaerfahrungen der Eltern, die zu einem hilflos-geängstigten Elternverhalten (aufgebende oder abdankende Eltern; vgl. den Beitrag von Marvin u. a. in diesem Band) führen, oder zu direkt ängstigendem Elternverhalten durch feindselig-aggressive-hilflose Beziehungsprozesse bis hin zu Misshandlung, Missbrauch oder Vernachlässigung (Lyons-Ruth, Melnick & Bronfman 2002).

Parallel zu den Bindungsverhaltensmustern zeigen sich im Bindungsinterview für Erwachsene (George, Kaplan & Main 2001) ähnliche, aber nicht identische Muster der Antworten bei Fragen nach Bindungsthemen. Bei unsicher-distanzierter Bindungsrepräsentation werden bindungsrelevante Erfahrungen und Gefühle sowie Beziehungen wenig wertgeschätzt und Aussagen in

Umfang und Art eher relativiert. Bei Personen mit unsicher-ambivalenter Bindungsrepräsentation stellt man fest, dass ihre Berichte über bindungsrelevante Themen sehr oszillierend widersprüchlich, wenig klar sind und auch im mentalen Status eher auf Ambivalenz der Bewertung (nicht des Verhaltens) von Bindungserfahrungen hinweisen.

2. BISK: Interviewprinzip und Fragen

Das BISK erhebt zentrale Aspekte innerer Bindungsmodelle bei Kindern ab dem achten Lebensjahr und ist in leichter Adaptation bis ins Jugendalter verwendbar (Zimmermann & Scheuerer-Englisch 1997). Es zielt darauf ab, mentale Strukturen der Bindungsrepräsentation und der Bindungsverhaltensstrategien bei Kindern zu erfassen. Bei Jugendlichen und Erwachsenen wurde die mentale Bindungsorganisation bereits mit den Methoden des Erwachsenen- und Jugendlichen-Bindungsinterviews erhoben und ausführlich untersucht (Adult-Attachment-Interview, AAI: George, Kaplan & Main 1985). Das BISK ist in manchen Punkten dem AAI ähnlich, jedoch in der Auswertung stärker an den beziehungsspezifischen Arbeitsmodellen und den Handlungsstrategien orientiert.

Die Bindungsmuster von Kindern stellen charakteristische Emotionsregulationsmuster dar, die mit entsprechenden Erwartungen, Bewertungsmustern der Kinder hinsichtlich der emotionalen Verfügbarkeit ihrer Bezugspersonen einhergehen und sich in spezifischen Verhaltensstrategien zeigen (Zimmermann 1999; Beitrag von Scheuerer-Englisch in diesem Band). Das Ziel des Bindungsinterviews für die Späte Kindheit (BISK) ist es deshalb, die Regulation negativer Gefühle in den Beziehungen zu erwachsenen Vertrauenspersonen zu erfragen. Dazu werden im Interview zum einen Fragen zur Beschreibung und Bewertung des Verhaltens der Bezugspersonen aus Sicht der Kinder gestellt, zum anderen jedoch vor allem in der Regel Fragen nach Situationen, die normativ für Kinder dieses Alters emotional belastend sind, sowie ausdrücklich auch nach Situationen, in denen sich das Kind subjektiv belastet, z. B. traurig, ängstlich oder ärgerlich, fühlt.

Im Bindungsinterview für die Späte Kindheit wird hypothesengeleitet die Bindungsorganisation auf mehreren Ebenen erfasst:

1. Die aktuelle Bindungs*repräsentation* des Kindes von den Vertrauensbeziehungen zu den Bezugspersonen getrennt für jeden Elternteil. Die spezifischen Arbeitsmodelle des Kindes hinsichtlich der emotionalen Verfügbarkeit und der Effektivität der emotionalen Regulationsfähigkeit der Bezugsperson stehen im Focus.
2. Das berichtete Bindungs*verhalten* bei emotionaler Belastung des Kindes.
3. Die Qualität des Zugangs zu bindungsrelevanten Gedanken und Gefühlen und deren mentale Organisation, indem die Inkohärenz der Antworten und die Art des verbalen emotionalen Ausdrucks im Interview erhoben wird.

Das BISK ist ein halb-strukturiertes Interview mit festen Leitfragen, die in der Regel in der vorgegebenen Reihenfolge gestellt werden sollten. Es kann jedoch zur Erreichung einer guten Gesprächsatmosphäre sinnvoll sein, die Fragen flexibel dem kindlichen Gesprächsfluss anzupassen und Themen, die das Kind von sich aus anspricht, schon früher aufzugreifen. Dies verbessert die Gesprächsatmosphäre und den Zugang zum Kind. Die Fragen zielen im Verlauf des Interviews zunehmend mehr auf bindungsrelevante belastende Situationen und die berichteten Regulationsmuster in der Eltern-Kind-Beziehung, die das kindliche Arbeitsmodell widerspiegeln.

Die Durchführung des BISK dauert zwischen 50 und 90 Minuten und orientiert sich in den Fragen an der Erlebniswelt von Kindern der Alterstufe zwischen acht und 13 Jahren, spezifisch an Ereignissen in der Schule, der Freizeit, im Freundeskreis, zu Hause und in den Familienbeziehungen. Die Kinder werden alleine und in Abwesenheit der Bindungspersonen interviewt. Das Interview wird zur Auswertung auf Video aufgezeichnet. Den Kindern wird freigestellt zu entscheiden, ob die Eltern das Interview sehen dürfen.

Entscheidend für eine gute Auswertbarkeit des Interviews ist es, dass bei allen belastenden bindungsrelevanten Themen oder Emotionen ein bestimmtes Frageschema eingehalten wird:
- Erfragen der Qualität und Intensität der beteiligten Emotionen des Kindes in den konkret genannten Situationen (»wie fühlst du dich dann«?),
- Erfragen des Verhaltens, spezifisch der Bindungsstrategien des Kindes in der konkreten Situation bzw. bei Erleben einer bestimmten Emotion (»was machst du dann?«, »bleibst du alleine?«, »zeigst du das jemandem?«),
- Erfragen der Reaktion der Eltern, d. h. die Wahrnehmung der kindlichen Befindlichkeit durch die Bezugspersonen, ihre Reaktion auf das Kind (»kriegt es jemand mit, dass es dir so geht?«, »was macht Mama/Papa dann?«),
- Erfragen, ob die Reaktion des Kindes und der Eltern dazu beitragen, dass die Emotion effektiv reguliert werden kann (»wie geht es dir dann, wenn du das machst?«, »wie geht es dir, wenn Mama/Papa so reagiert?; »geht es dir dann besser, wenn Mama/Papa so reagiert?).

Die folgenden Fragen bilden den Interviewleitfaden. Sie enthalten bedeutsame Erlebensbereiche der Kinder in dieser Altersstufe (Spiel und Verlieren, Schule und schlechte Noten und Prüfungen, Freunde und Integration in die Gleichaltrigengruppe, Autonomie und Gehorsam, Erziehung und Bestrafung, elterliche Konflikte, Trennungen und Verlusterfahrungen, Krankenhausaufenthalte und Arztbesuche etc.), und sollen die Möglichkeit eröffnen, alle potentiellen kindlichen Belastungen zu erfassen. Für die Auswertung des BISK ist die Klarheit und Ausführlichkeit der Antworten des Kindes entscheidend, so dass beim Auftreten einer emotionalen Belastung in einem Bereich unbedingt das oben dargestellte Frageschema angewandt werden soll.

Fragen nach den Lieblingsbeschäftigungen zur Auflockerung und zum ersten Kennen lernen, z.B. Sport, Musik, Lesen, Fernsehen

- Zähle die Dinge auf, die du am liebsten magst
- Unterstützen dich deine MU/VA dabei? Brauchst du manchmal ihre Unterstützung? Wie reagieren deine Eltern da?
- Was meinst du, interessierst du dich für viele Dinge?
- Würdest du gern mehr/weniger machen?
- Gibt es Dinge, die du gerne/nicht mehr machen möchtest, aber deine Eltern wollen es nicht? (Konflikte?)

Spiele und Verlieren beim Spiel:

- Magst du Spiele wie »Mensch ärgere dich nicht«?
- Wie läuft das ab?
- Wie reagierst du, wenn du verlierst? Ärgerst du dich dann darüber?

Freunde:

- Wie viele Freunde hast du? Wie heißen deine Freunde? Was machst du mit deinen Freunden? Wo und wie oft trefft ihr euch (außerhalb der Schule)?
- Wer ist dein bester Freund? Warum ist das dein bester Freund?
- Bist du immer nett zu den anderen? Wen kannst du nicht leiden? Warum?
- Kennen deine Eltern deine Freunde? Mögen sie sie?
- Gibt es welche, die sie nicht mögen? Warum? Was tun die Eltern dann?
- Gibt es Kinder, die dich nicht leiden können? Was passiert dann: (Streit? Zurückweisung? Angriff?) Was tust du? Wissen das deine Eltern? Wie reagieren sie?

Schule:

- Wie gefällt es dir in der Schule?
- Welche Fächer magst du am liebsten / am wenigsten?
- In welchen Fächern bist du besonders gut? Findest du, dass du gut in der Schule bist? Ist es dir wichtig, dass du gut bist? Was ist für dich eine gute/schlechte Note?
- Wie ist es, wenn du eine schlechte Note bekommst? Macht es dir etwas aus? Wie fühlst du dich dann? Was machst du dann?
- Kriegt das jemand mit? Wie reagieren die MU/VA? Hilft dir das?
- Glaubst du, dass es deinen Eltern sehr wichtig ist, dass du gut bist? Woran merkst du das?
- Freust du dich jeden Tag auf die Schule?
- Hast du Angst vor Tests/Schulaufgaben? (»mulmiges Gefühl«?) Wenn ja, wissen es MU/VA? Was machen sie dann? Wie fühlst du dich dann? (falls indifferent: Würdest du dir wünschen, dass sie anders reagieren?)

Familiensituation (optional) und gemeinsame Aktivitäten:

- Wer gehört alles zu deiner Familie? Mit wem lebst du in der Familie? (Mutter, Vater, Geschwister, Alleinerziehendensituation, Stiefeltern, Großeltern, Verwandte)
  bei Scheidung: Kontakt zu abwesendem Elternteil? Wie oft? Zufrieden?
- Was macht ihr in der Familie gemeinsam? Sonntagsaktivitäten?
- Mit wem bist du lieber zusammen: MU/VA/Geschwister – Freunde – Allein?
- Würdest du gerne mehr/weniger mit MU/VA unternehmen? Was anderes? Bsp.?
- Kannst du MU/VA leicht zu etwas überreden? Wen leichter? Beispiel

Mithelfen im Haushalt:

- Lassen dich deine Eltern mithelfen? Bei was? Loben sie dich? Beispiele

Rollenumkehr (1):

- Tust du manchmal Dinge für deine Eltern, damit es ihnen gut geht?

(manchmal sagen Eltern zu ihren Kindern: »Tu was für mich, das tut mir so gut« oder: »Wenn du das tust, geht es mir schlecht.« Sagen das deine Mutter oder Vater auch manchmal? Was tust du dann? Beispiel

Rollenumkehr (2):

- *Stell dir vor, du würdest gerne bei deinem/r Freund/in übernachten. Deine Mutter wäre aber die ganze Nacht allein. Du merkst, dass ihr das unangenehm ist.* Was machst du dann?

Rollenumkehr (3):

- Wenn deine Mutter krank wäre und im Bett bleiben müsste, was würdest du dann tun? Wer würde ihre Arbeit machen?
- Wenn deine Mutter traurig ist, was macht sie dann? (Beispiel) Wie fühlst du dich dabei? Was machst du dann?
- Hast du mal erlebt, dass deine Mutter vor etwas Angst hatte oder hilflos war? (Beispiel) Wie fühlst du dich dabei? Was hast du dann getan, als es so war?
- Ist es schon mal vorgekommen, dass deine Mutter ganz zornig war? (Beispiel) Wie fühlst du dich dabei? Was machst du dann?

Anschließend analoge Fragen zum Vater!

- Kommst du dir manchmal stärker als MU/VA vor? Beispiele?

Allein entscheiden:

- Gibt es Dinge, die du ganz allein entscheiden darfst? (Anziehen, Wünsche, Essen)
- Kannst du schon gut auf dich selber aufpassen? Woran merkst du das?
- Was meinen deine Eltern?

Allein sein:

- Bist du oft allein? (Nachfragen nach konkreten Situationen)
- Magst du das oder ist dir langweilig alleine?
- Bist du gern allein?
- Bist du abends mal allein? Was tust du dann? Wie geht es dir? Gefühle?
- Wissen MU/VA, wie es dir geht? Redest du darüber, wie es dir geht?
- Bringen dich deine MU oder VA abends ins Bett? Was macht ihr da? Wie findest du das? (Wenn nicht, hättest du es gerne?)

Verbote und Strafen durch die Eltern:

- Wie verbieten dir deine Eltern etwas? Was machst du, wenn die MU/VA etwas verbieten? (Wann/Wo/Wie?) Beispiele
- Erklären dir Mutter/Vater, warum sie dir etwas verbieten?
- Ärgerst du dich über das Verbot? Was tust du in der Situation? (Erkunden, wie von K und Eltern mit dem Verbot und Konflikten umgegangen wird)
- Wie bestrafen dich Mutter/Vater? Beispiel? Gefühle? Gerecht?

- Stell dir vor: *Ein Kind läuft von zu Hause fort.*
- Was glaubst du warum?
- Hast du auch schon mal daran gedacht? Was war der Grund?

- Wenn du etwas gegen den Willen deiner Eltern machst/gemacht hast, wie reagieren dann MU/VA? Beispiel; Wie war das dann?
  Sprecht ihr darüber? Sind sie dir böse oder verstehen sie dich?
  Machst du dann etwas, damit sie nicht mehr böse sind? Wenn ja, was?

Krankheit:

- Wann warst du denn zuletzt krank? (Kopfweh, Übelkeit, ...) Beispiele (Arzt, Zahnarzt, Krankenhaus)
- Wie hast du dich in den Situationen gefühlt?
- Hattest du Angst? Wie haben sich deine Eltern (MU/VA) verhalten?
- (Angst trotz Begleitung der Eltern?) Hat dir das geholfen, dass M/V mit dabei waren? In welcher Hinsicht?
- Wenn du dir wehgetan hast, was machst du? Sagst du das jemanden? Hilft dir jemand?

Subjektive Belastung, unangenehme Gefühle (Angst, Traurigkeit, Ärger)

- Hast du vor etwas *Angst*? Was genau? Was machst du dann? Bekommt das jemand mit, dass du Angst hast? (Gehst du zu V/M oder möchtest du lieber allein sein? Versuchst du mit MU/VA darüber zu sprechen? Wie reagieren sie?) Können dir MU/VA helfen, wer, wie? Machen sie dir Mut? Beispiele erfragen!

- Bist du manchmal *traurig*? Was macht dich traurig? Wie reagierst du dann? Merkt es jemand, dass du traurig bist? (Gehst du zu MU/VA? Was machen dann MU/VA?) Hilft dir das? Beispiel!
- Wer kann dich gut trösten? (MU/VA) Wie?
- Gibt es jemand, mit dem du gut schmusen kannst? Magst du das?
- Kommt es manchmal vor, dass deine MU/VA mit dir schmusen will, und du willst nicht? Was machst du dann?
- Weinst du manchmal? Dürfen es die anderen merken? Unterscheidung Schule, zu Hause, spezifische Situationen (Weinen aus Schmerz, Wut, Kummer...)

- Bist du manchmal *wütend*? Was macht dich wütend? Beispiel, Was machst du dann? Merkt das jemand? MU/VA? Wie löst sich die Situation wieder? Was machen MU/VA dann? Bist du dann beleidigt? Wie lange?
- Zu wem gehst du, wenn du etwas angestellt hast? (Beispiel)
- Wer erklärt es dir, wenn du etwas nicht verstehst?
- Erzählst du deinen Eltern oft von Dingen, die du tagsüber machst?
  Was erzählst du da eher nicht? (Belastungen?)
- Wer hilft dir bei den Hausaufgaben?

Streit/Konflikte zu Hause

- Wie läuft das ab? Mit wem streitest du am meisten?
- Wie endet der Streit? Sprecht ihr über den Streit?
- Würdest du gern darüber sprechen? Was machst du denn dann?
- Wer lenkt wieder ein? Habt ihr mal lange Streit? Wie lange? Redet ihr längere Zeit nicht miteinander? Wie geht es dir dabei?

Rollenumkehr (4):	
	• Könntest du dir vorstellen, dass du MU/VA bist und sie die Kinder? • Kommt es manchmal vor, dass deine MU/VA wegen dir traurig ist? Beispiel; Wie geht es dir? Was tust du dann? Redest du mit MU/VA darüber? • Kommt es manchmal vor, dass deine MU/VA wegen dir wütend ist? Beispiel; Wie geht es dir? Was tust du dann? Redest du mit MU/VA darüber? • Machst du MU/VA manchmal Mut?
Streit/Konflikte der Eltern	
	• Wie ist es, wenn deine Eltern Streit haben? Bekommst du das mit? Versuchen deine Eltern, nicht vor dir zu Streiten? Sprechen sie mit dir darüber? Was tust du?
Abschließende Fragen:	
	• Hast du schon einmal das Gefühl gehabt, dass du nicht gut genug warst? Wissen das deine Eltern? Was machen sie dann? Helfen sie dir dann? Ermutigen dich MU/VA? • Hast du das Gefühl, dass dich MU/VA schon mal im Stich gelassen haben? Beispiel, Was hast du dann gemacht? • Warst du schon mal längere Zeit von deinen Eltern getrennt? Wann? Wie ging es dir? Wie war die Rückkehr, das Wiedersehen? Warst Du schon mal länger im Krankenhaus? Wie war das? • Haben dir MU/VA schon mal mit etwas gedroht (z.B. ins Heim schicken?) Wie war das für dich? (Umgang damit in der Beziehung erfragen) • Ist jemand gestorben, der dir sehr nahe stand? Wie hast du dich da gefühlt? Was hast du gemacht? Hat jemand bemerkt wie es dir geht? Hat dir jemand geholfen? • Behandeln dich deine Eltern jetzt anders als früher? • Wenn du Mutter oder Vater wärst, wie würdest du deine Kinder behandeln? • Wenn du drei Wünsche frei hättest, was würdest du dir dann wünschen?

Grundsätzlich soll bei allen Fragen darauf geachtet werden, ob das Kind von tatsächlich oder potentiell emotional belastenden oder überfordernden Situationen berichtet. Es ist dann im Rahmen der Interviewführung wie bei den engeren Bindungsfragen zu klären, inwieweit Mutter oder Vater (oder ggf. weitere Bezugspersonen) als unterstützend und verfügbar erlebt und vom Kind als sichere Basis genutzt werden, und inwiefern sich das Kind beziehungsorientiert verhält und seine Gefühle in diesen Situationen offen kommuniziert.

Im Folgenden werden die einzelnen Skalen und Auswertungsverfahren für das Bindungsinterview dargestellt.

3. Auswertungsskalen

3.1 Unterstützende versus nicht-unterstützende Repräsentation der Bezugsperson

Die Skala erfasst die bewertende Repräsentation der Kinder hinsichtlich des Ausmaßes der emotionalen Verfügbarkeit der Bezugsperson in für das Kind emotional belastenden Situationen. Konkrete Kriterien zur Beurteilung sind:
- ob die Bezugsperson wahrnimmt und richtig interpretiert, wie sich das Kind fühlt,
- ob die Bezugsperson auf das Kind eingeht und wie einfühlsam sie dies tut,
- ob die Bezugsperson dem Kind helfen kann, seine negativen Emotionen zu regulieren, indem sie es tröstet, ihm eine neue Bewertung der Situation ermöglicht (aber nicht aufdrängt) oder dem Kind auf andere Weise Sicherheit vermittelt.

Bei der Auswertung werden diese Informationen danach beurteilt, inwieweit das Kind von der Bezugsperson erwartet, dass diese ihm Trost und Sicherheit bieten kann, wenn es emotional belastet ist. Hierdurch wird der informationsverarbeitende Teil internaler Arbeitsmodelle erfasst, der die Bewertung bindungsrelevanter Erfahrungen und die Vorhersage der Reaktion der Bezugspersonen umfasst.

Zur genauen Analyse werden die Themen hinsichtlich ihrer Bindungsrelevanz wie folgt kategorisiert:

Zentrale Themen:
- Alle Situationen, in denen das Kind Angst, Kummer oder Schmerz empfindet,
- Alle Situationen, in denen das Kind enttäuscht oder ärgerlich ist,
- Langes Alleinsein - vor allem abends,
- Trennungen von der Bindungsperson oder der Familie, wie z. B. Krankenhausaufenthalte,
- Arztbesuche,
- Verlusterfahrungen.

Zusatzthemen:
- Kind ins Bett bringen
- Kind hat etwas angestellt
- Frage, ob Körperkontakt möglich ist
- Pflege bei Krankheit des Kindes
- generelle zeitliche Verfügbarkeit der Eltern
- Reden über Alltagserlebnisse

Alle Aussagen des Kindes zur Reaktion der Eltern werden dahingehend bewertet, ob die Bezugsperson als verfügbar, unterstützend und Sicherheit gebend geschildert wird.

Die Beurteilung der Aussagen der Kinder erfolgt vorrangig auf der Basis von berichtetem episodischen Wissen. Erzählt das Kind Beispiele oder konkrete Interaktionssequenzen, welche allgemeine (meist positive) Aussagen über die Eltern verdeutlichen und unterstreichen, so wird die Aussage als belegt beurteilt und der entsprechende Skalenwert vergeben. Benutzt ein Kind hingegen Konjunktive, die seine Aussagen abschwächen oder uneindeutig machen, widerspricht es sich im Laufe des Interviews oder erzählt es keine konkreten Ereignisse, so sind die allgemeinen (meist positiven) Aussagen über die Bezugsperson nicht als eindeutig oder glaubwürdig einschätzbar. In solchen Fällen werden nur die belegten Aussagen für die Vergabe eines Skalenwertes herangezogen und meist ein niedrigerer Skalenwert vergeben, als es die allgemeine Aussage des Kindes nahe legt, da die allgemeinen Aussagen über die Bezugspersonen nicht durch episodische Aussagen belegt sind. Die Skala misst somit die durch Episoden belegte emotionale Unterstützung und emotionale Verfügbarkeit durch die Bezugsperson. Idealisierungen werden damit bereits in der Skalenwertvergabe berücksichtigt.

Der höchste Skalenwert wird dann vergeben, wenn deutlich wird, dass das Kind sich grundsätzlich bei der Bezugsperson sicher fühlt, diese als jederzeit angemessen emotional verfügbar bewertet und dies in Beispielen schildert. Konkret stellt sich diese Grundsicherheit dar, wenn z. B.:

Bei zentralen Themen:
- Kind erzählt, dass die Bezugsperson erkennt, dass es Angst oder Kummer hat oder belastet ist, dem Kind dies zu verstehen gibt, auf dessen Bedürfnisse eingeht und es effektiv trösten kann,
- Kind erzählt, dass die Bezugsperson es begleitet, wenn es zum Arzt oder ins Krankenhaus muss, und dass dies dem Kind hilft, mit der Angst oder den Sorgen fertig zu werden.

Bei Zusatzthemen:
- Kind erzählt, dass es oft oder immer von der Bezugsperson ins Bett gebracht wird und es dann mit der Bezugsperson über Dinge, die es tagsüber erlebt hat, reden kann oder die Bezugsperson etwas vorliest, Zuneigung ausdrückt, etc.

Nicht-unterstützende Repräsentationen, die keine grundsätzliche Sicherheit des Kindes zeigen, ergeben sich konkret, wenn z. B.:

Bei zentralen Themen:
- Kind erzählt, dass die Bezugspersonen es öfter (abends) allein lassen, obwohl sie wissen, dass das Kind dann Angst hat, und nicht für Betreuung sorgen,
- Kind erzählt, dass es allein zum Arzt gehen muss oder die Anwesenheit der Bezugsperson beim Arzt nicht hilft, seine Angst zu vermindern,
- Kind schildert, dass die Bezugsperson die negative Befindlichkeit nicht bemerkt, dass sie es nicht trösten oder ihm nicht helfen kann,
- Das Kind berichtet, dass es von der Bezugsperson verlacht oder abgewiesen wird, wenn es von negativen Gefühlen berichtet.

Bei Zusatzthemen:
- Kind schildert, dass es allein ins Bett geht, ohne dass die Bezugsperson sich um das Kind kümmert

- Kind erzählt, dass die Bezugsperson kaum oder nie Zeit für es hat, weil sie ständig arbeitet, ihren Hobbys nachgeht oder generell nicht verfügbar ist, obwohl sie zu Hause ist (wenn es in Form von negativ formulierter Kritik geschieht).

Eine kritische Beurteilung des Verhaltens der Bezugsperson ist ein Zeichen von Eigenständigkeit des Kindes und führt nicht notwendigerweise zur Abwertung des Skalenwerts, wenn hierdurch die grundsätzliche Unterstützung nicht in Frage gestellt wird.

> Bsp: »Es ist schon schade, dass mein Vater soviel arbeitet und selten zu Hause ist, aber ansonsten kann man mit ihm ganz gut spielen.«

Kritik an der Bezugsperson, die Verachtung, Ablehnung oder sehr starke Enttäuschung, manchmal vermischt mit Ärger, beinhaltet, ist jedoch als deutliches Zeichen für mangelndes Vertrauen zu beurteilen.

Aus berichteter instrumenteller Unterstützung durch die Eltern (z. B. zum Sport fahren) kann kein Rückschluss über die emotionale Unterstützung gezogen werden. Nur bei Aussagen des Kindes über eine damit einhergehende emotionale Unterstützung bzw. bei Berichten über negative Gefühle kann dies in die Bewertung der emotionalen Unterstützung durch die Mutter/den Vater einfließen.

Alle Aussagen des Kindes, die die jeweilige Bezugsperson betreffen, werden im ersten Auswerteschritt anhand des Videobandes markiert und zusammenfassend einem der folgenden Skalenwerte zugeordnet.

SKALENWERT 5: BEZUGSPERSON IST SEHR UNTERSTÜTZEND UND VERFÜGBAR

Die Bezugsperson wird in allen bindungsrelevanten Belastungssituationen als für das Kind zugänglich, einfühlsam und verfügbar geschildert. Sie erkennt, was das Kind fühlt, oder macht sich Gedanken darüber, was das Kind denkt, bietet Trost oder konkrete emotionale Unterstützung an und ist in der Lage, dem Kind zu helfen, seine negativen Gefühle zu regulieren, oder auf Kritik des Kindes einzugehen.
Kritik an den Eltern oder Berichte von negativen Erfahrungen mit den Eltern im Interview lassen am Eindruck einer grundsätzlichen Verfügbarkeit der Eltern keinen Zweifel. Die Grundsicherheit gegenüber den Eltern ist durch Beispiele klar nachvollziehbar und bleibt ohne Widersprüche im Interview. Der Skalenwert 5 wird noch vergeben, wenn maximal 1/5 der Aussagen zur Unterstützung der Bezugsperson als nicht unterstützend einzuschätzen sind.
Die Ausdrucksweise des Kindes ist eindeutig, so dass Aussagen nicht durch Konjunktive oder Relativierungen wie »eigentlich« oder »manchmal« in ihrer Gültigkeit eingeschränkt werden.

SKALENWERT 4: BEZUGSPERSON IST UNTERSTÜTZEND

Die Bezugsperson wird als überwiegend, jedoch nicht immer zugänglich und unterstützend geschildert. Es werden vereinzelt Episoden bei den zentralen Themen geschildert, in denen sich die Eltern nicht-unterstützend verhalten haben, was aber die Grundsicherheit und das Gefühl der überwiegenden Verfügbarkeit der Bezugsperson nicht in Frage stellt.
Schildert das Kind die Bezugsperson auf einer allgemeinen Ebene ohne Beispiele als unterstützend und wird aber deutlich, dass die Eltern in Zusatzthemen oder Randthemen grundsätzlich keine Verfügbarkeit zeigen, so ist die Wertung 4 nicht mehr zu vergeben.

SKALENWERT 3: GLEICHERMASSEN UNTERSTÜTZEND WIE NICHT-UNTERSTÜTZEND

Das Kind schildert gleichermaßen unterstützende wie nicht-unterstützende Erfahrungen mit der Bezugsperson in den zentralen Themenbereichen. Vater/Mutter erscheinen nicht generell verfügbar und unterstützend, sondern nur in einigen Bereichen, so dass der Eindruck einer ambivalenten, nicht eindeutigen Bewertung durch das Kind entsteht. Belastendes Verhalten von Mutter/Vater wie z. B. Liebesentzug als Bestrafung, wenn das Kind etwas angestellt hat, kann den Eindruck einer grundsätzlichen berichteten Unterstützung soweit in Frage stellen, dass nur Skalenwert 3 vergeben wird. Die Wertung 3 wird ebenfalls vergeben, wenn eine stärker unterstützende bzw. eine stärker nicht-unterstützende Einschätzung durch die Zusatzthemen konterkariert wird.
Bei Nichteinschätzbarkeit positiver Aussagen durch zu vage Darstellungen oder zu knappe Antworten wird ebenfalls der Skalenwert 3 vergeben.

SKALENWERT 2: BEZUGSPERSON IST KAUM UNTERSTÜTZEND

Es werden kaum unterstützende und mehr nicht-unterstützende Situationen bei den zentralen Themenpunkten geschildert, so dass keine grundsätzliche Sicherheit bzgl. der Eltern erkennbar ist, oder das Kind bietet kaum eindeutige Informationen über die Eltern und die eigene Situation und vermittelt durch Gebrauch von Konjunktiven, knappen Antworten und durch die Übernahme der Formulierungen des Interviewers ein unklares, eher nicht unterstützendes Bild der Unterstützung durch die Bezugsperson, oder das Kind beurteilt Vater/Mutter in seinen allgemeinen Aussagen eher als aufmerksam und zugänglich, aber es fehlen Beispiele oder die Beispiele zeigen keine Unterstützung und emotionale Verfügbarkeit der Bezugsperson, so dass die Aussagen nicht glaubhaft belegt sind.
Die Wertung 2 kann auch vergeben werden, wenn bei einer deutlich nicht unterstützende Repräsentation in zentralen Themenbereichen unterstützende Situationen in den Randthemen auftauchen, d. h. dass die Eltern zwar in keiner zentralen Situation als unterstützend geschildert werden, aber in mindestens drei der Zusatzthemen verfügbar sind.

SKALENWERT 1: BEZUGSPERSON IST NICHT UNTERSTÜTZEND

In keiner relevanten Situation, die im Interview angesprochen wird, werden Mutter/Vater als glaubhaft unterstützend geschildert. Das Kind vermittelt den Eindruck, dass die Eltern entweder überhaupt nicht bemerken, wie es dem Kind geht, oder dass sie es zwar bemerken, aber dann nicht auf das Kind und seine Bedürfnisse eingehen oder beim Versuch, dies zu tun und dem Kind zu helfen, nicht erfolgreich sind.
Die Wertung 1 wird auch dann vergeben, wenn vom Kind der Eindruck vermittelt wird, dass die Eltern es durchgehend ablehnen oder aktiv zurückweisen und zum Ausdruck kommt, dass das Kind von den Eltern weder Trost noch Nähe noch Sicherheit erwarten kann.
Wertung 1 wird auch dann noch vergeben, wenn Vater/Mutter lediglich in einem Punkt der zentralen Themen als unterstützend geschildert werden, aber in keiner sonstigen Situation im Interview als verfügbar dargestellt werden.

Die Skala wird nach wiederholtem Identifizieren aller wichtigen Situationen auf das gesamte thematisch relevante Interview angewandt. Jedes Kind erhält dabei pro Bezugsperson (in der Regel Mutter und Vater) einen Skalenwert für die Repräsentation der Unterstützung und emotionalen Verfügbarkeit.

3.2 Belastung des Kindes durch die Bezugspersonen

Diese Skala erhebt in Unterscheidung zur Skala »Repräsentation der Unterstützung durch die Bindungsperson« nicht die erfahrene oder fehlende emotionale Verfügbarkeit der Bezugspersonen, sondern darüber hinaus die vom Kind berichtete aktive Belastung durch das Verhalten der Eltern. Ziel der Skala ist es, diejenigen Bindungsbeziehungen zu charakterisieren, in denen die Eltern entweder bei mangelnder Verfügbarkeit oder trotz durchaus gegebener emotionaler Verfügbarkeit emotionale Belastungen bei ihrem Kind induzieren. Beides dient der zusätzlichen Differenzierung der kindlichen Bindungsmuster.

Die Aussagen der Kinder werden hinsichtlich der Häufigkeit und der Intensität der Belastung auf einer 5-Punkte-Skala beurteilt. Die Belastung wird getrennt für Mutter und Vater erhoben.

Die Skalenpunkte lauten: [2]

Skalenwert 1: Kind berichtet keine aktiven elterlichen Verhaltensweisen oder Aussagen, die das Kind seelisch oder körperlich belasten.

Bsp.: Hat dir denn die Mama auch schon mal eine Ohrfeige gegeben, wenn du was angestellt hast?
K: »Ne, geschimpft schon, aber nicht gehaut.«

Skalenwert 2: Das Kind erzählt von einer konkreten Situation, in der elterliche Verhaltensweisen oder elterliche Aussagen das Kind seelisch oder körperlich belasten, oder bleibt in der Schilderung der Häufigkeit unspezifisch.

Bsp.1: Ist dein Vater auch mal zornig?
K: »ja, aber der hat uns erst einmal eine Ohrfeige gegeben.«
Bsp.2: Hauen dich deine Eltern auch mal?
K: »Weniger.«

Das Kind berichtet von einer Belastung durch die Eltern, der es früher ausgesetzt war, die jetzt definitiv beendet ist und sich nach der Aussage des Kindes nicht auf die Gegenwart auswirkt (kein bleibendes Trauma hinterlassen hat).

Bsp.: Haut dich deine Mutter manchmal?
K: »Hauen tut sie mich nicht, früher mal, aber das ist schon lang her.«

Skalenwert 3: Das Kind berichtet von mindestens zwei Situationen in denen elterliche Verhaltensweisen oder Aussagen das Kind seelisch oder körperlich belasten

Bsp.: Hat dich deine Mutter auch schon mal gehauen?
K: »Noch nicht so oft, mal wenn ich wütend bin, weil ich eine Strafe kriege, und gegen die Tür haue.«

Das Kind berichtet von zwei verschiedenen Arten der Belastung, von denen nur eine mehr als einmal auftritt.

Bsp.: Was hat denn deine Mutter da gemacht (als du was Böses gesagt hast)?
K: »Da hab ich einen ganzen Monat in meinem Zimmer essen müssen, weil ich das zu meiner Mutter gesagt hab, da wollte sie mich nicht mehr sehen.«
Haut sich dich dann auch?
K: »Sie scheuert mir schon mal eine.«

Skalenwert 4: Das Kind berichtet, dass eine Art des elterlichen Verhaltens, welche das Kind seelisch oder körperlich belastet, regelmäßig auftritt.

Bsp.: Redet ihr denn nach einem Streit noch mal darüber?
K: »Ja, meine Eltern sagen dann, dass es ihnen leid tut, das sie mich immer so oft schlagen.«

Das Kind berichtet von zwei oder mehr verschiedenen Belastungen, von denen mindestens zwei öfter als einmal auftreten.

Bsp.: Wann werden denn deine Eltern mal böse?
K: »Meine Eltern werden je nach Situation böse, es kommt darauf an, wie viel sie zu tun haben an dem Tag.«
Hat dir deine Mutter denn schon mal gedroht wenn sie böse auf dich war?
K: »Ja. Die Mama hat schon öfter gesagt, dass wenn ich nicht brav bin, dann schickt sie mich ins Heim, aber bloß aus Spaß, aber sie hat mir auch gesagt, dass sie das niemals machen würde. Es macht mir trotzdem etwas aus, wenn sie so was sagt.«

Das vom Kind geschilderte belastende Verhalten der Bezugsperson trat früher auf und wirkt aber bis in die Gegenwart nach (bleibendes Trauma durch Misshandlung, Beziehungsabbruch, Heimandrohung, etc).

Bsp.: Siehst du deine leibliche Mutter auch noch?
K: »Nein - will sie gar nicht sehen.«
Warum?
K: »Meine Mutter ist fremdgegangen und dann abgehauen.«
Hast du das Gefühl, von ihr im Stich gelassen worden zu sein?
K: »Ne, ich hatte das Gefühl, sie hasst mich - sie läuft vor mir weg... immer wenn ich zu ihr kam, tat sie mir weh, tat Dinge, die ich nicht wollte, hat mich gekitzelt, hat mir den Arm umgedreht - das tat ihr gar nicht weh, sie hat drüber gelacht.«
Vermisst du sie manchmal trotzdem?
K: »Ja.«
Aber du willst sie trotzdem nicht wiedersehen?
K: »Nein - vielleicht wenn ich mal größer bin und ich sie versteh und ich eine Erklärung von ihr krieg oder wenigstens eine Entschuldigung - aber trau ich ihr auch nicht zu.«

Skalenwert 5: Das Kind berichtet von zwei oder mehr belastenden Verhaltensweisen der Eltern, die regelmäßig auftreten.

Bsp.: Wer streitet denn am häufigsten mit wem?
K: »Der Papa mit der Mama.«
Recht laut?
K: »Recht laut.«
Kriegst du das immer mit?
K: »Ja.«
Wie geht's dir, wenn deine Eltern streiten?
K: »Nicht sehr gut, weil ich dann Angst habe, dass sie sich schlagen.«
Haben sie dir denn schon mal damit gedroht, dass sie dich weggeben oder so, wenn du nicht brav bist?
K: »Meine Mutter sagt immer: ›Besser wär's wenn ich sterbe‹ - ich sag: ›Mama, das tust du nicht.‹«
Hast du da Angst vor?
K: »Ja.«

Die Belastung des Kindes durch elterliche Verhaltensweisen wird in zwei Hauptformen unterschieden:

3.2.1 Dominanz elterlicher Erziehungsansprüche ohne Rücksichtnahme auf das Kind, belastende Erziehungsmaßnahmen oder Formen der Misshandlung (Erzieherische Belastung)

Diese Formen der Belastung zerstören z. T. die Funktion der Eltern als sichere Basis, schüchtern das Kind ein oder erzeugen Ärger beim Kind, der verdeckt bleiben muss.

Beispiele:
- Kind muss überhöhte Leistungsansprüche oder Erziehungsansprüche erfüllen;
- Kind hat Angst vor Mutter/Vater wegen schlechter Noten;
- Kind muss regelmäßig auch dann in die Schule, wenn es Kopf- oder Bauchschmerzen hat;
- Kind muss Hausaufgaben unter Bedingungen erledigen, die die Beziehung zu Mutter/Vater emotional belasten;
- Leistung als einziges Kriterium für die Akzeptanz des Kindes durch die Eltern;
- Kind wird bewusst belastenden Erfahrungen ausgesetzt, um für die Mutter/den Vater »pflegeleichter« zu werden;
- Kind wird unangemessen bestraft (z. B. wird geschlagen, wenn es zu laut ist);
- Erschweren von Freundschaften durch die Eltern, z. B. wird dem Kind der Umgang mit anderen Kindern, die die Mutter/der Vater für nicht geeignet halten, ohne weitere Begründung verboten;
- Bestrafung des Kindes durch Schläge, Misshandlung;
- Zeichen von Vernachlässigung;
- Missbrauch.

3.2.2 Dominanz affektiver Bedürfnisse der Eltern in der Beziehung zum Kind ohne Rücksicht auf das Kind und Erhöhen der emotionalen Belastung des Kindes (Affektive Belastung)

Diese Formen der Belastung erzeugen beim Kind möglicherweise Druck zur Rollenumkehr und setzen die Funktion der Eltern als sichere Basis in den geschilderten Situationen herab oder entwerten sie. Das Kind reagiert nicht mit Ärger oder Selbstbehauptung gegenüber der Bindungsperson, sondern es entsteht eher die Notwendigkeit für das Kind, in der Beziehung zu den Eltern Fürsorge und Erwachsenenverantwortung zu übernehmen.
Beispiele:
- Kind soll Trost und Hilfe bei Problemen der Eltern geben;
- Kind soll ständige Liebesbeweise erbringen, für Mutter/Vater immer da sein, z. B. auf ausdrücklichen Wunsch eines Elternteils mit im Bett schlafen, wenn der Partner nicht da ist;

- Mutter/Vater entlastet sich von eigenen Problemen durch unvermittelte Übergabe an das Kind, z. B. Elternteil gibt seine Launen an Kind weiter;
- Mutter/Vater ist für Kind in emotional belastenden Situationen nicht verfügbar, wenn die Mutter/der Vater »nicht bei Laune ist«;
- Mutter/Vater kann Kind bei emotionaler Belastung nicht schützen, erhöht diese sogar durch unvermittelten Ausdruck eigener Belastung:
  - offener Ausdruck eigener Ängste oder Hilflosigkeit, Weinen, wenn Kind weint;
  - Kind kann seine eigene Belastung aus Rücksicht auf die Mutter/den Vater nicht zeigen;
  - Heftige, verletzende Auseinandersetzungen der Eltern werden vor dem Kind ausgetragen und Kind wird mit in den Streit der Eltern hineingezogen, soll v.a. Bündnispartner für einen oder beide Elternteile sein:
  - Eltern streiten wegen Kind und sagen dies dem Kind;
  - Kind soll die Partei für Mutter oder Vater ergreifen.

3.3 Bindungsverhaltensstrategien im Umgang mit emotional belastenden Situationen

Zur Einschätzung des berichteten Bindungsverhaltens wird auf zwei Ebenen vorgegangen. In einem ersten Schritt werden Einschätzungen von Verhaltensstrategien in spezifischen Situationen und Gefühlsbereichen auf 3-Punkt-Skalen vorgenommen. In einem zweiten Schritt werden alle im Interview geäußerten Bindungsverhaltensstrategien herangezogen, um auf einer 5-Punkte-Skala die generelle Bindungsverhaltensstrategie des Kindes in emotional belastenden Situationen einzuschätzen. Für alle Skalen gilt, dass die Aussagen der Kinder hinsichtlich der geäußerten Verhaltensstrategien auf einem Kontinuum zwischen Beziehungsorientiertheit und Nicht-Beziehungsorientiertheit, d. h. Vermeidung von Kontakt in emotional belastenden Situationen, beurteilt werden. Mit diesen Skalen werden die im Kind repräsentierten eigenen Bindungsverhaltensstrategien, die der Emotionsregulation in belastenden Situationen dienen, eingeschätzt, soweit diese im Interview angesprochen bzw. vom Kind geäußert werden.

Die beiden Pole der Bindungsverhaltensstrategien sind wie folgt definiert:

Beziehungsorientiert handelt ein Kind dann, wenn es seine Gefühle von Angst, Kummer, Hilflosigkeit etc. seinen Bezugspersonen offen zeigt oder in belastenden Situationen deren Nähe sucht, um Sicherheit und Trost bei ihnen zu finden, v. a. wenn seine Ressourcen nicht ausreichen, um die Situation allein zu bewältigen.

Beziehungsvermeidend handelt ein Kind dann, wenn es in belastenden Situationen seinen Bezugspersonen keine Gefühle zeigt oder diese nicht äußert, wenn es falsche, unbeschwerte Gefühle vorspielt oder in solchen Situationen versucht, alleine mit der Belastung zurechtzukommen und sich aus den Beziehungen zurückzieht.

Im ersten Auswerteschritt werden anhand der 3-Punkte-Skalen die kindlichen Verhaltensstrategien bei den bindungsrelevanten Emotionen *Angst*, *Kummer* und *Ärger* sowie in spezifischen Situationen wie *Testangst*, *Weinen* und *Ärger bei Konflikten* mit der Bezugsperson beurteilt. Zu den Bezugspersonen können Vater, Mutter, Oma, Opa und Geschwister gehören, wobei diese jedoch mindestens fünf Jahre älter sein sollten als das interviewte Kind. Folgende spezifischen Situationen werden zunächst betrachtet und getrennt eingeschätzt.

- *Angstsituationen*: das Kind ist abends alleine, Angstträume, Angst vor Einbrechern, allgemeine Frage nach der kindlichen Reaktion bei erlebter Angst, Angst bei Krankheit, Arztbesuch oder Krankenhausaufenthalt
- *Kummersituationen*: die das Kind von sich aus als mit Traurigkeit verbunden schildert, z. B. bei Zurückweisung von Freunden; schlechten Noten; Trennungen, etc.
- *Ärgersituationen*: z. B. bei Streit mit Freunden, Geschwistern; Verlieren beim Spiel/Wettkampf
- *Angst* vor Schultests
- *Weinen* (außer bei körperlicher Verletzung oder unmittelbarer Gefährdung)
- *Spannungen* nach Auseinandersetzungen mit den Eltern.

Zusatzthemen zur Abrundung des gewonnenen Eindrucks (werden nur bei allgemeiner Bindungsstrategieskala berücksichtigt, vgl. 3.3.2) sind:

- Reden über negative Alltagssituationen
- Kind hat etwas angestellt
- andere belastende, aber weniger spezifische Gefühle, z. B. »nicht gut gehen«

3.3.1 Skala: Spezifische emotionale Bindungsstrategien

Die Aussagen der Kinder im Hinblick auf ihre Emotionsregulation werden auf 3-Punkte-Rating-Skalen eingeschätzt. Für jeden der sechs oben erwähnten Themenbereiche wird eine der folgenden Kategorien vergeben:

Beziehungsorientiert (Skalenwert 3):

- Offener verbaler oder non-verbaler Ausdruck der Gefühle und Bindungsbedürfnisse gegenüber der Bezugsperson beim Kind und/oder physische Kontaktaufnahme durch das Kind.

Ambivalent (Skalenwert 2):
- Relativierung der Aussagen hinsichtlich der Bindungsverhaltensstrategie durch Aussagen wie »manchmal«, »vielleicht«, »ab und zu«, so dass die generelle Gültigkeit eingeschränkt ist,
- sich widersprechende Aussagen zur Bindungsverhaltensstrategie in einem der sechs spezifischen Bereiche im Verlauf des Interviews, so dass kein eindeutiges, klares Bild einer bestimmten Verhaltensstrategie entsteht.

Vermeidend (Skalenwert 1):
- Kein Zeigen von Gefühlen und Bindungsbedürfnissen, Rückzug aus der sozialen Situation, Ausdruck positiver Gefühle gegenüber dem Elternteil trotz Belastung, die Regulationsstrategien sind nicht sozial orientiert.

Fehlend:
- Die Situation wird nicht im Interview abgefragt, es fehlt die Frage nach dem Verhalten des Kindes oder die Situation wird nicht genau genug abgefragt.

Nicht einschätzbar:
- Das Kind antwortet zu ungenau, so dass zu wenig Informationen zur Einschätzung der Verhaltensstrategien des Kindes vorliegen.

3.3.2 Skala: Generelle Bindungsverhaltensstrategie

Zusammenfassend wird über alle Aussagen des Kindes zum Verhalten in bindungsrelevanten Situationen wird ein Ratingwert anhand des gewonnenen Gesamteindrucks auf einer 5-Punkte-Skala für die allgemeine Bindungsverhaltensstrategie des Kindes vergeben. Dieser wird nicht durch Mittelwertsbildung aus den einzelnen Kategorisierungen gewonnen, sondern stellt eine zusammenfassende globale Einschätzung und Bewertung der berichteten Verhaltensstrategien des Kindes dar. Die Bindungsverhaltensstrategien werden nicht spezifisch pro Bezugspersonen beurteilt, da dies in der Regel nicht von allen Kindern genügend differenziert dargestellt wird.
Die Skalenpunkte lauten (s. S. 262):

SKALENWERT 5: DURCHGEHEND BEZIEHUNGSORIENTIERT

Das Kind berichtet fast ausschließlich beziehungsorientierte Verhaltensweisen bei emotionaler Belastung. Neben den beziehungsorientierten Strategien kann auch in *einem* Bereich geschildert werden, dass das Kind nur manchmal zu einer Bezugsperson geht, d. h. eine relativierte Strategie berichtet.
Kinder mit diesem Skalenwert schildern durchaus auch eigenständige Emotionsregulationsstrategien, d. h. berichten, dass sie in einer spezifischen emotional belastenden Situation nicht die Nähe der Bezugsperson suchen. In diesen Fällen machen sie jedoch deutlich, dass diese Situation für sie bewältigbar ist, d. h. im engeren Sinne keine bindungsrelevante Situation mehr für sie darstellt.

SKALENWERT 4: ÜBERWIEGEND BEZIEHUNGSORIENTIERT

Der Skalenwert 4 wird vergeben, wenn das Kind mehr beziehungsorientierte Strategien als vermeidende oder uneindeutige bzw. eingeschränkte Bindungsverhaltensstrategien gegenüber seinen Bezugspersonen bei emotionalen Belastungen schildert.

SKALENWERT 3: AMBIVALENT (Unklar-wechselnd):

Der Skalenwert 3 repräsentiert zwei verschiedene Muster der geschilderten Bindungsverhaltensstrategie:

a) *Uneindeutige Strategie*: Das Kind äußert bei der Mehrheit der Aussagen zum Verhalten in emotional belastenden Situationen Einschränkungen hinsichtlich der Allgemeingültigkeit der Strategie durch Zusätze wie »manchmal«, »ab und zu«, »kann sein«. Hierbei berichtet das Kind maximal einmal eine eindeutig beziehungsorientierte oder beziehungsvermeidende Verhaltensstrategie. Anderenfalls werden die Skalenwerte 4 oder 2 vergeben.
b) *Wechsel der Strategien über verschiedene Situationen oder Emotionen hinweg*: Über das gesamte Interview hinweg berichtet das Kind in etwa ebenso viele vermeidende wie beziehungsorientierte Bindungsverhaltenstrategien, so dass im Gesamteindruck weder ein überwiegend vermeidendes Muster noch ein überwiegend beziehungsorientiertes Muster der Bindungsverhaltensstrategie erkennbar ist. Das Kind schildert bei fast allen Strategiefragen, dass es manchmal Unterstützung bei den Bezugspersonen sucht, wenn es emotional belastet ist, dies aber auch manchmal nicht tut, ohne dies durch eigene Kompetenz zu begründen.

SKALENWERT 2: EHER VERMEIDEND

Das Kind schildert überwiegend vermeidende Strategien, allerdings mehr als eine Emotion oder Situation, in der es zumindest eingeschränkt (z. B. manchmal) die Nähe einer Bezugsperson sucht. Es kann auch eine beziehungsorientierte Strategie genannt werden, die jedoch nicht im Gesamtmuster überwiegt.

SKALENWERT 1: DURCHGEHEND VERMEIDEND

Das Kind erzählt überwiegend vermeidende Bindungsverhaltensstrategien und nennt maximal eine Situation, in der es berichtet, die Unterstützung der Eltern zu suchen. Skalenwert 1 kann auch dann vergeben werden, wenn beziehungsorientierte Strategien zwar allgemein genannt, aber nicht glaubhaft belegt werden oder sogar durch Beispiele widerlegt werden, so dass der Gesamteindruck einer vermeidenden Strategie erhalten bleibt.

Anmerkung:

Auch bei dieser Skala werden nicht nur die allgemeinen Aussagen der Kinder zur Beurteilung der Bindungsverhaltensstrategie herangezogen, sondern auch, ob die Kinder diese belegen können und ob ihre Aussagen Widersprüche aufweisen. Bedeutsam zur adäquaten Einschätzung sind somit vor allem die berichteten Episoden. Dies ist vor allem im Hinblick auf die Kodierung einer beziehungsorientierten Strategie wichtig, da hier Idealisierungen vorliegen können. Aussagen von Kindern, die bei den Fragen nach ihrer Bindungsverhaltensstrategie keine Strategie angeben können (»Das weiß ich nicht«), werden als nicht beziehungsorientiert eingestuft.

3.4 Formales Kategoriensystem: Kohärenz und Inkohärenz des sprachlichen Ausdrucks

Die hier verwendeten Kohärenzkriterien sind der Analysemethode des Bindungsinterviews für Erwachsene (Main & Goldwyn, in Vorbereitung; Fremmer-Bombik 1987) entlehnt. Theoretische Grundlage hierfür ist die Annahme, dass internale Arbeitsmodelle den Zugang zu bindungsrelevanten Erinnerungen und Bewertungen und deren Ausdruck auf deklarativer Ebene mit beeinflussen (Bowlby 1980; Main, Kaplan & Cassidy 1985). Nach der Bindungstheorie baut ein Kind mit unsicherer Bindung mindestens zwei internale Arbeitsmodelle von der Bezugsperson bzw. von sich selbst auf, die nicht kompatibel sind. Ein bewusstes, generalisiertes, eher idealisiert positives Modell der Beziehung und ein auf erlebten Episoden basierendes und somit die Beziehungsrealität repräsentierendes Modell, das aber bewusst wenig zugänglich ist (Bretherton 1993; Zimmermann 1999). Als Gründe hierfür werden wiederholt negative Beziehungserfahrungen angeführt, die das Kind so belasten, dass es davon nicht sprechen möchte, oder aber die Erfahrung, dass die eigene negative Bewertung eines Ereignisses dem Kind durch die Bezugspersonen »ausgeredet« wird und diese ihm eine positive Deutung der Erfahrungen suggerieren (Bowlby 1980).

Widersprüche im Interview, die eingeschränkte oder unklare, nicht eindeutige Beantwortung von Fragen nach eigenen Bindungserfahrungen sind als eine Art der Emotionsregulation zu verstehen. Sie dienen der Vermeidung der expliziten und somit bewussten Bewertung dieser Erfahrungen als negativ und belastend und gehen insofern mit der Vermeidung einer aktuellen subjektiven Belastung einher. Eine Person, die auf Fragen nach Bindungserfahrungen oder eigenem Verhalten in Belastungssituationen nichts oder unklar antwortet, reguliert damit die negativen Gefühle, die so auftreten. Widersprüche in den Aussagen der Kinder, die von diesen nicht selbst bemerkt werden, sind außerdem Ausdruck der Existenz zweier Arbeitsmodelle: eines bewussten, meist idealisierten Bildes der eigenen Bezugspersonen und des eigenen Ichs und eines eher unbewussten, realistischen Arbeitsmodells, das in episodischen Berichten zum Ausdruck kommt (Bowlby 1980; Main u. a. 1985; Bretherton & Munholland 1999).

Das Ausmaß, in dem die Kinder Fragen nach der Vertrauensbeziehung zu den Eltern und nach schmerzlichen Gefühlen und dem Umgang damit offen beantworten können, wie sehr sie beim Thema bleiben können und wie eindeutig und widerspruchsfrei sie über solche Themen sprechen können, sind wichtige Indikatoren für die innere Organisation der kindlichen Arbeitsmodelle der Bindungsbeziehung zwischen ihnen selbst und den Bezugspersonen.

Die im BISK angewandten formalen Kriterien erfassen verschiedene Formen des inkohärenten Antwortverhaltens als Reaktion der Kinder auf die Interviewfragen. Sie dienen der konkreten Beurteilung einzelner Aussagen oder der Überprüfung der Übereinstimmung verschiedener Aussagen des Kindes zum selben Thema zu verschiedenen Zeitpunkten im Interview. Unterschieden wird dabei, ob die Kinder:

- die Fragen der Intention nach beantworten, oder ob sie auf andere Themenbereiche überwechseln (»Weggehen vom Thema«),
- die Fragen dem Sinn nach überhaupt nicht beantworten (Keine Antwort),
- im Interview nur sehr spärlich und einsilbig antworten (Knappe Antworten),
- Antworten geben, die in sich nicht logisch oder sprachlich semantisch verständlich sind oder Widersprüche aufweisen (Inkohärenz),
- Einen völligen Sprachzerfall bei einzelnen Antworten aufweisen oder das Interview bei einigen Fragen gezielt unterbrechen oder steuern (Desorganisation).

Die Auswertung erfolgt über ein ereignisbasiertes Kategoriensystem, d. h. bei jedem Auftreten einer Form des inkohärenten Antwortverhaltens bei einer kindlichen Aussage wird diese kodiert und mittels Videoanalyse mit der exakten Zeit festgehalten. Die Auftretenshäufigkeit jeder Kategorie pro Minute gilt als Indikator für das Ausmaß an Inkohärenz der Antworten. Sind innerhalb einer Aussage des Kindes mehrere formale Kriterien gleichzeitig feststellbar, so wird das Auftreten als Kombination zweier Kategorien kodiert. Dies ist bei der Kombination Inkohärenz und Weggehen sowie Inkohärenz und Keine Antwort häufiger feststellbar. Bei Widersprüchen zwischen verschiedenen Aussagen des Kindes zu einem Thema im Verlauf des Interviews wird nur einmal die Kategorie Inkohärenz (jeweils an der Stelle des ersten Auftretens des Widerspruchs) vergeben. Weitere Widersprüche, die sich hierzu feststellen lassen, werden nicht erneut gezählt. Im Folgenden werden die Kriterien für die Vergabe der verschiedenen Kategorien genauer dargestellt und mit einigen Beispielen illustriert.

3.4.1 Weggehen vom Thema

Diese Kategorie wird vergeben, wenn:

- das Kind die Frage kurz beantwortet, aber mit dem zweiten Teil der Antwort ein anderes Thema als das in der Frage angesprochene anschneidet bzw. weiter ausführt, oder
- wenn das Kind beim gleichen Thema nur Nebensächliches erzählt und dabei aber nicht der Intention der Frage entspricht.

Damit entsteht oft der Eindruck, das Kind weiche dem Thema aus, vor allem dann, wenn es die Interviewfrage der Intention nach nur kurz beantwortet, während es viel länger und z. T. sehr ausführlich über das andere Thema spricht. Im Folgenden wird dies anhand von Beispielen illustriert.

Bsp.: Sagt deine Mutter dann noch was dazu oder hält die sich raus? (bei Streit Vater-Kind)
K: »Och sie sagt schon öfters was und äh wenn wir Fernsehen gucken und mein Vater muss irgendwo anrufen dann sollen wir immer leiser machen, macht er immer so, nä, und dann sollen wir's immer leiser machen, nä, wenn wir dann gar nichts mehr verstehen machen wir dann 'n Schub lauter und dann sagt er wieder, ja macht das leiser nä, und dann sagt meine Mutter wir könnten's dann so lassen nä und wenn sie auch mit Fernsehen guckt äh und er telefoniert dann und wir machen's dann trotzdem nicht leiser, dann ist, sitzt ja meine Mutter da nä und dann kann er's ja nicht sagen.«

- bei der Antwort ein Focuswechsel von der in der Frage angesprochenen Person zu einer anderen stattfindet. Am häufigsten geht das Kind in der Antwort weg von sich selbst und erzählt, wie es anderen Personen (z. B. Eltern, Geschwistern etc.) in diesen Situationen geht bzw. wie sich diese verhalten.

Bsp.: Ärgerst du dich, wenn du mal verlierst?
K: »Nö, mein Vater ist immer gut dran.«

- das Kind die Frage nur indirekt beantwortet, d. h. die Intention der Frage nicht direkt mit einer klaren, eindeutigen Aussage beantwortet. Statt dessen muss der Leser die Antwort aus dem Text erschließen.

Bsp.: Was würdest du sagen, hast du viel Spaß mit deinen Eltern?
K: »... ah Spaß mit meinem Vater, manchmal ist mein Vater auch ernst so, nicht wie meine Mutter so.«

- das Kind durch Zusatzinformationen, die nicht in der Frage intendiert sind, die Eindeutigkeit der Antwort beeinträchtigt. Damit wird die Aussage des ersten Teils der Antwort, die die Frage der Intention nach vollständig beantwortet, in seiner Eindeutigkeit verwischt.

Bsp.: Und mit wem machst du wirklich am meisten in der Familie?
K: »Mit meiner Mutter oder manchmal spiel ich auch mit meinen Puppen oder mit meinem Vogel.«

- als indirekt wird eine Antwort auch beurteilt, wenn das Kind eine allgemeine Aussage mit einem Beispiel belegen will, dann aber nicht das Ereignis schildert, sondern es auf einer Metaebene umschreibt. Dadurch wird der Inhalt nicht deutlich, und der Interviewer muss nachfragen, um zu klären, was tatsächlich abgelaufen ist.

Bsp.: Und wenn es dir nicht gut geht und du traurig bist, was machst du dann?
K: »Wenn ich wütend bin, dann schmeiß ich mich aufs Bett und denke, naja, was Kinder so denken.«

Die Kategorie »Weggehen vom Thema« liegt *nicht* vor, wenn mit dem ersten Teil der Antwort die Frage vollständig beantwortet ist und dann ein neues Thema angeschnitten wird, wodurch die erste Aussage bekräftigt, erläutert oder durch ein Beispiel konkretisiert wird. Sie wird auch nicht kodiert, wenn durch die weitere Antwort Bezug zur vorherigen Frage genommen und dadurch die Schilderung insgesamt kohärenter wird.

3.4.2 Keine Antworten

Die Kategorie »Keine Antwort« wird dann vergeben, wenn die Reaktion des Kindes auf die Frage keinen eindeutigen Schluss auf die Bewertung des Kindes oder die Verfügbarkeit einer Erinnerung beim Kind zulässt oder das Kind die Beantwortung verweigert.

Konkrete Kriterien sind:
- wenn das Kind auf die Frage hin schweigt oder aber nicht semantisch eindeutige und somit indifferente Antworten gibt, wie z. B. »Och«, »Ach«, »Hm« etc.

Bsp.: Erzählst du das dann mal daheim, wenn du dich mit Freunden streitest?
K: »...«
Weinst du denn leicht?
K: »Och.«

- wenn das Kind etwas völlig anderes erzählt, als mit der Frage intendiert war, also überhaupt nicht auf die Frage eingeht. Diese Antworten können durchaus sehr ausführlich sein. Am Ende der Antwort kann man jedoch nicht beurteilen, was das Kind zur Frage tatsächlich meint oder was es erlebt hat.
- wenn das Kind als Antwort lediglich Teile der Formulierung des Interviewers übernimmt und dadurch die Frage nicht eindeutig beantwortet.

Bsp.: Ist das Kind vielleicht traurig? (wenn die Eltern 14 Tage weg sind)
K: »Vielleicht.«

- wenn das Kind lediglich die Frage wiederholt, ohne dass deutlich wird, dass dies den Prozess des Nachdenkens über eine Antwort charakterisiert, die das Kind im Anschluss gibt.
- wenn das Kind eine eigene, allgemeine Aussage oder eine Situation konkretisieren soll und lediglich mit »Ich weiß nicht« antwortet.
- wenn das Kind thematisiert, dass es keine Erinnerung hat oder keine Bewertung abgeben kann (z. B. sagt das Kind: »Dazu fällt mir nichts ein« oder »Weiß ich nicht«).
- wenn das Kind indifferente Antworten gibt, die der Auswerter nicht eindeutig bewerten kann, wie z. B. »ist verschieden«, »unterschiedlich«.

Bsp.: Wie läuft denn so ein Ärger oder Streit in der Familie ab? Worum geht es denn da?
K: (lacht) »unterschiedlich.«
Ist das häufiger?
K: »Nö.«

(Hierbei ist zu beachten, dass dieses Kriterium nur dann angewandt wird, wenn die Frage eindeutig beantwortet werden kann.)
- Wenn das Kind vor der Antwort ein lange Pause macht, die so auffällig ist, dass sie länger als sechs Sekunden ist.

Nicht vergeben wird diese Kategorie, wenn das Kind antwortet: »Das weiß ich eigentlich gar nicht«, da hier vom Kind selbst thematisiert wird, dass es darüber noch keine Informationen eingeholt hat oder noch nicht darüber nachgedacht hat.

3.4.3 Knappe Antworten

Diese Kategorie wird dann vergeben, wenn in einem Abschnitt mit mehreren Fragen zu *einem Thema* das Kind jeweils nur sehr kurz antwortet. Kurze Antworten sind hier definiert als Antworten mit nur einem Wort, wie z. B. Ja, Nein, Mhm, Nnh, Mutter, oder wenn mit der ganzen oder teilweisen Übernahme der Formulierung des Interviewers geantwortet wird (und somit die Kategorie »Keine Antwort« vergeben wird).

Manchmal entspricht eine solch kurze Antwort in schriftlicher Form zwei Wörtern, wie z. B. »gar nicht«, »geht so«, »die Mama«. In solchen Fällen dient das zweite Wort nicht als informationshaltiger Zusatz, so dass der Eindruck einer knappen Antwort erhalten bleibt. Auch diese Antworten erfüllen das Kriterium einer kurzen Antwort. Die Analyseeinheit ist minimal eine Abfolge aus drei Fragen und Antworten und maximal eine Abfolge aus fünf Fragen und Antworten.

Die Kategorie wird vergeben, wenn innerhalb eines solchen Fragen-Antworten-Blocks:
- zu einem Thema vom Kind *dreimal hintereinander* nur kurze Antworten gegeben werden;
- diese Sequenz dreier *Ein-Wort-Antworten* durch eine Antwort von maximal vier Worten unterbrochen wird;
- innerhalb von fünf Antworten *vier kurze Ein-Wort-Antworten* durch eine Antwort von maximal zehn Worten unterbrochen wird;
- zwei kurze *Ein-Wort-Antworten* in beliebiger Reihenfolge mit der Kategorie »Keine Antwort« auftreten (z. B. auch bei Übernahme der Formulierung des Interviewers);
- bei den oben genannten Frage-Antwort-Blöcken zweimal die Kategorie »Keine Antwort« vergeben wird, weil die Frage jeweils nur durch unspezifische *Ein-Wort-Antworten* nicht beantwortet wird (z. B. ach, och, hm, ähm);
- Um spezifisch den Charakter des knappen Antwortstils zu erfassen, wird die Kategorie »Keine Antwort« bei der Vergabe der Kategorie »Knappe Antwort« nur dann berücksichtigt, wenn die als »Keine Antwort« kategorisierte Aussage des Kindes maximal zehn Worte beträgt.

Ausnahme: Bei der Frage nach Liebesentzug: »Haben dich Mutter/Vater noch lieb, wenn du was angestellt hast?« wird bereits nach zwei Ein-Wort-Antworten das Urteil »Knappe Antwort« vergeben, da hier das Thema nicht ausführlicher erfragt wird.

Mit der Vergabe der Kategorie »Knappe Antwort« soll somit vor allem das karge, auf Ein-Wort-Antworten beschränkte Eingehen des Kindes auf das Interview erfasst werden. Dies wird in folgendem Beispiel deutlich.

Bsp.: (Thema: Ins-Bett-bringen)
Und dann gehst du? Ziehst du dich allein aus und so?
K: »Ja«.
Kommt sie (Mutter) dann noch mal, wenn du im Bett liegst oder nicht?
K: »Ja.«
Gibt sie dir einen Gute-Nacht-Kuss?
K: »...«

Ja? Magst du das gerne?
K: »Ja.«

3.4.4 Inkohärenz

Die Kategorie »Inkohärenz« tritt in zwei Unterformen auf: *Formal sprachlich* und *inhaltlich-widersprüchlich*. Die Inkohärenzen zeigen sich sowohl im Satzbau und der Grammatik der kindlichen Antworten, d. h. in der Geschlossenheit und Stimmigkeit des sprachlichen Ausdrucks (formale Ebene der grammatikalischen Inkohärenz), als auch in Widersprüchen auf der inhaltlichen Ebene (logische Inkohärenz). Die erste Art dieser Antworten wirkt konfus und macht es schwierig, zu einer eindeutigen Bewertung des tatsächlichen Ablaufs von Situationen, der Reaktion von Eltern, der Bindungsstrategie des Kindes oder des Erlebens von Gefühlen beim Kind zu kommen. Inkohärente Antworten setzen die Eindeutigkeit der Beurteilung der Interviewaussagen herab. Die Antworten wirken so, als ob das Kind seine Gedanken zu der Frage nicht ordnen kann oder seine Antworten nicht geplant geben kann.

Die zweite Form der Inkohärenz wird dann kodiert, wenn die Aussagen innerhalb einer Antwort widersprüchlich sind bzw. die Aussagen sich im Verlauf des Interviews widersprechen und dies vom Kind nicht bemerkt bzw. korrigiert wird.

Kriterien zur Vergabe der Kategorie Inkohärenz auf der *formalen Ebene* sind:
- Zerfall der Satzstruktur durch lange Redepausen in einem Satz, die auch durch viele Füllwörter ersetzt sein können;
- Unvollständigkeit von Wörtern und Sätzen, falsche Satzstellung, Faden verlieren etc.;
- Darstellung von Interaktionen in schneller Abfolge von wörtlicher Rede, ohne dass der Erzählrahmen gewahrt bleibt, d. h. z. B. Aussagen ohne »*dann sagte sie*: wenn du das jetzt noch einmal machst...« als Einleitung einer wörtlichen Rede.;
- Besonders auffällig: Satzbrüche, d. h. unvollständige Sätze, bei denen wichtige Satzteile fehlen und an die dann gleich ein weiterer Satz angeschlossen wird, der häufig einen neuen Gedanken aufgreift. Dadurch gewinnt man den Eindruck, dass durch die Frage verschiedene Gedankensplitter oder Assoziationen gleichzeitig auftauchen, so dass das Kind beim Antworten einen Gedanken erzählt und vor Beendigung des Satzes bereits zum nächsten überwechselt (Gedankensprünge).

Bsp.: Kannst du dich noch erinnern, wie du in die Schule gekommen bist?
K: »Ja, ich hab noch viele Bilder davon, wie ich in da ähm meine Freundin

hat auch noch ähm die erste Hausaufgabe, da sollten wir einen Igel anmalen.«

- Plötzlicher Einschub eines neuen Gedankens in eine Antwort, die sich, vor und nach dem Einschub, klar auf die Frage bezieht. Da die Antwort jedoch überwiegend bei der Frage bleibt, wird hier nicht die Kategorie »Weggehen« vergeben.

Inkohärenzen auf der *inhaltlichen Ebene* werden dann kodiert, wenn Widersprüche in den Aussagen des Kindes feststellbar sind, die von diesem nicht bemerkt und korrigiert werden oder die zueinander nicht in Bezug gesetzt werden. Inkohärenzen werden kodiert bei:
- Widersprüchen innerhalb eines Satzes bzw. einer Antwort oder eines Beispieles, die das Kind nicht bemerkt.
- (Keine Inkohärenz wird kodiert, wenn das Kind sich unmittelbar nach der ersten Aussage korrigiert, so dass der Eindruck entsteht, dass das Kind überlegt und sich bewusst verbessert hat).

Bsp.: Gibt es denn auch mal Streitereien zwischen euch Freundinnen?
K: »Ja das kommt öfters vor aber ähm ... ähm ... nicht grade sehr oft aber ... genug.«
Wegen was gibt es Streit?
K: »Ach äh ... wenn eine die Hausaufgaben vergessen hat und dann sagen die Jungs ah haste wieder vergessen nä und äh dann sagt man ja ist ja nicht so schlimm und dann spielt meine Freundin auch mal für 3 oder 4 Tage nicht mehr mit mir.«

- Widersprüche zwischen allgemeinen Aussagen, die durch die erzählten Beispiele widerlegt werden oder die das Kind auch auf Nachfrage nicht mit Beispielen belegen kann.

Bsp.: Spielst du so was auch mal mit deinen Eltern?
K: »Ja, im Urlaub als ich das gekriegt hatte, da hatten wir das fast jeden Abend gespielt haben wir mal Freunde eingeladen die Eltern sind Essen gegangen und wir haben es uns gemütlich gemacht mit Cola und Schokolade und ... und Monopoly gespielt.«

- Widersprüche zwischen der allgemeinen Verneinung des Erlebens einer Emotion und der Schilderung einer Episode, in der diese Emotion erlebt wurde. Inkohärenz wird auch bei der Wiederholung des selben Widerspruchs

an verschiedenen Stellen des Interviews nur einmal kodiert.
- Widersprüche, bei denen das Kind im Laufe des Gesprächs gegensätzliche Angaben zu einem Thema macht.

Inkohärenzen werden *nicht gewertet*, wenn sie nicht auf eine inkohärente Repräsentation des Kindes zurückzuführen sind, sondern aus der Unklarheit der gestellten Frage und somit aus Fehlern der Interviewführung resultieren.

Treten in der gleichen Antwort auf eine Interviewfrage sowohl formal als auch inhaltlich Inkohärenzen auf, so wird nur einmal die Kategorie »Inkohärenz« vergeben, da es sich um den Ausdruck der gleichen unklaren Repräsentation handelt.

3.4.5 Hinweise auf Desorganisation in Sprache und Verhalten

Desorganisation wird im BISK auf zwei Ebenen erhoben: auf der sprachlichen und auf der Interaktionsebene. Die Kennzeichen basieren auf bisherigen Forschungsergebnissen zur Erfassung von Bindungsdesorganisation in der mittleren Kindheit und dem Erwachsenenalter (vgl. George & Solomon 1999).

Sprachliche Kennzeichen zeigen sich:
- im völligen Zerfall der Antworten des Kindes, so dass weder ein logischer Sinnzusammenhang erkennbar ist noch die Laute semantisch Sinn ergeben.

Bsp.: Weinst du manchmal?
K: »Ja.«
Dürfen das die anderen sehen?
K. »Hab ich was gegen ... bib bib bib bib« (Laute ähnlich wie Morsezeichen)
Also wenn du weinst, sehen das dann die anderen nicht?
K: »bibibibibi kr kr ga«

- in der Schilderung von Phantasien, die das Kind selbst oder die eigene Familie betreffen und die von großem Unglück handeln, wie z. B. Feuer, Unfall, Mord etc. Die Fragen beziehen sich hierbei nicht auf diese Themen, sondern sie werden vom Kind selbst und ohne äußeren Anlass geschildert.

Interaktionskennzeichen zeigen sich:
- in der aktiven Kontrolle der Interviewsituation bzw. des Interviewers durch das Kind. Das Kind bewirkt aktiv einen vollständigen Themenwechsel oder die Unterbrechung des Interviews. Dies zeigt sich z. B.,
- indem das Kind den Interviewer unterbricht und Fragen zum Aufnahme-

gerät, der Dauer des Interviews, zur Umgebung oder zur Person des Interviewers stellt;
- wenn das Kind bei der Antwort so deutlich vom Thema weggeht, dass es dieses in seiner Antwort nicht mehr aufgreift und ein vollkommen neues Thema findet;
- aktiv Gegenfragen gestellt werden:

K: »So jetzt frage ich mal was. In Bayern, die Kirchen in Bayern die sind ja so schön....«

Die Bewertung der absoluten Häufigkeiten der formalen Kriterien ist durch die unterschiedliche Antworthäufigkeit der Kinder konfundiert. Deshalb werden die einzelnen formalen Kriterien an der Interviewdauer aller Aussagen zu den bindungsrelevanten Themen normiert, so dass die Häufigkeit jeder Kategorie pro Minute vorliegt.

2.5 Methodische Gütekriterien und bisherige Anwendung des BISK

2.5.1 Gütekriterium Validität

Das Bindungsinterview für die späte Kindheit (BISK) wurde erstmals im Rahmen der Bielefelder Längsschnittstudie zur Bindungsentwicklung (vgl. Spangler & Grossmann 1999) bei zehnjährigen Kindern eingesetzt (Scheuerer-Englisch 1989; Zimmermann 1989) und zeitgleich sowie längsschnittlich validiert (Zimmermann, Fremmer-Bombik, Spangler & Grossmann 1997; Zimmermann & Scheuerer-Englisch 1997; Zimmermann, Becker-Stoll, Grossmann, Grossmann, Scheuerer-Englisch & Wartner 2000). Hierbei zeigte sich, dass eine sichere Bindungsqualität zur Mutter mit einem Jahr signifikant mit der Bindungsverhaltensstrategie bei Angst, Kummer oder Ärger und der Offenheit des Berichts über eigene Gefühle in Zusammenhang steht.

Die Repräsentation der Eltern als unterstützend und emotional verfügbar sagt die Bindungsrepräsentation im Alter von 16 und 22 Jahren vorher. Dieser Effekt wird jedoch durch Trennung der Eltern in der Vorhersage beeinflusst.

Scheuerer-Englisch (1989) konnte zeigen, dass die aktuelle Unterstützung oder Zurückweisung durch die Eltern - erfasst in einem getrennten Interview mit den Eltern - mit den Variablen des BISK in engem Zusammenhang stehen. Die Zusammenhänge sind spezifisch für den jeweiligen Elternteil, so dass eine diskriminative Validität gegeben ist.

Somit ist das Interview sowohl durch längsschnittliche als auch durch zeitgleiche Zusammenhänge external validiert.

Die gefundenen entwicklungspsychologischen Zusammenhänge machen deutlich, dass internale Arbeitsmodelle von den Bezugspersonen, d. h. die Bewertung der Unterstützung durch die Bezugspersonen, im Alter von ca. zehn Jahren beim Kind sowohl auf der Basis aktueller Unterstützungserfahrungen als auch bereits durch frühere Interaktionserfahrungen gebildet und beeinflusst werden.

Die aktuelle Bindungsverhaltensstrategie wird nach den Befunden sowohl durch die frühe Bindungsstrategie im Kleinkindalter als auch durch aktuelle Zurückweisungserfahrungen durch die Bindungspersonen beeinflusst.

Bei der Offenheit der Antworten, v. a. beim »Weggehen vom Thema« oder »Keine Antwort«, zeigten sich keine Zusammenhänge zur frühkindlichen Bindungsqualität, aber sehr enge Zusammenhänge zur aktuellen emotionalen Unterstützung, Zurückweisung oder emotionalen Belastung durch die Mutter und zur Unterstützung und Zurückweisung sowie der emotionalen Offenheit des Vaters seinerseits im Interview.

Die prädiktive Validität des BISK macht es nicht nur zu einem Instrument der Intervention, sondern dient auch der Erstellung von Entwicklungsprognosen.

Die Konstruktvalidität des Interviews zeigt sich in den erwarteten positiven Zusammenhängen zwischen einer unterstützenden Repräsentation der Eltern und einer beziehungsorientierten Strategie des Kindes. Die Häufigkeit der formalen Kriterien und somit von Inkohärenz tritt bei einer nicht unterstützenden Repräsentation der Eltern häufiger auf. Insgesamt kann man ein Muster identifizieren, das sich aus unterstützender Repräsentation, beziehungsorientierten Bindungsverhaltenstrategien und geringer Inkohärenz zusammensetzt und somit einem sicheren Bindungsmuster entspricht.

Die formalen Kriterien der Inkohärenz werden zu Recht als Anzeichen von Abwehr im Sinne der Regulation negativer Gefühle verstanden, die durch das Interview ausgelöst werden, und sind bindungsspezifisch zu interpretieren. Die Häufigkeit der formalen Kriterien »Keine Antwort« , »Knappe Antwort«, »Inkohärenz« und »Desorganisation« ist bei Antworten zu bindungsrelevanten Themen signifikant größer als bei neutralen Themen wie z. B. Freizeitthemen. Die formalen Kriterien sind somit als Indikatoren für die emotionale Belastung durch die Thematikund den Regulationsbedarf v. a. bei unsicherer Bindung zu bewerten und zu nutzen.

2.5.2 Gütekriterium Reliabilität

Die inhaltlichen Skalen wie auch das Kategoriensystem zur Erfassung der Inkohärenz des Interviews lassen sich über verschiedene Beobachter hinweg reliabel erfassen. Die Beobachterübereinstimmung in einer derzeit laufenden Studie lag zwischen kappa = .93 und kappa = .70. Die Test-Retest Reliabilität über drei Monate hinweg liegt für die Repräsentation zu Mutter (n = 63) und Vater (n = 56) bei r = .77 bzw. r = .77 und für die generelle Bindungsverhaltensstrategie bei r = .76 und ist somit als gut bis ausreichend zu beurteilen. Hierbei wurden in fast allen Fällen die Interviews zu den beiden Zeitpunkten von anderen Personen durchgeführt und jeweils von unterschiedlichen Personen ohne Wissen über das jeweils andere Interview ausgewertet, so dass dadurch keine Einflussnahme vorlag. Bei den Einzelstrategien ist die Reliabilität unterschiedlich hoch, so dass die generelle Bindungsverhaltensstrategie zeitlich stabiler ist. Die formalen Kriterien sind deutlich abhängig von der Interviewführung und zeigen bei den Kategorien »Knappe Antwort« und »Keine Antwort« ausreichende Test-Retest-Reliabilität r = .65 bzw. r = .41. Die zeitliche Stabilität der übrigen Kategorien ist positiv und signifikant, erreicht jedoch nicht das Niveau einer hohen Reliabilität. Eine sorgfältige Schulung der Interviewer ist hier entscheidend.

2.5.3 Bindungsvariablen erhoben im BISK und Persönlichkeitscharakteristika und Anpassungsfähigkeit der Kinder

In einer derzeit laufenden Studie mit 117 Kindern aus der Kinder- und Jugendpsychiatrie, der Erziehungsberatung und aus Familien, die keine Hilfe in Anspruch nehmen, liegen erste vorläufige Befunde vor: Eine unterstützende Repräsentation der Eltern und eine beziehungsorientierte Bindungsverhaltensstrategie stehen demnach in einem signifikant positiven Zusammenhang zu hoher Ich-Flexibilität (ego-resiliency), zu hoher Feldunabhängigkeit, geringer Impulsivität und geringer Aggressivität. Dies deutet darauf hin, dass Bindung in der späten Kindheit mit gelingender Selbstregulationsfähigkeit und somit gelingender Anpassung einhergeht (Zimmermann, Scheuerer-Englisch, Kellinghaus, Leu, Lossen & Piendl 2002). Außerdem zeigte sich in den klinischen Stichproben eine signifikante Häufung an unsicherer, d. h. nicht unterstützender Bindungsrepräsentation der Mutter, häufigere vermeidende Bindungsverhaltensstrategien und mehr Inkohärenzen, mehr knappe und keine Antworten. Außerdem steht die Häufigkeit knapper Antworten und keiner Antworten bei der Beantwortung *bindungsrelevanter* Fragen signifikant in Zusammenhang mit geringer Ich-Flexibilität, selbst wenn man die Bindungsrepräsentation der Eltern statistisch kontrolliert. Dies zeigt, dass die Neigung von Kindern, auf Fragen nach dem Umgang mit eigenen Emotionen und den eigenen Eltern keine Information zu geben, somit ein Anzeichen für eine geringe Fähigkeit zur situationsangemessenen Kontrolle eigener Bedürfnisse, Impulse und Emotionen und folglich zu geringer Stressresistenz ist.

Gegenwärtig werden noch Skalen zur Offenheit des verbalen Ausdrucks von negativen Emotionen im Interview und eine globale Ratingskala zur Erfassung der Kohärenz des gesamten Interviews getestet, die die Methode komplettieren. Die Offenheit des verbalen emotionalen Ausdrucks wird auf einer 7-Punkte-Skala eingeschätzt, von durchgehendem Verneinen, negative Emotionen erlebt zu haben, bis durchgehendem Bejahen, negative Emotionen erlebt zu haben. Die Skala ist reliabel anwendbar und wird zur Zeit hinsichtlich ihrer Zusammenhänge mit den übrigen Bindungsvariablen überprüft. Eine Einteilung in sichere und unsichere Bindung ist aufgrund der Skalenwerte gegenwärtig bereits möglich. Zur Differenzierung einer unsicher-vermeidenden Bindung gegenüber einer unsicher-ambivalenten Bindung werden die Kriterien gegenwärtig noch getestet. Die Bindungsdesorganisation wird durch die Häufigkeit desorganisierter Anzeichen im BISK erfasst.

Das BISK hat sich bislang als ein reliables und auch längssschnittlich validiertes Instrument zur Erfassung von Bindung in der späten Kindheit erwiesen.

Anmerkungen

1 Aktualisierte Version unter Mitarbeit von Sue Kellinghaus (2002), Annika Leu (2003), Karin Lossen und Torsten Piendl. Eine weitere Ergänzung der Methode, die Erfassung der kindlichen Gefühlsoffenheit gegenüber dem Interviewer, wird derzeit noch bearbeitet. ((c) Zimmermann/Englisch: Die Urheberrechte für den Abdruck, die Weiterverbreitung und wissenschaftliche Anwendung des BISK liegen uneingeschränkt bei den Autoren)

2 Mehrere genannte Möglichkeiten unter einem Skalenpunkt sind als alternativ zu verstehen.

Literatur

Ainsworth, M. D. S. (1989): Attachment beyond infancy. American Psychologist, 64, S. 264-272.

Belsky, J., & Cassidy (1994): Attachment: Theory and Evidence. In: Rutter, M., & Hay, D. (Hg.) (1994): Development Through Life: A Handbook for Clinicians. Oxford (Blackwell), S. 373-402.

Bowlby, J. (1969/1982): Attachment and Loss: Vol. 1. Harmondsworth, England (Penguin Books), 2. Aufl.

Bowlby, J. (1973): Attachment and Loss: Vol. 2: Separation: Anxiety and anger. New York (Basic Books).

Bowlby, J. (1980): Attachment and loss. Vol. 3: Loss: Sadness and depression. New York (Basic Books).

Bretherton, I. (1993): From dialogue to internal working models: The co-construction of self in relationships. In: C. A. Nelson (Hg.): Memory and affect in development. The Minnesota Symposia on Child Psychology. Hillsdale/New Jersey (Lawrence Erlbaum Ass.), S. 237-265.

Bretherton, I., & Munholland, K. A. (1999): Internal working models in attachment relationships: A construct revisited. In. J. Cassidy & P. R. Shaver (Hg.): Handbook of Attachment. Theory, research, and clinical applications. New York (Guilford Press), S. 89-114.

Fremmer-Bombik, E. (1987): Beobachtungen zur Beziehungsqualität im zweiten Lebensjahr und ihre Bedeutung im Lichte mütterlicher Kindheitserinnerungen. Unveröffentlichte Dissertation, Universität Regensburg.

George, C., & Solomon, J. (1999): Attachment Disorganization. New York (Guilford Press).

George, C., Kaplan, N., & Main, M. (2001): Adult Attachment Interview (Orig. 1985). In: G. Gloger-Tippelt (Hg.): Bindung im Erwachsenenalter. Bern (Verlag Hans Huber), S. 364-387.

Grossmann, K. E., Grossmann, K., & Zimmermann, P. (1999): A wider view of attachment and exploration. Stability and change during the years of immaturity. In: J. Cassidy & P. R. Shaver (Hg.): Handbook of attachment: Theory, research, and clinical applications. New York (Guilford Press), S. 760-786.

Grossmann, K. E., Grossmann, K., Kindler, H., Scheuerer-Englisch, H., Spangler, G., Stöcker, K., Suess, G. & Zimmermann, P. (2003): Die Bindungstheorie: Modell, entwicklungspsychologische Forschung und Ergebnisse. In: Keller, H. (Hg.) (2003): Handbuch der Kleinkindforschung. Bern (Huber), S. 223-282.

Kellinghaus, S. (2002): Stabilität von Bindung in der späten Kindheit. Diplomarbeit Universität Regensburg.

Leu, A. (2003): Bindung und Persönlichkeit in der späten Kindheit. Diplomarbeit Universität Regensburg.

Lyons-Ruth, K., Melnick, S., & Bronfman, E. (2002): Desorganisierte Kinder und ihre Mütter. In: Brisch, K.-H., Grossmann, K. E., Grossmann, K., & Köhler, L. (Hg.): Bindung und seelische Entwicklungswege. Stuttgart (Klett-Cotta), S. 249-276.

Main, M., Kaplan, N., & Cassidy, J. (1985): Security in infancy, childhood, and adulthood: A move to the level of representation. In: I. Bretherton & E. Waters (Hg.): Growing points in attachment theory and research. Monographs of the Society for Research in Child Development, 50, S. 66-106.

Main, M., & Goldwyn, R. (in Vorbereitung): The Adult Attachment Scoring system. Manuscript, University of Berkeley.

Marvin, R. S., Cooper, G., Hoffmann, K., & Powell, B. (in diesem Band): Das Projekt »Kreis der Sicherheit: »Bindungsgeleitete Intervention bei Eltern-Kind-Dyaden im Vorschulalter.

Scheuerer-Englisch, H. (1989): Das Bild der Vertrauensbeziehung bei zehnjährigen Kindern und ihren Eltern: Bindungsbeziehungen in längsschnittlicher und aktueller Sicht. Unveröff. Dissertation, Universität Regensburg.

Scheuerer-Englisch, H. (in diesem Band): Die innere Welt des Kindes: Das Bindungsinterview in der späten Kindheit (BISK) in Beratung und Therapie.

Spangler, G., & Grossmann, K. (1999): Zwanzig Jahre Bindungsforschung in Bielefeld und Regensburg. In: Spangler, G., & Zimmermann, P. (Hg.) (1999): Die Bindungstheorie. Grundlagen, Forschung und Anwendung. 3. Aufl. Stuttgart (Klett-Cotta), S. 50-66.

Zimmermann, P. (1989): Die Repräsentation der Vertrauensbeziehung zehnjähriger Kinder zu ihren Eltern im Interview. Diplomarbeit, Universität Regensburg.

Zimmermann, P., & Scheuerer-Englisch, H. (1997): Attachment at age ten and age sixteen: Concurrent and longitudinal perspectives. Poster presented at the Biennial Meeting of the Society for Research on Child Development, Washington.

Zimmermann, P. (1999): Structure and functioning of internal working models of attachment and their role for emotion regulation. Attachment and Human Development, 1, S. 291-306.

Zimmermann, P., Becker-Stoll, F. Grossmann, K., Grossmann, K. E., Scheuerer-Englisch, H., & Wartner, U. (2000): Längsschnittliche Bindungsentwicklung von der frühen Kindheit bis zum Jugendalter. Psychologie in Erziehung und Unterricht, 47, S. 99-117.

Zimmermann, P., Fremmer-Bombik, E., Spangler, G., & Grossmann, K. E. (1997): Attachment in adolescence: A longitudinal perspective. In: W. Koops, J. B. Hoeksma & D. C. van den Boom (Hg.): Development of interaction and attachment: Traditional and non-traditional approaches. Amsterdam: North-Holland, S. 281-292.

Zimmermann, P., Scheuerer-Englisch, H., Kellinghaus, S., Leu, A., Lossen, K., & Piendl, T. (2002): Attachment and personality in late childhood: Differences between clinical and non-clinical samples. Poster presented at the XVI. Meeting of the International Society for the Study of Behavioral Development, Ottawa, Canada.

Die innere Welt des Kindes: Das Bindungsinterview für die Späte Kindheit (BISK) in Beratung und Therapie

Hermann Scheuerer-Englisch

Menschliche Entwicklung und im Besonderen die Entwicklung von Kindern und Jugendlichen ist fortwährend begleitet von Herausforderungen bei der Bewältigung neuer Entwicklungsthemen, welche auch Überforderungssituationen beinhalten können. Da der Zeitpunkt einer Herausforderung in der Regel nicht vorhergesagt werden kann, ist es evolutionär betrachtet von Vorteil, wenn der Mensch mit grundlegenden Regulationssystemen ausgestattet ist, die es ihm erlauben sollen, diesen Herausforderungen flexibel und angemessen zu begegnen.

Die Bindungstheorie postuliert, dass die Bindungs-Fürsorge-Beziehungen ein solches Regulationssystem darstellen, welches dazu dient, dem Kind in Überforderungssituationen Schutz und Sicherheit zu geben und die Regulation seiner Gefühle zu ermöglichen, aber auch Ermutigung und eine sichere Basis bei der Eroberung der Welt bereitzustellen. Das Bindungssystem dient also der Bewältigung schwieriger Situationen im Rahmen von Beziehungen (Bowlby 1975).

Bei der Bewältigung von wichtigen kindlichen Entwicklungsthemen und dabei auftretenden Belastungen wirken die Bindungen dabei auf zweierlei Weise: Zum einen durch die Verfügbarkeit oder Nichtverfügbarkeit unterstützender Bindungspersonen in der jeweiligen Alterstufe, d. h. durch die Möglichkeit der Nutzung der aktuellen Beziehungen als sichere Basis (Waters & Cummings 2000; Kobak 1999). Mit zunehmendem Alter werden aber auch die bereits gebildeten inneren Arbeitsmodelle von Bindung beim Kind handlungswirksam, in denen sich die vergangene und aktuelle Bindungsgeschichte widerspiegelt, d. h. das Kind gestaltet aktiv seinen Umgang mit belastenden Gefühlen und Situationen, indem es Zugang zu Bindungspersonen sucht und zulässt oder nicht, und Situationen unterschiedlich bewertet und empfindet. Beziehungserfahrungen und innere emotionale Regulationsprozesse beim Kind sind dabei in einer fortwährenden Wechselbeziehung (Zimmermann 1999, 2002). Bei sicheren Bindungen ist die Regulation von Belastungen eher möglich, da eine emotional offene Kommunikation zwischen Elternteil und Kind besteht.

Sichere Bindungsbeziehungen und eine korrespondierende sichere innere Bindungsorganisation (internal working model) gelten daher auch als Basiskompetenz und Schutzfaktor für die Bewältigung weiterer Entwicklungsthemen, z. B. dem Aufbau von Impulskontrolle, der Herstellung von gelingenden Gleichaltrigenbeziehungen in Kindergarten und Schule, von kognitiver und physischer Leistungsfähigkeit sowie Sozialkompetenz bei Gruppenbildungen in der Schule (Grossmann, Grossmann u. a. 2002; Zimmermann, Suess, Scheuerer-Englisch & Grossmann 2000; Spangler & Zimmermann 1999; Sroufe 1983).

Beratung und Therapie von Kindern, Jugendlichen und ihren Eltern aus Bindungssicht verfolgen daher das Ziel, Wege zur gegenseitigen Nutzung als sichere Basis und gefühlsoffener Kommunikation zu ermöglichen und damit beizutragen, dass Kinder Vertrauen zu den Bezugspersonen, zu sich und in die Welt entwickeln (Scheuerer-Englisch & Zimmermann 1997). Dies ist bereits vielfach von Praktikern/innen auch im deutschsprachigen Raum dokumentiert worden (z. B. Bowlby 1988; Suess & Pfeifer 1999; Brisch 1999; Spangler & Zimmermann 1995; Suess, Scheuerer-Englisch & Pfeifer 2001; Endres & Hauser 2000; Brisch, Grossmann, Grossmann & Köhler 2002).

Viele Familien melden sich in (Erziehungs-)Beratungsstellen oder bei niedergelassenen Kinder- und Jugendlichenpsychotherapeuten/innen an, weil das Kind in einem der oben genannten Entwicklungsbereiche Probleme hat und die Eltern als Bezugspersonen das Gefühl haben, dass das Kind sie nicht in ihre Probleme einweiht oder sie dem Kind im Rahmen der Eltern-Kind-Beziehung nicht wirklich ausreichend helfen können. Manchmal werden die Beziehungen von den Eltern oder Kindern auch als so belastet erlebt, dass der gegenseitige Zugang kaum mehr möglich scheint. In anderen Fällen haben die Eltern so viele eigene Probleme und Konflikte zu bewältigen, dass sie das Kind aus dem Blick verloren haben.

Wie später noch dargestellt wird, können bei unsicheren Bindungsmustern in der Familie die Regulationsfähigkeiten des Bindungssystems eingeschränkt sein. Die diagnostische Einschätzung der Bindungsqualitäten und der internalen Arbeitsmodelle von Bindung bei Kindern und Eltern stellt deshalb eine wichtige Voraussetzung für Interventionen dar.

Während im Kleinkindalter die Anwesenheit der Bindungspersonen und das konkrete Bindungsverhalten der Partner im Vordergrund stehen, werden mit zunehmender kognitiver Entwicklung des Kindes und der fortdauernden Verinnerlichung der Bindungserfahrungen die sogenannten inneren Arbeitsmodelle von Bindung handlungsleitend und somit bedeutsam (Main, Kaplan & Cassidy 1985; Fremmer-Bombik 1995; Bretherton 2002). Das Kind bezieht zunehmend aktiv Motive, Gedanken und Absichten der anderen in seine Pläne und Erwartungen ein und entwickelt eine »zielkorrigierte Partnerschaft«

(Bowlby 1975, S. 248). Es entwickelt zunehmend explizites Wissen über Emotionen und Gefühlsausdruck (Harris 1994) und nutzt die Sprache in Anhängigkeit von seinen Bindungserfahrungen zur emotional vermittelten Kommunikation, d. h. es teilt Gefühle, Belastungen und Bedürfnisse auch verbal mit. Dieser Entwicklungsprozess kann allerdings durch unsichere, vermeidende oder sogar belastende oder bedrohliche familiäre Beziehungserfahrungen eingeschränkt oder ganz verhindert werden. Für die klinische Arbeit ist es von großer Bedeutung, Methoden zur Einschätzung der kindlichen Arbeitsmodelle von Bindung zu haben, um die »Psycho-Logik« des Kindes und seine Wahrnehmung der sozialen Umwelt besser zu verstehen und das Kind so in seinem Erleben und Verhalten in Beziehungen angemessen einbeziehen zu können.

Während es im Kleinkindalter die Methoden der Verhaltensbeobachtung (z. B. die Fremde-Situation nach Ainsworth u. a. 1978; Marvin & Britner 1995), im Kindergartenalter bereits Methoden zur Erfassung der internalen Arbeitsmodelle von Bindung auf einer projektiven Basis gibt (v. a. der Trennungsangsttest von Klagsbrun und Bowlby 1976 ; Henri Julius in diesem Band; Verfahren zur Vervollständigung von Bindungsgeschichten von Bretherton u. a. 2001; siehe auch Gloger-Tippelt in diesem Band) und im Erwachsenenalter das »Adult Attachment Interview« (George, Kaplan & Main 2001), gibt es für Schulkinder und ältere Kinder von sieben bis 12 Jahren noch kaum Verfahren zur Feststellung des kindlichen Bindungsmodells (Ausnahme: Target, Shmueli-Götz & Fonagy 2002). In diesem Alter können Kinder eigene Emotionen und deren Auslösebedingungen sprachlich gut darstellen, werden einem Gespräch zugänglich und können familiäre Erfahrungen auch bewerten. Steht das Kind nun in Schule, Familie oder Gleichaltrigenbeziehungen vor konkreten Problemen, dann wird sein Erleben und Handeln von der persönlichen Einschätzung der Schwere einer empfundenen Belastungssituation und seinen eigenen Bewältigungsmöglichkeiten, von der Einschätzung der aktuellen Unterstützung durch Bindungspersonen und schließlich von seinen bereits aufgrund von Erfahrungen in der Vergangenheit gebildeten Verhaltensstrategien beeinflusst.

Das Bindungsinterview für die späte Kindheit (BISK) setzt genau an diesen Punkten an: Es fokussiert subjektiv vom Kind als belastend erlebte Situationen und Themen und erfasst dabei wesentliche Aspekte internaler Arbeitsmodelle beim Kind. Zunächst erfragt das Interview, in wieweit das Kind die Eltern in Problemsituationen als unterstützende sichere Basis und sicheren Hafen beurteilt. Weiter erfasst es bereits verallgemeinerte Bindungsverhaltensstrategien, d. h. die Nutzung von Bindungspersonen zur Regulation von Überforderung oder die Vermeidung dieses Verhaltens. Weiter spiegelt der Umgang des Kindes mit Fragen nach unangenehmen Gefühlen und der Rolle der Bezugspersonen dabei die Organisationsform der internalen Arbeitsmodelle wider, z. B. ob und – wenn ja – wie kohärent ein Kind über negative Gefühle, Belastungen und Beziehungen reden kann.

Einige Anmerkungen zu Geschichte, Inhalt, Auswertung und Durchführung des Bindungsinterviews

Geschichte des BISK

Das Interview wurde von Scheuerer-Englisch (1989) und Zimmermann (1989) zunächst zu Forschungszwecken im Rahmen einer Längsschnittstudie zur Bindung entwickelt. Es zeigten sich enge Zusammenhänge der Ergebnisse aus dem BISK (Bindungsverhaltensstrategien der Kinder, ihre Bewertung der emotionalen Verfügbarkeit der Eltern, ihre emotionale Offenheit gegenüber dem Interviewer und ihr Antwortverhalten) zur Bindungsqualität zur Mutter im ersten Lebensjahr sowie zur aktuellen emotionalen Unterstützung der Kinder durch die Eltern, erhoben in einem zeitgleich, aber getrennt durchgeführten Elterninterview. Das Bindungsinterview erlaubte darüber hinaus längsschnittliche Vorhersagen zur Bindungsorganisation mit 16 Jahren (Zimmermann, Becker-Stoll, Grossmann, Grossmann, Scheuerer-Englisch & Wartner 2000; Zimmermann, Suess, Scheuerer-Englisch & Grossmann 1999). Alle Zusammenhänge bestätigten die Grundannahmen der Bindungstheorie, wonach Unterstützung und emotionale Verfügbarkeit der Bindungspersonen beim Kind auch zu einer entsprechenden Bewertung durch das Kind führt, das Kind bei Belastung eher beziehungsorientierte Strategien gegenüber den Eltern zeigt, und die Fragen im Interview offener und kohärenter beantwortet. Im Jahr 2001 wurde ein Forschungsprojekt begonnen, um dieses Interview weiter wissenschaftlich abzusichern und gleichzeitig die Relevanz für die klinische Praxis zu testen. Dazu wurden Kinder aus einer Normalstichprobe, Kinder aus der Erziehungsberatung und Kinder aus der stationären Kinder- und Jugendpsychiatrie befragt (erste Befunde siehe Zimmermann, Scheuerer-Englisch, Kellinghaus, Leu, Lossen & Piendl 2002).

Leitthemen und Skalen

Das BISK ist ein halbstandardisiertes, offenes Interview, welches alle wesentlichen Lebensbereiche des 8- bis 12jährigen Kindes abfragt. Im Kern geht es dabei um die Erfassung subjektiv-belastend erlebter Situationen für die Kinder. Die

Themenbereiche sind Spielen und insbesondere Verlieren beim Spiel, der Umgang mit Freunden, v. a. Konflikte und Zurückweisung durch Gleichaltrige, die Wahrnehmung der Schule, insbesondere auch schlechte Noten und mögliche Angst vor Prüfungen sowie die Hausaufgabensituation, die Eigenständigkeit und Mithilfe im Haushalt zuhause, Verbote, Konflikt und Bestrafung durch die Eltern, Alleinsein, insbesondere abends, Krankheit, Arztbesuche und Krankenhausaufenthalte, Situationen, die vom Kind subjektiv als traurig, angst- oder ärgerauslösend beschrieben werden sowie Streit zwischen den Eltern, Situationen von Rollenumkehr und belastende Erziehungserfahrungen durch die Eltern.

Während zu Beginn des Interviews zur Auflockerung Fragen nach den Lieblingsbeschäftigungen der Kinder etc. gestellt werden, sind zum Ende des Interviews belastende Gefühle und Konflikte in der Familie im Mittelpunkt. Das Bindungssystem des Kindes ist dann wahrscheinlich eher aktiviert und die Fragen in höherem Maße »bindungsrelevant«.

Es ist dennoch nicht ausgeschlossen, dass Kinder schon zu Beginn des Interviews, z. B. beim Thema Verlieren beim Spiel oder in Situationen in der Schule oder mit Gleichaltrigen, massiv belastende Erfahrungen berichten.

Sofern das Kind von sich aus eine belastende Situation berichtet soll der/die Interviewer/in folgendermaßen vorgehen:
Bitte das Kind, die Situation konkret zu schildern oder ein Beispiel für die Belastung zu geben. Gegebenenfalls nachfragen. Als nächstes wird gefragt, wie es dem Kind dabei geht und was es dabei fühlt. Die nächste Frage lautet, was das Kind in dieser Situation tut und schließlich, ob jemand aus dem Umfeld mitbekommt, wie es dem Kind dabei geht, ob die Bindungspersonen die Belastung bemerkt haben, wie sie damit umgehen und wie sie reagieren, und ob die Reaktion der Eltern für das Kind hilfreich war.
Der selbe Ablauf wird bei den drei besonders wichtigen offenen Fragen nach belastenden Gefühlen im BISK vollzogen. Hier wird aber zunächst gefragt: Gibt es etwas, das dich traurig (wütend, dir Angst) macht? Oder in welcher Situation bist du traurig, wütend oder ängstlich?

Wesentlich beim Nachfragen in diesen belastenden Situationen ist, dass das Kind nicht suggestiv gefragt wird, die Antworten nicht durch vorgegebene Alternativen (z. B. Gehst du dann zu den Eltern hin oder was tust du?) vorschnell eingegrenzt werden. Wichtig ist außerdem, dass vom Kind berichtete Belastungen auch dann in diesem Sinne abgefragt werden, wenn sie vom Kind relativiert, in ihrer Bedeutung herabgespielt oder nur in einem Nebensatz erwähnt werden (was gerade bei vermeidenden Kindern häufig auftritt).

In den Skalen zur Auswertung des Bindungsinterviews wird nicht primär ein in sich geschlossenes Bindungsmuster des Kindes, z. B. unsicher-vermeidend erfasst, sondern eher zentrale Aspekte seiner Bindungsorganisation und seines aktuellen Erlebens von Belastungen und der Möglichkeiten, diese im Rahmen der wichtigen Beziehungen zu bewältigen.

Ohne ein Beobachtungs- und Rating-Training ist es nicht möglich, eine wissenschaftlich abgesicherte Einschätzung der Kinder in den Skalenwerten vorzunehmen. Dennoch können die Fragen des BISK und die Auswerteskalen für die praktische Arbeit eine ausreichend gute Grundlage bilden, um sich über die wesentlichen Bereiche des Bindungsmodells des Kindes und seine subjektiv empfundenen Belastungen zu orientieren. In der klinischen Arbeit steht oft nicht eine exakte wissenschaftliche Einschätzung im Zentrum der Aufmerksamkeit, sondern eher eine prozessorientierte Vorgehensweise. Main schreibt dazu:

> »Ich möchte (...) auch betonen, dass die Menschen, deren Verhalten oder psychischer Zustand als *sicher, vermeidend/abwertend* oder auch *ambivalent/verstrickt* eingestuft wurden, sich in ihrem Wesen nicht grundsätzlich unterscheiden; (...) diese vielleicht etwas zu bereitwillig verwendeten kategorialen Zuordnungen (...) verstehen sich als *augenblickliche* und deshalb potentiell veränderbare *innere bindungsrelevante Zustände«*. (Main 2002, S. 211 f.)

In der Familienberatung liefert das BISK wertvolle Hinweise für die Veränderung solcher Zustände in Richtung größerer Sicherheit. Folgende Skalen und Bereiche im BISK sind dabei wesentlich:

Repräsentation der Eltern (Bindungspersonen) als emotional unterstützend in Belastungssituationen: Hier werden alle wesentlichen vom Kind berichteten Belastungssituationen aus dem Interview herangezogen und eingeschätzt, ob aus Sicht des Kindes die Eltern seine Gefühle in diesen Situationen erkennen und wahrnehmen, die Nähe zu ihnen möglich und sinnvoll ist, die Eltern das Kind mit Worten oder körperlich trösten und unterstützen oder tatkräftig an Lösungen des Problems mithelfen und ob die Reaktionen der Eltern aus Sicht des Kindes tatsächlich hilfreich waren, d. h. ob eine Regulation im Rahmen der Beziehung möglich war. Mutter und Vater werden nach den Aussagen des Kindes auf der Skala von 1 (in keiner relevanten Situation unterstützend) bis Skalenwert 5 (durchgehend unterstützend) eingeschätzt.

Zusatzskala: Belastung des Kindes durch die Bezugspersonen: Hier wird zusätzlich festgehalten, ob Eltern aus der Sicht des Kindes, ungeachtet einer bestehenden oder fehlenden emotionalen Verfügbarkeit für ihre Kinder, diese durch ihr Verhalten in der Beziehung zusätzlich belasten. Es gibt dabei zwei wesentliche Hauptformen:

a) Die Dominanz elterlicher Erziehungsmaßnahmen und Erziehungsansprüche ohne Rücksicht auf das Kind. Durch diese Formen der Belastung wird die Aufgabe der Eltern als sichere Basis durch Einschüchterung oder ausgelösten Ärger beim Kind beeinträchtigt oder unmöglich gemacht, z. B. wenn das Kind überhöhte Leistungsansprüche erfüllen muss, so dass es bei schlechten Noten Angst vor den Eltern oder vor der Schule entwickelt. Weitere Beispiele wären unangemessene Bestrafungen (Schläge etc.) und das aktive Behindern des Kindes bei Entwicklungsaufgaben (z. B. Verbot von Kontakt zu anderen Kindern ohne weitere Begründung etc.).

b) Die Dominanz affektiver Bedürfnisse der Eltern in der Beziehung zum Kind ohne Rücksicht auf das Kind oder Erhöhen einer bestehenden emotionalen Belastung des Kindes.

Bei diesen Formen wird beim Kind ein Druck zur Rollenumkehr in Gang gesetzt und auch hier wird die Funktion der Eltern als sichere Basis entwertet. Marvin nennt diese Form »abdankende Eltern« (2001). Beispiele wären etwa, dass das Kind Trost und Hilfe bei Problemen geben soll, ständige Liebesbeweise erbringen soll, ein Elternteil seine eigenen Launen ungefiltert an das Kind weitergibt oder die Eltern in Belastungssituationen sofort selbst emotional aufgeregt und belastet reagieren und dadurch den Druck auf das Kind sogar noch erhöhen, oder schließlich Situationen, in denen verletzende Auseinandersetzungen vor dem Kind ausgetragen werden oder das Kind in Streitigkeiten der Eltern aktiv miteinbezogen wird.

Diese Belastungen führen häufig in negative Beziehungskreisläufe in der Familie: Gegenseitige Abwertung, Aggressivität und Feindseligkeit, aber auch Hilflosigkeit entstehen und führen dazu, dass die primären Bindungsbedürfnisse aus dem Blick geraten, Bindungsbeziehungen desorganisiert werden und keine sichere Basis mehr darstellen (z. B. Lyons-Ruth u. a. 2002; Marvin 2001).

Die kindliche Wahrnehmung der Bindungspersonen erlaubt eine relativ gute Einschätzung der Beziehungs- und Erziehungssituation in der Familie aus Sicht des Kindes, diese Skalen spiegeln im Wesentlichen Aspekte der aktuellen Unterstützung wider.

Verhaltensstrategien im Umgang mit emotional-belastenden Situationen

Mit dieser Skala wird erfasst, inwieweit das Kind in einzelnen speziellen Belastungssituationen, aber auch über alle Situationen im Interview hinweg eine eher beziehungsorientierte oder eine eher beziehungsvermeidende Strategie verfolgt.

Beziehungsorientiert handelt ein Kind dann, wenn es seine Gefühle von Angst, Traurigkeit, Hilflosigkeit und Ärger den Bezugspersonen gegenüber offen zeigt oder in belastenden Situationen deren Nähe sucht, um Sicherheit und Trost zu finden, wenn seine Ressourcen alleine nicht ausreichen, um die Situation zu bewältigen. Ein beziehungsvermeidendes Kind zeigt in diesen Situationen seine Gefühle nicht, spielt manchmal sogar falsche oder unbeschwerte Gefühle vor und versucht, in solchen Situationen alleine mit der Belastung zurechtzukommen, sich durch Spielen oder andere Aktivitäten abzulenken, und zieht sich aus den Beziehungen zurück.

Die Einschätzung des Kindes auf dieser Ebene ist besonders wichtig, da Kinder, die ihre Belastungen nicht offen kommunizieren und keine Nähe suchen, den Bindungspersonen keine Hinweise auf Belastungen geben und diese weder als sichere Basis genutzt werden, noch sich als solche anbieten oder gefordert fühlen.

Umgang mit den Fragen, Kohärenz und Verhalten im Bindungsinterview

Ergänzend zu den inhaltlichen Skalen kann das Interview auch dahingehend ausgewertet werden, ob das Kind bei den Fragen *vom Thema weggeht, keine Antworten* gibt oder nur *knappe Antworten*, die *Antworten in sich widersprüchlich und inkohärent* sind, und das Kind damit auf verschiedenen Ebenen signalisiert, dass es eben nicht gut möglich ist, offen und klar mit den bindungsrelevanten Themen umzugehen. Diese Auswertung erfordert eine große Aufmerksamkeit und auch eine Erfassung des Interviews auf Videoband. Im beraterischen Alltag kann eher ein globaler Eindruck vom Umgang des Kindes mit den Themen gewonnen werden. Dabei können die geschilderten Formen von sprachlichem Ausdruck eine gute Orientierungshilfe sein. Eine gute Einschätzung des Kindes in diesem Bereich erfordert jedoch in jedem Fall ein Training und die Kalibrierung der eigenen Beobachtungsfähigkeit an einer großen Zahl von Interviews. Grundsätzlich spricht aber ein sehr hohes Ausmaß von fehlenden oder knappen Antworten für einen eingeschränkten Zugang zu diesen Gefühls- und Beziehungsthemen, welcher eher für unsicher-vermeidend gebundene Kinder charakteristisch ist. Ein wortreiches Weggehen vom Thema und sehr widersprüchliche Antworten sind typisch eher für beziehungsbelastete, unsicher-verstrickte Kinder.

Basierend auf bisherigen Forschungsergebnissen zur Erfassung von *Bindungsdesorganisation* in der mittleren Kindheit und im Erwachsenenalter werden auch spezifische Kennzeichen dafür anhand *auffälliger Verhaltensweisen* im Bindungsinterview erfasst. Im sprachlichen Bereich sind solche Kennzeichen z. B. der völlige Zerfall der Antworten des Kindes, so dass weder ein logischer Sinnzusammenhang zu den Fragen erkennbar ist, noch manche

Laute semantisch einen Sinn ergeben. Ein anderes Merkmal sind Schilderungen von Phantasien, die das Kind selbst oder die eigene Familie betreffen und die von großem Unglück handeln (z. B. Feuer, Unfall, Mord etc.). Anzeichen in der Interaktion wären, dass das Kind in der Interviewsituation durch einen Wechsel des Themas, Entfernen aus der Situation, abrupte Unterbrechungen etc. die Kontrolle und Initiative des Handelns übernimmt (um den für das Kind in seiner Wahrnehmung sehr belastenden Themen auszuweichen).

Belastende Ereignisse und Teufelskreise

Für die klinische Arbeit ist es besonders wichtig, die wesentlichen belastenden Situationen und Ereignisse für das Kind aus Schule, Freundeskreis und Familie zu erfassen und daraus resultierende mögliche negative Kreisläufe zu identifizieren, wie sie im nächsten Abschnitt und im Fallbeispiel vorgestellt werden. Mit und an diesen Situationen findet die Intervention zur Veränderung von Bindungsmodellen, aber auch zur individuellen Hilfe für das Kind statt.

Anmerkungen zur praktischen Durchführung des Interviews

Das BISK sollte eher zu Beginn von Beratungsprozessen, in der zweiten, dritten oder vierten Sitzung durchgeführt werden, da es hier besonders nützlich wirkt. Zum einen kann man damit einen guten intensiven Kontakt zum Kind herstellen, zum anderen erleichtert es eine schnelle diagnostische Einschätzung der familiären Situation. Häufig schlage ich den Eltern und dem Kind bereits im Erstgespräch vor, zum besseren Kennenlernen des Kindes und zum Verstehen seiner Situation ein »spezielles Interviewgespräch« zu führen. Dabei bitte ich darum, das Interview auf Video aufzeichnen zu dürfen, damit ich es erforderlichenfalls noch einmal in Ruhe anschauen kann. Wenn das Kind oder die Eltern nicht einverstanden sind, kann das Interview auch ohne Video durchgeführt werden, allerdings sind die Analysemöglichkeiten dann wesentlich begrenzter und der/die Interviewer/in muss sofort anschließend seinen oder ihrenEindruck schriftlich festhalten.

Besonders hilfreich für die Praxis erweist sich das Interview in Familien mit einer eher bindungsvermeidenden Struktur, da hier die Eltern schon häufig berichten, dass sie nicht mehr verstehen könnten, was eigentlich in ihrem Kind vorgehe und sie die Hoffnung ausdrücken, dass der/die Berater/in im Gespräch mit dem Kind etwas herausfinden könnte, was zur Lösung der Probleme beiträgt. Die Eltern schätzen es in der Regel sehr, dass man das Kind besser kennen lernen will, und das Wissen aus dem BISK ermöglicht auch in der Beratung einen guten realistischen Diskurs über die familiäre Beziehungsdynamik.

Beim Einsatz des Bindungsinterviews ist es von enormer Bedeutung, als mögliches Ziel des Bindungsinterviews und der Interventionen schon vorher die Verbesserung der Beziehungen, die möglicherweise größere Offenheit und das bessere gegenseitige Verständnis zu benennen bzw. den Focus auf einen solchen Auftrag hinzulenken. Obwohl das Interview ja mit dem Kind durchgeführt wird, werden die Eltern damit gezielt als Bindungspersonen wertgeschätzt und in ihrer Bedeutung als sichere Basis für das Kind hervorgehoben. Der/die Berater/in ist keine beurteilende Fachperson, sondern Begleiter/in für Kind und Eltern in einem Beziehungsprozess.

Dem Kind wird versichert, dass die Inhalte im Interview auf seinen/ihren Wunsch hin gegenüber den Eltern vertraulich behandelt werden können. Es wird mit dem Kind aber auch besprochen, dass es sein könnte, dass manche Informationen aus dem Interview so wichtig sind, dass es gut sein könnte, wenn die Eltern sie erfahren. Das würde aber nur mit ausdrücklicher Zustimmung des Kindes geschehen. Nach den bisherigen Erfahrungen des Autors haben die Kinder in der Regel kaum etwas dagegen, dass die Bindungspersonen Informationen aus dem Interview erhalten, ja sie sind sogar häufig einverstanden, dass die Eltern Ausschnitte aus dem Videoband anschauen dürfen.

Sind Kinder in der Beziehung zu den Eltern so stark durch diese belastet, dass ein massives Misstrauen und Angst vorherrschend ist, lehnen Kinder in der Regel entweder gleich das Interview oder die Videoaufzeichnung des Interviews ab. Ebenso kommt es – wenn auch selten – vor, dass die Kinder keine Informationen an die Eltern preisgeben wollen. Das Interview kann dennoch wertvolle Einsichten und Hinweise auf das Erleben der Kinder geben und die Kinder sich in der Beratung/Therapie gut verstanden fühlen, und hier ist auch die Vertraulichkeit des Gesagten gerade gegenüber den Bindungspersonen dann zunächst sehr wesentlich. Wichtig ist allerdings hier auch, ob die Eltern mit dieser Abgrenzung umgehen können. Grundsätzlich ist in diesen Fällen sorgfältig abzuwägen, ob der Nutzen aus dem Bindungsinterview höher einzuschätzen ist als eine mögliche Belastung des Kindes oder des Beratungsprozesses, die dann nicht ausreichend aufgelöst werden kann.

Einbindung des BISK und Einbettung der Informationen aus dem BISK in Beratung und Therapie

Über die Komplexität der Diagnostik in der Arbeit mit Kindern und deren Familien im Hinblick auf Entwicklungsthemen, Bindungs-Beziehungen, traumatische Erfahrungen, Familiendynamik und erweiterte soziale Systeme wurde bereits an anderer Stelle ausführlich hingewiesen (Scheuerer-Englisch 2001). Das BISK liefert hauptsächlich Informationen über die bestehenden Bindungsbeziehungen und -muster in der Familie und beim Kind und wie mit überfordernden Belastungen des Kindes umgegangen wird und stellt einen Teil der Bindungsdiagnostik dar. Es kann aber neben der Bindungsthemen auch viele Informationen über die Paarbeziehung der Eltern und familiäre Konflikte, die erweiterte Familie (Großeltern), das Erleben der weiteren sozialen Systeme außerhalb der Familie durch das Kind, Hinweise auf individuelle, persönliche Beeinträchtigungen des Kindes (z. B. kognitive Probleme des Kindes in der Schule und sein Erleben davon), die Entwicklungsthemen beim Kind (Freunde, Schule etc.), oder traumatische Erfahrungen von Eltern und Kind geben.

Wenn Kinder im Schulalter in der Beratung vorgestellt werden, müssen folgende diagnostischen Fragen – z. T. mit Hilfe des BISK – aus der Sicht des Kindes abgeklärt werden: Welche Entwicklungsthemen hat das Kind bereits durchlaufen, welches ist das aktuelle Entwicklungsthema und in welchen Bereichen liegen die belastenden Situationen für das Kind? Hier besteht in der Regel auch ein enger Zusammenhang mit den Symptomen des Kindes. Gleichzeitig geben die belastenden Situationen Hinweise darauf, an welcher Stelle Interventionen ansetzen sollten, um das Kind zu entlasten und Symptome zu reduzieren.

Die zweite Frage richtet sich nach dem inneren Modell des Kindes, ob und inwieweit das Kind bereit ist, Beziehungen als sichere Basis zu nutzen, sich beziehungsorientiert zu verhalten und inwieweit es Unterstützung von den relevanten Beziehungspersonen erwartet und tatsächlich erhält. Von dieser zweiten Einschätzung ergeben sich wiederum wesentliche Konsequenzen für die Ziele und die Richtung der Intervention.

Mit Hilfe dieser und ergänzender Informationen aus der Familienexploration ist es in der Regel gut möglich, die Familie in eines der drei folgenden Modelle gelingender oder nichtgelingender Regulation von Belastung im Rahmen von Beziehungen einzuteilen:

a) Sicheres Modell und gelingende Regulation:

Selbstverständlich können auch Kinder mit einem sicheren Modell im Laufe ihrer Entwicklung schwere Entwicklungskrisen durchlaufen. Gerade bei sehr schmerzlichen Erfahrungen können diese eher gefühlsoffenen Kinder sehr intensive Reaktionen zeigen. Die Eltern ihrerseits kennen ihr Kind in der Regel recht gut und können die Probleme des Kindes gut nachvollziehen, fühlen sich aber häufig aufgrund aktueller Umstände selbst ein Stück hilflos. Diese Eltern sind in der Regel eher offen für Unterstützung und fachliche Hilfen und melden das Kind und die Familie mit dem Wunsch nach einer solchen Unterstützung an.

Wie in Abb. 1 dargestellt, berichtet das Kind im Bindungsinterview offen über seine belastenden Situationen, man bekommt ein relativ klares Bild über die

Abb. 1: Sicheres Modell

Problemlage. Das Kind erwartet Unterstützung von Seiten der Bindungspersonen und erhält sie auch, dennoch ist es gut möglich, dass diese Hilfe für das Kind im Rahmen der Familie alleine nicht ausreichend ist, um die Belastungen alleine zu bewältigen. Da die Bindungsbeziehung jedoch emotional offen ist, beeinträchtigen die Belastungen nicht die Beziehung zwischen Kind und Elternteil direkt. Die Probleme können mit Eltern und Kindern offen besprochen und gemeinsam Hilfe und Möglichkeiten der Unterstützung gesucht werden.

Die Interventionen zielen hier nicht auf eine Veränderung der Beziehungsmuster, sondern eher auf eine zusätzliche Kompetenzentwicklung beim Kind (z. B. spezielle Förderangebote bei Teilleistungsschwächen, Ergotherapie, Spieltherapie) und auf die Unterstützung der Eltern in ihren Hilfebemühungen für das Kind (z. B. die Gestaltung einer Trennung und Scheidung, die Vorbereitung von Gesprächen mit Lehrkräften etc.). In der Regel werden die Hilfen gut angenommen und wirken eher schnell. Charakteristisch für diese Muster ist auch, dass das Kind aufgrund der Regulation der belastenden Gefühle im Rahmen der sicheren Beziehungen genügend Motivation und Handlungsorientierung für seine eigenen Entwicklungsthemen mit Gleichaltrigen, Schule und Kompetenzen behält und auch bei widrigen Umständen Hoffnung und Kraft schöpft.

Fallvignette 1

Die siebeneinhalbjährige Jennifer wird von ihrer Mutter an der Beratungsstelle vorgestellt. Sie hat noch eine ältere Schwester. Die leiblichen Eltern sind seit vier Jahren getrennt, die Kinder leben bei der Mutter und haben gute und häufige Besuchskontakte zum Vater, die Eltern eine sachliche und tragfähige Elternbeziehung. Die Mutter lebte seit zweieinhalb Jahren mit einem neuen Mann C. zusammen, zu dem die Kinder ebenfalls eine gute Beziehung aufgebaut hatten. Dieser Mann verunglückte vor sechs Monaten tödlich. Die Mutter durchlebt einen sehr intensiven Trauerprozess. Sie ermöglichte den Kindern einen bewussten Abschied von diesem Stiefvater, redete mit den Kindern offen über den Tod und versuchte mit den Fragen der Kinder gut umzugehen. Dennoch stellte sie fest, dass Jennifer, die vor dem Unfall ein sehr fröhliches und gefühlsoffenes Kind war, welches viel Nähe gesucht hatte, im Gegensatz zur älteren Schwester nun eher ernst, verschlossen und gefühlsarm geworden war. Die Mutter hatte das Gefühl, keinen guten Kontakt zu Jennifer zu bekommen; sie machte sich Sorgen, dass Jennifer den Verlust des Stiefvaters nicht so gut verkraften könne. Sie selbst versuchte, eher stark für die Kinder zu sein, erlaubte sich ihre Trauer am Abend und in kurzen Zeiten tagsüber, musste aber in ihrer eigenen Sicht immer stark sein und »funktionieren«, sowohl der Mutter ihres Mannes gegenüber, als auch den Kindern und dem Vater der Kinder gegenüber, der auf dieses Thema wenig einging.

Mit Jennifer wurde kein abgetrenntes Bindungsinterview durchgeführt, sondern wesentliche Bindungsfragen im Beisein der Mutter und der Schwester gestellt (diese Anwendung ist in der Praxis ebenfalls gut möglich). Es zeigte sich, dass Jennifer ein durchweg positiv unterstützendes Bild der Mutter aus der Vergangenheit aufwies, d. h. sie schilderte die Mutter in Situationen von Angst, Kummer und Ärger als verfügbar und ihre Unterstützung als hilfreich. Es ergaben sich keine Hinweise auf Belastungen in der Vergangenheit. Sie könne bei der Mama gut kuscheln und diese könne sie gut trösten. Wenn sie Sorgen habe, würde sie auch zur Mama gehen und dies sagen. Die Mama rede dann mit ihr, würde sie in den Arm nehmen und ihr helfen. Deutlich wurde allerdings beim Thema Unfall und Verlust, dass die Mama derzeit selber oft sehr traurig sei, weinen würde. Die Mama wäre dann eher gerne allein, Jennifer würde dann abwarten und sich beschäftigen. Sie wisse, warum die Mama traurig sei. Sie selbst sei auch manchmal traurig wegen C. Dies würde sie aber nicht mit der Mama besprechen. Auch mit der Schwester rede sie wenig darüber. Es wurde deutlich, dass aufgrund des Trauerprozesses in der Familie und der starken Betroffenheit der Mutter, die selbst noch intensiv trauert, sich dies aber wegen der Kinder nicht in vollem Maße zugestehen kann, eine Veränderung von Jennifer in Richtung eines vermeidenden Modells zur Entlastung der Mutter stattfand. Dadurch wurde die Sicherheit von Jennifer und die Möglichkeit, die Mutter als sichere Basis zu nutzen, eingeschränkt, die gesamte Gefühlsoffenheit und die Fröhlichkeit von Jennifer beeinträchtigt, was der Mutter nun große Sorgen bereitete, ohne dass sie dies allein aus eigener Kraft aufgrund ihrer Situation verändern konnte. Die Antworten von Jennifer auf die BISK-Fragen und die Einschätzung einer grundlegend sicheren Beziehung zur Mutter entlasteten die Mutter sehr. In der Beratung konnte die Reaktion von Jennifer auch als normal verstanden werden, ebenso die familiäre Dynamik nach dem Todesfall und das dennoch beziehungsoffene und kindorientierte Verhalten der Mutter.

Es wurde mit der Mutter vereinbart, dass Jennifer zu einer Spieltherapie an die Beratungsstelle kommen darf. Ziele der Therapie seien: Jennifer kann in der Therapie den Verlust des Stiefvaters altersgemäß betrauern, sich gleichzeitig auch erlauben, ausgelassen zu sein, wenn ihr danach ist. Die Mutter dürfe sich somit ein Stück entlasten, die Unterstützung für ihr Kind durch die Beratungsstelle in Anspruch nehmen, sich Zeit lassen und selber trauern. Sie brauche keine Angst zu haben, dass die Beziehung zu ihrem Kind gefährdet sei. Die Funktion der Spieltherapie sei, die Gefühlsoffenheit von Jennifer wieder zu ermöglichen und die vertraute Sicherheit in der Beziehung zur Mutter wiederherzu-

stellen. Der Mutter wurden regelmäßige Gespräche und eine klare Information über den Therapieverlauf angeboten.

Nach sieben Monaten mit insgesamt 20 Spielsitzungen und fünf Beratungen mit der Mutter (z. T. mit Jennifer zusammen) war Jennifer wieder ein fröhliches Kind geworden, die Nähe zur Mutter und die Gefühlsoffenheit wieder hergestellt. Die Mutter bestätigte, dass Jennifer wieder »die Alte« sei.

b) Unsicher vermeidendes Modell und eingeschränkte oder fehlende Regulation:

Kinder mit einem unsicher-vermeidenden Modell, die belastende Situationen erleben, versuchen in der Regel, alleine damit klarzukommen. Sie erwarten keine Unterstützung durch die Bindungspersonen und teilen ihre unangenehmen Gefühle nicht mit, überspielen sie oder spielen sogar positive Gefühle vor. Das Kind vermeidet damit die Nutzung der Bindungspersonen als sichere Basis und sicheren Hafen und versucht die Probleme alleine zu regulieren. Symptome treten in der Regel dann auf, wenn diese Regulation durch das Kind alleine nicht mehr gelingt.

Die Eltern ihrerseits haben oft wenig Einsicht in die innere (Gefühls-)Welt des Kindes; sie nehmen die Probleme eher an den äußeren Symptomen, z. B. schlechte Noten, wiederkehrende Konflikte in der Gleichaltrigengruppe oder eine große Verschlossenheit des Kindes in der Familie wahr. Die Anmeldung zur Beratung erfolgt eher zögerlich, häufig aufgrund einer Empfehlung von außen oder aus dem Gefühl heraus, den Kontakt zum Kind bei gleichzeitig beobachtbaren Problemen in seinen Entwicklungsthemen verloren zu haben. Das Problem bei diesem Modell ist, dass die Belastungen für das Kind unverarbeitet bleiben, da es durch den vermeidenden Umgang damit die Probleme nicht lösen kann und sich diese in der Regel im Laufe der weiteren Entwicklung nicht nur manifestieren, sondern eher noch verstärken. Das Kind entwickelt aber auch Ärger und Gefühle von Enttäuschung gegenüber den Bindungspersonen, da es von diesen dennoch Hilfe erwartet, aber dies nicht signalisiert und somit auch nicht wirklich erhält. Stattdessen sind oft Vorwürfe gegenüber dem Kind und ein Missverstehen beobachtbar, welche das Kind in seiner Einschätzung eher noch bestärken, sich nicht an die Eltern wenden zu können. Die Kinder sind angespannt, enttäuscht, sie haben wenig Zukunftsoptimismus, ein geringes Selbstwertgefühl, und es fehlt ihnen die Energie, sich ihren Entwicklungsthemen und deren Bewältigung zuzuwenden (vgl. Abb. 2).

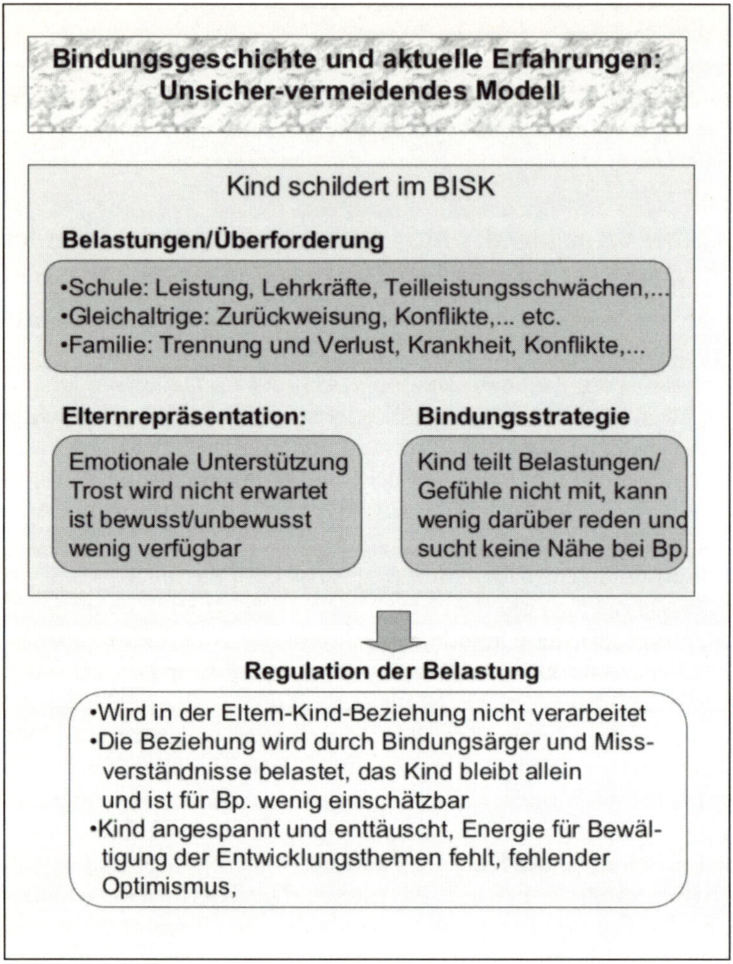

Abb. 2: Unsicher-vermeidendes Modell

Im Bindungsinterview bagatellisieren diese Kinder die belastenden Gefühle und Situationen häufig, spielen sie herab, berichten, dass sie alleine klarzukommen versuchen und dass dies so in Ordnung sei. Zum Teil schildern sie eine idealisierende unterstützende Repräsentation der Eltern, die Beziehung als normal. Die konkreten Beispiele machen jedoch deutlich, dass die elterlichen Hilfen das Kind letztlich nicht entlasten.

Die Interventionen bei diesem Muster zielen in erster Linie auf eine emotionale Öffnung in der Eltern-Kind-Beziehung. Sowohl beim Kind, als auch bei den Eltern soll die Therapie helfen, dass die tatsächlichen Belastungen des Kindes und seine primären Bindungswünsche offen in der Beziehung zu den Eltern mitgeteilt werden können. Die Bedeutung der Eltern in ihrer wichtigen Rolle als sichere Basis und sicherer Hafen wird in der Beratung betont und ihnen dabei geholfen, ein tieferes Verständnis für ihr Kind zu entwickeln. Gelingt es, diesen Öffnungsprozess einzuleiten und werden die Bindungs-Fürsorgemodelle in diesem Sinne sicherer, ist eine wesentliche Quelle von Missverständnissen und Ärger im Blick und kann beseitigt werden. Gleichzeitig oder in der Folge kann dann die Kompetenzentwicklung beim Kind und die positive Auseinandersetzung mit Entwicklungsherausforderungen in weiteren Interventionsschritten angegangen werden.

Beratung von Familien mit Kindern im Rahmen der Jugendhilfe findet in der Regel freiwillig statt, d. h. die Dauer und die Tiefe der Interventionen wird in einem gemeinsamen Beratungsprozess mit den Eltern und dem Kind festgelegt. Eltern und Kinder mit einem vermeidenden Umgang neigen dazu, Hilfen eher vorsichtig und zögernd anzunehmen und sich schnell bereits bei kleinen Fortschritten zufrieden zu geben. Interventionen sollten von daher langsam und vorsichtig entwickelt und es diesen Familien durch ein sehr feinfühliges und respektvolles Verhalten des Therapeuten erleichtert werden, sich auch nach Ende einer Beratung jederzeit wieder beziehungsorientiert an die Beratungsstelle wenden zu können.

Fallvignette

Der 11 1/2 Jahre alte Horst wurde von seiner Mutter an der Beratungsstelle angemeldet. Zum Erstgespräch erscheint die Mutter mit Horst. Er wirkt nett, etwas unsicher. Die Mutter ist sehr ernst, ist während des Gesprächs dem Jungen gegenüber distanziert, sie macht sich große Sorgen. Seine Probleme seien derzeit Dauerthema. Sie hätten sich erst seit Beginn der 5. Klasse (1. Klasse Gymnasium) entwickelt, in der Grundschule sei er im Wesentlichen allein ohne größere Hilfestellung klargekommen. Nach dem Übertritt auf das Gymnasium seien seine Noten nach nunmehr vier Monaten dramatisch schlecht geworden, er erledige Heftführung und Hausaufgaben nachlässig, außerdem esse er zu viel und lüge, wenn es ums Essen gehe. Der Hauptauslöser für die Anmeldung war allerdings ein Angriff von Horst auf einen Mitschüler, bei dem er diesen so verletzt habe, dass er in ärztliche Behandlung musste. Horst ist das jüngste von drei Kindern, er hat noch eine 15jährige Schwester, Lea, und eine 18jährige Schwester, Mona. Es gebe auch eine erhebliche Geschwisterrivalität. Der Vater ist 51

Jahre alt und ganztags im Büro tätig. Er hat eine sehr verantwortungsvolle Tätigkeit und kommt häufig spät abends nach Hause. Dennoch unternimmt er am Wochenende viel mit Horst, z. B. Lego bauen, Basteln und Computerspielen. Die Mutter ist 46 Jahre und Medizinische Angestellte. Sie ist halbtags berufstätig, nachmittags ist sie zu Hause.

Horst will unbedingt auf dem Gymnasium bleiben; er könne selbst keine klaren Angaben darüber machen, warum er seine Heftführung und seine Hausaufgaben nicht so gut erledigt. Er bestätigt auf Nachfrage, dass er von den Leistungsanforderungen schon überrascht gewesen sei, in der Grundschule habe er viel weniger Hausaufgaben aufbekommen.

Er sei auch verwundert, dass er nun so viele verschiedene Lehrer habe und habe sich noch nicht daran gewöhnt. Horst scheint mit der Schule grundsätzlich überlastet zu sein, die Mutter selbst kann aber auch wenig dazu angeben, woran dies liegen könnte. Drei Monate nach Schulbeginn kam es dann zu der aggressiven Auseinandersetzung mit einem Jungen aus seiner Klasse, Horst schlug auf diesen Jungen ein. Er meint, dass ihn der Junge beschimpft habe und er irgendwie ausgerastet sei. Horst tut es offensichtlich sehr leid; er entschuldigte sich bei dem Jungen, eigentlich wirkt er nicht grundsätzlich aggressiv. Er erwähnt noch nebenbei, dass ihn seine mittlere Schwester Lea auch häufig beschimpfen würde. Diese Schwester verhält sich nach Meinung der Mutter zur Zeit sehr schwierig; sie hatte vor ca. einem Jahr einen schweren Unfall, musste mehrfach operiert werden und leidet bis heute sehr stark darunter. Durch diesen Unfall habe sie eine sehr dominante Rolle in der Familie erhalten und Horst habe sich von einem eher redseligen Jungen zu einem schweigsamen zurückgezogenen Kind entwickelt. Horst isst zur Zeit tatsächlich sehr viel, er hat wahre Hungeranfälle und isst dann den Schwestern und anderen in der Familie Süßigkeiten und Lebensmittel weg. Deswegen gibt es auch dauernd Streitigkeiten.

Ich vereinbare mit der Mutter und Horst, das Bindungsinterview mit ihm durchzuführen, um ihn besser kennen zu lernen, besser zu verstehen, in welcher Situation er sich momentan befindet und vielleicht Hinweise zu erhalten, die zu einer Verbesserung der Situation von Horst und der ganzen Familie beitragen könnten. Darüber hinaus mache ich das Angebot für Familiengespräche, bei denen die familiäre Situation aus der Sicht aller Beteiligten angesprochen werden könnte.

Befunde aus dem Bindungsinterview mit Horst

Im Folgenden werden beispielhaft zentrale Aussagen zu den Hauptbelastungen von Horst aus dem Bindungsinterview wiedergegeben und kurze fachliche Stellungnahmen dazu gegeben.

Belastungsbereich »schlechte Noten« in der Schule:

Wie ist es denn, wenn du eine schlechte Note kriegst?
»... ärgern halt, dass ich besser gewesen wär...«
macht dir das was aus dann?
»... ein bisschen, kanns dann ja wieder ausbessern (lacht)«
Kriegt das dann jemand mit?
»hm, eigentlich eher weniger...«
Kriegt das jemand zu Hause mit dann?
»na ja, ärgern tuts mich schon, aber das ist halt nicht so schlimm irgendwie, finde ich«
Ist es deinen Eltern wichtig, dass du gut bist in der Schule?
»Wichtig schon irgendwie, aber dann heißts halt: Beim nächsten Mal besser anstrengen und so ...«

Horst weicht den Nachfragen bezüglich Unterstützung und Offenheit in den Beziehungen bei diesem Thema eher aus, seine Belastung in der Schule wird von ihm eher bagatellisiert.

Belastungsbereich »zu dick sein« und Hänseln in der Schule:

Meinen deine Eltern, dass du zu dick bist oder zu dünn?
»zu dick« (lacht)
Was meinst du selber?
»Auch«
Wie geht's dir damit?
»Nicht so gut«
Was heißt das, macht dir das Kummer?
»........«
Was machst du da?
»(nuschelt unverständlich) ...macht irgendwas mit Diät, kann man nicht soviel anfangen damit, auch mit Sport nicht«
Ärgern dich die Mitschüler manchmal?
»Ja, da habe ich mal ein schwarzes T-Shirt und einen schwarzen Pulli angehabt (lacht), und dann hat jemand in der Klasse gefragt, ob jemand einen dicken fetten schwarzen Stift hat, und da hat ein Mitschüler gesagt: da können wir doch den Horst hernehmen.«
Was hat der Lehrer dazugesagt?
»das war so leise gesagt, der hats nicht mitbekommen«
Wie gings dir damit?

»hab auch gelacht, (...) meine Freunde haben aber nicht gelacht, es haben nur wenige gelacht«

Wissen das deine Eltern, wie es dir da geht?

»schon, mein Vater hat das auch schon gehabt, ist auch gehänselt worden«

Wehrst du dich gegen Hänseleien?

»ich ignoriers, sag' ich hör gar nicht zu«

Tust du das dann?

»Ja, ich geh dann weg«

Ärgert dich das nicht?

»weniger«

Horst geht mit dieser Belastung vermeidend defensiv um. Seine verletzten Gefühle bagatellisiert er, »lacht selber«, nicht aber seine Freunde, er geht bei Hänseleien aus dem Feld. Es bleibt unklar, ob die Eltern tatsächlich verstehen können, wie es ihm damit geht, und ob er das Thema zu Hause überhaupt entsprechend einbringen kann.

Belastungsbereich Geschwister: »Ärgern durch Lea«:

Was tust du denn, wenn es dir nicht so gut geht?

»Ohmmm (...), dann irgendwie ablenken, (...) das funktioniert meistens auch«

Kriegt es jemand mit, dass es dir da nicht so gut geht?

»Hm, eigentlich nicht, aber das kommt auch nicht so oft vor.«

Wann zum Beispiel?

»...mit Lea z. B.«

Was muss die tun, damit es dir nicht so gut geht?

»Angreifen«

Körperlich angreifen oder dass sie dich beleidigt?

»beleidigt«

Was sagt sie da zum Beispiel?

»Fetti, fett, Nervensäge, (...), irgendso (...), alles mögliche halt«

Das ist sehr verletzend, oder?

»Ja, schon ... (resignativ): meistens wehr ich mich auch nicht, dann hört sie schon mal irgendwann auf, oder ich verzieh mich in mein Zimmer, (...) soll sie quasseln, was sie will«

Kannst du dich denn gut wehren gegen sie?

»Ne, nicht so«

Gibt es jemand, der dich gut trösten kann?

»Hmm, ja meine Eltern«

Beide?

»Ja«

Und wie machen die das?

»(...) Hhm, sagen halt, dass sie mit der Lea reden, dass sie aufhören soll und so, und dass es schon wieder wird und dass sie aufhört und so...«

Hilft dir das dann?

»Ja, schon«

(...)

Stell dir mal vor, ein Kind läuft von zu Hause weg. Warum wohl?

»Wegen Eltern, nerven, ... oder Schwestern, Schwester«

Hast du schon mal überlegt, von zu Hause wegzulaufen?

»Ja.«

Was war der Grund?

»Lea«

Hast du dich so über sie geärgert?

»Ja.«

Was hast du dir da so vorgestellt?

»Rauslaufen, ... stehen lassen... zu Oma rennen..., Fahrkarte, Ticket holen.«

Hat das jemand mitgekriegt, dass du dich da so geärgert hast?

»Ja, Vati und Mutti«

Haben die was gesagt oder getan?

»Mit der Lea geredet, dass sie aufhören soll.«

Die Angriffe und Hänseleien durch die Schwester sind für Horst am stärksten belastend, wie in der Schule geht er defensiv aus dem Weg. Seine Hilferufe an die Eltern führen zwar zum Reden mit Lea, aber lösen das Problem nicht wirklich. Dennoch fühlt er sich bei den Eltern noch am besten aufgehoben.

Umgang mit Kummer allgemein:

Weinst du auch manchmal?

»wenn's nicht hinhaut oder so was«

Dürfen das andere merken?

»Eher weniger«

Bist du manchmal auch traurig oder hast Kummer?

»Ne.«

Wenn du traurig wärst, was würdest du da tun?

(witzelt herum), »such ich 'n' Kummerkasten«, wahrscheinlich zu Vati und Mutti gehen.«

Im Bindungsinterview wird trotz einer eher bagatellisierenden Schilderung deutlich, dass die Schulnoten und Schulanforderungen, und insbesondere die Hänseleien durch Mitschüler und die Schwester eine erhebliche Belastung darstellen. Horst begegnet den Angriffen durch Rückzug, Nicht-daran-Denken und Ignorieren. In weiteren Aussagen wird deutlich, dass in der Familie fast nie über Gefühle gesprochen wird. Im Gesamtinterview bekommen die Eltern auf der Skala Unterstützung für das Kind die Einschätzung »eher unterstützend« (Skalenwert 4 auf der 5-Punkte-Skala). Die Beziehungsstrategie von Horst wird nicht als völlig vermeidend, aber schon deutlich vermeidend eingeschätzt (Skalenwert 2). Horst wiederspricht sich häufiger im Interview, er weicht Fragen aus und bagatellisiert und setzt die Klarheit seiner Aussagen herab.

Horst ist einverstanden, dass die Informationen aus dem BISK in Familiengespräche einfließen. Er wird ermutigt, die Belastungen durch die Schwester anzusprechen. In Elterngesprächen und Familiengesprächen soll zunächst der Focus auf eine Öffnung der Kommunikation und ein Reden über die Belastungen von Horst und ein besseres Verständnis seiner Situation gelegt werden. Als dies der Mutter direkt im Anschluss an das Interview mitgeteilt wird, berichtet sie, dass ausgelöst durch die Beratung das Familiensystem regelrecht kippen würde: Die beiden Schwestern würden auf Horst eifersüchtig und benähmen sich wie Kleinkinder, die Ältere habe gestern ewig lang geweint, irgendwie sei sie unglücklich verliebt, das spiele mit rein. Sie habe aber tatsächlich nun auch Horst schon stärker in Schutz genommen, und helfe ihm bei der Organisation des Lernens und der Hausaufgaben stärker. Sie habe erst jetzt wahrgenommen, dass Horst hier Unterstützung benötige. Sie befürchtet, eine schlechte Mutter zu sein, da sich die Kinder so zurückgesetzt fühlen würden.

In den folgenden Familien- und Elterngesprächen findet eine Öffnung in der Kommunikation statt: Es werden nun auch die Belastungen der anderen Familienmitglieder deutlich: Die älteste Tochter fühlt sich unattraktiv, von den Eltern ausgenutzt (sie musste als 13-jährige wegen der Pflege der Großmutter auf vieles verzichten) und hat Liebeskummer; die mittlere Tochter hat nach dem Unfall derzeit massive Schmerzen, die sie aber aus Angst vor einer möglichen Operation verschwiegen hatte, außerdem macht ihr die Schule extreme Sorgen, da sie viel versäumt hat; die Mutter war im letzten halben Jahr im Beruf sehr unter Druck, fühlte sich gemobbt, musste oft in der Arbeit weinen; der Vater fühlt sich in der Arbeit der Umstellung auf ein EDV-System überfordert. Neben dieser für alle Beteiligten ungewohnten Öffnung der Kommunikation (Horst: »in der Familiensitzung kann ja niemand weglaufen oder zum Arbeiten gehen«) werden folgende Fragen Thema:

** Wie können die Geschwister gegenseitig Grenzen respektieren, sich nicht beleidigen, eigene Wünsche ausdrücken, sich Sachen nicht wegnehmen, nicht unaufgefordert in das Zimmer des anderen eindringen?*

** Es klärt sich, warum Horst den Mitschüler angegriffen hatte: Horst wünschte sich seit Beginn des Gymnasiums, dass die eigentlich bewunderte Schwester Lea ihn auf dem Schulweg mitnimmt, da sie in die gleiche Schule geht. Diese fand den Bruder aber lästig und stieß ihn immer wieder zurück, da sie diesem Wunsch nicht nachkommen wollte. An dem Tag des Vorfalls titulierte sie Horst schon auf dem Weg zum Bus als »fett« und dass er sie in Ruhe lassen solle. Horst ging dann sehr geladen und ärgerlich in die Schule. Als ihn dann der Mitschüler ebenfalls als »Fetti« beschimpfte, entlud sich seine ganze Wut.*

** Horst vertraut den Eltern an, dass er begonnen hatte, den Schwestern kleine Geldbeträge zu stehlen; dies wurde von den Eltern gestoppt und Wiedergutmachung geleistet.*

** Die Eltern berichteten im Elterngespräch, dass Horst nun bei Verletzungen durch die Schwester weinend weglaufe, er zeige viel mehr Gefühle und sie würden schon mehr wahrnehmen, wie es den Kindern gehen würde.*

** Für Lea hätten sie entgegen ihrem anfänglichen Widerstand eine ärztliche Behandlung wegen der Schmerzen angebahnt; das entwickle sich gut. Eine Nachhilfe ist im Gespräch.*

Viele Auseinandersetzungen gebe es mit der ältesten Tochter, die ihnen sehr viele Vorwürfe mache, dass sie nicht geliebt würde. Der Vater meint etwas ironisch, dass durch die Beratung alles viel schlimmer geworden sei, die Mutter berichtet ebenfalls, dass es mit den Kindern sehr anstrengend geworden sei; alle gingen auf sie los (sie führe einen »Drei-Fronten-Krieg«), aber es sei ihr lieber, wenn sie wisse, was die Kinder bewege. Die Eltern werden ermutigt, sich gegenseitig zu stärken und zu entlasten.

Es fanden insgesamt vier Familientermine, das BISK, zwei Elterntermine, ein Termin mit der ältesten Tochter allein (wegen ihrem Ärger auf die Eltern) und vier halbstündige Telefonberatungen mit der Mutter statt (wenn es mit den Kindern sehr anstrengend wurde). Insgesamt fand eine klare Stabilisierung und Öffnung der Familienkommunikation statt. Horst wurde sehr offen, meisterte mit Hilfe der Eltern die schulischen Anforderungen besser, die Geschwisterstreitigkeiten nahmen deutlich ab und die positive Altersabgrenzung zu. Aggression war bei ihm kein Thema mehr.

Da die Familie ziemlich weit von der Beratungsstelle entfernt wohnte und alle sehr unterschiedlichen Tätigkeiten nachgingen, wurden weitere Familiengespräche schwierig. Die Familie hatte aber begonnen, ein Hilfenetz für die aufgetauchten und reflektierten Probleme zu entwickeln: Horst bekam eine Einzeltherapie v. a. wegen der Gewichtsprobleme bei einem männlichen Kinder-

therapeuten direkt vor Ort, die Mutter begann eine Gesprächstherapie für sich, da während der Familiengespräche viele eigene Themen aufgetaucht waren (z. B. der Suizidversuch ihres Bruders im Alter von Horst, die Probleme im Beruf etc.), der Vater ging in Kur und hatte es geschafft, den überfordernden EDV-Bereich abzugeben, Lea bekam Nachhilfe und weitere medizinische Betreuung, und Mona begann eine medizinische Abmagerungskur.

Abschließendes Fazit: *Aufgrund massiver Belastungen aller Familienmitglieder, der eingeschränkten Wahrnehmung und geringen emotional vermittelten Kommunikation in der Familie (unsicher-vermeidend) schaukelten sich die Probleme von Horst bei der Umstellung auf ein neues Entwicklungsthema (Gymnasium) auf. Innerhalb der Familie verschoben sich die Belastungen und Enttäuschungen in Form von Rivalität und Feindseligkeit auf das Geschwistersystem, in dem Horst als Schwächster besonders unter Druck geriet. Durch das BISK wurden die Belastungen schnell deutlich und der Focus der Familiengespräche auf diese Themen und die Öffnung der Kommunikation gelenkt. Die Eltern begannen für die Kinder offen zu werden und sich trotz anfänglicher Mehrbelastung den Themen der Kinder zu stellen. Nichtfunktionale Muster des Umgangs in der Familie wurden korrigiert, die Belastungen diskutiert und Lösungen entwickelt. Die Mutter meinte im Abschlussgespräch: »Durch die Familiengespräche haben wir uns sehr verändert. Die anfänglichen Angriffe der Kinder waren sehr deprimierend, aber heilsam.«*

In der therapeutischen Wahrnehmung hatte die Familie noch immer stark bindungsvermeidende Tendenzen in der Kommunikation, aber ein erster wesentlicher Schritt war gelungen und neue Veränderungen vorbereitet. Die Regulation der aktuellen und auch zukünftiger Belastungen mit Hilfe der familiären Bindungsbeziehungen war und ist wieder möglich. Horst war wieder gut in der Lage, seine Entwicklungsthemen mit seinen eigenen Bewältigungsfähigkeiten zu meistern.

c) Unsicher belastendes Modell und nicht gelingende Regulierung

Diese in der Beratung durchaus häufig anzutreffende Gruppe von Kindern und ihren Familien zeichnet sich ebenfalls dadurch aus, dass die vom Kind erlebten Belastungen in der Beziehung zu den Bindungspersonen nicht reguliert und verarbeitet werden können. Häufig ist es sogar so, dass die Familienbeziehungen selbst für das Kind Auslöser von belastenden Gefühlen und Stress sind. Ein Teil dieser Kinder kommt daher im Bindungsinterview besonders unter Druck, da sie durch die Fragen an besonders schwierige Situationen in ihrer Familie erinnert werden. Sie haben nicht selten ein besonders wenig kohärentes inneres Arbeitsmodell, so dass die Aussagen im Bindungsinterview unklar oder

Abb. 3: Unsicher-belastetes Modell

widersprüchlich sind.
Die Kinder berichten im Interview, dass die Eltern über ihre Bedürfnisse und Probleme in der Regel nicht Bescheid wissen, z. T. das Kind sogar aktiv ablehnen und zurückweisen würden. Während ein Teil der Eltern das Kind durch Schläge und Liebesentzug bestraft oder in Erziehungssituationen sehr emotional (anschreien, sich beleidigt zurückziehen, lange Zeit nicht mit dem Kind sprechen) reagiert, sind andere Eltern aus der Sicht des Kindes so stark mit ihren eigenen Problemen beschäftigt, dass sich das Kind Sorgen um die Eltern macht, selbst in eine Fürsorgerolle geht oder die Eltern ärgerlich kontrolliert. Wesentliches Merkmal ist, dass die Eltern in vielen wichtigen Bereichen für ihr Kind keine sichere Basis oder keinen sicheren Hafen darstellen können, aus dieser Rolle weggegangen sind und die familiäre Hierarchie umgekehrt ist. Neben dieser Belastung im Familienbereich erleben die Kinder z. T. als Folge dieser Erfahrungen auch viele Probleme in ihren Entwicklungsthemen (v. a. in Schule und Gleichaltrigenbeziehungen), die sie nicht in der Beziehung zu den Eltern einbringen können, da diese dafür nicht zur Verfügung stehen. Die Belastungen bleiben damit unverarbeitet, die Eltern-Kind-Beziehungen sind in der Regel hochbelastet, z. T. auch als Folge der Probleme in Schule und Freundeskreis, es dominieren eher Ärger und zurückweisende Verhaltensstile, die beim Kind zu Unverbindlichkeit oder Kontrolle in der Beziehung führen, die Kinder verweigern sich z. T. in der Auseinandersetzung mit ihren eigenen Entwicklungsthemen. Auf einer tieferen Ebene haben diese Kinder in der Regel ein sehr negatives Selbstwertgefühl und einen tiefsitzenden Zukunftspessimismus bei nach außen gleichzeitig erwachsen wirkender starker Attitüde (vgl. Abb. 3).

Die Eltern fühlen sich ärgerlich und hilflos, haben meist schon sehr unterschiedliche Erziehungshaltungen probiert und meinen, dass das Kind im Guten wie im Bösen nicht zu beeinflussen sei. Bei einem Teil dominieren die Vorwürfe gegenüber dem Kind, andere haben sich innerlich schon aus der Beziehung und ihrer Rolle zurückgezogen, drohen auch mit Weggabe des Kindes. Viele dieser Eltern haben selbst viele negative Lebenserfahrungen, Traumata und/oder wenig Unterstützung in ihrer Entwicklung erfahren oder sind in der aktuellen Situation sehr belastet (Partnerprobleme, Trennung, Krankheit, Armut, Arbeitslosigkeit etc.). Eine Regulation der Belastungen des Kindes und die Nutzung der Beziehungen gelingt hier nicht, Teufelskreise und Enttäuschung machen sich breit.

Die Interventionen in diesen Familien zielen zunächst in erster Linie auf eine Verbesserung der elterlichen Feinfühligkeit und der Erziehungskompetenzen sowie auf eine rasche Stützung der Eltern in ihrer Rolle und im Alltag, um die direkten Beziehungsbelastungen in der Familie schnell zu reduzieren. Dies soll zu den weitergehenden Zielen der Wiederherstellung von Beziehungsoffenheit und der Stärkung der Eltern bei der Einnahme ihrer Position als sichere Basis beitragen. Daneben ist gleichzeitig auch die Förderung der kindlichen Kompetenzen und eine Entlastung und Zuwendung wichtig, um sie zu stabilisieren. Während Hilfen zu Beginn bei der Entwicklung solcher Beziehungsstrukturen oftmals noch nachhaltig und mit eher weniger Aufwand zu leisten sind (vgl. Fallbeispiel in Marvins Beitrag »Kreis der Sicherheit« in diesem Band), sind bei Kindern in höherem Alter eher vielfältige und intensive Hilfen in der Familie erforderlich. Es kann sogar notwendig sein, die Kinder getrennt von den Eltern in weiterführenden Hilfen zur Erziehung zu fördern und die Familienbeziehungen vorübergehend zu entlasten. Meist ist es auch wichtig, für diese Kinder im sozialen Netz von Schule, Kindergarten oder Hort Verständnis und Hilfe zu organisieren, da sie nicht selten dort ausgeprägte Verhaltenssauffälligkeiten zeigen und weitere Folgeprobleme entstehen (ein ausführliches Fallbeispiel findet sich bei Scheuerer-Englisch 2001).

Auch und gerade bei diesen belasteten Familien ist es jedoch unbedingt erforderlich, die Bindungen des Kindes und die existentielle Bedeutung der leiblichen Eltern im Rahmen einer Hilfeplanung respektvoll und klar zu berücksichtigen.

Einige Überlegungen zur Einbettung und Ressourcenorientierung bei der Durchführung des BISK

Kindorientierung und diagnostische Aspekte beim BISK

Durch die Durchführung des Interviews wird das Kind ernsthafter und gezielter in den Blick genommen, als dies häufig in der herkömmlichen Arbeit geschieht. Der/die Interviewer/in ist dem Kind gegenüber respektvoll und zugewandt und betrachtet das Kind als Experten für seine innere Welt. Das Kind spürt, inwieweit sein Gegenüber neugierig ist, zu erfahren, wie es seine eigene Welt sieht und interpretiert.

Durch die Art der Fragen und diese Grundhaltung entsteht in der Regel eine sehr gute und intensive Beziehung zum Kind, die sowohl für eine spätere Einzeltherapie als auch für ein weiteres familientherapeutisches Vorgehen von großem Vorteil ist. Die gute Kenntnis des Kindes ermöglicht es dem Therapeuten auch, in den Familiengesprächen den Blickwinkel des Kindes nicht aus dem Auge zu verlieren und das Kind zu ermutigen, im Rahmen der Familieninteraktion seine eigene Sichtweise aktiv einzubringen und zu vertreten.

Im Rahmen des Gesamtinterviews wird die innere Welt des Kindes für den

Interviewer verständlich und das Kind in seinen Reaktionsweisen ganzheitlich erfasst: Es werden sowohl seine Stärken, Vorlieben und Eigenarten sichtbar, als auch alle Situationen und Erfahrungen, die als belastend erlebt werden und Traurigkeit, Angst oder Ärger auslösen. Weiter wird sein ganz konkreter Umgang damit als Person und das Ausmaß der Nutzung der Bindungspersonen als sichere Basis deutlich. Auch die tatsächliche Überforderung der Kinder durch Rollenumkehr, belastende Familienumstände und Hinweise auf mögliche zukünftige bedrohliche Entwicklungen und Desorganisation in den Beziehungen wird deutlich.

Für den Autor war es immer wieder überraschend, wie häufig Kinder über Schläge von Seiten der Eltern, über Liebesentzug und Zurückweisung im BISK berichten, deutlich häufiger auf jeden Fall, als dies in Familiengesprächen oder auch in der Einzelspieltherapie mit dem Kind ohne das Interview der Fall ist. Während die Familientherapie eher in Gefahr ist, der Dominanz von Erwachsenensichtweisen und einem personellen Übergewicht der Erwachsenen Vorschub zu leisten, und die Spieltherapie sich mehr auf einer symbolisch spielerischen Ebene bewegt, bei der das Kind weniger verbal herausgefordert wird, wird die Wahrnehmung des Kindes von sich und seiner es umgebenden Welt im Rahmen des BISK ziemlich konkret sichtbar. Im Interview ergeben sich in der Regel auch vielfache Ansatzpunkte für weitere Interventionen, die das Kind ganz praktisch in seiner jetzigen Situation entlasten können. Diese Ansatzpunkte können beim Kind selbst, in der Familie oder in der weiteren Umwelt liegen.

Das Bindungsinterview liefert weiterhin Hinweise auf Abweichungen von der Normalentwicklung, speziell auf Fragen, wann sich in der Bindungsgeschichte aus der Sicht des Kindes gravierend etwas veränderte, und man bekommt Hinweise auf Prozesse, bei denen sich primäre Bindungsgefühle verschoben haben zu dysfunktionalen Gefühlen, z. B. Angstsyndromen oder Aggressivität gegenüber Eltern, Geschwistern, Gleichaltrigen oder Lehrkräften (siehe auch das Fallbeispiel von Horst).

Die Fragen des BISK können übrigens sehr gut auch in Anwesenheit der Eltern in Familiengesprächen gestellt werden. Nicht selten sind die Eltern über die kindlichen Antworten überrascht, äußern, dass sie so mit ihrem Kind noch kaum gesprochen hätten, wertvolle Informationen erhalten und sich eine veränderte Sichtweise vom Kind gebildet hätten.

Anmerkungen zu den Interventionen

Aufgrund der Informationen aus dem Bindungsinterview ist es besser möglich, eine kohärente, auf das jeweilige Bindungsmodell des Kindes und der Bezugspersonen abgestimmte Interventionsstrategie zu entwickeln.

Aus der Kenntnis der inneren Welt des Kindes heraus können Kinder ermutigt werden beziehungsoffener zu werden und ihre Gefühle mitzuteilen, und die Eltern in ihrem Verständnis des Kindes unterstützt werden.

Obwohl das Interview sehr detaillierte Informationen über die innere Welt des Kindes liefert, ist dennoch die Stärkung der Eltern als sichere Basis eher im Fokus der Intervention. Werden die Eltern responsiver, neigt das Kind dazu, sich schnell zu verändern und die Chancen zur Mitteilung bindungsrelevanter Bedürfnisse und Gefühle zu nutzen.

Da die Kinder schon älter sind, können jedoch auch sie schon einen aktiveren Anstoß zur Veränderung der Familieninteraktion in Richtung Bindungsoffenheit und Öffnung geben. Gegenüber dem Kind können bindungsrelevante Themen, die im Interview auftauchen, bereits dort angesprochen und den Kindern die Anregung gegeben werden, diese belastenden Dinge doch den Eltern anzuvertrauen oder mit Hilfe des Therapeuten in Familiengesprächen gegenüber den Eltern einzubringen. Ein Teil der Kinder tut dies von sich aus, ein anderer Teil bittet die/den Therapeutin/en, dies gegenüber den Eltern zu formulieren. Mit Zustimmung der Kinder können den Eltern – mit oder ohne Beisein des Kindes – direkte Informationen über die innere Organisation und die aktuellen Belastungen des Kindes gegeben werden. Dies kann auch in Form einer videogestützten Beratung geschehen, bei der den Eltern Ausschnitte aus dem Bindungsinterview auf Video gezeigt werden und diese gemeinsam mit dem/der Therapeuten/in reflektiert werden. Dabei kann z. B. eine besonders ressourcenorientierte Form der Betrachtung des Videobandes praktiziert werden, wie sie im Beitrag von Downing (in diesem Band) beschrieben wird.

Diese Informationen bilden eine gute Grundlage für die Eltern, ihre eigene Wahrnehmung des Kindes und eigene Handlungsmöglichkeiten in der Beziehung zu reflektieren und zu entwickeln. Der Therapeut unterstützt die Eltern dabei in einer ressourcenorientierten Weise durch Betonung ihrer tiefen Bedeutung für das kindliche Wohlergehen. Der Therapeut wird damit häufig zum Mittler zwischen der inneren Realität und dem Bindungsmodell des Kindes und der inneren Realität und dem Fürsorgemodell der Eltern. Gegenüber beiden ist er eine sichere Basis und ein Modell dafür, wie Bindungsbedürfnisse und -muster hinterfragt, Worte für innere Zustände und äußere Erfahrungen gefunden und erlebte Belastungen weniger als Vorwurf, sondern mehr als Wunsch nach Nähe und Unterstützung reformuliert werden können. Durch dieses Refraiming verzerrter Kommunikationsmuster, durch Wiederaufdeckung primärer Bindungsbedürfnisse und eine empathische Begleitung werden neue gegenseitige Sichtweisen möglich und ein angemesseneres Verhalten in Richtung eines sicheren Modells in der Familie möglich.

Das Bindungsinterview kann selbst bereits als Intervention genutzt werden. Durch genaues Nachspüren der emotionalen Lage und der Zwänge des Kindes und Herausfinden der kindlichen Ressourcen machen die Kinder die Erfahrung, verstanden zu werden. Sie erleben einen zugewandten und für alle Themen offenen Erwachsenen, der ihre Sichtweise unbelastet und offen wahrnehmen will. Damit erfüllt das Bindungsinterview die Voraussetzungen für ein implizites Lernen und Verarbeiten von Bindungserfahrungen in einem anderen Kontext. Es kann angenommen werden, dass dies bereits eine konkrete korrigierende Erfahrung für die Kinder darstellt und den Kindern hilft, ein Bewusstsein für die eigenen Bindungserfahrungen und das Nachdenken darüber zu entwickeln. Damit kann es eine gute Hilfe bei der Herstellung kohärenter Geschichten über die eigene Bindungsentwicklung gerade bei sehr belasteten Kindern darstellen (Main 1999; Grossmann & Grossmann 2001).

Das Bindungsinterview kann dabei den Anfang einer solchen Intervention darstellen, bestimmte Fragen und Aspekte des Bindungsinterviews können dann sukzessive zur Prozessdiagnostik in der Therapie immer wieder eingesetzt werden. Damit wird der Weg zu einer langsamen (Selbst-) Veränderung der inneren Arbeitsmodelle von Bindung bei Kind und Elternteilen angestoßen. Kind und Eltern können Situationen und Bedürfnisse innerlich und äußerlich neu wahrnehmen, Erfahrungen neu interpretieren, anders handeln und korrigierende Erfahrungen in der Zukunft internalisieren. Die inhaltlichen Fragen des Bindungsinterviews, die der jeweiligen Altersstufe des Kindes angemessen sind, die Fokussierung auf die aktuellen Entwicklungsthemen und Fragen, der Fokus auf die Nutzung der Beziehungen als sichere Basis und Unterstützungsprozesse im Rahmen eines sicheren Bindungsmodells sind dabei prototypisch für Beratungs- und Therapieprozesse aus einer Bindungssicht.

Ressourcenorientierung als Voraussetzung eines sinnvollen Einsatzes des BISK

Abschließend soll betont werden, dass das Nachfragen nach belastenden Situationen im Rahmen des Bindungsinterviews keine Fixierung auf Probleme befördern soll und darf. Stattdessen findet das Bindungsinterview in dem Bewusstsein statt, dass der tiefe Wunsch des Kindes nach einer offenen, emotional vermittelten Kommunikation und nach Verständnis und Unterstützung durch die Bindungspersonen existiert, des weiteren das Bedürfnis nach Erreichen seiner Ziele in seinen Entwicklungsthemen, auch wenn diese Ziele und Wünsche aktuell nicht erreicht sind, vom Kind nicht geäußert und/oder oder umgesetzt werden können.

Der/die Therapeut/in geht weiter davon aus, dass die Eltern ebenfalls den tiefen Wunsch haben, ihre Rolle als Vertrauensperson und sichere Basis für das Kind wahrzunehmen, aber unter den gegebenen Umständen vielleicht nicht können. Die aktuelle Situation ist somit als Herausforderung für die Bindungsbeziehungen zu betrachten und stellt zum Zeitpunkt der Anmeldung und Behandlung einen eher krisenhaften Punkt dar.

Der/die Therapeut/in fokussiert jedoch nicht nur die wahrnehmbaren unsicheren Bindungsmuster im Sinne von Defiziten oder Pathologie, sondern bewertet sie als in der Vergangenheit erforderliche (und innerhalb der Beziehung emotionsreduzierende) Anpassungsmuster, die in der aktuellen Situation nicht mehr ausreichend tragfähig sind (vgl. auch den Beitrag von Marvin in diesem Band). Vor diesem Blickwinkel sucht der/die Therapeut/in nach subtilen Hinweisen von der Sehnsucht nach Offenheit, Sicherheit und Fürsorge in den Beziehungen, um die Ressourcen und Stärken, die in jedem Bindungsmuster stecken, für eine positive Entwicklung zu nutzen. Das Ziel eines jeden – auch unsicheren – Bindungsmodells ist es ja, die gefühlte Sicherheit in der Beziehung zu erhöhen. Dahinter steckt wiederum das positive Ziel nach einer tragfähigen und lebendigen Beziehung. Dieses Ziel – oder dieses Bedürfnis – kann in der therapeutischen Arbeit aus einer Bindungssicht sichtbar gemacht werden.

Das Bindungswissen über Vermeidungsstrukturen, verzerrte Kommunikation primärer Bindungsbedürfnisse und die Folgen von Traumatisierung und Belastung führen so nicht zu einer Defizitorientierung, sondern erlauben eine Provokation hin zu sicheren Modellen.

In Beratung und Therapie soll die Sicherheit und das Gelingen der sicheren Basis und der Autonomie der Partner gestärkt werden. Dies erfordert eine tiefe Wertschätzung für die bestehenden Beziehungen, ihre Einzigartigkeit und Geschichte. Der/die Therapeut/in sollte dazu selber eine sichere Basis für die Familienmitglieder darstellen. So können Anregungen gegeben werden, Bindungsbedürfnisse im Sinne eines sicheren Modells wahrzunehmen, zuzulassen und zu äußern und in den Beziehungen Veränderungen zu wagen. Die Welt des Kindes und der Eltern ist dabei bei der therapeutischen Arbeit so konkret wie möglich einzubeziehen, d. h. es geht um alltägliche Situationen und machbare Zukunftsvorstellungen. Dabei sind vor allem positive Erfahrungen von gelingenden Interaktionsprozessen und deren Internalisierung veränderungswirksam, nicht die Orientierung auf die problematischen Muster der Vergangenheit und deren Festschreibung.

Lösungsorientierte Ansätze und Ressourcenorientierung können so vor dem Hintergrund der Bindungstheorie ihre Wirksamkeit entfalten – eingebunden in einen empirisch abgesicherten motivationalen, psychodynamischen

Zusammenhang. In einer solchen Perspektive stellt das Bindungsinterview ein wertvolles diagnostisches Interventionsinstrument dar.

Anmerkung

1 Namen und Umstände der berichteten Fallbeispiele sind soweit verändert, dass eine individuelle Erkennung der Familie nicht möglich ist, die psychodynamischen Zusammenhänge aber erhalten bleiben.

Literatur

Ainsworth, M. D. S., Blehar, M. C., Waters, E., & Wall, S. (1978): Patterns of attachment. A psychological study of the strange situation. Hillsdale, NJ (Erlbaum).

Bowlby, J. (1975): Bindung. München (Kindler).

Bowlby, J. (1988): A secure base. Clinical applications of attachment theory. London (Routledge).

Bretherton, I., Suess, G., Golby, B., & Oppenheim, D. (2001): »Attachment Story Completion Task« (ASCT) – Methode zur Erfassung der Bindungsqualität im Kindergartenalter durch Geschichtenergänzen im Puppenspiel. In: Suess, G. J., Scheuerer-Englisch, H., & W. Pfeifer (Hg.): Bindungstheorie und Familiendynamik. Anwendung der Bindungstheorie in Beratung und Therapie. Gießen (Psychosozial-Verlag), S. 83–124.

Bretherton, I. (2002): Konstrukt des inneren Arbeitsmodells. Bindungsbeziehungen und Bindungsrepräsentationen in der frühen Kindheit und im Vorschulalter. In: Brisch, Grossmann u. a. (Hg.): Bindung und seelische Entwicklungswege. Grundlagen, Prävention und klinische Praxis. Stuttgart (Klett-Cotta), S. 13–44.

Brisch, K.-H. (1999): Bindungsstörungen. Stuttgart (Klett-Cotta).

Brisch, K. H., Grossmann, K. E., Grossmann, K., & Köhler, L. (Hg.) (2002): Bindung und seelische Entwicklungswege. Grundlagen, Prävention und klinische Praxis. Stuttgart (Klett-Cotta).

Endres, M., & Hauser, S. (2000): Bindungstheorie in der Psychotherapie. München (Ernst Reinhardt Verlag).

Fremmer-Bombik, E. (1995): Innere Arbeitsmodelle von Bindung. In: Spangler, G., & P. Zimmermann (Hg.): Die Bindungstheorie. Stuttgart (Klett-Cotta), S. 109–119.

George, C., Kaplan, N., & Main, M. (2001): Adult Attachment Interview (Orig. 1985). In: Gloger-Tippelt, G. (Hg.) (2001): Bindung im Erwachsenenalter. Bern (Verlag Hans Huber), S. 364–387.

Grossmann, K. E., & Grossmann, K. (2001): Die Bedeutung sprachlicher Diskurse für die Entwicklung internaler Arbeitsmodelle von Bindung. In: Gloger-Tippelt, G. (Hg.) (2001): Bindung im Erwachsenenalter. Bern (Huber), S. 75–101.

Grossmann, K. E., Grossmann, K., Kindler, H., Scheuerer-Englisch, H., Spangler, G., Stöcker, K., Suess, G. J., & Zimmermann, P. (2002): Die Bindungstheorie: Modell, entwicklungspsychologische Forschung und Ergebnisse. In: Keller, H. (Hg.) (2002): Handbuch der Kleinkindforschung. Berlin (Huber Verlag).

Harris, P. L. (1994): The child`s understanding of emotion: Developmental change and the family enviroment. Journal of Child Psychology and Psychiatry 35, S. 3–28.

Kobak, R. (1999): The emotional dynamics of disruptions in attachment relationships: Implications for theory, research, and clinical intervention. In: Cassidy, J., & P. Shaver (Hg.): Handbook of Attachment. New York (Guilford Press), S. 21–43.

Klagsbrun, M., & Bowlby, J. (1976): Responses to separation from parents: A clinical test for young children. British Journal of Projective Psychology 21, S. 7–21.

Lyons-Ruth, K., Melnick, S., & Bronfman, E. (2002): Desorganisierte Kinder und ihre Mütter. In: Brisch, Grossmann, Grossmann und Köhler, ebd., S. 249–276.

Main, M., Kaplan, N., und Cassidy, J. (1985): Security in infancy, childhood, and adulthood: A move to the level of representation. In: Bretherton, I., & E. Waters (Hg.): Growing points in attachment theory and research. Monographs of the Society for Research in Child Development 50, S. 66–106.

Main, M. (1999): Epilogue. Attachment theory : Eighteen points with suggestions for future studies. In: Cassidy, J., & P. Shaver (Hg.): Handbook of Attachment. New York (Guilford Press), S. 845–888.

Main, M. (2002): Organisierte Bindungskategorien von Säugling, Kind und Erwachsenem. In: Brisch, Grossmann, Grossmann & Köhler, ebd., S. 165–218.

Marvin, R. S., & Britner, P. A.(1995): Classification system for parental caregiving patterns in the Preschool Strange Situation. Unpublished Coding Manual, University of Virginia.

Marvin, R. S. (2001): Beiträge der Bindungsforschung zur Praxis der Familientherapie. In: Suess, G. J., Scheuerer-Englisch, H., & W. Pfeifer (2001): Bindungstheorie und Familiendynamik. Gießen (Psychosozial-Verlag), S. 209–240.

Scheuerer-Englisch, H. (1989): Das Bild der Vertrauensbeziehung bei zehnjährigen Kindern und ihren Eltern: Bindungsbeziehungen in längsschnittlicher und aktueller Sicht. Unveröff. Dissertation, Universität Regensburg.

Scheuerer-Englisch, H. (1993): Die Bindungstheorie als konzeptueller Rahmen für das Verständnis familiendynamischer Prozesse und die familientherapeutische Praxis. Kontext. Zs. für Familientherapie 24, 2/93, S. 71–89.

Scheuerer-Englisch, H., & Zimmermann, P. (1997): Vertrauensentwicklung in Kindheit und Jugend. In: Schweer, M. (Hg.): Interpersonales Vertrauen – Theorien und empirische Befunde. Westdeutscher Verlag, S. 27–48.

Scheuerer-Englisch, H. (1999): Bindungsdynamik im Familiensystem und familientherapeutische Praxis. In: Suess, G. J., & Pfeifer, W.-K. (Hg.): Frühe Hilfen – Impulse der Bindungstheorie für die Praxis. Gießen (Psychosozial-Verlag), S. 141–164.

Scheuerer-Englisch, H. (2001): Wege zur Sicherheit. Bindungsgeleitete Diagnostik und Intervention in der Erziehungsberatung. In: Suess, G. J., Scheuerer-Englisch, H., & W.-K. Pfeifer (Hg.) (2001): Bindungstheorie und Familiendynamik. Anwendung der Bindungstheorie in Beratung und Therapie. Gießen (Psychosozial-Verlag), S. 315–346.

Spangler, G., & Zimmermann, P. (Hg.) (1995): Die Bindungstheorie. Grundlagen, Forschung und Anwendung. Stuttgart (Klett-Cotta).

Spangler, G., & Zimmermann, P. (1999): Bindung und Anpassung im Lebenslauf; Erklärungsansätze und empirische Grundlagen für Entwicklungsprognosen. In: Oerter, R., G. Röper, C. von Hagen & G. Noam (Hg.) (1999): Lehrbuch der klinischen Entwicklungspsychologie. Weinheim (Psychologie Verlags Union), S. 760–786.

Sroufe, L. A. (1983): Infant-caregiver attachment and patterns of adaptation in preschool: The roots of maladaptation and competence. In: Perlmutter, M. (Hg.) (1983): Minnesota Symposium in Child Psychology, Vol. 16, Hillsdale, NJ (Erlbaum), S. 41–81.

Suess, G. J., & Pfeifer, W. K. P. (Hg.): (1999): Frühe Hilfen. Die Anwendung von Bindungs- und Kleinkindforschung in Erziehung, Beratung, Therapie und Vorbeugung. Gießen (Psychosozial-Verlag).

Suess, G. J., Scheuerer-Englisch, H., & Pfeifer, W. K. P. (Hg.) (2001): Bindungstheorie und Familiendynamik. Gießen (Psychosozial-Verlag).

Target, M., Shmueli-Götz, Y., & Fonagy, P. (2002): Bindungsrepräsentanzen bei Schulkindern. In: Brisch, Grossmann, Grossmann, Köhler, ebd., S. 109–124.

Waters, E., & Cummings, E. M. (2000): A secure base from which to explore close relationships. Child Development, 71, S. 164–172.

Zimmermann, P. (1989): Die Repräsentation der Vertrauensbeziehung zehnjähriger Kinder zu ihren Eltern im Interview. Diplomarbeit, Universität Regensburg.

Zimmermann, P. (1999): Emotionsregulation im Jugendalter. In: Holodynski, M., & W. Friedlmeier (Hg.): Emotionale Entwicklung: Funktion, Regulation und soziokultureller Kontext von Emotionen. Heidelberg (Spektrum, Akad. Verlag), S. 219–242.

Zimmermann, P., Suess, G. J., Scheuerer-Englisch, H., & Grossmann, K. E. (1999): Bindung und Anpassung von der frühen Kindheit bis zum Jugendalter: Ergebnisse der Bielefelder und Regensburger Längsschnittstudie. Kindheit und Entwicklung 8 (1), S. 37–49.

Zimmermann, P., Suess, G. J., Scheuerer-Englisch, H., & Grossmann, K. E. (2000): Der Einfluss von Bindung auf die Entwicklung psychischer Gesundheit: Konzepte und Ergebnisse aus Längsschnittstudien. In: Petermann, F., Niebank, K., & H. Scheithauer (Hg.): Risiken in der frühkindlichen Entwicklung. Göttingen Hogrefe), S. 301–330.

Zimmermann, P., Becker-Stoll, F., Grossmann, K., Grossmann, K. E., Scheuerer-Englisch, H., & Wartner, U. (2000): Längsschnittliche Bindungsentwicklung von der frühen Kindheit bis zum Jugendalter. Psychologie in Erziehung und Unterricht (2). Themenheft »Bindung« (1). München (Ernst Reinhardt Verlag).

Zimmermann, P., Scheuerer-Englisch, H., Kellinghaus, S., Leu, A., Lossen, K. & Piendl, T. (2002): Attachment and personality in late childhood: Differences between clinical and non-clinical samples. Poster presented at the Meeting of the ISSBD, Ottawa, Kanada, July 2002.

Zimmermann, P. (2002): Von Bindungserfahrungen zur individuellen Emotionsregulation: das entwicklungspsychopathologische Konzept der Bindungstheorie. In: Strauß, B., Buchheim, A., & H. Kächele (Hg.): Klinische Bindungsforschung. Theorien, Methoden Ergebnisse. Stuttgart (Schattauer), S. 147–161.

Forum

Bewältigung von Trauer mit einem sicheren Bindungsmodell. Eine therapeutische Geschichte von Monika Weitze und Eric Battut: Wie der kleine rosa Elefant einmal sehr traurig war und wie es ihm wieder gut ging[1]

Hermann Scheuerer-Englisch

Lange bevor es die Schrift gab, überlieferten sich die Menschen ihre grundlegenden Einsichten durch die Weitergabe von Geschichten. Wir erzählen unseren Kindern von Geburt an Geschichten. Kinder genießen diese Form von Zuwendung sehr.

Geschichten können konkret oder metaphorisch die Lebenswelt des Kindes zeigen und erklären. Sie sind damit auch therapeutisch gut einsetzbar und wirksam (Oaklander 1984; Wirl 1997). Erzählen bedeutet doppelte Nahrung für das Kind: Persönliche Zuwendung in der elterlichen, pädagogischen oder therapeutischen Beziehung und geistige Anregung.

Geschichten rühren an die Seele, sie wirken ganzheitlich und die enthaltenen Botschaften werden im Bewussten wie im Unbewussten verankert (Mills & Crowley 1986).

Metaphorische und therapeutische Geschichten erlauben es durch einen Wechsel der Ebenen, z. B. hier in die Welt der Tiere (Elefanten) und in ein anderes Land (Afrika), sich einerseits von den angesprochenen Themen anrühren zu lassen und gleichzeitig zu distanzieren und sich dem Thema auf einer »Metaebene« zu nähern: Ich kann mich ganz angesprochen fühlen, wie es dem kleinen Elefanten geht, der »wie ich« als Zuhörer/in z. B. einen Verlust erlitten hat. Außerdem kann ich beim Zuhören erfahren, wie es in der Geschichte - vielleicht ganz anders als in meinem Leben - weitergeht und welche Lösungen und Möglichkeiten es gibt.

Die Geschichte von Monika Weitze setzt an einem grundlegenden Lebensthema, nämlich Trauer und Verlust, und den damit verbundenen intensiven Gefühlen und Prozessen an. Sie verfügt damit über ein Merkmal, welches Bruno Bettelheim (1985) an Märchen so schätzte: Die dunkle, ängstigende, herausfordernde Seite der menschlichen Existenz in einer Form zu zeigen, dass Kinder (und auch Erwachsene) daraus Sinn-voll schöpfen können.

Die Darstellung des Trauerprozesses, die mit dem Verlust beschriebenen Gefühle des kleinen Elefanten und der Umgang aller direkt und indirekt Betroffenen ist in dieser Geschichte trotz ihrer Metaphorik sehr real und typisch und lädt zur Identifikation ein.

Geschichten mit ihrem spielerischen phantasiebetonten Charakter erzeugen zusätzliche Handlungsmöglichkeiten und verankern - auch unbewusst und jenseits von logisch-funktionalem Denken - neue internale Sichtweisen. Sie sind damit einem Medikament vergleichbar, welches im besten Sinn Selbsthilfe befördert (Peseschkian 1979).

Wie in kurzen Kommentaren zur Geschichte gezeigt werden soll, besteht das Medikament dieser Geschichte darin, symbolisch und konkret einen zunächst stockenden, dann aber gelingenden Trauerprozess zu zeigen: Hilfreich erweist sich dabei die Mutter als sichere Basis in der Bindungsbeziehung und die Stimulierung eines sicheren inneren Arbeitsmodells durch Beratung.

Im Folgenden ist auf der rechten Seite die Geschichte abgedruckt und auf der linken Seite jeweils kurze fachliche Anmerkungen.

Das Thema der Geschichte ist der Verlust einer geliebten Person und das Erleben eines intensiven Trauerprozesses. Vorübergehende Trennungen können eher bewältigt werden; bei Verlusten müssen wir uns endgültig mit einer Trennung abfinden, den Abschied innerlich bewältigen und Möglichkeiten des Umganges damit finden. Schon Bowlby (1986), der Begründer der Bindungstheorie, stellte die Bedeutung von personalen Verlusten und gelingende Trauerprozesse als zentral für eine positive Entwicklung und die seelische Gesundheit von Menschen heraus.

Verluste treten oft überraschend ein und treffen uns mitten im prallen Leben: Wenn wir lieben, spielen, lernen und uns gut fühlen. Auf einen Schlag ist dann alles anders.

Den Phasenablauf von Verlust hat Bowlby (1986, 1987) genau beschrieben: Nach einer Phase der Betäubung kommt die Sehnsucht und die Suche nach der verlorenen Person. Da diese aber nicht wiederkommt, fühlt man sich verzweifelt und verwirrt. Gefühle von Wut und Trauer treten normalerweise auf. Schließlich folgt die Resignation, d. h. die Suche wird aufgegeben, und eine Phase der Anpassung an den Verlust und der Reorganisation des Lebens erfolgt.

Wie der kleine rosa Elefant einmal sehr traurig war und wie es ihm wieder gut ging

Monika Weitze - Eric Battut

In Afrika lebte einmal eine große Elefantenherde. Hier lebte auch ein kleiner Elefant mit seinen Eltern. Das besondere an ihm war, dass er rosa war.
Er hieß Benno. Er war ein sehr fröhlicher kleiner Elefant und alle mochten ihn gerne.
Der kleine rosa Elefant hatte einen allerbesten Freund, mit dem er oft spielte.
Für Benno war es ein ganz besonderer Elefant und er hieß Freddi. Freddi hatte rote Punkte überall auf seiner Haut.
Die beiden kleinen Elefanten hatten schon viel miteinander erlebt. Sie hatten zusammen herumgetobt und mit Wasser gespritzt, sie waren durch den Wald gelaufen und faul im Schatten gelegen.
Sie verstanden sich so gut, dass sie oft gar nicht miteinander sprechen mussten.
Sie sahen sich nur an und wussten, was der andere wollte.
Eines Tages sagte Freddis Mutter: »Wir ziehen nun mit unseren Verwandten in eine andere Richtung weiter. Kinder, ihr müsst Abschied voneinander nehmen.«
Die beiden kleinen Elefanten waren sehr betrübt, weil sie so aneinander hingen.
Zum Abschied winkten sie sich mit ihren Rüsseln zu.

Kinder können unter allen möglichen Verlusten so existentiell leiden, dass sie Symptome entwickeln. In der Beratung erleben wir Kinder, die so leiden wie der kleine Benno, und sich nicht mehr freuen können oder ihren Entwicklungsaufgaben zuwenden können. Sie haben durch Umzug und Schicksalsschläge ihre vertraute Umgebung und Heimat in Familie, Kindergarten oder Schule verloren, mussten ihre Freunde zurücklassen, erlebten den Verlust geliebter Tiere oder Personen aus der weiteren Verwandtschaft und Bekanntschaft oder - im gravierendsten Fall - von Familienmitgliedern.

Meist konnten sie ihre Bindungsbeziehungen nicht ausreichend nutzen, um ihre Trauer zu bewältigen, da die Eltern selber durch den Verlust sehr betroffen waren, die Trauer des Kindes nicht wahrnahmen oder die angebotenen Hilfen nicht wirksam waren.

Die Geschichte zeigt typische Begleiterscheinungen des Trauerprozesses: Gefühle von Trauer, Leere und Wut, und den Verlust von Neugier, Spiel- und Erkundungsfreude, Lebenslust und Zielgerichtetheit. Kinder können neben den Gefühlsreaktionen Symptome in den jeweils wichtigen alterstypischen Entwicklungsthemen zeigen: Schulprobleme, Rückzug und Konflikte bei den Gleichaltrigenkontakten und Rückzug aus der Bindungsbeziehung zu Eltern und Vertrauenspersonen.

Die wesentlichen, nicht hilfreichen Formen der Trauerbewältigung werden durch die Elefanten aus der Herde vorgestellt: Ablenkung, Unterdrückung der Gefühle, Bagatellisierung und Herabspielen der Bedeutung der Gefühle und Beziehungen bis hin zur Vermeidung des Themas. In der Bindungsforschung finden sich diese Formen bei dem sogenannten unsicher-vermeidenden Bindungsmodell.

Der kleine rosa Elefant wurde sehr traurig, so sehr, dass er keine Lust mehr zum Spielen hatte. Das Essen schmeckte ihm nicht mehr, er rannnte nicht mehr und spritzte nicht mehr mit Wasser. Alles kam ihm grau und leer vor ohne Freddi. Und manchmal war er wütend auf Freddis Mutter, die Freddi mitgenommen hatte.
»Spiel doch etwas schönes, dann denkst du nicht daran«, sagte ein Elefant aus der Herde.
»Reiß dich zusammen«, sagte ein anderer Elefant, als der rosa Elefant weinte.
»Das ist doch nicht so schlimm, das passiert jedem einmal«, sagte ein dritter.
Und ein vierter sagte: »Such dir doch einen neuen Freund.«
Alle machten sich große Sorgen um Benno.

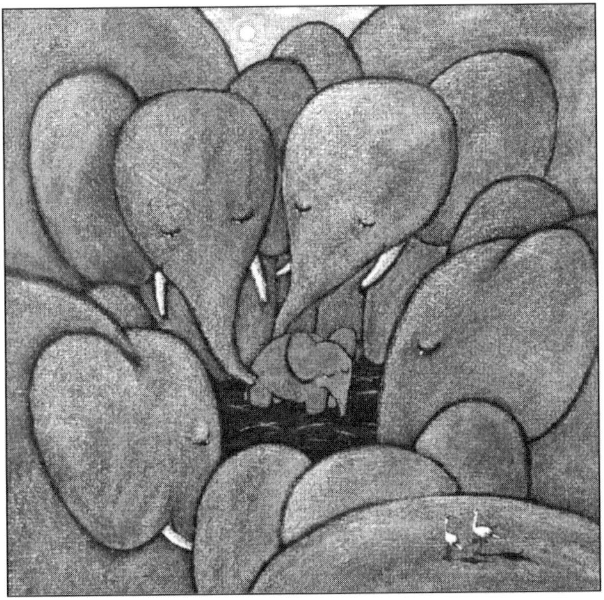

Der kleine Elefant versuchte zu spielen, versuchte lustig zu sein, versuchte zu rennen, versuchte alles zu vergessen, aber nichts gelang ihm.

Der kleine Elefant wird als Folge noch trauriger - die Krise spitzt sich zu. Hier am Höhepunkt der Krise beschließt er, sich auf ein neues Handlungsmuster einzulassen: Er sucht Rat und Hilfe bei der Eule Heureka, überwindet einen sehr weiten Weg und verhält sich beziehungsorientiert. Sehr schön an der Geschichte ist es, dass der kleine Elefant von selbst aktiv wird, er kann selbst die Ressourcen aktivieren und selber zu einer Lösung beitragen. Alle unsere Klienten/innen gehen letztlich einen solchen Weg, wenn sie sich entschließen, Rat zu suchen, und an der Beratungsstelle anrufen.

Der Rat der Eule bietet eine andere Sichtweise und ein konkretes Modell für neue Erfahrungen an und belässt dabei die Umsetzung völlig bei dem kleinen Elefanten selbst: Seine Gefühle werden nicht in Frage gestellt, sondern umfassend anerkannt und als positiver Teil der Lösung definiert. Der kleine Elefant kann sich also ganz verstanden fühlen. Seine Gefühle werden sogar normalisiert (sind wie bei einer dunklen Regenwolke). Er erfährt außerdem, dass Trauer ein Prozess ist (wenn sie sich ausgeregnet hat) und dass es Hoffnung beim Blick in die Zukunft gibt (ist sie wieder leicht und weiß). Schließlich empfiehlt ihm die Eule noch, sich entsprechend einem sicheren Bindungsmuster und -modell zu verhalten: nämlich seine Gefühle offen auszudrücken und die Nähe zu einer vertrauten Person zu suchen und den Kummer mitzuteilen und Trost zu suchen. Und schließlich die vergangene Beziehung trotz der Trauer wertzuschätzen, indem der Freund einen Platz im Herzen bekommt. Der kleine Elefant darf und kann so seine Gefühle weiter spüren und die Erinnerung an die Vergangenheit trotz des schmerzlichen Verlustes bewahren. All dies sind die Kennzeichen einer sicheren Bindungsorganisation im Verhalten und in der Psyche (zusammenfassend: Grossmann u. a. 2003).

In der Geschichte (siehe übernächste und folgende Seite) werden die wichtigen Schritte der Umsetzung dieser sicheren Strategie ausführlich dargestellt. So können sie gut verankert werden. Die Bilder sind besonders ausdrucksstark und sorgen auch für ausreichend Humor beim Trauern, v. a. wenn der kleine Elefant in seiner Tränenpfütze steht.

Von Tag zu Tag wurde er trauriger. Eines Tages, als Benno besonders traurig war, beschloss er, zur Eule Heureka zu gehen. Die Eule war alt und weise und bei allen Tieren der Gegend bekannt. Manchmal gingen die Elefanten zu ihr, wenn sie einen Rat brauchten. Solange der kleine rosa Elefant denken konnte, saß Heureka jeden Abend bei Sonnenuntergang auf demselben Baum und hörte zu, was die Tiere ihr erzählten.
Der kleine Elefant machte sich auf den Weg: durch einen großen Wald, über Wiesen, an einem See entlang und noch einmal durch einen Wald. Drei Tage, sieben Stunden und hundert Schritte war er unterwegs, bis er bei der Eule ankam. Die Eule Heureka hörte sich den Kummer des kleinen Elefanten an. Sie überlegte eine Weile, legte den Kopf ein wenig schief und sagte:

»Drei Dinge kannst du tun. Erstens, wenn du traurig bist, dann weine, egal was die anderen dazu sagen. Mit dem Weinen ist es nämlich wie bei einer dunklen, dicken Regenwolke. Wenn sie sich ausgeregnet hat, ist sie wieder leicht und weiß. Zweitens: Erzähle jemandem, den du lieb hast, von deinem großen Kummer. Und drittens, gib deinem Freund einen Platz in deinem Herzen, so wird er in deiner Erinnerung immer bei dir sein.«
»Und dann«, fügte Heureka hinzu, »ist da noch die Zeit, die dir helfen wird. Sie wird etwas von deinem Kummer mit sich nehmen, während sie vergeht.«
»Danke«, sagte Benno. Dann machte er sich auf den Heimweg und fühlte sich schon ein wenig besser.

Zu Hause angekommen, ließ der kleine rosa Elefant seiner Traurigkeit freien Lauf. Er weinte drei Tage lang und noch eine Stunde. Und weil Elefanten große Tränen haben, stand er in einer richtigen Tränenpfütze.
Dann atmete er tief ein und aus und fühlte sich etwas leichter ums Herz.

Als nächstes ging der kleine Elefant zu seiner Mutter und erzählte ihr ganz ausführlich von seinem großen Kummer und wie sehr er Freddi vermisste.
Die Mutter sagte: »Das ist wirklich traurig, wenn man den allerbesten Freund verliert.« Und dann legte sie ihren Rüssel um den kleinen Elefanten. Benno kuschelte sich an seine Mutter, und es ging ihm noch ein Stück besser.

Am Nachmittag legte sich der kleine rosa Elefant unter einen schattigen Baum und suchte nach einem Platz für Freddi in seinem Herzen.
Dann atmete Benno tief durch und es ging ihm schon viel besser.

Eine kurze Beratungsgeschichte:
Die 15-jährige Katharina wird auf Anraten der Lehrerin von ihrer Mutter an der Beratungsstelle angemeldet. Sie ist als Deutsche in Russland aufgewachsen und mit ihren Eltern vor fünf Jahren nach Deutschland gekommen. Katharina tat sich in der Schule schon immer schwer, aber seit drei Wochen ist es ganz extrem: Sie kann sich nicht konzentrieren, macht kaum Hausaufgaben, die Eltern sind hilflos und verärgert, vor allem die Mutter übt durch dauernde Vorwürfe einen ständigen Druck auf Katharina aus. Es ist unklar, ob sie die Klasse schaffen kann. Katharina blickt im Erstgespräch leer, wirkt abwesend und nicht lebendig, schaut nur zu Boden, lässt keine Gefühle erkennen. Die Mutter redet über die Schule.

Katharina gibt bezüglich der Schule der Mutter recht; sie wolle mehr lernen, schaffe es aber einfach nicht. Auf die Frage, ob es denn in der letzten Zeit in der Familie besondere Vorkommnisse gegeben habe, berichten Mutter und Tochter, dass die Urgroßmutter (Ugm) von Katharina vor vier Wochen in der Klinik gestorben sei. Katharina hätte diese sehr gern gemocht, sei von dieser noch in Russland aufgezogen worden. Die Ugm lebte ebenfalls in Deutschland, war mit der Familie umgezogen. Am Todestag besuchte die Familie die Ugm am Mittag noch im Krankenhaus, Katharina wollte aber nicht mit. Es gab deshalb noch einen Streit mit der Mutter. Am Abend starb die Ugm dann, ohne dass sich Katharina von ihr noch hatte verabschieden können. In der Familie wurde die Ugm betrauert, aber aufgrund ihres hohen Alters war mit dem Tod auch gerechnet worden. Da beide Eltern berufstätig waren, wurde insgesamt wenig darüber geredet. Mit Katharina wurden Einzeltermine für sie vereinbart. Themen sollten die Schule und andere wichtige Themen, z. B. die Ugm, sein.

Sie erzählte dann im nächsten Gespräch, dass sie sehr um die Ugm trauere. Sie sei deren Vertraute gewesen, habe sich ihr auch näher als der Mutter gefühlt und sei als kleines Kind die Woche über bei ihr gewesen. Sie habe extreme Schuldgefühle, weil sie nicht in die Klinik mitgefahren sei. Sie denke jeden Tag oftmals an sie, auch abends beim Einschlafen und mache sich Vorwürfe, nicht mehr mit ihr geredet zu haben. Sie wisse nicht, ob es ein Leben nach dem Tod gebe, und was jetzt nach dem Tod mit der Ugm sei. Auch in der Schule denke sie sehr häufig an die Ugm. Sie fühle sich ganz leer, würde zu Hause nicht weinen, vielleicht einmal im Bett - ganz wenig. Katharina sieht selbst keinen Zusammenhang zwischen dem Tod der Ugm und ihren Schulleistungen. Sie wolle schon lernen, aber sie fühle sich einfach energielos.

In der nächsten Stunde lese ich Katharina die Geschichte vom kleinen rosa Elefanten vor. Wir reden über Abschied und Trauer, und was in der Geschichte geholfen hat.

Katharina gesteht sich nicht zu, in der Stunde zu weinen - sie hat ein weitgehend beziehungsvermeidendes Verhalten und inneres Modell. Allerdings will sie anfangen, sich zu Hause Tränen zuzugestehen, wenn sie für sich sein kann und gerade wegen der Ugm sehr traurig ist. Ich ermutige sie auch, in Gedanken mit ihr zu reden, v. a. dass es ihr sehr leid tun würde, dass sie sich nicht mehr verabschieden konnte. Katharina kann sich nicht vorstellen, mit der Mutter über ihre Trauer zu reden. Was so in der Familie geredet würde, wäre ausreichend. Wir vereinbaren weiter, dass Katharina mir mehr über die Ugm erzählt - sie will in der nächsten Stunde Fotos von ihr mitbringen. Die Vorstellung, der Ugm einen großen Platz im Herzen geben zu können, gefällt Katharina sehr. Katharina bekommt die Geschichte vom kleinen Elefanten mit nach Hause.

Zum nächsten Gespräch bringt K. die Fotos mit. Die Ugm ist tatsächlich eine Bilderbuchoma, mit warmen Augen und sehr mütterlicher Ausstrahlung. Die Erinnerungen von Katharina sind gut, sie sei immer lieb und zugewandt behandelt worden. Im weiteren Verlauf des Gesprächs stellt sich aber auch heraus, dass Katharina in einer starken Rollenumkehrbeziehung zur Uroma stand: Diese hatte drei Kinder früh verloren, Katharina war nach der (einzigen) verstorbenen Tochter benannt. Die Ugm lebte in einer fortwährenden tiefen Trauer, sie redete mit K. sehr viel über ihre toten Kinder, das Thema Tod war daher für K. sehr vertraut. Katharina gab der toten Tante und den toten Onkeln ebenfalls einen Platz in ihrem Herzen; in weiteren Gesprächen lernte sie sich positiv abzugrenzen und der eigenen Entwicklung zuzuwenden. Sie wurde zunehmend lebendiger und auch fröhlicher, ihre Entwicklungsthemen (Schule, Freund/innen, sportliche Erfolge) wurden wichtiger und die schwere Last von Trauer und Schuldgefühlen wurde leichter. Die Geschichte vom kleinen Elefanten war ein guter Begleiter, auf den sich der Berater und auch Katharina zwischendurch immer wieder beziehen konnten.

Auch für Benno wird die Welt am Schluss wieder bunt, und alle Farben des Lebens leuchten, ohne dass die dunklen Farben ausgeblendet werden mussten. Ein notwendiger Entwicklungsprozess hat stattgefunden und das Leben vertieft.

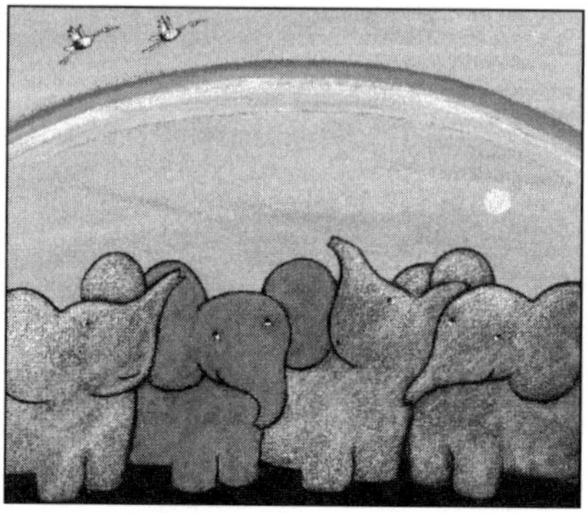

Anmerkung

1 Wir danken der Autorin Monika Weitze und dem Zeichner Eric Battut sowie dem Verlag bohem press sehr herzlich für die Erlaubnis zum Abdruck der Geschichte vom kleinen Elefanten. Referenz: Weitze, M. & Battut, E.: Wie der kleine Elefant einmal sehr traurig war und wie es ihm wieder gut ging. 1999 by bohem press, Zürich. Alle Rechte vorbehalten. ISBN 3-85581-324-8

Literatur

Bettelheim, B. (1985): Kinder brauchen Märchen. München (dtv).
Bowlby, J. (1986): Trennung. Frankfurt (Fischer TB).
Bowlby, J. (1987): Verlust, Trauer und Depression. Frankfurt (Fischer TB).
Grossmann, K. E., Grossmann, K., Kindler, H., Scheuerer-Englisch, H., Spangler, G., Stöcker, K., Suess, G. J., & Zimmermann, P. (2002): Die Bindungstheorie: Modell, entwicklungspsychologische Forschung und Ergebnisse. In: H. Keller (Hg.): Handbuch der Kleinkindforschung. Bern (Huber), S. 223-281.
Mills, J., & Crowley, R. (1986): Therapeutic metaphors for children and the child within. New York (Brunner & Mazel).
Peseschkian, N. (1979): Der Kaufmann u d der Papagei. Orientalische Geschichten als Medien in der Psychotherapie. Frankfurt (Fischer TB).
Oaklander, V. (1984): Gestalttherapie mit Kindern und Jugendlichen. Stuttgart (Klett-Cotta).
Wirl, C. (1997): Therapeutische Geschichten und Metaphern. In: S. Mrochen, K.-L. Holtz & B. Trenkle (Hg.): Die Pupille des Bettnässers. Heidelberg (Carl Auer), S. 60-68.

Verzeichnis der Autorinnen und Autoren

Becker-Stoll, Fabienne

Dr. Phil.; Diplom-Psychologin;
Wissenschaftliche Mitarbeiterin des Max-Planck-Institutes für Psychiatrie in München.
Arbeitsschwerpunkte und Veröffentlichungen: Bindungsforschung im Kindes- und Jugendalter, Autonomie, Bindung und Essstörungen im Jugendalter, Entwicklungsaufgaben des Jugendalters.
Adresse:
Max-Planck-Institut für Psychiatrie
Therapie Centrum für Essstörungen
Schleißheimerstr. 267
80809 München
Tel. 089-356249-0
Mail: fbecker@mpipsykl.mpg.de

Bindt, Carola

Dr. med.; Ärztin für Kinder- und Jugendpsychiatrie und Psychotherapie; WB Psychoanalyse (DPG); Leiterin (komm.) der Abteilung für Kinder- und Jugendpsychosomatik, Klinik für Kinder- und Jugendmedizin, Universitätsklinikum Hamburg-Eppendorf
Arbeitsschwerpunkte und Veröffentlichungen: Psychosomatik der frühen Kindheit, Elternschaft und Kindesentwicklung nach reproduktionsmedizinischer Behandlung, Mehrlingsentwicklung, frühe Kindheit im interkulturellen Vergleich.
Adresse:
Klinik für Kinder- und Jugendmedizin,
Universitätsklinikum Eppendorf
Martinistr. 52
D-20246 Hamburg
Tel: 040/42803-4585
Mail: bindt@uke.uni-hamburg.de

Cooper, Glen M.

M.A. (Counseling Psychology) University of California, Irvine, 1972; B.A. M.A. Gonzaga University, 1984; Mitbegründer des Center for Clinical Intervention, Spokane, WA; Ehe- und Familientherapeut und Designated Child Mental Health Specialist
Adresse:
Marycliff Institute
Spokane, WA 99204, USA
Tel. (509) 455-7654, ext. 42
Mail: glencooper@attbi.com

Downing, George

Ph.D.; Psychologe in Forschung und Therapie in einer kinderpsychiatrischen Abteilung (für Säuglinge und Kleinkinder) am Salpetriere-Krankenhaus in Paris; Gastprofessor für klinische Psychologie an der Universität Klagenfurt/Österreich; Autor von Körper und Wort in der Psychotherapie (Kösel Verlag) und Leiter von Fortbildungen zum Thema Eltern-Kleinkind-Psychotherapie; Begründer der Video Mikroanalyse Therapie (VMT).
Adresse:
c/o Dumas
Villa Yvonne
60, rue Avaulee
92240 Malakoff, Frankreich

Fremmer-Bombik, Elisabeth

Diplom-Psychologin; psychologische Psychotherapeutin; Dr. phil.; Psychologin an der Fachklinik für Kinder- und Jugendpsychiatrie in Regensburg; Arbeitsschwerpunkte und Veröffentlichungen: Bindungsforschung, speziell Adult-Attachment, Entwicklungspsychopathologie und AD(H)S.
Adresse:
Klinik für Kinder- und Jugendpsychiatrie und Psychotherapie
Akademisches Lehrkrankenhaus der Universität Regensburg
Universitätsstr. 84
D - 93053 Regensburg
Tel. 0941 941 4023
Mail: Elisabeth.Fremmer@bkr-regensburg.de

Gloger-Tippelt, Gabriele

Prof. Dr. phil.; Diplom-Psychologin; Professur für Entwicklungspsychologie und Pädagogische Psychologie am Erziehungswissenschaftlichen Institut der Heinrich-Heine-Universität Düsseldorf
Arbeitsschwerpunkte und Veröffentlichungen: Entwicklungspsychologie, Familienpsychologie, Übergang zur Elternschaft; Bindungsforschung im Kontext der Familienentwicklung, Bindungs- und Fürsorgerepräsentationen im Erwachsenenalter, Bindung in der mittleren Kindheit.
Adresse:
Heinrich-Heine-Universität Düsseldorf
Erziehungswissenschaftliches Institut
Abt. für Entwicklungspsychologie und
Pädagogische Psychologie
Universitätsstr. 1
40225 Düsseldorf
Tel. 0211 8113083
Mail: gloger-tippelt@phil-fak.uni-duesseldorf.de
www.//phil-fak.uni-duesseldorf.de/ew/ep

Hauser, Susanne

Diplom-Psychologin; psychologische Psychotherapeutin; Psychoanalytikerin für Kinder, Jugendliche und Erwachsene (MAP; DGPT);in München in freier Praxis niedergelassen; Dozentin an psychoanalytischen Ausbildungsinstituten; Arbeitsschwerpunkte und Veröffentlichungen: Psychoanalysen, Bindungstheorie in der klinischen Praxis, Selbstpsychologie, Entwicklung in der frühen Kindheit.
Adresse:
Mühlbaurstr. 2
81677 München
Tel. (089)74141519
Mail: Susanne.hauser@epost.de

Hoffman, Kent T.

Rel. D. (Psychology and Religion) Chapman University, 1969-B.A.; Rel. D. School of Theology at Claremont, 1975; Mitbegründer des Center for Clinical Intervention, Spokane, WA; Außerordentlicher Lehrbeauftragter, Gonzaga University.

Adresse:
Marycliff Institute
807 W. Seventh Ave.
Spokane, WA 99204
Tel. (509) 455-7654, ext. 54

Marvin, Robert S.

Ph. D.; B. A. (Psychology) The Johns Hopkins University, 1966; Ph. D. (Committee on Human Development) The University of Chicago, 1972; Familientherapeut;
Direktor der Child-Parent Attachment Clinic an der University of Virginia;
Arbeitsschwerpunkte: Forschung und klinische Arbeit im Bereich der Bindungen und Familiensyteme; Entwicklung von erfahrungs- und forschungsgeleiteten klinischen Erhebungsverfahren und Interventionsprogrammen.
Adresse:
University of Virginia Health System
Department of Psychiatric Medicine
Child-Parent Attachment Clinic
P.O. Box 801075
Charlottesville, VA 22908, USA
Tel. (434) 924-0228
Mail: rsm8j@virginia.edu

Pfeifer, Walter-Karl P.

Diplom-Psychologe; Leiter der Abteilung Wissenschaft und Weiterbildung, Zentrale Weiterbildung der Bundeskonferenz für Erziehungsberatung e. V.
Adresse:
Bundeskonferenz für Erziehungsberatung (bke)
Herrnstraße 53
D-90763 Fürth
Tel. 0911-9771412
Mail: pfeifer@bke.de

Powell, Bert

M. A. (Applied Behavioral Science) Whitworth College, Spokane, WA 1974;
B. A (Psychology) University of Florida 1970.
Lizensierter Ehe- und Familientherapeut und psychologischer Berater; Außer-

ordentlicher Assistant Professor an der Graduate School of Counselling Psychology, Gonzaga University; Mitbegründer des Center for Clinical Intervention, Spokane, WA.
Adresse:
Marycliff Institute
807 W. Seventh Ave.
Spokane, WA 99204, USA
Tel. (509) 455-7654, ext. 27

Scheuerer-Englisch, Hermann

Diplom-Psychologe; psychologischer Psychotherapeut; Dr. Phil.; Familientherapeut DGSF; Leiter der Erziehungs-, Jugend- und Familienberatungsstelle der KJF Regensburg und Lehrbeauftragter an der Universität Regensburg;
Arbeitsschwerpunkte und Veröffentlichungen: Entwicklungspsychologie, Bindungsforschung, Bindungsinterview späte Kindheit (BISK), Scheidung, Familientherapie, Pflegefamilien und Erziehungsberatung.
Adresse:
Erziehungs-, Jugend- und Familienberatung der Katholischen Jugendfürsorge für die Diözese Regensburg e.V.
Weißenburgstr. 17
D-93055 Regensburg
Tel. 0941/799820
Mail: Scheuerer-Englisch@eb-regensburg.de
Home: www.eb-regensburg.de

Stierlin, Helm

Prof. emer., Dr. med. et phil.;
Studium der Medizin und Philosophie in Heidelberg, Zürich und Freiburg; Psychiater und Psychoanalytiker;
Begründer der »Heidelberger systemischen Familientherapie«; Professuren und Gastdozenturen an Universitäten in den USA, in Neuseeland und Australien. Gründer und Mitherausgeber der Zeitschrift »Familiendynamik«. Ca. 250 wissenschaftliche Arbeiten und dreizehn Bücher mit Übersetzungen in 12 Sprachen.

Suess, Gerhard J.

Diplom-Psychologe; Dr. phil.; psychologischer Psychotherapeut; Kinder- und Jugendlichenpsychotherapeut; Familientherapeut;
Professor für Psychologie (Entwicklungspsychologie, Klinische Entwicklungspsychologie) am Fachbereich Sozialpädagogik der Hochschule für angewandte Wissenschaften (HAW) Hamburg; Nebenberuflich: Leiter der Frühintervention »nullbisdrei« in Hamburg-Langenhorn.
Adresse:
HAW-Hamburg, FB Sozialpädagogik
Saarlandstr. 30
D-22303 Hamburg
Tel.: 0179-5838074 oder 040-53779299

Weitze, Monika

Diplom-Psychologin; Psychologische Psychotherapeutin; arbeitet in eigener psychotherapeutischer Praxis; Organisationsberaterin und Coaching; Autorin des Buches »Wie der kleine rosa Elefant einmal sehr traurig war und wie es ihm wieder gut ging«.
Adresse:
Hohenzollernstr. 38
80801 München
Tel: 089/335136

Zimmermann, Peter

Priv.- Doz.; Dr. Phil; Diplom-Psychologe;
Lehrstuhl für Entwicklungspsychologie und Pädagogische Psychologie der Universität Regensburg;
Forschungsschwerpunkte: Bindungsentwicklung von der frühen Kindheit bis zum jungen Erwachsenenalter; Bindung, Persönlichkeit und Emotionsregulation; implizite und explizite Bindungsmuster; Bindung, Autonomie und Leistungsverhalten.
Adresse:
Institut für experimentelle Psychologie
Universität Regensburg
93040 Regensburg
Mail: peter.zimmermann@psychologie.uni-r.de

2001
367 Seiten · Broschur
EUR (D) 35,50 · SFr 59,30
ISBN 3-89806-045-4

Die Bindungsforschung hat die engen Grenzen der Grundlagenforschung hinter sich gelassen: Ausweitungen der Mutter-Kind-Dyade auf Beziehungen im gesamten Familiensystem, von der frühen Kindheit auf die gesamte Lebensspanne, von der Grundlagenforschung zur Anwendung in Beratung und Therapie kennzeichnen die fachliche Entwicklung. Die Chance auf Integration unterschiedlicher therapeutischer Methoden führt zur Anwendung der Bindungstheorie innerhalb des Gesundheits- und des Jugendhilfebereiches. In theoretischen und praktisch orientierten Ausführungen werden die Entwicklung der Bindungsforschung, neue Befunde und wesentliche Konzepte ihrer Anwendung in Beratung und Therapie von Kindern, Jugendlichen und Eltern vorgestellt und diskutiert.

PV
Psychosozial-Verlag

2003
351 Seiten · Broschur
EUR (D) 36,– · SFr 60,20
ISBN 3-89806-090-X

Frühkindliche Bindungs- und Beziehungserfahrungen bilden die Grundlage der Persönlichkeitsentwicklung. Die renommierten britischen Psychoanalytiker Peter Fonagy und Mary Target machen sie, gekoppelt an ihre praktischen Erfahrungen als Kinderanalytiker, zum Ausgangspunkt ihrer Überlegungen zur Entstehung verschiedener Psychopathologien. Den Schwerpunkt dieses Buches bilden Untersuchungen zur Entwicklung von Borderline-Persönlichkeitsstörungen und der Bereitschaft zu Gewaltverbrechen. Damit widmen sich die Autoren nicht nur zentralen Fragestellungen der klinischen Psychologie, sondern Themen, die immer wieder den aktuellen gesellschaftlichen Diskurs prägen.
Ihre Betrachtungen verknüpfen empirische Ergebnisse mit theoretischen Annahmen aus Psychoanalyse, Bindungsforschung und Neurowissenschaften – damit gelingt Fonagy und Target eine brilliante Integration bedeutender zeitgenössischer Theorien.

PSV
Psychosozial-Verlag

2003
231 Seiten · Broschur
EUR (D) 19,90 · SFr 33,90
ISBN 3-89806-151-5

Der Umgang mit entwicklungs- und verhaltensauffälligen Kindern und Jugendlichen ist Bestandteil des beruflichen Alltags in den unterschiedlichsten psychosozialen Einrichtungen. Die Fachkräfte sehen sich tagtäglich mit einer Fülle sozialer und psychischer Probleme konfrontiert. Für den Umgang mit diesen Problemstellungen benötigen sie ein fundiertes theoretisches und methodisches Wissen.
Seit den Anfängen der Bindungsforschung durch John Bowlby sind mehr als 40 Jahre vergangen. Die neuere Bindungsforschung basiert auf seinen Erkenntnissen und geht davon aus, dass der Wunsch nach Sicherheit und verlässlichen Beziehungen ein entscheidendes Grundbedürfnis des Menschen ist. Für die psychische Entwicklung ist die Qualität der frühen Bindungserfahrungen entscheidend. Belastende Bindungsmuster im Kindes- und Jugendalter erfordern angemessene Antworten durch professionelle Erziehung, soziale Arbeit und Therapie sowie institutionelle Rahmenbedingungen, die haltgebende Funktionen ermöglichen.

PSV
Psychosozial-Verlag